Nationalsozialismus

Nationalsozialismus
Seine Geschichte von 1919 bis heute

Ernst Piper

Ernst Piper: Nationalsozialismus. Seine Geschichte von 1919 bis heute
© 2012 Prospero Verlag, Münster, Berlin
www.prospero-verlag.de

Der Prospero Verlag ist eine Unternehmung des Verlagshauses
Monsenstein und Vannerdat OHG, Münster

Alle Rechte vorbehalten

Satz und Umschlaggestaltung: Thorsten Hartmann
Herstellung: Monsenstein und Vannerdat, gedruckt in der EU

ISBN: 978-3-941688-22-3

Für Heike, deren waches Interesse
an der Geschichte mir ein Unterpfand
für eine bessere Zukunft ist

Inhalt

Prolog 9

Die Anfänge.
1918–1924 13

Kampf gegen das System.
1925–1933 47

Die formierte Gesellschaft.
1933–1939 101

Volksgemeinschaft im Krieg.
1939–1945 169

Die Schuldfrage.
1945 bis heute 233

Epilog 287

Zeittafel 291

Abkürzungen 327

Hinweise für die weitere Lektüre 329

Personenverzeichnis 333

Prolog

Das Sterben von Gas dauerte etwa
von zehn bis fünfzehn Minuten.
Das Schrecklichste in dem allen war,
als man die Gaskammer aufgemacht hat,
die grausame Szenerie sich anschauen.
Wie die Menschen da angepresst wie Basalt,
wie Steine standen.
Wie sie herausfielen von den Gaskammern!
Einige Male hab ich das gesehen.
Und das war das Schwerste überhaupt,
aber auf das konnte man sich nie gewöhnen.
Das war unmöglich.
Unmöglich.
Ja. Man muss es so sehen, dass der Gas,
wenn er eingeworfen hat,
da hat er gewirkt doch so,
dass er sich … von unten nach oben stieg der.
Und jetzt, in diesem schrecklichen Kampf, der da entstand
– das war ein Kampf, der da entstand –,
in … in … in
die Lichter waren weg, also ausgeschaltet
in den Gaskammern,
es war dunkel da, man hat nicht gesehen,
und dass die Stärkeren wollten immer mehr nach oben.
Weil sie haben wahrscheinlich gespürt,
dass, wie mehr sie nach oben kommen, dass um so mehr,

um so mehr kriegen sie Luft.
Um so mehr also könnten sie atmen. Ja?
Und da entstand ein Kampf.
Und zweitens, die meisten haben sich gedrängt
zu der Tür.
Ja, psychologisch also, dass sie gewusst haben,
die Tür ist da, vielleicht ausbrechen durch die Tür.
Also ein Instinkt in dem … in dem Le …
also in dem … in dem Todeskampf, der da durchgeführt war.
Und dafür hat man auch gesehen, dass gerade
Kinder und schwächere Menschen,
ältere Menschen, die lagen unten.
Und die Kräftigsten, die waren oben.
Weil in dem Leben … weil in dem Leben …
also in dem Todeskampf erkannte schon nicht,
meines Achtens, der Vater, dass sein Kind
hinter ihm liegt, unter ihm.
Und wenn man die Tür
geöffnet hat …
… sind die Menschen herausgefallen.
Wobei … herausgefallen wie ein Stück Stein,
große Steine, sagen wir, von einem Lastwagen,
wie ein Ballast.
Und dort, wo der Zyklon wieder war, war leer.
Wo die Kristallen vom Zyklon eingeschüttet waren,
war leer.
Ja. Da war eine ganz leere Stelle.
Wahrscheinlich haben die Opfer gespürt,
dass hier … am stärksten der Zyklon wirkt.
Ja. Die Leute also waren … die Leute waren verletzt,
weil sie durcheinander in der Dunkelheit

aufeinandergeraten sind,
der eine auf'n andern angeprallt,
verschmutzt, verkotet,
Blut
von den Ohren, von der Nase.
Man konnte auch sehen, in einigen Fällen,
dass die auf die Erde liegenden Menschen so,
würde ich sagen, durch den Press von den anderen
zu unkenntlich ... sie waren nicht einmal ...
man könnte sie ...
sagen wir mal, die Kinder haben
den Schädel auch zerbrochen.

Filip Müller, in: Claude Lanzmann,
Shoah, München 1988, S. 169 ff.

Filip Müller wurde 1922 in Sered in der Slowakei geboren und kam im April 1942 mit dem ersten Transport slowakischer Juden nach Auschwitz. Müller arbeitete den größten Teil der Zeit bis zu seiner Befreiung drei Jahre später im Sonderkommando. Insgesamt mussten etwa 2.200 Häftlinge im Sonderkommando arbeiten, von denen kaum mehr als Hundert überlebten. Die Angehörigen des Sonderkommandos mussten Hilfsdienste bei den Vernichtungsaktionen verrichten, von der Vorbereitung der Vergasungen bis zur »Verwertung« und anschließenden Verbrennung der Leichen. Müller hat dieses Geschehen in seinem Buch »Sonderbehandlung« geschildert. Sein Bericht ist gerade durch seine lapidare Sprache und die nüchtern-distanzierte Schilderung des Geschehens von geradezu überwältigender Eindringlichkeit. Das Unvorstellbare nimmt hier Gestalt an, der Leser bekommt eine Ahnung vom Inferno des Holocaust.

Filip Müller hat das Sterben von Hunderttausenden von Menschen miterleben müssen. Er ist der wichtigste Augenzeuge für das unmittelbare Vernichtungsgeschehen. Im Frankfurter Auschwitzprozess war er einer der Hauptzeugen der Anklage. Nach der Niederschlagung des Prager Frühlings 1967 emigrierte er in die Bundesrepublik. 1979 erschien sein Buch, an dem er, unterstützt von Helmut Freitag, lange gearbeitet hatte, auf Deutsch, woraufhin er bedroht wurde. Müller musste den Wohnort wechseln und hat weiteren Auflagen seines Buches nicht zugestimmt. Claude Lanzmanns Film »Shoah« ist von Müllers Bericht stark beeinflusst. In diesem Jahr feierte Müller in aller Stille seinen 90. Geburtstag. Viele seiner Peiniger hat er inzwischen überdauert. Möge er noch lange leben!

Die Anfänge. 1918–1924

Am 19. März 1918 gründete der Werkzeugschlosser Anton Drexler (1884–1942) in einer Münchner Gaststätte den »Freien Arbeitsausschuss für einen guten Frieden«. Drexler hatte sich zuvor der Deutschen Vaterlandspartei angeschlossen, die im September 1917 als Reaktion auf die von Sozialdemokraten, Katholiken und Fortschrittspartei durchgesetzte Friedensresolution des Deutschen Reichstags gegründet worden war. Die Partei, deren Gründer Realitätsblindheit mit Patriotismus verwechselten, gewann in kurzer Zeit mehr als 1,2 Millionen Mitglieder und entwickelte sich rasch zu einem Sammelbecken aller völkischen, nationalistischen und monarchistischen Kräfte, die auch im vierten Kriegsjahr noch immer auf einen Siegfrieden setzten. Es war dies ein letztes verzweifeltes Aufbäumen der alten Eliten des Kaiserreichs, die sich gegen die anstehende Parlamentarisierung sperrten und von einer plebiszitären Militärdiktatur unter der Führung von Ludendorff und Hindenburg träumten. Die Partei trug aber auch Züge einer protofaschistischen Massenbewegung. In ihr sammelten sich die maßgeblichen antidemokratischen Kräfte wie Wolfgang Kapp, Namensgeber des Kapp-Putsches von 1920, oder der Deutschnationale Alfred Hugenberg. Der Historiker Friedrich Meinecke nannte die Vaterlandspartei »ein genaues Vorspiel für den Aufstieg Adolf Hitlers«. Tatsächlich haben wir im Krisenjahr 1917 bereits die politische Konstellation vor uns, die die Weimarer Republik bis zu ihrem Ende prägen wird. Auf der einen Seite die Friedensresolution, getragen von der klassischen Weimarer Koalition aus Zentrum, Liberalen und SPD, von der sich die Kommunisten abspalten. Auf der Gegenseite die Vaterlandspartei als Sammelbewegung aller völkischen, antisemitischen und antidemokratischen Kräfte, die ihre reaktionäre Agenda mit nationalen Parolen verbrämten.

Anton Drexler blieb auch nach der militärischen Niederlage politisch aktiv. »Mein politisches Erwachen« nannte er sein »Tagebuch eines deutschen sozialistischen Arbeiters«, das in völkischen Kreisen ein beachtliches Echo fand. Mit der Schrift warb er für einen »Politischen Arbeitszirkel«, der am 2. Oktober 1918 seine erste öffentliche Versammlung abgehalten hatte. An ihr nahm auch der Sportreporter Karl Harrer (1890–1926) teil, der Mitglied der rechtsradikalen Thule-Gesellschaft war, eines rassistischen, okkulten Geheimordens, und der im Gegensatz zu Drexler gesellschaftliche Verbindungen hatte. Schon bald sollte eine Partei gegründet werden, wobei aus dem von Drexler vorgeschlagenen Namen »Deutsche Sozialistische Arbeiterpartei« auf Harrers Einspruch hin das Wort »sozialistisch« gestrichen wurde. Harrer wurde »Reichsvorsitzender« der Deutschen Arbeiterpartei (DAP), Drexler war sein Stellvertreter und Vorsitzender der ersten und einzigen Ortsgruppe in München. Erst nach den unruhigen Wochen der Münchner Räterepublik kam man am 17. Mai 1919 wieder zusammen; es erschienen zehn Mitglieder. Am 12. September versammelten sich immerhin 41 Personen, unter ihnen befand sich erstmals auch Hitler.

Adolf Hitler (1889–1945), geboren im österreichischen Braunau am Inn, war 1913 auf der Flucht vor dem Militärdienst im habsburgischen Vielvölkerstaat nach München gekommen. 1914 trat er in die deutsche Armee ein und nahm vier Jahre lang als Gefreiter am Krieg teil. Er erhielt für seine Tapferkeit das Mannschaftsgraden selten verliehene Eiserne Kreuz I. Klasse, was ihm später für seine Legitimation als Politiker und Agitator sehr zustatten kam. Im Oktober 1918 wurde er Opfer eines Giftgasangriffs und erblindete vorübergehend. Im Mai 1919 stellte Hitler sich der nach der Niederlage aus den deutschen

Streitkräften neu gebildeten Reichswehr zu Verfügung. Bei den propagandistischen Aufklärungskursen fiel sein Rednertalent rasch auf, ebenso seine »nationale Zuverlässigkeit«. Zunächst wurde er als Spitzel gegen revolutionäre Soldaten eingesetzt und erhielt eine Ausbildung als V-Mann.

Hitlers Führungsoffizier war Hauptmann Karl Mayr, der Leiter der Nachrichten- und Aufklärungsabteilung des Münchner Gruppenkommandos der Reichswehr. Am 12. September 1919 erteilte Mayr Hitler den Auftrag, eine Versammlung der DAP zu observieren, die im Sterneckerbräu stattfand, dem Versammlungslokal der Partei. Vier Tage später besuchte Hitler erneut eine Versammlung und schloss sich der DAP an, die damals noch keine hundert Mitglieder hatte. Er erhielt die Mitgliedsnummer 555 (die Hunderter wurden bei der Nummerierung vorangestellt, damit es eindrucksvoller wirkte) und trat als siebtes Mitglied in den Arbeitsausschuss ein, wo er für Propaganda zuständig war. Dies war der Ausgangspunkt für die auch von Hitler selbst gepflegte Legende, er sei das siebte Mitglied der Partei gewesen.

Ein richtiges Programm hatte die Partei zunächst nicht, nur von Drexler erlassene Richtlinien, die sich ganz im Rahmen der damals gängigen Schlagworte bewegten. Gegen den Klassenkampf wurde die Volksgemeinschaft beschworen, »gute Arbeit« und »voller Kochtopf« waren das Ziel. Zentrales Feindbild waren die Juden, die die beiden Feindbilder Bolschewismus (»Demütigung der Nation«) und Kapitalismus (»Demütigung der Person«) gleichermaßen repräsentierten. Dass das vermeintliche jüdische Weltherrschaftsstreben für Übel jeglicher Art verantwortlich zu machen sei, war damals eine sehr verbreitete Vorstellung. Wichtige Redner der Partei waren in der Anfangszeit Gottfried Feder, der die »Brechung der Zinsknechtschaft« propagierte, und Dietrich Eckart, beides Männer, die bald auch in Hitlers Umgebung eine wichtige Rolle spielen sollten. Feder (1883–1941) hatte seine Erkenntnisse über die Verderblichkeit des Zinses zunächst den Repräsentanten der Münchner Räterepublik angedient, die daran jedoch kein Interesse hatten, obwohl auch auf der Linken immer wieder einmal der Gedanke herumspukte, man könne soziale Probleme durch Abschaffung der Kapitalverzinsung lösen. Feder hatte sich dann rasch der DAP angeschlossen. Nach 1924 vertrat er die NSDAP im Reichstag und wurde 1933 Staatssekretär im Reichswirtschaftsministerium, wurde aber schon nach einem Jahr wieder abgelöst und bald auf eine Professur abgeschoben, weil er mit seinem prononciert antikapitalistischen Kurs der Verständigung der neuen Machthaber mit der Industrie im Wege stand.

Der nordbayerische Bühnenautor und Bohemien Dietrich Eckart (1886–1923) war 1915 nach München übersiedelt und durch Feder zur Partei gekommen. Eckart war ein wohlhabender Mann, verkehrte in großbürgerlichen Salons und brachte dem sehr viel jüngeren und damals noch weithin unbekannten Hitler große Verehrung entgegen. Er war ein wichtiger Mentor für Hitler, der ihm in dankbarer Verbundenheit den zweiten Band von »Mein Kampf« widmete. Eckarts »Sturmlied« (»Deutschland erwache!«) wurde zum offiziellen Lied der NSDAP.

Eckart wirkte 1920 auch beim Erwerb der Zeitung »Völkischer Beobachter« durch die NSDAP mit und wurde dessen erster nationalsozialistischer Chefredakteur. Zuvor schon hatte er auf eigene Initiative »Auf gut deutsch. Die Wochenschrift für Ordnung und Recht« herausgegeben, die so zur ersten Zeitschrift der nationalsozialistischen Bewegung wurde. Wichtigster Mitarbeiter der Zeitschrift wurde sehr bald der Deutschbalte Alfred Rosenberg (1893–1946), der im November 1918 von Reval nach München übersiedelt war, wo nach der Russischen Revolution ein Zentrum des deutschbaltischen Exils entstand. Rosenberg wurde auch Eckarts Stellvertreter in der Leitung des »Völkischen Beobachters« und trat ab März 1923 ganz an seine Stelle. Der häufig als Chefideologe bezeichnete Rosenberg wurde bald zum wichtigsten Publizisten der nationalsozialistischen Bewegung, deren Weltbild er in einer Unzahl von Schriften ausformulierte.

Die DAP war damals nur eine von unzähligen kleinen und kleinsten politischen Organisationen, in denen sich Enttäuschte und Entwurzelte, verarmte Mittelständler, entlassene Soldaten und Arbeitslose sammelten. Deutschland war gezeichnet von der nationalen Schmach des verlorenen Krieges, wirtschaftlichem Niedergang und bitterer sozialer Not. Der Krieg hatte zehn Millionen Tote gekostet, darunter zwei Millionen Deutsche, und zwanzig Millionen Verwundete, von denen viele dauerhaft verkrüppelt und entstellt waren. Er hatte durch Teuerung und Arbeitslosigkeit die bescheidenen sozialen Fortschritte der Friedensjahre zunichtegemacht, hatte Familienverhältnisse zerrüttet und Millionen von Witwen und Waisen hinterlassen. Vor allem in den Großstädten herrschte auch jetzt vielfach Hunger, Schulabgänger waren oftmals so unterernährt, dass sie zu schwach waren, um eine Arbeit anzunehmen. Hinzu kam eine katastrophale Wohnungsnot. Die Menschen lebten in feuchten, dunklen, meist unbeheizten und viel zu kleinen Wohnungen. Viele Männer flüchteten in die Wirtshäuser oder die großen Bierkeller, die damals zentrale Orte sozialer Interaktion, aber auch Stätten der politischen Willensbildung waren. Das Bier war erschwinglich, ein Verzehrzwang bestand nicht. Man saß warm und trocken, traf Arbeitskollegen und Freunde und hatte die Gelegenheit, die neuesten politischen Parolen zu hören. Hörfunk und Fernsehen gab es damals noch nicht und viele Menschen mit niedrigem Einkommen konnten sich eine Tageszeitung nicht leisten. In diesem Milieu der Hinterzimmer und Versammlungssäle bewegte sich auch Adolf Hitler, der mit seiner Mischung aus forschem Auftreten und Redegewandtheit rasch auffiel. Von Anton Drexler ist der Ausruf überliefert: »Der hat a Gosch'n, den kunnt ma braucha.«

Hitlers Tätigkeit als V-Mann der Reichswehr brachte es mit sich, dass er Veranstaltungen verschiedener Organisationen besuchte. So kam er am 7. Januar 1920 zum Deutschvölkischen Schutz- und Trutzbund, der mehr als 6.000 Menschen zu einer Kundgebung im Münchner Kindlkeller mobilisiert hatte. Der Bund war ein Jahr zuvor gegründet worden und wuchs innerhalb von drei Jahren von anfänglich 25.000 auf 200.000 Mitglieder an. Von Beitrittswilligen wurde, ähnlich wie bei der Thule-Gesellschaft, der Nachweis germanischer Abstammung über mehrere Generationen erwartet, als Vereinssymbol diente das in völkischen Kreisen populäre Hakenkreuz. Man beschäftigte sich mit Rassentheorien und Deutschtumsforschung, veranstaltete Sonnwendfeiern und einmal im Jahr den »Deutschen Tag«. Vor allem aber propagierte der Deutschvölkische Schutz- und Trutzbund einen aggressiven Antisemitismus, der in der aufgeheizten Stimmung der frühen Nachkriegszeit auf fruchtbaren Boden fiel. Das war es, was an jenem Abend so viele Menschen in den Münchner Kindlkeller führte, und der Besucher Hitler registrierte es aufmerksam.

»Die Judenfrage« lautete das Thema der Versammlung. Der Referent entwickelte die bekannten Klischees vom Abwehrkampf (»Zur Zeit haben wir Christenverfolgung«), vom ungeheuren jüdischen Einfluss (»Bei den höheren Beamten sind 84 Prozent Juden«), von grundlegenden geistigen Unterschieden (»Was für uns Deutsche die Ehre ist, ist für den Juden das Geld«), von Christus, dem Antisemiten, von der großen Gefahr, die von den Warenhäusern ausgehe usw. Er schloss mit dem Appell: »Los von dieser Stinkbande, wir wollen wieder ehrlich sein, wir wollen sein ein einig Volk von Brüdern (lebhaftes Bravo). Wir müssen wieder mehr Volksbewusstsein haben. Gott schütze unser Vaterland vor allem Fremden (stürmischer, lang anhaltender Beifall).«

In der Diskussion meldete sich Hitler zu Wort: »Der größte Schuft ist nicht der Jude, sondern der, der sich den Juden zur Verfügung stellt (Beifall). Wir bekämpfen den Juden, weil er den Kampf gegen den Kapitalismus verhindert. Wir haben unsere bittere Not zum größten Teil selbst verschuldet. Jetzt, wo die ganze Welt gegen uns ist, bekämpfen wir uns auch noch im Innern. Wer hat denn Interesse daran, dass wir uns bekämpfen? Wir wissen es schon.« Hier haben wir bereits das nationalsozialistische Programm in nuce vor uns: Schluss mit dem Parteiengezänk, für eine nationale Diktatur auf völkisch-rassistischer Grundlage und mit sozialistischer Fassade. Hauptfeind waren die Juden, die in der Weimarer Republik nun auch politisch die volle Gleichberechtigung erlangt hatten. Schon in seinem allerersten politischen Dokument, dem Brief an seinen Führungsoffizier vom 16. September 1919, hatte Hitler die Auffassung vertreten, »letztes Ziel aber muss unverrückbar die Entfernung der

Juden überhaupt sein«. Dieser eliminatorische Antisemitismus war von Anfang bis Ende die Leitlinie seines Handelns. Noch im Angesicht des Todes war er überzeugt davon, man werde ihm ewig dafür dankbar sein, »dass ich die Juden aus Deutschland und Mitteleuropa ausgerottet habe«, wie es in dem politischen Testament hieß, das er unmittelbar vor seinem Selbstmord im Führerbunker diktierte.

Die DAP, in der Hitler eine zunehmend wichtigere Rolle spielte, sollte ein richtiges Parteiprogramm bekommen. Hitler arbeitete es aus, möglicherweise unter Mitwirkung Drexlers, der immer noch Vorsitzender war, und verkündete das Programm am 24. Februar 1920 im vollbesetzten Festsaal des Hofbräuhauses. Nationalistische und sozialistische Forderungen hielten sich bei den 25 Programmpunkten ziemlich die Waage. Das Nationale betrafen die Forderungen nach dem Zusammenschluss aller Deutschen, einem völkischen Staatsbürgerrecht, der Schaffung einer »deutschen« Presse, also ohne jüdische Redakteure, der Ablösung des römischen Rechts durch ein germanisches und der Verhinderung der Einwanderung Nichtdeutscher, um das Soziale ging es bei der Brechung der Zinsknechtschaft, der Verstaatlichung der Trusts, dem Ausbau der Altersversorgung, der Hebung der Volksgesundheit und der Bodenreform. Ein mit umfassenden Machtbefugnissen ausgestatteter Staat sollte dieses Programm in die Tat umsetzen, weswegen der letzte Punkt lautete: »Zur Durchführung alles dessen fordern wir die Schaffung einer starken Zentralgewalt des Reiches.« Das Programm der Partei, die sich dann wenige Tage später in NSDAP umbenannte, war im Wesentlichen ein Konglomerat bekannter Postulate des völkisch-antisemitischen Spektrums, geschickt vermischt mit Kampfparolen der Arbeiterbewegung. Zentral war Punkt 4 des Programms: »Staatsbürger kann nur sein, wer Volksgenosse ist. Volksgenosse kann nur sein, wer deutschen Blutes ist, ohne Rücksicht auf Konfession. Kein Jude kann daher Volksgenosse sein.«

Vier Monate später, am 13. August 1920, hielt Adolf Hitler, wiederum im Festsaal des Hofbräuhauses, eine grundlegende programmatische Rede: »Warum sind wir Antisemiten?« Hier finden sich viele der bekannten Gedankengänge wieder, die er sich da und dort zusammengelesen hatte, bei Lanz von Liebenfels, Houston Stewart Chamberlain und vielen anderen, von den Ariern als einzigen Kulturschöpfern, den Juden als Element der Dekomposition, dem Gegensatz von schaffendem und raffendem Kapital, der jüdischen Beherrschung der Presse usw. Insgesamt bietet die sehr lange Rede das mehr oder weniger übliche Gemisch aus landläufigem Antisemitismus, illusionärer Erklärung der Kriegsniederlage, Verschwörungstheorien, Rassismus und nationalistischem Pathos. Dabei machte sich schon Hitlers geradezu dämonische Gabe bemerkbar, tagespolitische Ereignisse, historische Exkurse und pseudowissenschaftliche Thesen zu einem verführerischen Gemisch zu vermengen, mit dem es ihm gelang, die dumpfen Ressentiments seiner Zuhörer in lodernden Hass zu verwandeln, der sich gegen vieles richtete, gegen die ehemaligen Kriegsgegner, namentlich die Franzosen, gegen das Großkapital, den Bolschewismus, vor allem aber immer wieder gegen die Juden, die als Agenten einer »überstaatlichen Macht« im Verborgenen daran arbeiteten, die Weltherrschaft zu erringen. Der Grundtenor von Hitlers Hasstiraden war stets der gleiche: Die NSDAP wird dem deutschen Volk wieder zu nationaler Größe verhelfen und es vom Joch der Juden befreien. Diese Parole traf auf offene Ohren in einer Zeit, die von einem sich oft genug in Gräueltaten entladenden Judenhass erfüllt war. Überfälle auf jüdische Restaurants und Cafés, Schmierereien an Synagogen und Attacken gegen jüdisch aussehende Straßenpassanten waren damals an der Tagesordnung. Völkisch-nationalistische Agitatoren wurden nicht müde zu behaupten, die Juden hätten sich einerseits vor dem Einsatz an der Front gedrückt, andererseits als Schieber und Wucherer am Krieg verdient und zum Dritten durch die Revolution von 1918, die ein Dolchstoß in den Rücken der »im Felde unbesiegten« Truppe war, die Niederlage verursacht. Vor allem Erich Ludendorff (1865–1937), der Sieger von Tannenberg und neben Hindenburg der populärste Heerführer des Ersten Weltkriegs, trug zur Verbreitung der Dolchstoßlegende bei, obwohl gerade er es hätte besser wissen müssen. Nach Kriegsende war er zunächst nach Schweden geflohen, um einer Anklage als Kriegsverbrecher zu entgehen, lebte aber seit Februar 1919 in München und war der populärste Repräsentant der konterrevolutionären Rechten, die von Anfang an zum Kampf gegen die junge Weimarer Demokratie entschlossen war, deren Verfassung der liberale Jurist Hugo Preuß (1860–1925) ausgearbeitet hatte. Preuß stammte aus einer jüdischen Kaufmannsfamilie und hatte sich im Fach Staatsrecht habilitiert, war aber als Jude nicht auf eine Professur berufen worden. Nach Kriegsende wurde er zuerst Staatssekretär und dann der erste Reichsinnenminister der Weimarer Republik. Obwohl in Berlin geboren, verunglimpften ihn seine Gegner als »Hugo Preuß aus Jerusalem«. Seine jüdische Abstammung diente zur Diskreditierung der neuen Verfassung als undeutsch, wobei die nationalistische Rechte die Demokratie und die Ideen der Französischen Revolution von Gleichheit, Brüderlichkeit und Freiheit ganz generell als dem deutschen Wesen nicht entsprechend ablehnte.

Die Juden hatten im deutschen Kaiserreich nur eine kleine, sozial relativ homogene Minderheit gebildet. Sie waren gut in den Staat integriert und in den Berufen, die ihnen zugänglich waren, überdurchschnittlich erfolgreich, aber gesellschaftlich nicht anerkannt. Wo immer Juden zusammenkamen, saß der Antisemitismus als steinerner Gast mit am Tisch. Antisemitische Pamphlete sonder Zahl wurden in Umlauf gesetzt, Parteien und Verbände gegen die »Überhebung« des Judentums gegründet. Doch bis 1914 behielten die Kräfte der sozialen Kohäsion die Oberhand. Und als in der Euphorie der ersten Kriegsbegeisterung Wilhelm II. den Burgfrieden propagierte und erklärte, er kenne keine Parteien, sondern nur Deutsche, dachten die allermeisten Juden, das gelte nicht nur für die »vaterlandslosen Gesellen« von der SPD, sondern auch für sie, eine Sicht, die manche ihrer nichtjüdischen Landsleute teilten. Doch solcherlei Illusionen verflogen rasch. Der Erste Weltkrieg wurde zur entscheidenden Bruchlinie für den Assimilationsprozess. Der moderne Antisemitismus entwickelte sein gesamtes programmatisches Repertoire vor 1914, durchschlagende soziale und politische Wirkungsmacht wuchs ihm aber erst nach 1918 zu.

Die Jahre dazwischen waren für viele Juden eine Zeit irreversibler Desillusionierung.

Wann immer Hitler gegen die Juden hetzte, brach Jubel aus. Die Leute riefen »Prügelstrafe« oder »Aufhängen«. Hitler nutzte diese Stimmung, aber er war kein Freund des Radauantisemitismus. Er wusste um die Kurzatmigkeit von Pogromstimmungen und plädierte für einen Antisemitismus als politische Bewegung, der »nicht durch Momente des Gefühls, sondern durch die Erkenntnis von Tatsachen« bestimmt war. War der Antisemitismus einst der Sozialismus der dummen Kerls gewesen, so ein bekanntes Diktum August Bebels, so handelte es sich nun um einen pseudowissenschaftlich überhöhten Rassenantisemitismus, der der Sozialismus eines gewissermaßen eliminatorischen Nationalismus geworden war. Dieser »Vernunftantisemitismus« war ungleich gefährlicher als alle antisemitischen Bewegungen vor ihm.

Hitler schloss seine Rede am 13. August 1920 mit dem Bekenntnis, er sei ein deutscher nationaler Sozialist. Ein Sozialismus im Sinne des konservativen Kulturkritikers Oswald Spengler war das, der im Jahr zuvor geschrieben hatte: »Sozialismus in seiner tiefsten Bedeutung ist Wille zur Macht, Kampf um das Glück nicht des Einzelnen, sondern des Ganzen.« Der nationale Sozialismus propagierte einen dritten Weg zwischen den Völkischen einerseits, denen das Soziale fehlte, und dem Sozialismus der Arbeiterbewegung andererseits, dem das Nationale fehlte. Die NSDAP war deshalb nach ihrem eigenen Selbstverständnis eine Partei der Mitte.

Die völkische Bewegung, die im Verlauf des 19. Jahrhunderts stetig an Wirkungsmacht gewonnen hatte, auf die sich auch der Nationalsozialismus stützte, repräsentierte einen integralen Nationalismus, der pangermanische, imperialistische und sozialdarwinistische Elemente vereinigte und – je länger, desto mehr – zunehmend rassenantisemitisch aufgeladen war. Hatte bei dem Kampf gegen die »überstaatlichen Mächte« ursprünglich Bismarcks »Kulturkampf« gegen die Katholiken und die Auseinandersetzung mit dem Liberalismus im Zentrum gestanden, so wurden dann immer mehr die jüdische Minderheit und die Arbeiterbewegung zu den zentralen Gestalten des nationalistischen Feindbildes. Die schwarze und graue wurden von der goldenen und der roten Internationale verdrängt und diese Farben fanden die Nationalisten in dem nach Kriegsende entstandenen Staatswesen wieder. Schwarz, Rot und Gold waren seit November 1918 die Farben der deutschen Republik. Die schwarz-rot-goldene Fahne wurde zum Symbol der verhassten Demokratie, ihr Hissen an staatlichen Feiertagen war an vielen Orten von anhaltenden Auseinandersetzungen begleitet. Die Wiedereinführung der schwarz-weiß-roten kaiserlichen Flagge gehörte zu den ersten Maßnahmen der Nazis nach der »Machtergreifung«. (1935 wurde dann die Hakenkreuzflagge alleinige deutsche Nationalflagge.) Der integrale Nationalismus des Kaiserreichs wurde von den Nationalsozialisten noch weiter gesteigert zu einer hochaggressiven expansiven Ideologie, deren Bezugsgröße nicht länger die Nation, sondern eine ethnisch reine Volksgemeinschaft war. »Du bist nichts, Dein Volk ist alles«, hieß die Parole der Nazis. Der einzelne zählte nichts in dieser Volksgemeinschaft, er sollte Teil eines großen Ganzen sein; das Ziel war nicht Egalität, sondern Homogenität. Die Zugehörigkeit wurde nach rassistischen Prinzipien definiert. Deshalb kämpfte man einerseits um die »Heimholung« von Saarländern, Österreichern, Wolgadeutschen und anderen Grenz- und Auslandsdeutschen. Auf der anderen Seite wurden die jüdischen Mitbürger als »Schädlinge am deutschen Volkskörper« brutal ausgegrenzt. Auch geistig Behinderte waren als »Ballastexistenzen« dem Tode verfallen.

Im Jahr 1920 kümmerte sich Hitler vorrangig um den weiteren Aufbau der noch sehr kleinen Partei. Sie hatte nun ein Grundsatzprogramm, aber es gab zunächst nicht viele Menschen, die es überhaupt kannten. Die Partei veranstaltete zahllose öffentliche Versammlungen, ihr Erfolgsrezept bestand in einer pausenlosen Propagandajagd, die dem politischen Gegner keine Zeit zum Nachdenken ließ. Hitler trat fast wöchentlich auf, seine demagogische Begabung übertraf die aller anderen Redner jener Zeit. Seine Fähigkeit, Massenversammlungen auf seine Parolen einzuschwören, trug erheblich zu dem sich bald entwickelnden Führerkult bei. Seine Hetzreden bedienten sich eingängiger Formeln und boten immer eindeutige Schuldzuweisungen an die »Novemberverbrecher«, das »Weltjudentum« usw. Hitler traf damit das verbreitete Bedürfnis, die Verantwortung für die gegenwärtige Misere bei anderen zu suchen. Diese Massenagitation führte der Partei viele Mitglieder zu. Hatte zunächst für die Versammlungen ein Hinterzimmer ausgereicht, so betrug die Mitgliederzahl Ende 1920 schon 2.000 und drei Jahre später sogar über 50.000.

In den Jahren nach dem Ersten Weltkrieg gab es eine Fülle rechtsradikaler Parteien, besondere Bedeutung hatte die völkisch orientierte Deutschsozialistische Partei (DSP) Alfred Brunners, die aus der Thule-Gesellschaft hervorging. Im Gegensatz zu Drexlers DAP hatte die DSP von Anfang an den Ehrgeiz, in ganz Deutschland aufzutreten. Zum ersten Parteitag 1920 kamen Vertreter aus Bielefeld, Duisburg, Kiel, Leipzig und Wanne-Eickel. Am wichtigsten aber waren die Ortsgruppen der DSP in München und Nürnberg. Die letztere wurde von Julius Streicher (1885–1946) geführt. Im Oktober 1922 lief Streicher zu Hitler über und gründete am 20. Oktober mit seinen Anhängern die Nürnberger Ortsgruppe der NSDAP. Dies bedeutete eine nachhaltige Stärkung für Hitlers Linie, die ganz auf die Alleinstellung seiner Partei zielte. Streicher hatte sich damit für immer die Dankbarkeit Hitlers erworben, der selbst dann noch seine schützende Hand über ihn hielt, als ein Parteigericht ihn 1940 für ungeeignet erklärte, NS-Führer zu sein, und damit faktisch entmündigte. Im April 1923 erschien die erste Nummer der Wochenzeitung »Der Stürmer«, eines selbst für nationalsozialistische Verhältnisse ungewöhnlich primitiven und ekelhaften Hetzblattes, das aber zu dem sadistischen Sexualpathologen Streicher passte. Da der »Stürmer« ihm persönlich gehörte, machte er Streicher im Laufe der Jahre zum vielfachen Millionär.

Hitler war unermüdlich unterwegs, um Anhänger für seine Ideen zu gewinnen, vor allem in München, aber auch im übrigen Bayern und in Österreich. Im norddeutschen Raum dagegen war die NSDAP noch kaum präsent. Probleme bereitete Hitlers Alleinvertretungsanspruch nicht nur die DSP, sondern auch die Deutsche Nationalsozialistische Arbeiterpartei in Böhmen, die auf eine sehr viel längere Tradition als seine eigene Gruppierung zurückschauen konnte. Bei einer »zwischenstaatlichen«, also internationalen Tagung der Nationalsozialisten am 7. August 1920 in Salzburg begann Hitler denn auch mit der Feststellung, er schäme sich, dass seine eigene Bewegung noch so jung sei. Diesem Treffen unmittelbar vorausgegangen war ein Parteitag der DSP in Leipzig, auf dem die von Hitler nicht gewollte Vereinigung mit der NSDAP ein Hauptthema gewesen war. In Salzburg schloss man einen Kompromiss. Die DSP verzichtete auf eine Betätigung in Bayern, Württemberg und Baden und die NSDAP beschränkte sich im Gegenzug auf diese Gebiete. Beide Organisationen wurden Teil einer übernationalen Gesamtpartei, deren Existenz sich aber lediglich in einer »zwischenstaatlichen Kanzlei« mit Sitz in Wien materialisierte, von der man nie wieder etwas gehört hat. Die Vereinigung der NSDAP mit der DSP, die der Salzburger Tagung eigentlich folgen sollte, scheiterte an der Intransigenz Hitlers, der auf Zeit spielte. Er wollte keine Koalition mit den Völkischen, er wollte kein Bündnis, das seine Rolle schmälern konnte und er wollte auch keinen Internationalismus.

Auch innerparteilich musste Hitler sich mit Opponenten auseinandersetzen. Während Hitler einen revolutionären Kurs vertrat, propagierte Drexler eine legalistische Linie. Auf dem Höhepunkt der Auseinandersetzungen trat Hitler aus der NSDAP aus und wurde, nachdem die kopflose Partei seine diktatorischen Bedingungen akzeptiert hatte, am 29. Juli 1921 auf Vorschlag des besiegten Drexler von den 554 zur Versammlung erschienenen Mitgliedern einstimmig zum neuen Vorsitzenden gewählt. Zugleich wurde festgelegt, »dass Sitz der Bewegung München ist und für immer bleibt«. Die neue autoritäre Parteisatzung war ganz auf Hitler zugeschnitten und gewissermaßen die Geburtsurkunde der »Führerpartei«. In jener Zeit begann der Kreis um Hitler, neben Rosenberg vor allem Eckart, Hermann Esser, Max Amann und Rudolf Heß, den Mythos von der schicksalsmäßigen Berufung Hitlers zur Führung der Bewegung zu propagieren, der später im »Führerkult« kulminierte.

Hitler wuchs allmählich in die Rolle des Messias Militans hinein, der gekommen war, die Deutschen zu erlösen. Er war sich der Bedeutung seiner Mission durchaus bewusst und verkündete seinen Anhängern: »Wir sind zwar klein, aber einst stand auch ein Mann auf in Galiläa, und heute beherrscht seine Lehre die ganze Welt.« Vorläufig machte die Bewegung vor allem in München von sich reden, was dieser Stadt später den nationalsozialistischen Ehrentitel »Hauptstadt der Bewegung« eintrug.

Die Basis der Partei war mittelständisch. Auch wenn die NSDAP sich Arbeiterpartei nannte, war sie doch keine. Nicht nur bei den Funktionären, auch bei den Mitgliedern und den Wählern waren die Arbeiter immer unterrepräsentiert, wenn auch in schwindendem Maße; ihren »Mittelstandsbauch« überwand die Partei zu keiner Zeit. In München waren in den 20er Jahren nur 6,6 Prozent der Mitglieder ungelernte Arbeiter, ebenso viele wie Universitätsstudenten, aber 15,2 Prozent waren Kaufleute und 19 Prozent waren Angestellte. Es war das durch die revolutionären Ereignisse in seinen Lebensentwürfen zutiefst verunsicherte kleine und mittlere Bürgertum, das der Partei in hellen Scharen zulief. Zugleich war die NSDAP von ihrem Anspruch her die erste echte Volkspartei, die bei ihren Versuchen, Wähler für sich zu gewinnen, alle geographischen, konfessionellen und sozialen Grenzen überwand. Volkspartei wollte sie allerdings nur für das deutsche Volk sein, so wie sie es definierte. Wer nicht zu diesem Volk gehörte, verfiel der sozialen Exklusion und in letzter Konsequenz der Vernichtung. Die NSDAP appellierte dabei nicht an den Verstand, sondern an den Glauben der Menschen, argumentierte nicht sachlich, sondern antwortete auf Sehnsüchte mit Visionen. Die nationalsozialistische Propaganda hob in extremer Weise auf eine Veränderung der Welt durch eine Veränderung des Bewusstseins ab. Das schuf Raum für Verschwörungstheorien, Weltdeutungen, die die Verantwortung für das Bestehende anderswo suchte. War die Welt erst einmal von geheimen Mächten regiert, so gab es für alle Missstände bequeme Erklärungen. Abhilfe konnte nur noch ein Erlöser schaffen. Adolf Hitler betrat in einer Zeit die politische Arena, die für den politischen Messianismus in besonderem Maße prädestiniert war und er verstand es wie kein anderer, diese Situation zu nutzen.

Die Jahre nach dem Ende des Ersten Weltkriegs waren erfüllt von gegenrevolutionären Putschversuchen, antisemitischen Gewalttaten, Fememorden, politischen Attentaten und anderen gewaltsamen Versuchen, das Rad der Geschichte zurückzudrehen. Zugleich stand die junge Republik auch in einem Abwehrkampf gegen die Kommunisten, die ebenfalls ein grundsätzlich anderes politisches System anstrebten. Die Regierung war so zu Bündnissen mit höchst problematischen Elementen wie Reichswehr und Freikorps genötigt; zudem zog dies die unauflösliche Feindschaft zwischen den Arbeiterparteien SPD und KPD nach sich. Die revolutionäre Aufbruchstimmung nach Kriegsende war rasch der Ernüchterung gewichen, wozu die von vielen als hart und ungerecht empfundenen Bedingungen des Versailler Friedensvertrages erheblich beigetragen hatten. Die politischen Kräfte, die das neue System trugen, gerieten rasch in die Defensive.

Das herausragende Ereignis in dieser Zeit des antirepublikanischen Putschismus war die Ermordung des Außenministers Walther Rathenau am 24. Juni 1922, der der neugegründeten Deutschen Demokratischen Partei (DDP) angehört hatte. Inmitten einer Serie von Gewalttaten und blutigen Auseinandersetzungen hielt das Land den Atem an. Schockartig wurde mit einem Mal vielen klar, was um sie herum vor sich ging. Millionen von Menschen versammelten sich in allen Städten des Reiches zu Trauerumzügen und Protestmärschen. Nach Schätzungen nahm mehr als ein Drittel der gesamten deutschen Bevölkerung an diesen Kundgebungen teil. Als der Reichstagspräsident Paul Löbe die Nachricht von Rathenaus Ermordung bekannt gab, verharrten die Abgeordneten zunächst in sprachloser Stille; viele weinten. Danach brach ein Sturm der Empörung los. Der deutschnationale Reichstagsabgeordnete Karl Helfferich hatte noch tags zuvor in einer seiner Hetzreden Rathenau maßlos angegriffen. Jetzt saß er blass in seiner Bank und wurde von zahlreichen Abgeordneten unter »Mörder, Mörder«-Rufen attackiert. Fraktionskollegen mussten ihn aus dem Saal bringen, um Schlimmeres zu verhüten. Rathenau war wie andere Repräsentanten der Weimarer Republik von Anfang an Objekt irrwitziger Hetzkampagnen, vor allem von Antisemiten, gewesen. Doch nun waren viele erschrocken, dass das, was man immer gefordert hatte (»Knallt ab den Walther Rathenau, die gottverdammte Judensau«), tatsächlich eingetroffen war. Am Tag darauf fand im Reichstag eine Debatte statt, die Otto Wels von der SPD mit einer kämpferischen Rede eröffnete, in der er Rathenau als wahren deutschen Patrioten würdigte. Höhepunkt der Sitzung aber war die Rede des Reichskanzlers Joseph Wirth (Zentrum), die mit den berühmt gewordenen Worten endete: »Da steht der Feind, der sein Gift in die Wunden eines Volkes träufelt. – Da steht der Feind – und darüber ist kein Zweifel: Dieser Feind steht rechts!« Das Protokoll verzeichnete stürmischen, lang anhaltenden Beifall.

Wirths Rede wurde laut Reichstagsbeschluss im ganzen Land als Plakat öffentlich angeschlagen und schon am folgenden Tag erließ Reichspräsident Friedrich Ebert eine Notverordnung zum Schutz der Republik, der wenig später, am 21. Juli 1922, das Republikschutzgesetz folgte. Dieses Gesetz war das Ergebnis parlamentarischer Kompromisse, weil man, um die bürgerliche Mitte zu gewinnen, eine Mehrheit ohne die von der SPD abgespaltene USPD finden musste und deshalb die DVP brauchte. In den folgenden Jahren wurde das Gesetz oftmals eher gegen die Linke als gegen die Rechte angewandt, was den ursprünglichen Intentionen der Gesetzgeber zuwiderlief und an der reaktionären und zum Teil offen republikfeindlichen Justiz lag. In Bayern wurde das Republikschutzgesetz schon einen Tag nach seiner Verabschiedung durch den Reichstag wieder aufgehoben. An seine Stelle traten Strafvorschriften des Freistaates, deren wichtigste Besonderheit war, dass bayerische Straftäter dem neu gebildeten Staatsgerichtshof beim Reichsgericht entzogen werden sollten, der im Verdacht allzu großer Republiktreue stand, und stattdessen weiterhin in Bayern vor Gericht kommen sollten, eine Bestimmung, von der im Jahr darauf die Teilnehmer am Hitler-Ludendorff-Putsch profitierten.

Die Erschütterung über Rathenaus Ermordung hielt nicht lange vor. Schon bald wagten Republikfeinde, Heckenschützen und Femenmörder sich wieder aus ihren Verstecken. Der Deutschvölkische Schutz- und Trutzbund war in Folge des Republikschutzgesetzes in weiten Teilen des Deutschen Reiches verboten worden; dabei hatte eine Liste mit zwölf führenden jüdischen Persönlichkeiten, die der Bund in Umlauf gebracht hatte, eine Rolle gespielt, von denen mit Maximilian Harden und Walther Rathenau nun schon zwei Opfer von Attentaten geworden waren, während ein Dritter, der Bankier Max Warburg, rechtzeitig gewarnt werden konnte. Die meisten Aktivisten des nunmehr verbotenen Bundes schlossen sich der NSDAP an, die so maßgeblich gestärkt wurde.

Die nationalsozialistische Bewegung hatte von allem Anfang an den demokratischen Konsens aufgekündigt. Ihr Ziel war die Überwindung des »Systems«, der parlamentarischen Demokratie. Sie kämpfte in der Überzeugung, dass die Verfassung den Weg, aber nicht das Ziel des politischen Kampfes vorgebe. An Wahlen beteiligte sich die NSDAP nicht. Stattdessen setzte sie auf einen Kurs ostentativer Gewaltanwendung. Martialisches Auftreten sollte die Partei bekannt machen, den politischen Gegner in Angst und Schrecken versetzen und den Eindruck vermitteln, dass die Nationalsozialisten nicht wie die Politiker der anderen Parteien nur Maulhelden seien, sondern ihre Ziele konsequent verfolgten. Ein früher Höhepunkt dieser Gewaltpolitik war der Deutsche Tag in Coburg am 14./15. Oktober 1922, eine Veranstaltung des Deutschvölkischen Schutz- und Trutzbundes, bei der auch Adolf Hitler sprechen sollte. Er berichtete in »Mein Kampf«, er sei eingeladen worden, in Begleitung zu erscheinen, und fügt hinzu: »Als ›Begleitung‹ bestimmte ich achthundert Mann der S.A., die in ungefähr vierzehn Hundertschaften von München aus durch Sonderzug nach dem bayerisch gewordenen Städtchen befördert werden sollten.«

Hitler hatte im Vorjahr bewährte Schläger als »Sturmabteilung« (SA) zusammengefasst. Den Aufbau der SA übernahmen Offiziere der rechtsradikalen Organisation Consul, an ihre Spitze trat der damals noch in der Reichswehr dienende Hauptmann Ernst Röhm (1887–1934), der im Freikorps Epp an der Niederwerfung der Münchner Räterepublik mitgewirkt hatte und danach die Bewaffnung der bayerischen Einwohnerwehren organisierte, wobei seine offizielle Rolle absurderweise die eines Entwaffnungskommissars nach den Bestimmungen des Versailler Friedensvertrages war, was ihm bald den Spitznamen »Maschinengewehrkönig« eintrug. In Coburg tat die SA alles, um ihren Ruf als Terrortruppe, die keinen Widerspruch duldete, zu festigen. Sie zog in geschlossener Formation zweimal durch die Stadt, bis es schließlich zur erwünschten Konfrontation mit den Vertretern der Arbeiterparteien kam, »und so hagelte es zehn Minuten lang links und rechts vernichtend nieder, und eine Viertelstunde später war nichts Rotes mehr auf den Straßen zu sehen«.

14 Tage nach der Prügelorgie in Coburg gab ein Ereignis in Italien Hitler und seinen Anhängern Auftrieb. Am 28. Oktober 1922 marschierten die faschistischen »Schwarzhemden« nach Rom und drei Tage später wurde ihr Führer Benito Mussolini Chef einer Koalitionsregierung. Diese Vorgänge, der erste Sieg einer faschistischen Bewegung auf nationaler Ebene, bedeuteten einen Prestigezuwachs für die NSDAP, deren Vorsitzender nun immer wieder mit Mussolini verglichen wurde. Auch die SA erhielt weiteren Zulauf, die zweite Hälfte des Jahres 1922 brachte ihr einen entschiedenen Wachstumsschub. Die NSDAP und ihre zunehmend paramilitärisch auftretende SA waren zu einem Faktor geworden, der im nationalen Lager zunehmend ernst genommen wurde, was zugleich die Gefahr barg, dass man Hitler und die Seinen als eine Truppe von vielen in einer großen gemeinsamen Front der antidemokratischen Kräfte sah. Dieser Gefahr war Hitler sich immer sehr bewusst und er tat alles, damit die Alleinstellung der NSDAP, Vorbedingung für seinen eigenen Aufstieg, nicht gefährdet wurde.

Doch der Republik stand ihr bislang schwierigstes Jahr erst noch bevor. Wenige Wochen später, am 11. Januar 1923, marschierten französische und belgische Truppen als Reaktion auf relativ geringfügige Lieferrückstände Deutschlands bei den im Friedensvertrag festgelegten Reparationsverpflichtungen ins

Ruhrgebiet ein. Der seit November 1922 amtierende parteilose Reichskanzler Wilhelm Cuno, der zuvor Generaldirektor der Hamburg-Amerika-Linie gewesen war und nun einer Regierung vorstand, deren politische Gewichtung sich im Vergleich zum Kabinett Wirth deutlich nach rechts verschoben hatte, rief zum »passiven Widerstand« auf, der allerdings angesichts der galoppierenden Inflation und der sich ohnehin verschlechternden Wirtschaftslage von vornherein aussichtslos war.

In dieser Situation fand vom 27. bis 29. Januar in München der erste Reichsparteitag der NSDAP statt. Seine Genehmigung war zunächst durch Gerüchte, die Nazis wollten putschen, gefährdet gewesen, doch Hitler gab gegenüber dem Landeskommandanten der Reichswehr Otto von Lossow eine ehrenwörtliche Erklärung ab. Dieser Parteitag geriet zu der bis dahin spektakulärsten Machtdemonstration der Nationalsozialisten. Am Vorabend trat Hitler auf zwölf parallelen Massenversammlungen auf. Der mit den Nazis sympathisierende Historiker Karl Alexander von Müller erlebte das Schauspiel im Löwenbräu-Keller: »Eigne Kampflieder, eigne Fahnen, eigne Symbole, ein eigner Gruß, militärähnliche Ordner, ein Wald grellroter Fahnen mit einem schwarzen Hakenkreuz auf weißem Grund, die seltsamste Mischung von Soldatischem und Revolutionärem, von Nationalistischem und Sozialem. Stundenlang ununterbrochen dröhnende Marschmusik, stundenlang kurze Reden von Unterführern, wann würde er kommen? War doch noch ein Unerwartetes dazwischengetreten? Niemand beschreibt das Fieber, das in dieser Atmosphäre um sich griff. Plötzlich, am Eingang hinten, Bewegung, Kommandorufe. Der Sprecher auf dem Podium bricht mitten im Satz ab. Alles springt mit Heilrufen auf. Und mitten durch die schreienden Massen und die schreienden Fahnen kommt der Erwartete mit seinem Gefolge, raschen Schritts, mit starr erhobener Rechten zur Estrade.«

Den Höhepunkt der Kundgebungen des eigentlichen Parteitags bildete eine »feierliche Fahnenweihe«, bei der der SA ihre ersten Standarten verliehen wurden. Zugleich legten die Männer einen Treueid auf den »Führer« ab. Der Parteitag festigte das Bild der NSDAP als der am besten organisierten und entschlossensten Kraft innerhalb der politischen Rechten. Anfang Februar konstituierte sich auf Betreiben Röhms die »Arbeitsgemeinschaft der Vaterländischen Kampfverbände«, der mit der SA, der »Reichsflagge«, dem Bund Oberland und dem Münchner Teil der ehemaligen Einwohnerwehr die aggressivsten antidemokratischen Organisation angehörten. Die Eingliederung der SA in diese Arbeitsgemeinschaft förderte erheblich ihren Ausbau zum paramilitärischen Wehrverband.

Am 20. März beriet der Verfassungsausschuss des Bayerischen Landtags über einen Antrag der SPD, die SA zu verbieten, dem von der bürgerlichen Mehrheit mit dem Argument begegnet wurde, »sogenannte Sturmabteilungen und Stoßtrupps beständen nicht nur bei den Nationalsozialisten, sondern auch bei den Sozialdemokraten«. Schließlich setzte sich nach längerer Diskussion die Linie der Bayerischen Volkspartei (BVP) durch, solche Stoßtrupps zu dulden, solange sie nur dem Schutz eigener Versammlungen dienten, sie aber aufzulösen, »falls ihr Ziel auf Gewalttätigkeit, Bedrohung der Staatsgewalt oder Gefährdung der öffentlichen Ordnung geht«. Angesichts all dessen, was bereits vorgefallen war, war dieses »falls« blanker Hohn. Es dokumentierte lediglich, wie fest die von der BVP maßgeblich getragene Regierung entschlossen war, das nationalsozialistische Treiben zu tolerieren, solange es sich nur gegen das Regime der »Novemberverbrecher«, d. h. gegen die Regierung in Berlin, richtete. Schon bald danach machte die SA wieder durch eine einschlägige Aktion von sich reden. Nachdem, entgegen einem Ansinnen der Nationalsozialisten, die sozialistischen Feiern zum 1. Mai von der Regierung nicht verboten worden waren, machten die Nazis sich daran, die von Hitler als »jüdisches Sowjetfest« charakterisierte Veranstaltung mit Gewalt zu sprengen. 20.000 meist bewaffnete SA-Leute und Angehörige der Kampfverbände versammelten sich auf dem Oberwiesenfeld in München. Hitler trat mit Eisernem Kreuz und Stahlhelm auf. Viele warteten auf das Signal zum »Marsch auf Berlin«. Angesichts der starken Polizeiverbände, die das Gelände abgeriegelt hatten, und der Reichswehr, die sich im Hintergrund bereit hielt, blieb es bei Wehrübungen. Man darf annehmen, dass Hitler selbst von Anfang an nicht mehr als eine Demonstration seiner Macht geplant hatte. Am Abend fand das gespenstische Schauspiel dann seinen Abschluss mit einer »Deutschen Maifeier« im überfüllten Zirkus Krone mit Adolf Hitler als Hauptredner.

Die NSDAP ging aus den Auseinandersetzungen um den 1. Mai gestärkt hervor. Wieder einmal hatte sie die staatliche Autorität massiv provoziert und wieder einmal war es geduldet worden, was zum einen das Image der Nazis als entschlossen handelnder Bewegung stärkte und zum anderen der Öffentlichkeit erneut zeigte, was von den gegenwärtigen staatlichen Autoritäten zu halten war. Der nächste Schritt folgte auf dem »Deutschen Tag« in Nürnberg am 1./2. September 1923. Die zum aktiven bewaffneten Kampf gegen die Regierung in Berlin entschlossenen Gruppen – SA, Bund Oberland und Reichsflagge – verließen die Arbeitsgemeinschaft der Vaterländischen Kampfverbände und bildeten den »Deutschen Kampfbund«. Betrieben hatte diese Gründung vor allem auch General Ludendorff, der sich nun offen an die Seite Hitlers stellte.

Der »passive Widerstand« gegen die Besetzung des Ruhrgebietes brachte das Deutsche Reich unterdessen in immer größere wirtschaftliche Schwierigkeiten. Die Inflation erreichte astronomische Ausmaße. Am 26. September musste der neue Reichskanzler und Außenminister Gustav Stresemann das Ende des »passiven Widerstandes« verkünden. Noch am selben Tag ernannte die bayerische Landesregierung den früheren Ministerpräsidenten Gustav Ritter von Kahr zum Generalstaatskommissar und der verhängte den Ausnahmezustand. Damit übernahm der republikfeindlich eingestellte Kahr die gesamte vollziehende Gewalt; er war nun gewissermaßen ein bayerischer Diktator. Kahr verbot zahlreiche linksgerichtete Zeitungen, brach die diplomatischen Beziehungen zur sozialistisch geführten Regierung von Sachsen ab und hob die bayerische Durchführungsverordnung für das Republikschutzgesetz auf. Auf der anderen Seite weigerte sich Kahr, dafür Sorge zu tragen, dass das von Reichswehrminister Otto Geßler verfügte Verbot des »Völkischen Beobachters«, der den Reichskanzler in maßloser Weise angegriffen hatte, durchgeführt wurde. Als

Geßler deshalb den bayerischen Wehrkreiskommandeur Otto von Lossow seines Postens enthob, setzte Kahr ihn wieder ein. Zugleich wurde der bayerische Teil der Reichswehr bis zur Wiederherstellung des Einvernehmens zwischen Bayern und Reich von Kahr feierlich in die Pflicht genommen. Bei all diesen Unternehmungen unterstützte ihn der Chef der bayerischen Landpolizei Hans von Seißer.

Gleichzeitig gab es intensive Kontakte zwischen den Kräften um das bayerische Triumvirat Kahr, Lossow und Seißer, den norddeutschen antidemokratischen Kräften und den Radikalen Hitler und Ludendorff und der Schwerindustrie. Es ging um das weitere Vorgehen gegen die Reichsregierung. Dabei bevorzugten die ersteren einen »kalten Staatsstreich«, der erfolgen sollte, nachdem Industrie und Landwirtschaft die Reichsregierung durch ökonomische Pressionen zur Strecke gebracht hatten, Hitler war dabei lediglich die Rolle eines Propagandisten zugedacht, doch der sah sich nicht mehr als Trommler, sondern mehr und mehr als Führer der Bewegung zur Restitution nationaler Größe und Einheit. Seine Ungeduld wuchs, doch die Einbindung der immer noch zögernden Kahr, Lossow und Seißer war unumgänglich, wenn das Unternehmen Erfolg haben sollte.

Der von Hitlers Mitarbeitern Rosenberg und Max-Erwin von Scheubner-Richter entworfene Putschplan hatte deshalb ursprünglich den 4. November als Tag der Erhebung vorgesehen, den Totengedenktag, an dem das bayerische Triumvirat einen Vorbeimarsch abnehmen würde. Die drei sollten von bewaffneten SA-Leuten umstellt und so überredet werden, sich an die Spitze der von Hitler proklamierten nationalen Revolution zu stellen. Diese Idee wurde wieder verworfen, doch schon vier Tage später bot sich eine neue Gelegenheit. Für den Abend des 8. November hatte Kahr eine Kundgebung im Münchner Bürgerbräukeller angesetzt, die von den Vaterländischen Verbänden und der Bayerischen Volkspartei getragen wurde. Fast das gesamte bayerische Kabinett sowie viele führende Vertreter des Münchner öffentlichen Lebens waren anwesend. Kahr hatte gerade erst mit seiner Rede zur politischen Lage begonnen, als bewaffnete Nationalsozialisten den hoffnungslos überfüllten

Saal abriegelten. Hitler drang bis zur Rednertribüne vor und nötigte Kahr, Lossow und Seißer in einen Nebenraum. Die drei widersetzten sich anfangs dem Putschplan, und Hitler kehrte allein in den Saal zurück, wo er zunächst nur einen kleinen Teil des Publikums auf seiner Seite hatte.

Karl Alexander von Müller hat die Situation geschildert: »Eine gefährliche Welle der Erregung brandete zu ihm auf, als er wieder das Podium bestieg. Sie schwoll nicht ab, als er ansetzte zu reden. Ich sehe noch deutlich seine Bewegung, wie er den Browning hinten aus der Tasche zog und einen Schuss gegen die Decke abfeuerte. Wenn nicht Ruhe wird, rief er zornig, lasse ich ein Maschinengewehr auf der Galerie aufstellen. Was dann folgte, war ein rednerisches Meisterstück. Er begann völlig ruhig, ohne jedes Pathos. Was geschehe, richte sich in keiner Weise gegen Kahr. Dieser habe sein volles Vertrauen und solle Landesverweser Bayerns werden. Gleichzeitig aber müsse eine neue Regierung gebildet werden: Ludendorff, Lossow, Seißer und er. Ich kann mich nicht erinnern, je in meinem Leben einen solchen Umschwung der Massenstimmung in wenigen Minuten, fast Sekunden erlebt zu haben.« Wenig später kehrten Kahr und die anderen Seite an Seite mit Hitler auf die Rednertribüne zurück. Die Leitung der Reichspolitik beanspruchte Hitler für sich selbst, Ludendorff wurde zum Führer einer »Nationalarmee« ausgerufen, Lossow zum »militärischen Diktator«, Seißer zum »Reichspolizeiminister«. Kahr wurde zum Verweser der bayerischen Monarchie erklärt, der Münchner Polizeipräsident Pöhner zum Ministerpräsidenten. Der amtierende Ministerpräsident Knilling wurde zusammen mit den anwesenden Ministern verhaftet. Kahr, Lossow und Seißer – von Hitler in Gnaden entlassen – begaben sich zur Kaserne des Infanterieregiments 19 und widerriefen sofort ihre Teilnahme an dem Putsch, sodass der Marsch auf Berlin, der am nächsten Morgen am Bürgerbräukeller begann, an der Feldherrnhalle, wo die Landpolizei wartete, schon wieder zu Ende war. An der Spitze der bunt zusammengewürfelten Schar, die aus einigen tausend Mann verschiedener paramilitärischer Verbände und nur wenigen Reichswehroffizieren bestand, marschierten Hitler und Ludendorff, begleitet von Hermann Göring, Heinrich Himmler und weiteren Nationalsozialisten.

Hermann Göring (1893–1946) war im Ersten Weltkrieg einer der erfolgreichsten Jagdflieger gewesen und genoss hohes Ansehen. Er kam, anders als viele Nazis, aus einem ausgesprochen großbürgerlichen Elternhaus und hatte sich erst im Vorjahr der NSDAP angeschlossen. Seine gesellschaftlichen Verbindungen sollten sich für Hitler auf dem Weg zur Macht später als sehr wertvoll erweisen. Heinrich Himmler (1900–1945) kam aus einer bayerisch–katholischen Beamtenfamilie. Er hatte Landwirtschaft studiert, als Hühnerzüchter gearbeitet und sich erst kurz vor dem Putschversuch der nationalsozialistischen Bewegung angeschlossen.

Bei dem Schusswechsel an der Feldherrnhalle kamen vier Polizisten und 16 Putschisten ums Leben. Andere wurden verwundet wie z. B. Hermann Göring, der einen Schuss ins Bein erhielt. Auch von Hitler selbst hieß es, er sei verwundet worden. Tatsächlich hatte ihn der tödlich getroffene Scheubner-Richter mit zu Boden gerissen und ihm dabei das Schultergelenk ausgerenkt. Hitler floh in die Villa seines späteren Pressechefs Ernst Hanfstaengl in Uffing am Staffelsee, wo er sich im Kleiderschrank versteckte, aber trotzdem bald verhaftet wurde. Auch Ludendorff und andere ereilte dasselbe Schicksal. Einige Putschisten flohen ins Ausland, die meisten über die grüne Grenze nach Österreich.

Der Putsch war so kläglich gescheitert, dass er im Nachhinein als Farce erschien. Dennoch begann die Verklärung der Ereignisse bereits unmittelbar danach. Hitler war für viele ein Held, der etwas gewagt hatte, Kahr galt ihnen als Verräter. Wiederholt kam es zu tätlichen Angriffen auf Polizeikräfte und zu Zusammenrottungen von Enttäuschten. Die Anhänger der Nazibewegung schworen mehr als je zuvor auf ihren »Führer«. Hitler selbst bemerkte später: »Es war das größte Glück für uns Nationalsozialisten, dass dieser Putsch gescheitert ist.« Die Gründe, die er angibt, sind zutreffend: 1. Eine Zusammenarbeit mit Ludendorff wäre auf Dauer nicht möglich gewesen. 2. Die NSDAP war noch viel zu schwach, um die politische

Herrschaft im ganzen Deutschen Reich zu übernehmen. 3. Die »Vorgänge ... mit ihren Blutopfern« waren die »wirksamste Propaganda«.

Das Deutsche Reich hatte sich diesmal gegen die widerspenstigen Bayern durchgesetzt, die mit dem Grundsatz der Reichstreue noch immer große Mühe hatten und glaubten, dem wahren Vaterland einen Dienst zu erweisen, wenn sie den Feinden der Weimarer Republik ihren Schutz angedeihen ließen. Der bayerische Teil der Reichswehr wurde diszipliniert, ihr Kommandeur Lossow unehrenhaft entlassen. Die schweren Konflikte Bayerns mit der Reichsgewalt hatten einen vorläufigen Abschluss gefunden. Gustav von Kahr musste vom Posten des Generalstaatskommissars zurücktreten und wurde Präsident des bayerischen Verwaltungsgerichtshofes. 1934 ließ ihn Hitler, der ihm den Verrat nicht verziehen hatte, im Zuge des sogenannten Röhm-Putsches umbringen.

Die Weimarer Republik hatte sich scheinbar als wehrhaft erwiesen. Doch dabei war sie auf Leute angewiesen wie den Chef der Heeresleitung, den monarchistisch gesinnten Hans von Seeckt, der es weit von sich gewiesen hätte, sich demokratischer Neigungen verdächtigen zu lassen. Er sah in der Reichswehr eine Ordnungsmacht, die über dem Staat stand. 1923 von Reichspräsident Ebert mit der vollziehenden Gewalt betraut, war er eine Art Militärdiktator, der gegen die immerhin legal zustande gekommene Koalition aus SPD und KPD in Thüringen die Reichswehr in Marsch setzte, sich beim Kapp-Putsch wie beim Hitler-Putsch aber neutral verhielt, getreu dem Grundsatz »Truppe schießt nicht auf Truppe«. Die um Hitler gescharten Putschisten, deren Niederwerfung man der Landpolizei überließ, konnten allerdings nur bei höchst eigenwilliger Interpretation dieses Begriffs als Truppe angesprochen werden. Entscheidend für seine Niederlage war, dass es Hitler nicht auch nur im Ansatz gelang, eine wirksame Verbindung zu Kräften in Norddeutschland herzustellen. Am 23. November 1923 verbot von Seeckt NSDAP, DVFP und KPD, unter Berufung auf den im September von Ebert verhängten Ausnahmezustand, im ganzen Deutschen Reich, ein Verbot, von dem die

Betroffenen wussten, dass es nicht weiter als dieser Ausnahmezustand reichen würde.

Zunächst einmal war Hitlers Bewegung zerschlagen. Der »Völkische Beobachter« musste sein Erscheinen ebenso einstellen wie der »Stürmer«. Das Eigentum der Partei – Fahrzeuge, Einrichtung, Finanzmittel und Waffen – wurde beschlagnahmt. Zudem war die Partei führungslos. Scheubner-Richter war tot, Hitler, Frick, Körner, Röhm und Amann waren verhaftet, Göring, Heß und Esser hatten sich nach Österreich abgesetzt. Hitler hatte, kurz bevor er verhaftet wurde, Hanfstaengls Frau verschiedene Anweisungen diktiert. Auf einem dieser Zettel stand: »Lieber Rosenberg, Führen Sie ab jetzt die Bewegung.« Mit Rosenberg wählte Hitler unter den noch verbliebenen Mitstreitern einen Mann, dessen Loyalität außer Frage stand und der als Persönlichkeit nicht stark genug war, Hitler zu verdrängen.

Am 1. Januar 1924 meldete Rosenberg als Ersatz für die NSDAP die Großdeutsche Volksgemeinschaft (GVG) an, um ein legales Sammelbecken für die Aktivitäten der verbotenen Partei zu haben. Zur wichtigsten Organisation im völkischen Lager wurde indes der am 6. Januar in Bamberg gegründete Völkische Block, dessen Führer von der DNVP kamen und der mehr der DVFP nahestand, aber auch norddeutsche Vertreter der NSDAP umfasste. Beide sahen in Hitler und Ludendorff ihre Führer. Die Angehörigen der verschiedenen Kompanien der ebenfalls verbotenen SA benutzten die unterschiedlichsten Tarnungen. Die einen bildeten den Schützenverein »Phönix«, andere den Gesangsverein »Treu Deutschland«, wieder andere den Rauchklub »Handgranate«. Auch »Die lustigen Wandervögel« und Sparvereine gab es.

Am 26. Februar 1924 begann der Prozess gegen Adolf Hitler, Erich Ludendorff und acht weitere Angeklagte, der 24 Verhandlungstage umfasste und vor dem bayerischen Volksgericht in München stattfand, nicht vor dem eigentlich zuständigen Staatsschutzsenat des Reichsgerichts in Leipzig, da die bayerische Regierung den gegen Hitler erlassenen Haftbefehl einfach ignoriert hatte. Hitler nutzte den Prozess außerordentlich geschickt als Agitationsbühne. Sein rhetorisches Talent machte sich auch hier bemerkbar. Der Prozess steigerte Hitlers Popularität enorm. Die bürgerlichen »Münchner Neuesten Nachrichten« schrieben zur Urteilsverkündung: »Wir machen keinen Hehl daraus, dass unsere menschlichen Sympathien auf Seiten der Angeklagten in diesem Prozess und nicht auf Seiten der Novemberverbrecher vom Jahre 1918 stehen.«

In dieser Atmosphäre war eine entschiedene, die Verbrechen in ihrer Schwere ergründende Verhandlungsführung kaum denkbar, lag wohl auch gar nicht in der Absicht des Gerichts. Am 1. April 1924 erging das Urteil gegen Hitler und die Mitangeklagten, die Karikatur einer Entscheidung nach einem rechtsstaatlichen Verfahren. Hitler, Weber, Kriebel und Pöhner wurden als Haupttäter eingestuft und erhielten eine fünfjährige Haftstrafe, nicht Gefängnis, sondern die als ehrenvoll angesehene Festungshaft. Brückner, Röhm, Pernet, Wagner und Frick erhielten je ein Jahr und drei Monate Festungshaft. Ludendorff wurde freigesprochen und verließ unter Ovationen das Gerichtsgebäude.

Mit den verhängten Strafen ging das Gericht an die unterste Grenze des Strafrahmens. Zusätzlich bewilligte es aus »all den zugunsten der Verurteilten sprechenden Gründen« Bewährungsfristen, sodass Brückner, Röhm und Frick als freie Männer aus dem Gerichtssaal gingen. Schließlich sah der Gerichtshof von der zwingend vorgeschriebenen Ausweisung des Ausländers Hitler ab, denn: »Auf einen Mann, der so deutsch denkt und fühlt wie Hitler kann nach Auffassung des Gerichts die Vorschrift des Republikschutzgesetzes ihrem Sinne und ihrer Zweckbestimmung nach keine Anwendung finden.«

Hitler und die wenigen zu einer etwas längeren Haftstrafe verurteilten Mitkämpfer nahmen nun auf der Feste Landsberg Quartier. Bald entfaltete sich ein regelrechter Kasinobetrieb. Der Tag begann mit einem Arbeitsfrühstück unter der Hakenkreuzfahne. Jeder der Herren hatte eine kleine Suite von ein bis zwei Zimmern. Es gab einen Rauchsalon und Abends wurden rauschende Feste gefeiert. Eigene Räume standen zur Verfügung für die Stöße von Post und die zahllosen Geschenke und Blumensträuße, die von überall her kamen. Es wurde aber auch politische Arbeit geleistet. Die Parteiprominenz machte ihre Aufwartung, um Anweisungen entgegenzunehmen. Und auch staatliche Stellen wie die Reichswehr hielten zu Hitler weiterhin Kontakt.

Wenige Tage nach Hitlers Haftantritt, am 6. April 1924, fanden in Bayern Landtagswahlen statt. Sie zeigten schlagartig, wie weit die Erosion des demokratischen Fundaments der Weimarer Republik in den wenigen Jahren seit ihrer Gründung vorangeschritten war. Die BVP fiel von 65 auf 46 Mandate zurück, die SPD von 26 auf 23 und die DDP von 13 auf ganze drei, auch die übrigen demokratischen Parteien erlitten Verluste. Der einzige Gewinner war der aus Nationalsozialisten und völkischen Sympathisanten zusammengesetzte Völkische Block, der mehr als 500.000 Stimmen errang und so die Zahl seiner Abgeordneten von zwei auf 23 steigern konnte, wodurch er gemeinsam mit den Sozialdemokraten den zweiten Platz einnahm. In Berlin hatten sich die verschiedenen völkischen Gruppen zur »Reichsliste der Vereinigten Nationalsozialistischen und Deutsch-Völkischen Freiheits-Parteien« zusammengeschlossen und erreichten bei den Reichstagswahlen am 4. Mai 1924 immerhin 6,5 Prozent und damit 32 Mandate, unter ihnen zehn Nationalsozialisten. Gewählt wurden unter anderem Gregor Strasser, General Ludendorff, Röhm, Feder und Frick. In Bayern erreichte das Wahlbündnis Spitzenergebnisse, 20,7 Prozent in Franken, 17 Prozent in Oberbayern-Schwaben und in dem sehr katholisch geprägten Niederbayern immer noch 10,2 Prozent.

Die Nationalsozialisten konnten in dem ersten parlamentarischen Probelauf durchaus einen Erfolg sehen. Die putschistische Linie hatte mit aller denkbaren Theatralik im Pulverdampf vor der Feldherrnhalle eine Niederlage hinnehmen müssen. Was lag da näher, als den parlamentarischen Weg zu beschreiten? Und was konnte einer verbotenen Partei Besseres passieren, als dass einige ihrer wichtigsten Vertreter regelmäßig an den Versammlungen des höchsten Gesetzgebungsorgans teilnehmen und so die »Schwatzbude« des Parlaments zu ihrer Tribüne machen konnten und dabei noch den Schutz der Immunität genossen? Es gab unter den Haudegen der Frühzeit auch solche, die für einen legalistischen Kurs kein Verständnis hatten, wie Ernst Röhm und Hermann Kriebel. Alfred Rosenberg setzte sich aber darüber hinweg, er trat nachdrücklich dafür ein, die propagandistischen Möglichkeiten des Wahlkampfes zu nutzen. In dieser reichsweiten Aktivität sah er auch eine gute Möglichkeit, den Zusammenhalt der immerhin illegalen Partei zu fördern, während Hitler selbst ablehnend blieb, sodass Rosenbergs Initiative entscheidend für die Parlamentarisierung der nationalsozialistischen Bewegung war.

Gravierender noch als die Frage einer gemeinsamen Beteiligung an Wahlen war die einer grundsätzlichen Zusammenarbeit von NSDAP und DVFP, womöglich mit dem Ziel einer Verschmelzung. Rosenberg, hier ganz im Sinne Hitlers handelnd, opponierte entschieden dagegen. Doch die norddeutschen Nationalsozialisten neigten ebenso zum Schulterschluss mit den Völkischen wie Ludendorff, der sich selbst wohl immer noch an der Spitze der Bewegung sah. Am 24. Februar 1924 kam es zu einer offiziellen Vereinbarung zwischen beiden Parteien mit dem Ziel einer Vereinigung. Immerhin hatte Rosenberg noch einen Zusatz mit einer Befristung auf sechs Monate durchsetzen können.

Einen Tag später gab General Ludendorff eine Erklärung ab, dass er in dem ehemaligen Konservativen und jetzigen DVFP-Abgeordneten Albrecht von Graefe seinen Repräsentanten in Norddeutschland sehe. Damit bestand die ganz konkrete Gefahr, dass Hitler zum nicht einmal wichtigsten Mitglied eines völkisch-nationalsozialistischen Triumvirats reduziert werden würde. Als dies immer deutlicher wurde, zog er aus seiner momentan stark eingeschränkten Handlungsfähigkeit den Schluss, niemandem mehr die Möglichkeit einzuräumen, sich auf seine Autorität zu berufen. In einer weithin beachteten Presseerklärung vom 7. Juli 1924 ließ er verkünden: »Herr Adolf Hitler teilt uns aus Landsberg mit, dass er die Führung der nationalsozialistischen Bewegung niedergelegt hat und sich auf die Dauer seiner Haft jeder politischen Tätigkeit enthält. Er zieht damit sämtliche von ihm ausgestellten persönlichen Vollmachten zurück und bittet, sich nicht mehr auf sie zu berufen. Herr Hitler bittet insbesondere seine ehemaligen Anhänger, von Besuchen in Landsberg künftig absehen zu wollen. Der Grund für diesen Entschluss liegt in der Unmöglichkeit, augenblicklich irgendeine praktische Verantwortung übernehmen zu können, sowie in der allgemeinen Arbeitsüberlastung. Herr Hitler schreibt zur Zeit an einem umfangreichen Buche und will sich so die dafür nötige freie Zeit sichern.«

Dieser Text zeigte den Taktiker Hitler wieder ganz auf der Höhe seiner Fähigkeiten. Zum einen dokumentierte er noch einmal vor aller Öffentlichkeit seinen Führungsanspruch, meldete zugleich seine Rückkehr nach der Haftentlassung an, machte bereits Werbung für »Mein Kampf« und stellte klar, dass niemand befugt war, in seinem Namen Anweisungen zu erteilen.

Es folgte eine Phase der Machtkämpfe innerhalb und zwischen den rivalisierenden Organisationen, die sich personell überschnitten und deren Strukturen und Grenzen nicht immer klar erkennbar waren. Es gab noch mehrere Konferenzen zur Fusion der Völkischen mit den Nationalsozialisten, doch blieben sie, obwohl die Opponenten der Vereinigung eindeutig in der Minderheit waren, letztendlich folgenlos.

Das Volksgericht hatte für Hitler eine Haftentlassung auf Bewährung nach sechs Monaten in Aussicht gestellt, und diese Frist war am 30. September 1924 abgelaufen. Hitlers Anwalt Lorenz Roder war schon zuvor zweimal in Landsberg gewesen und auch in München bei den einschlägigen Behörden vorstellig geworden. Die Hinweise darauf, dass Hitler sofort wieder für seine verbotene Partei aktiv werden würde, waren freilich überwältigend und entsprechend kritisch fiel die Stellungnahme der Staatsanwaltschaft aus, in der es u. a. hieß, Hitler, Weber und Kriebel hätten »die ihnen gewährten außergewöhnlichen Freiheiten, insbesondere die Besuchsfreiheit ohne Überwachung, dazu missbraucht, die Verbände, die sie am 8. und 9. November 1923 zu ihrem hochverräterischen Unternehmen benützt hatten, neu zu organisieren«. Doch das focht das Gericht nicht an und am 20. Dezember 1924 war Adolf Hitler wieder ein freier Mann. Von seiner fünfjährigen Strafe hatte er gerade mal ein Jahr abgesessen. Die Gewährung von Bewährungsfristen war ein Instrument, das die bayerische Justiz damals mit extremer Willkür handhabte. Reichsamnestien wurden meist völlig ignoriert, rechtsradikale Verbrecher so rasch wie möglich auf freien Fuß gesetzt, ihre Gegner dagegen mit äußerster Strenge behandelt. So musste der Räterevolutionär Ernst Toller seine fünfjährige Haftstrafe bis zum letzten Tag absitzen und wurde anschließend sofort ausgewiesen.

Zwei Wochen vor Hitlers Haftentlassung, am 7. Dezember 1924, hatten wiederum Reichstagswahlen stattgefunden. Sie zeigten, dass sich die erste Demokratie auf deutschem Boden nach den schweren Erschütterungen des Vorjahres bis zu einem gewissen Grad stabilisiert hatte. Die Parteien der Weimarer Koalition konnten allesamt Stimmen dazu gewinnen, am meisten die Sozialdemokraten. Insgesamt verbesserten sich Zentrum, DDP und SPD von 42,8 auf 49,6 Prozent. Die Kommunisten erlitten Verluste, ebenso die Nationalsozialisten, deren Listenverbindung mit den Völkischen von 6,5 auf 3 Prozent abstürzte. Hitler fühlte sich in der Überzeugung bestätigt, dass in seiner Abwesenheit keine Wahlerfolge erzielt werden konnten. Aber die Weimarer Koalition, die sogar eine komfortable Mehrheit der Abgeordneten hinter sich gehabt hätte, war damals längst zerbrochen. Stattdessen wurde unter dem früheren Essener Oberbürgermeister Hans Luther, der parteilos war und später der DVP beitrat, eine bürgerliche Rechtskoalition gebildet, der zwar deutschnationale Minister angehörten, aber keine Sozialdemokraten. Die Republik hatte sich wirtschaftlich stabilisiert, aber politisch hatten sich die Gewichte bereits so weit nach rechts verschoben, dass eine solche Regierungsbildung plausibel erschien. Es gehört zu den Absurditäten der deutschen Geschichte, dass ausgerechnet aus diesen Wahlen, die die demokratischen Parteien eindeutig gestärkt hatten, die erste explizit rechte Regierung hervorging.

Adolf Hitler hatte in Landsberg seinen Mithäftlingen Emil Maurice und Rudolf Heß den ersten Band von »Mein Kampf« diktiert, der im Juli 1925 im parteieigenen Eher Verlag erschien. Nach seiner Haftentlassung schrieb er den zweiten Band, der

Ende 1926 herauskam. 1930 wurden beide Werke zu einer einbändigen Volksausgabe vereinigt, die im Lauf der Zeit eine Auflage von mehr als zehn Millionen Exemplaren erreichte, nicht gerechnet die 16 Übersetzungen in andere Sprachen. Die Honorare aus dem Verkauf machten Hitler zu einem wohlhabenden Mann. Nach 1933 erfolgte die Verbreitung vor allem auf Kosten der öffentlichen Hand. Das »Grundbuch der Bewegung« wurde Brautpaaren bei der standesamtlichen Trauung überreicht. Damit diese Exemplare nicht im Antiquariatshandel landeten, veranlasste Hitler ein Gesetz, das den Verkauf seines Buches aus zweiter Hand verbot.

Der erste Band wurde zunächst unter dem wenig eingängigen Titel »4 ½ Jahre Kampf gegen Lüge, Dummheit und Feigheit« angekündigt, und es war wohl Max Amann, der die sehr viel prägnantere Formulierung »Mein Kampf« durchsetzte. Es handelte sich im wesentlichen um eine stark stilisierte Autobiographie, doch musste der nach Hitlers eigenem Eingeständnis miserabel geschriebene Text von einer ganzen Heerschar von Redakteuren bearbeitet und umgeschrieben werden. Der zweite Band brachte eine Zusammenfassung von Hitlers politischem Programm: Die Vereinigung aller Deutschen, namentlich der Anschluss Österreichs, die Gewinnung der Arbeiterschaft für einen nationalen Sozialismus, die Vernichtung der jüdischen Gegenrasse als Vorbedingung für das Überleben der eigenen, die Eroberung des für das deutsche Volk notwendigen Lebensraums im Osten und, um all dies möglich zu machen, die Überwindung von Meinungsstreit und Parteienhader zugunsten eines starken Staates, der auf dem germanischen Prinzip von Führer und Gefolgschaft beruhte. Auch dass es zur Errichtung des Imperiums der deutschen Herrenrasse eines weiteren Krieges bedurfte, war in »Mein Kampf« bereits klar ausgesprochen. Deutschland werde entweder Weltmacht oder überhaupt nicht sein. Den »ewigen Germanenzug nach Süden und Westen« wollte Hitler stoppen. Die gegen Russland gerichtete Raumpolitik wurde hier bereits klar konturiert, England und Italien waren mögliche Bündnispartner, der »jüdische Bolschewismus« der Hauptfeind.

Zuletzt kam Hitler noch einmal auf den Ersten Weltkrieg zu sprechen: »Hätte man zu Kriegsbeginn und während des Krieges einmal zwölf- oder fünfzehntausend dieser hebräischen Volksverderber so unter Giftgas gehalten, wie Hunderttausende unserer allerbesten deutschen Arbeiter aus allen Schichten und Berufen es im Felde erdulden mussten, dann wäre das Millionenopfer der Front nicht vergeblich gewesen.« Der Weltkrieg war vorbei, die Frontstellung gegen das angebliche Weltherrschaftsstreben bestand fort. Das Buch war mehr als alles andere eine Kriegserklärung an das jüdische Volk.

Kampf gegen das System.
1925–1933

Die erste Demokratie auf deutschem Boden war unter schwierigen Umständen zustande gekommen. Die gesellschaftlichen Eliten standen dem neuen System zum größten Teil mit Distanz, wenn nicht offener Feindschaft gegenüber. Die Ministerialbürokratie und die Justiz bestanden aus in der Kaiserzeit ausgebildeten Beamten, die sich in ihrer großen Mehrheit einer autoritär-monarchistischen Tradition verpflichtet wussten. Die Bedingungen des Versailler Friedensvertrags waren hart und trugen nicht zur Beruhigung der Gemüter bei. Bei Kriegsende hatten mehrere Millionen Soldaten im Feld gestanden. Zunächst wurde eine »Vorläufige Reichswehr« von 420.000 Mann gebildet, die jetzt auf 100.000 Mann ohne schwere Waffen reduziert werden musste. Diese Demobilisierung führte zu massiver Arbeitslosigkeit. Die Marine wurde auf 15.000 Mann begrenzt, eine Luftwaffe war nach den Bestimmungen des Friedensvertrages ganz verboten. Die territorialen Abtretungen, zu den das Deutsche Reich verpflichtet wurde, insbesondere im Osten an Polen, riefen Erbitterung hervor. Die wirtschaftlichen Belastungen, Reparationszahlungen bei gleichzeitiger Liquidierung deutscher Auslandsguthaben und handelspolitischen Beschränkungen, waren hart. Das Rheinland wurde entmilitarisiert, das Saarland bis zu einer für 1935 angesetzten Volksabstimmung vom Deutschen Reich abgetrennt. Am meisten aber empörte die Menschen der Artikel 231, in dem Deutschland die

Verantwortung für alle Kriegsschäden übernahm. Er wurde als »Kriegsschuldartikel« interpretiert und löste über Jahre hinweg wütende publizistische Attacken aus. Der eben gewählte erste Reichsministerpräsident Philipp Scheidemann (SPD) erklärte, wer diesen Friedensvertrag unterzeichne, dem müsse die Hand verdorren, und trat zurück. Die DDP, deren Abgeordnete den »Schandfrieden« mehrheitlich ablehnten, trat vorübergehend aus der Koalition aus. Neuer Reichskanzler, wie der Regierungschef nun hieß, wurde Gustav Bauer, Außenminister Hermann Müller (beide SPD). Letzterer nahm es auf sich, das Vertragswerk zu unterzeichnen, gemeinsam mit Vizekanzler und Finanzminister Matthias Erzberger, dem Führer der Zentrumspartei. Erzberger war der geistige Vater der Friedensresolution von 1917 gewesen und hatte auch die Waffenstillstandsverhandlungen geführt. 1921 wurde er von Rechtsradikalen ermordet.

1919 bei der Wahl zur Nationalversammlung ließ sich das Parteienspektrum noch relativ gut überschauen und die Zustimmung zu den die Verfassung tragenden Kräften war stark. SPD und Zentrum hatten selbst ohne die DDP eine komfortable Mehrheit. Die Unabhängigen Sozialdemokraten der USPD, die sich über der Frage der Bewilligung der Kriegskredite von der Mehrheitssozialdemokratie abgespalten hatten, erhielten nur 7,6 Prozent und die noch radikalere KPD, die am 1. Januar 1919 gegründet worden war, trat bei den Wahlen ebenso wenig an wie die DAP am anderen Ende des politischen Spektrums.

Die KPD verfolgte einen revolutionären Kurs und setzte auf eine Mobilisierung der Arbeiterschaft. In Sachsen kam es 1919 wiederholt zu schweren Unruhen. Schließlich verhängte die Reichsregierung den Belagerungszustand und die Reichswehr marschierte in Sachsen ein. Im März 1920 wurden während des Generalstreiks gegen den Kapp-Lüttwitz-Putsch, den rechtsgerichtete Militärs gegen die gewählte Regierung angezettelt hatten, bei Auseinandersetzungen von der Reichswehr zahlreiche Demonstranten erschossen. Der Putsch war getragen von Reichswehroffizieren, vor allem aus dem preußischen Adel, die die Unterzeichnung des Versailler Friedensvertrags durch die Reichsregierung unerträglich fanden, sowie von Freikorps-Soldaten, die die Rückkehr ins zivile Leben scheuten und die befürchtete Auflösung ihrer Verbände verhindern wollten. An der Spitze dieses militärischen Flügels standen der Oberbefehlshaber der Reichswehr für Berlin-Brandenburg General Walther von Lüttwitz und der Marineoffizier Hermann Ehrhardt, der Gründer sowohl des Freikorps »Brigade Ehrhardt« als auch des rechtsradikalen Geheimbundes »Organisation Consul«. Den zivilen Flügel der Verschwörung bildeten Politiker der extremen Rechten, darunter viele Vertreter des ostelbischen Großgrundbesitzes, an ihrer Spitze der ostpreußische Generallandschaftsdirektor Wolfgang Kapp, 1917 Gründer der Deutschen Vaterlands-Partei, der jetzt als neuer Reichskanzler vorgesehen war. Nachdem ihre ultimativ vorgetragene Forderung nach einer grundlegenden Umbildung der Reichsregierung und der Rücknahme des Auflösungsbefehls für die Freikorps von Reichspräsident Ebert und Reichswehrminister Gustav Noske abgelehnt worden war, besetzten Truppen des seines Amtes enthobenen Generals von Lüttwitz in der Nacht vom 12. auf den 13. März die Reichshauptstadt. Die sozialdemokratischen Reichsminister, der SPD-Vorstand und die Gewerkschaften ADGB und AfA riefen daraufhin einen Generalstreik aus. Die KPD schloss sich dem Aufruf etwas später an, ebenso der Deutsche Beamtenbund. Angesichts des entschlossenen Widerstands der Arbeiterschaft brach der schlecht organisierte Aufstand nach wenigen Tagen zusammen. Bei den Regierungen im Reich und in Preußen, die beide sozialdemokratisch geführt waren, kam es zu einem Revirement. Farblose und unentschlossen agierende Sozialdemokraten wurden nun durch wesentlich energischere Parteifreunde ersetzt. Neuer Reichskanzler wurde Hermann Müller, preußischer Ministerpräsident Otto Braun, der bis zum »Preußenschlag« 1932 im Amt blieb.

Im Ruhrgebiet entwickelte sich aus dem Abwehrkampf gegen den Putschversuch von Kapp und Lüttwitz der »Märzaufstand«. Eine von Sozialdemokraten und Kommunisten getragene, etwa 50.000 bewaffnete Arbeiter zählende »Rote Ruhrarmee« beherrschte nach heftigen Kämpfen mit Polizei- und Reichswehreinheiten vorübergehend das Revier. Der Aufstand wurde schließlich von der Reichswehr im Verein mit den Freikorps niedergeschlagen. Die Niederringung des Kapp-Lüttwitz-Putsches, bei der die Reichswehr sich neutral und damit de facto republikfeindlich verhalten hatte, vertiefte die Zerstrittenheit der Arbeiterbewegung, die politisch in drei Parteien gespalten war. Der Sieg über die aufständischen Offiziere, die vorübergehend sogar die Reichsregierung aus Berlin vertrieben hatten, war teuer erkauft. Die Reichstagswahlen 1920 zeigten es deutlich. Die SPD verlor fast die Hälfte ihrer Anhänger, die nun die radikalere und entschlossenere USPD wählten. Die DDP verlor sogar mehr als die Hälfte ihrer Wählerschaft, dafür verdoppelten die nationalkonservative und verfassungsfeindliche DNVP und die nationalliberale DVP ihren Stimmenanteil. Dieses Ergebnis war ein Debakel für die junge Demokratie. Keine zwei Jahre nach ihrer Gründung waren die Kräfte, die entschlossen für sie eintraten, bereits in die Defensive geraten.

Trotz gewaltsamer Auseinandersetzungen, die auf beiden Seiten viele Todesopfer gefordert hatten, gab es auch nach der Niederschlagung des Märzaufstands noch einen erheblichen Bestand an Waffen in den Händen der Arbeiter. Genau ein Jahr später kam es erneut zu schweren Kämpfen in Mitteldeutschland. Der Anarchist Max Hoelz rüstete streikende Arbeiter und arbeitslose Bergleute mit Waffen aus und organisierte Stoßtrupps, die Brandstiftungen, Plünderungen und Überfälle unternahmen. Auf dem Höhepunkt waren 120.000 Streikende, unter ihnen 3.000 bewaffnete Kämpfer, an den Auseinandersetzungen beteiligt. Mit der Zerschlagung der letzten von Hoelz geführten Truppe brach die Bewegung am 1. April 1921 zusammen. Der Aufstieg der KPD zur Massenpartei fand zunächst ein abruptes Ende, der putschistische Kurs der Parteiführung hatte zu einem Desaster geführt.

In einzelnen Ländern gab es trotz der Auseinandersetzungen auf Reichsebene noch eine Zusammenarbeit zwischen den Parteien der Arbeiterbewegung. Am 21. März 1923 wurde der Sozialdemokrat Erich Zeigner zum sächsischen Ministerpräsidenten gewählt, der im Oktober des gleichen Jahres auch zwei Mitglieder der KPD in seine Regierung aufnahm. Aber Reichspräsident Ebert setzte daraufhin die Reichswehr in Marsch und erklärte die sächsische Landesregierung am 29. Oktober 1923 für abgesetzt. Auch im benachbarten Thüringen kam es unter dem Sozialdemokraten August Fröhlich zu einer Linksregierung aus SPD und KPD, die aber angesichts der Bedrohung durch eine militärische Lösung nach sächsischem Muster auseinander fiel. (Sowohl Zeigner als auch Fröhlich machten nach dem Krieg in der SED Karriere.) Der innenpolitischen Herausforderung von links folgte wenig später die Bedrohung von rechts, als Hitler und Ludendorff in München ihren Putschversuch inszenierten. In beiden Fällen setzten sich die die Weimarer Republik tragenden politischen Kräfte durch, und es folgte eine Periode der relativen Stabilisierung. Am 15. November 1923 wurde auch der Inflation mit der Ausgabe der neuen Rentenmark ein Ende gesetzt. Bei den Reichstagswahlen im Dezember 1924 erreichte der Zuspruch der radikalen Parteien am linken und rechten Rand des politischen Spektrums einen historischen Tiefstand. Die Weimarer Republik hatte die ersten großen Herausforderungen mühsam, aber doch im Großen und Ganzen erfolgreich bestanden.

Am 4. Januar 1925 suchte Adolf Hitler den bayerischen Ministerpräsidenten Heinrich Held (BVP) auf, um mit ihm über eine Wiederzulassung der NSDAP zu verhandeln. Hitler spielte die Rolle des durch die Haft Geläuterten und versuchte außerdem, Helds Sympathie zu gewinnen, indem er sich von Ludendorffs Attacken gegen die katholische Kirche entschieden distanzierte, was wiederum bei den Norddeutschen Ängste vor einem Verrat der Bewegung an den Papst in Rom schürte. Hitler ließ sich nicht beirren, traf sich noch zweimal mit Held, versprach, keinen neuen Putschversuch zu unternehmen, wozu ihm ohnehin die Mittel gefehlt hätten, und erreichte, was er wollte. Mit der Aufhebung des Ausnahmezustands endete am 16. Februar 1925 auch das Verbot der NSDAP.

Am 26. Februar 1925 erschien auch die Parteizeitung, der »Völkische Beobachter«, erstmals wieder. Auf der Titelseite war ein großes Inserat, das für den Besuch der ersten großen öffentlichen Massenversammlung warb, bei der Pg. Adolf Hitler über »Deutschlands Zukunft und unsere Bewegung« sprechen wollte. Der Eintrittspreis betrug eine Mark, der erwartete Überschuss sollte »die Bildung des Kampfschatzes der Bewegung einleiten«. Tatsächlich war der Zulauf gewaltig. Schon am Nachmittag versammelten sich zahllose Menschen vor dem Bürgerbräukeller, um Hitler zu empfangen. Obwohl der Saal mehrere Tausend Menschen fasste, mussten schließlich fast ebenso viele vor der Tür bleiben. Was sich im Saal abspielte, war wiederum ein inszenatorisches Meisterstück desjenigen Mannes, der sich anschickte, aus all den Auseinandersetzungen um den richtigen Kurs als der schließlich unumstrittene Herrscher über seine, wenn auch zunächst noch kleine, Partei hervorzugehen.

Hitler hielt eine mehrstündige Rede, in der er zunächst seine bekannte Weltsicht referierte. Dann kam er auf die eigentliche Botschaft des Abends zu sprechen: »Meine Herren, die Vertretung der Interessen der Bewegung lassen Sie von nun ab meine Sorge sein!« Das Protokoll vermerkt lebhaften, andauernden Beifall. Heilrufe ertönten, als Hitler wenig später hinzusetzte: »Ich bin nicht gewillt, mir Bedingungen vorschreiben zu lassen, solange ich persönlich die Verantwortung trage. Und die Verantwortung trage ich wieder restlos für alles, was in dieser Bewegung vorgeht.« Mit dieser Forderung ging eine zweite einher. Hitler präsentierte sich als der große Einiger der Bewegung und stellte fest: »Wer in das gemeinsame Lager nicht kommen will, der bleibe fern; wer aber zu kommen gedenkt, dem sage ich eines: Der Streit hat nun ein Ende.« Im Anschluss an Hitlers Rede kamen Streicher, Dinter und Esser als Vertreter der zuletzt antiparlamentarisch dominierten GVG sowie Buttmann, Feder und Frick als Repräsentanten der parlamentarischen Linie auf die Bühne und gaben sich demonstrativ die Hand. Zuletzt ließ Hitler die Opfer des 9. November hochleben und schloss mit der Bitte, Ludendorffs zu gedenken, dessen deklamatorische Vereinnahmung ein kluger Schachzug war. Tatsächlich war Ludendorff zu dem Spektakel ebenso wenig erschienen wie Röhm, der sich mit dem neuen legalistischen Kurs nicht abfinden konnte, und Gregor Strasser, der wie Ludendorff der Reichsführerschaft der NSFB angehört hatte, die aber schon 14 Tage zuvor ihren Rücktritt erklärt hatte. Auch der Parteigründer Anton Drexler war ferngeblieben.

Die Kunde von Hitlers erfolgreichem zweiten Start als Parteiführer verbreitete sich rasch. Noch im März 1925 löste sich die GVG auf. Auch die Nationalsozialistische Freiheitsbewegung (NSFB) sah nach dem faktischen Scheitern der Fusionsbemühungen keinen Sinn in ihrem weiteren Fortbestand, überließ es allerdings der Entscheidung ihrer Mitglieder, ob sie sich der wieder entstandenen NSDAP oder der DVFP anschlossen. Tatsächlich war die Zahl derer, die sich für die Nationalsozialisten entschieden, größer als von vielen erwartet, sodass Hitler auch im Norden bald die Kontrolle über die Bewegung gewann und sich erstmals die Möglichkeit einer flächendeckenden Präsenz seiner zunächst stark auf Bayern konzentrierten Partei abzeichnete.

Durch die Auflösung der GVG kam qualifiziertes Personal in die Parteizentrale der NSDAP. Zu nennen sind insbesondere Franz Xaver Schwarz (1875–1947) und Philipp Bouhler (1899–1945). Schwarz war im Sommer 1924 zusammen mit Streicher und Esser in den Vorstand der GVG gewählt worden. Er führte auch die Liquidation der Partei durch und wurde nun erster Schatzmeister der NSDAP. Ab 1931 führte er den Titel Reichsschatzmeister, war Generalbevollmächtigter für alle vermögensrechtlichen Fragen und baute sein Amt immer mehr zu einer zentralen Machtinstanz innerhalb der Partei aus. Schwarz hatte in der Münchner Stadtverwaltung gearbeitet, bevor er hauptberuflich für die Partei tätig wurde. Zusammen mit dem Reichsgeschäftsführer Bouhler und drei Angestellten organisierte er den Neuaufbau der Partei. Beide waren unauffällige Parteiarbeiter ohne Ausstrahlung, dabei äußerst effektiv. Gemeinsam gelang es ihnen, eine zentralistische Parteiorganisation aufzubauen, die nicht länger von bestimmten Personen abhängig war. Der Dritte im Bunde war Max Amann (1891–1957), seit 1922 Leiter des Eher Verlages, in dessen Haus zunächst auch die Geschäftsstelle der Partei untergebracht war.

Hitlers großer Auftritt am 27. Februar 1925 war das Fanal zur Sammlung der versprengten Anhänger gewesen. Er hatte aber auch noch einen anderen, nicht erwünschten Effekt gehabt. Sein emphatischer Ruf »Es ist mein einziger Wunsch, dass das Hakenkreuzbanner, wenn der Kampf mich das nächste Mal niederstreckt, mein Leichentuch werden soll« hatte ihm ein Redeverbot der bayerischen Regierung eingebracht, weil man darin nicht zu Unrecht die Bereitschaft zu weiteren gewaltsamen Aktionen gegen die Autorität des Staates gesehen hatte. Zwei Jahre lang durfte er nicht mehr öffentlich auftreten und nur noch in geschlossenen Mitgliederversammlungen oder vor geladenen Gästen sprechen. Eine Reihe von Landesregierungen schloss sich diesem Schritt an, u. a. Baden, Preußen und Sachsen, was Hitlers Aktionsradius empfindlich einschränkte.

Am 28. Februar 1925, einen Tag nach Hitlers Rede, starb Reichspräsident Friedrich Ebert im Alter von nur 54 Jahren. Er war von den Gegnern der Weimarer Republik regelrecht zu Tode gehetzt worden. In mehr als 170 Prozessen hatte er sich gegen ihre Verleumdungen zu wehren versucht und war dabei oft genug an der Republikfeindschaft der Gerichte gescheitert. Am 29. März fand die Wahl von Eberts Nachfolger statt. Es war dies zugleich die erste Direktwahl des Reichspräsidenten. Für das rechte Lager kandidierte Karl Jarres, der Oberbürgermeister von Duisburg. Er gehörte der DVP an und wurde auch von der DNVP unterstützt. Sein wichtigster Opponent war der Sozialdemokrat Otto Braun. Das katholische Lager war gespalten: Für das Zentrum kandidierte der frühere Reichskanzler Wilhelm Marx, für die BVP der bayerische Ministerpräsident Heinrich Held. Die DDP stellte den badischen Staatspräsidenten Willy Hellpach auf. Die KPD schickte den Hamburger Ernst Thälmann ins Rennen, der im September dann auch Vorsitzender der Partei wurde. Letzter in der Runde der Kandidaten war Erich Ludendorff, der nur von der NSDAP unterstützt wurde, während die DVFP ihre Anhänger dazu aufrief, ihre Stimme Jarres zu geben. Im ersten Wahlgang erreichte keiner der Bewerber die absolute Mehrheit. Jarres kam auf 10,4 Millionen Stimmen (38,8 Prozent), Braun auf 7,8 Millionen (29 Prozent), Marx auf 3,9 Millionen (14,5 Prozent), Thälmann auf 1,9 Millionen (7 Prozent), Hellpach auf 1,6 Millionen (5,8 Prozent), Held auf eine Million (3,7 Prozent) und Ludendorff auf ganze 286.000 Stimmen (1,1 Prozent), nicht einmal ein Drittel der Stimmen, die bei der Reichstagswahl vier Monate zuvor auf die NSFB entfallen waren. Die Blamage des Ersten Generalquartiermeisters und deutschen Nationalhelden des Ersten Weltkriegs hätte größer kaum sein können. Vieles spricht dafür, dass genau dieses Ergebnis in Hitlers Kalkül gelegen hatte. In seiner aggressiven Wahlwerbung hatte Hitler die Abstimmung zu einem Zählappell für die »deutsche Opposition« hochstilisiert. Das Ergebnis sollte nun jedermann vor Augen führen, dass die NSDAP mit einem Ludendorff an der Spitze keine Aussicht auf Erfolg hatte. Der General, der nicht einmal die Deutschvölkischen für sich hatte gewinnen können, war als Führungsfigur, deren Ausstrahlung über den harten Kern der Anhängerschaft hinausreichen konnte, nachhaltig diskreditiert. Das schwächte natürlich auch seine Position im eigenen Lager, wovon niemand mehr profitierte als Adolf Hitler, der immer mehr zum Objekt eines systematischen Personenkults wurde.

Da kein Kandidat die absolute Mehrheit erreicht hatte, wurde für den 26. April ein zweiter Wahlgang angesetzt. Im Lager der Weimarer Koalition schloss man einen Kompromiss. Hellpach zog als schwächster Kandidat zurück. Das Zentrum unterstützte die Wahl Otto Brauns zum preußischen Ministerpräsidenten, die am 3. April erfolgte, und die SPD akzeptierte dafür Marx als gemeinsamen Anwärter für die Reichspräsidentschaft. Gegen Marx hätte Jarres kaum eine Chance gehabt. Das war auch den Rechten klar, die nach einem attraktiveren Kandidaten Ausschau hielten und ihn in dem 77-jährigen pensionierten Feldmarschall Paul von Hindenburg fanden. Doch selbst Hindenburg hätte sich gegen Marx nicht durchgesetzt, wenn ihm nicht ein folgenschwerer Umstand zu Hilfe gekommen wäre. Die Spaltung im katholischen Lager war so tief, dass die BVP nicht etwa zur Wahl von Marx aufrief, sondern Hindenburg unterstützte, der so gestärkt mit einem knappen Vorsprung gewann. Er erreichte 48,3 Prozent der Stimmen gegenüber 45,3 Prozent, die auf Marx entfielen. Thälmann, der wieder angetreten war, kam angesichts der höheren Wahlbeteiligung bei gleicher Stimmenzahl diesmal auf 6,4 Prozent.

Mit Paul von Hindenburg (1847–1934) trat ein Mann an die Spitze des Staates, der das demokratisch-republikanische System ablehnte. Er hatte als Berufsoffizier die Reichseinigungskriege 1866 und 1870/71 mitgemacht, war 1911 in den Ruhestand gegangen und wurde, 1914 reaktiviert, zum populärsten Heerführer des Ersten Weltkriegs. 1916 übernahm er die Oberste Heeresleitung. Nach Kriegsende zog er sich wieder ins Privatleben zurück, trug aber mit seiner großen Autorität durch verschiedene öffentliche Äußerungen zur Popularisierung der fatalen Legende vom Dolchstoß in den Rücken der deutschen Front bei. Er respektierte einerseits die ungeliebte Weimarer Verfassung, machte aber von der großen Machtfülle seines Amtes extensiven Gebrauch und geriet bei schwindenden körperlichen und geistigen Kräften gegen Ende seines Lebens immer mehr unter den Einfluss einer rechtsgerichteten Kamarilla, bei der auch sein Sohn Oskar seine unheilvolle Rolle spielte.

Reichspräsident Hindenburg war der Mann, der acht Jahre später Adolf Hitler zum Reichskanzler ernennen sollte. Doch bis dahin war es noch ein weiter Weg. Vor allem in Norddeutschland hatte Adolf Hitler nach wie vor Schwierigkeiten damit, seine Autorität geltend zu machen, zumal viele Parteigenossen ihn dort gar nicht kannten. Zugleich war die Organisation hier noch besonders fragil. Durch das Redeverbot an öffentlicher Werbung gehindert, beauftragte Hitler Gregor Strasser mit dem Aufbau einer norddeutschen Parteiorganisation. Es entstand eine Arbeitsgemeinschaft der Nord- und Westdeutschen Gaue, die sich vom Rheinland über Westfalen und Hessen-Nassau bis Schleswig-Holstein, Hamburg, Berlin und Pommern erstreckte. Ihre Leitung übernahm Gregor Strasser (1892–1934), der aus einer gut situierten Familie stammte, im Ersten Weltkrieg Offizier gewesen war und nach dem Studium der Pharmazie in Landshut eine Apotheke führte. Strasser war im April 1924 in den bayerischen Landtag gewählt worden. Die dadurch erworbene Immunität ersparte ihm die Verbüßung der eineinhalbjährigen Freiheitsstrafe, die er im Prozess nach dem Hitler-Putsch bekommen hatte. Im Dezember 1924 wurde er auch Reichstagsabgeordneter und behielt das Mandat bis zum Rückzug von allen Parteiämtern im Dezember 1932.

Strassers Vorstellungswelt war ähnlich wie die seines Bruders Otto von sozial-revolutionären Ideen geprägt. Das traf damals auch auf seinen wichtigsten Mitstreiter Joseph Goebbels im rheinischen Elberfeld (heute ein Teil von Wuppertal) zu, bei dem die Geschäftsstelle der Arbeitsgemeinschaft angesiedelt war. Goebbels notierte damals in seinem Tagebuch: »National und sozialistisch! Was geht vor und was kommt nach? Bei uns im Westen kann die Frage gar nicht zweifelhaft sein. Zuerst die sozialistische Erlösung, dann kommt die nationale Befreiung wie ein Sturmwind.« Joseph Goebbels (1897–1945) wurde in Rheydt (gehört heute zu Mönchengladbach) geboren, wuchs in einem streng katholischen kleinbürgerlichen Elternhaus auf und wollte zunächst Priester werden. Mit vier Jahren war er an einer Knochenmarksentzündung erkrankt, durch die der rechte Unterschenkel verkümmerte und ein Klumpfuß entstand, weswegen seine Meldung zum Kriegsdienst 1917 nicht berücksichtigt wurde. Goebbels promovierte in Germanistik, konnte anschließend aber weder als Publizist noch anderweitig beruflich reüssieren. 1924 schloss er sich der völkischen Bewegung an und wurde Redakteur der »Völkischen Stimme«, verlor diese Position jedoch wegen seiner andauernden Polemiken gegen die Konservativen bald wieder. In dieser Zeit entdeckte er auch sein später weithin berüchtigtes rhetorisches Talent. Im Februar 1925 trat Goebbels der wieder zugelassenen NSDAP bei, wurde Geschäftsführer des Gaues Rheinland-Nord und gab gemeinsam mit den Brüdern Strasser ab Oktober das Parteiorgan »Nationalsozialistische Briefe« heraus. Zu dem später so fanatisch verehrten Hitler hatte er damals noch eine große innere Distanz.

Die Arbeitsgemeinschaft der Nord- und Westdeutschen Gaue wandte sich gegen das »egozentrische Maulheldentum« der Münchner, die sich zwar für einen legalistischen Kurs entschieden hatten, denen aber immer noch das Rabaukentum der frühen Tage in den Knochen steckte. Auch wenn es zu einem ernsthaften Putsch nicht reichte, ging man doch einer saftigen Schlägerei keinesfalls aus dem Wege. Zugleich war es womöglich ein Zeichen bajuwarischer Lebenskunst, dass man gerne die Privilegien des Parlamentarierlebens in Anspruch nahm, während die norddeutsche Arbeitsgemeinschaft bei ihrer Gründung einstimmig beschlossen hatte, sich an Wahlen nicht zu beteiligen. Es gab auch Differenzen in grundsätzlichen Fragen. Die Arbeitsgemeinschaft war, im Gegensatz zur Münchner Fraktion, eindeutig vom linken Flügel innerhalb der NSDAP dominiert. Manche, so z. B. Gregor Strassers Bruder Otto, suchten später sogar die Zusammenarbeit mit den Nationalbolschewisten, die eine Anlehnung an die Sowjetunion propagierten, aber keine internationale sozialistische Revolution wollten. Man glaubte, auch Hitler für diese Linie eines nationalen Sozialismus gewinnen zu können, wenn er nur erst vom Einfluss seiner Münchner Kamarilla befreit sei.

Die Neugründung der NSDAP war in gewisser Weise eine Doppelgründung: hier die alte, völkisch geprägte Partei, die ihren Schwerpunkt im Süden hatte, dort eine neue, eher revolutionär gestimmte Partei mit Schwerpunkt im Rheinland und im Norden, die von der Überzeugung bestimmt war, dass eine Revision der Kapitulationspolitik von Versailles nur möglich sein würde, wenn es gelang, »den durch den Marxismus irregeführten deutschen Arbeiter wieder in die große nationale Einheitsfront hineinzuziehen«, wie Joseph Goebbels es formulierte. Goebbels plädierte deshalb für einen neuen, »vom Arbeitertum gestalteten« Nationalismus. Er wollte, wie die Brüder Strasser, einen nationalen Sozialismus.

Alfred Rosenberg, der die Münchner Linie vertrat, hatte dagegen in seinem programmatischen Aufsatz »Nationaler Sozialismus oder Nationalsozialismus« 1923 betont, dass das Hauptwort Nationalsozialismus eine neue Synthese darstelle und untrennbar sei. Nationaler Sozialismus sei nationaler Marxismus und der sei nicht besser als die Demokratie der jüdischen Plutokraten. Die Juden dienten auch hier als Allzweckwaffe zur Plausibilisierung sonst wenig einleuchtender Feststellungen und Postulate. Zugleich fungierte der Antisemitismus als soziale Klammer, die über alle realen Interessen- und Klassengegensätze hinweg die Volksgenossen zusammenschließen sollte. So gab Hitler sich Mühe, die Ruhrbarone zu beruhigen, gegen den Kapitalismus habe man ja nur etwas, soweit er jüdisch sei; das »raffende Kapital« wolle man bekämpfen, nicht aber das »schaffende Kapital«.

Die Auffassungsunterschiede innerhalb der NSDAP kristallisierten sich besonders deutlich am Verhältnis zu der jungen Sowjetunion heraus. Während sie für die Brüder Strasser und Goebbels vor allem ein Land war, in dem die Arbeiterklasse zur Macht gekommen war, und sie in Lenin eine Hitler vergleichbare Führergestalt sahen, zeichnete Rosenberg das Schreckbild eines »Sowjetjudäa«. Wollten die einen Lenin als Nationalbolschewisten interpretieren, waren für Rosenberg die Börsen in New York und London und der von den Sowjets beherrschte Kreml gleichermaßen Bollwerke des Weltjudentums. Er wusste sich hier einig mit Hitler, der in »Mein Kampf« geschrieben hatte: »Im russischen Bolschewismus haben wir den im 20. Jahrhundert unternommenen Versuch des Judentums zu erblicken, sich die Weltherrschaft anzueignen.«

Im weiteren Verlauf des schon zitierten Artikels wurde Alfred Rosenberg noch deutlicher: »Nicht der Sozialismus, d. h. eine Wirtschaftsauffassung, wenn auch aus völkischem Urgrunde geboren«, sei das Ziel, sondern vielmehr »ein freies Volkstum und seine Selbstbehauptung als solches auf allen Gebieten des Lebens«. Eine völkische Bewegung also, deren soziales Pathos am Ende Rhetorik blieb, die aber im Gegensatz zu den traditionellen Völkischen nicht auf eine »sehnsüchtig-rückwärtsgewandte Mittelstandsideologie« zu reduzieren war. Für Rosenberg war der Sozialismus nur staatliches Mittel zum Zweck. Nationalsozialisten vom Schlage Rosenbergs waren im Grunde eher Sozialnationalisten, die gerne den Dünkel der besseren Herrschaften und höheren Stände hinter sich ließen, denen sie ohnehin nicht angehörten. Doch man traf sich mit ihnen im Willen zur ethnischen Exklusivität, zu einer rassistisch definierten Nation. Hitler selbst blieb bei den ideologischen

Auseinandersetzungen im Hintergrund. Er wusste genau, dass seine Autorität als Parteiführer in Gefahr war, wenn er in solchen Diskussionen Stellung bezog.

Der Streit erreichte bald einen höchst aktuellen Kulminationspunkt. Am 4. Dezember 1925 veröffentlichte die »Rote Fahne« einen offenen Brief des Zentralkomitees der KPD an die Sozialdemokraten sowie die ihnen nahestehenden Arbeitnehmerorganisationen mit dem Vorschlag einer gemeinsamen Besprechung zur Durchführung eines Volksentscheids zur Fürstenenteignung. Dieser Aufruf war ein erstes Ergebnis der neuen Einheitsfronttaktik, zu der die KPD sich nach sowjetischer Kritik an ihrem ultralinken Kurs entschlossen hatte. Zugleich war die Forderung nach entschädigungsloser Enteignung der gewaltigen Vermögen der ehemaligen Herrscherhäuser in einer Zeit wachsender Not äußerst populär. Die KPD hatte gefordert, den Grundbesitz ehemaliger Landesherren an Bauern und Pächter zu verteilen, die Schlösser zur Linderung der Wohnungsnot einzusetzen und die beschlagnahmten Geldmittel Kriegsopfern zukommen zu lassen. Die Resonanz in der Bevölkerung war so groß, dass sich die SPD trotz erheblicher Bedenken ihrer Führung dem Volksbegehren anschloss. Auch die Arbeitsgemeinschaft der Nord- und Westdeutschen Gaue der NSDAP kam auf ihrer Arbeitstagung vom 24. Januar 1926 zu dem Ergebnis, dass die ungeheure Notlage des deutschen Volkes es nicht zulasse, den ehemaligen Fürsten Hunderte von Millionen Reichsmark an Entschädigung zu bewilligen. Hitler dagegen pochte einmal mehr auf die Alleinstellung seiner Bewegung und lehnte die Unterstützung des Volksbegehrens kategorisch ab.

Die Klärung innerhalb der NSDAP brachte die Führertagung, die Hitler für den 14. Februar 1926 nach Bamberg einberief. Nach längeren Ausführungen zu außenpolitischen Fragen kam er zum Schluss auf die Fürstenenteignung zu sprechen. Dabei bewegte er sich ganz im Rahmen seines rassistischen Weltbildes: »Für uns gibt es heute keine Fürsten, sondern nur Deutsche.« In der Fürstenenteignung sah Hitler eine Ausplünderung des deutschen Volkes durch ein jüdisches Ausbeutersystem: »Erst mögen die nichtdeutschen ›Fürsten‹ des Geldes, der Börse, des Handels und der Wirtschaft enteignet werden. Nur dann, wenn eine Gewähr gegeben ist, dass die Opfer an eingezogenen Gütern dem deutschen Volk zukommen, fallen unsere Bedenken.« Hitler hatte die Tagung ganz bewusst in Süddeutschland einberufen. Er kam mit großem Anhang und ging in seiner mehrstündigen Rede zum Generalangriff auf seine innerparteilichen Widersacher über. Strassers Neuentwurf für das Parteiprogramm, den er im November erstmals präsentiert hatte, wurde rundweg abgelehnt, jede Annäherung an die Sowjetunion verworfen, implizit die bedingungslose Unterordnung unter die Münchner Parteileitung gefordert. Goebbels notierte über das, was folgte: »Kurze Diskussion. Strasser spricht. Stockend, zitternd, ungeschickt, der gute, ehrliche Strasser, ach Gott, wie wenig sind wir diesen Schweinen da unten gewachsen! Eine halbe Stunde Diskussion nach einer vierstündigen Rede! Unsinn, du siegst! Ich kann kein Wort sagen! Ich bin wie vor den Kopf geschlagen.« Will man Strassers Bericht glauben, so sagte Goebbels durchaus ein Wort. Den Stimmungsumschwung rasch aufnehmend, habe er sich erhoben und ausgerufen: »Herr Hitler, Sie haben mich überzeugt. Wir haben alles falsch gemacht.« Strasser schließt seinen Bericht mit den Worten: »Es war zum Kotzen.« Schließlich machten beide ihren Frieden mit Hitler und die norddeutschen Sonderbestrebungen fanden ihr Ende.

Bald nach der Bamberger Führertagung lud Hitler Goebbels zu einer Aussprache nach München ein, bei der er ihn restlos um den Finger wickelte: »Wir fragen. Er antwortet glänzend. Ich liebe ihn. Soziale Frage. Ganz neue Einblicke. Er hat alles durchgedacht.« Und schließlich: ›Ich beuge mich dem Größeren, dem politischen Genie!‹« Goebbels suchte seinen Platz bei den siegreichen Bataillonen und wurde dafür wenig später mit dem Posten des Gauleiters von Berlin-Brandenburg belohnt.

Am 3./4. Juli 1926 demonstrierte der zweite Reichsparteitag der NSDAP in Weimar der Öffentlichkeit, dass Hitlers Linie sich durchgesetzt hatte und die Partei auf ihn eingeschworen war. Dem Parteitag war eine Generalmitgliederversammlung des Nationalsozialistischen Deutschen Arbeitervereins am 22. Mai in München vorausgegangen, mit dem man der NSDAP einen vereinsrechtlichen Rahmen gegeben hatte. In der dort verabschiedeten Satzung wurde Hitlers dominierende Rolle auch formal festgeschrieben und München zum Sitz der Hauptgeschäftsstelle bestimmt. Die Partei wurde nun zunehmend durchstrukturiert. Der »Führer« stand über dem Vorstand. Die nächste Ebene war die Reichsleitung, dann folgten die Gaue, schließlich die Ortsgruppen, von denen es damals immerhin schon mehr als 600 gab. Die Gaue passte man im Lauf der Zeit den Reichstagswahlkreisen an. Die Durchsetzung des autoritären, angeblich germanischen und deshalb dem deutschen Wesen gemäßen Prinzips von Führer und Gefolgschaft schlug sich auch in einer redaktionellen Veränderung von »Mein Kampf« nieder. War in den ersten Auflagen noch von einer »germanischen Demokratie« die Rede gewesen, propagierte der Autor nunmehr den »Grundsatz der unbedingten Führerautorität, gepaart mit höchster Verantwortung.« Das Prinzip demokratischer Wahlen, das zuvor in den Ortsgruppen verbreitet gewesen war, wurde nun ad acta gelegt. Hitler entschied allein über die Besetzung von Parteiämtern. So sicherte er sich die Loyalität der Ernannten. Hitlers absolute Autorität stand nun sowohl bei organisatorischen wie bei programmatischen Fragen nicht mehr zur Diskussion.

Der linke Flügel der Partei war nicht mehr stark genug, Hitler ernsthaft herauszufordern, blieb aber gleichwohl noch längere Zeit ein virulenter Teil der Partei mit Schwerpunkten im Ruhrgebiet, in Sachsen und in Berlin, aber auch in Unterorganisationen wie SA und NSBO. Er genoss auch einige publizistische Unterstützung, wobei die bedeutendste Stimme die von Otto Strasser war. Otto Strasser (1897–1974) war fünf Jahre jünger als sein Bruder Gregor. Er hatte seine politische Heimat zunächst bei der SPD gesucht, sich dann aber der NSDAP angeschlossen. Seit dem 1. März 1926 führte er den Kampf-Verlag in Berlin. 1930 kam es zum Bruch mit Hitler, und Strasser verließ die Partei. In der noch im selben Jahr erschienenen Schrift »Ministersessel oder Revolution?« hat er den Diskurs aus seiner

Sicht dargestellt. Tatsächlich war in der NSDAP immer weniger Raum für sozialrevolutionäre Ideen, je näher die Partei den Schalthebeln der Macht kam.

Im September 1926 wurde Gregor Strasser zum Reichspropagandaleiter ernannt, doch sollte Joseph Goebbels ihm bald den Rang ablaufen, wenn es um öffentlichkeitswirksame Aktionen ging. Als Goebbels am 7. November 1926 sein neues Amt als Gauleiter von Berlin-Brandenburg antrat, fand er eine demoralisierte und politisch einflusslose Partei vor, die zudem in zwei sich bis aufs Blut bekämpfende Flügel zerfallen war. Goebbels warf zahlreiche Mitglieder hinaus, ordnete die Reihen und schritt mit großer Entschlossenheit zur Tat, wobei er sein großes demagogisches Talent extensiv einsetzte. Er wusste auch, dass Provokation ein probates Mittel ist, um Aufmerksamkeit zu erzeugen. Für den 11. Februar 1927 setzte er eine Demonstration durch den »roten Wedding« an, jenen Berliner Bezirk, der eine Hochburg der sozialdemokratischen und kommunistischen Arbeiter war. Am Schluss stand eine Kundgebung in den Pharussälen auf dem Programm, dem bevorzugten Versammlungsort der KPD. Das Thema von Goebbels Rede lautete »Der Zusammenbruch des bürgerlichen Klassenstaates!«. Ein neues Deutschland müsse geschmiedet werden, hieß es auf den Ankündigungsplakaten: »Für diese Aufgabe hat die Geschichte Dich ausersehen, Arbeiter der Stirn und der Faust!« Goebbels wusste, dass er die Arbeiterschaft ansprechen musste, wenn er in Berlin Erfolg haben wollte, und pflegte eine entsprechend klassenkämpferische Sprache. Auch im Habitus, mit schwarzer Lederjacke und geballter Faust, passte er sich ganz den Auftritten des populären Kommunistenführers Thälmann an.

Tatsächlich kamen an jenem Abend auch zahlreiche Arbeiter in die Pharussäle, überwiegend allerdings Anhänger der KPD. Bei der unvermeidlichen und von Goebbels von vornherein ins Kalkül genommenen Saalschlacht wurde die gesamte Einrichtung in ein Trümmerfeld verwandelt. Am Ende watete man durch abgebrochene Stuhlbeine, zerbrochene Bierkrüge und Blutlachen. Es gab auf beiden Seiten zahlreiche Schwerverletzte, wobei die Nationalsozialisten mithilfe zunächst in

Reserve gehaltener SA-Trupps den Sieg davon trugen. Anschließend ließ Goebbels die Bahren mit den verletzten SA-Männern auf der Bühne aufreihen, gab jedem die Hand und prägte, in Anlehnung an den unbekannten Soldaten, das Wort vom unbekannten SA-Mann. Am nächsten Tag, und das war der eigentliche Zweck der Übung, waren alle Zeitungen voll von Berichten über die blutigen Krawalle des Vortages und im Berliner Parteibüro der NSDAP stapelten sich mehrere Tausend Aufnahmeanträge. Allein 500 Männer wollten der SA beitreten.

Am 4. Juli 1927 gründete Goebbels die Zeitung mit dem programmatischen Titel »Der Angriff«. Erklärtes Ziel war es, die von Gregor Strasser herausgegebene »Berliner Arbeiterzeitung« zu verdrängen, wobei die Verkäufer des »Angriff« in der Wahl ihrer Mittel nicht zimperlich waren und auch vor Handgreiflichkeiten gegenüber den Kollegen, die Strassers Blatt vertrieben, nicht zurückschreckten. Im Jahr darauf, am 20. Mai 1928, wurde Goebbels in den Reichstag gewählt. Er hatte sehr klare Vorstellungen davon, was er dort wollte. Einen Monat vor der Wahl hatte er im »Angriff« geschrieben: »Wir gehen in den Reichstag hinein, um uns im Waffenarsenal der Demokratie mit deren eigenen Waffen zu versorgen. Wir werden Reichstagsabgeordnete, um die Weimarer Gesinnung mit ihrer eigenen Unterstützung lahm zu legen. Wenn die Demokratie so dumm ist, uns für diesen Bärendienst Freifahrkarten und Diäten zu geben, so ist das ihre Sache. Uns ist jedes gesetzliche Mittel recht, den Zustand von heute zu revolutionieren. Wir kommen als Feinde!« Tatsächlich erklärte sich der Erfolg der NSDAP, auch in Konkurrenz zu den anderen Parteien der Rechten, zu einem guten Teil gerade aus der Hemmungslosigkeit, mit der sie sich über alle Schranken, die Gesetze, Anstand und Konvention geboten, hinwegsetzte. Rücksichtslosigkeit und Brutalität, der fortwährende Appell an die niedrigsten Instinkte und primitivsten Ressentiments unter demonstrativer Gewaltanwendung waren ihre Kennzeichen. Gelegentliche Rede-, Publikations- oder Parteiverbote vermochten dagegen nichts auszurichten, weil hinter ihnen keine Bereitschaft zur Konsequenz erkennbar wurde. Auch in Berlin war die NSDAP infolge der gezielt angezettelten Krawalle von Mai 1927 bis März 1928 verboten, und Goebbels waren öffentliche Auftritte untersagt. Beeinträchtigt hat das seine Wirksamkeit allenfalls geringfügig und nur für kurze Zeit. »Trotz Verbot nicht tot« hieß die Parole der Nazis, statt im Braunhemd marschierten sie nun in weißen Hemden. Das ganze war nur eine Marginalie im »Kampf um Berlin«, wie der Titel von Goebbels' späterer, mit Selbstlob nicht sparender Darstellung lautete.

In diesen Jahren festigte die Partei stetig ihre organisatorische Basis, sodass sie 1929 und vor allem 1930 sehr wohl in der Lage war, den dann stürmisch einsetzenden Wählerzustrom aufzunehmen. So verdoppelte die NSDAP zwischen Sommer 1926 und Frühjahr 1928 bei gleichzeitig rückläufigen Wahlergebnissen ihre Mitgliederzahl von 40.000 auf 80.000. Ende des Jahres 1930 waren es dann schon fast 400.000 Mitglieder.

Die Leitung der ebenfalls rasch anwachsenden SA übertrug Hitler am 1. November 1926 Hauptmann Franz von Pfeffer, wobei er klar festlegte: »Die Ausbildung der SA hat nicht nach militärischen Gesichtspunkten, sondern nach parteizweckmäßigen zu erfolgen.« Das richtete sich gegen Ernst Röhm, der an einer militärischen Ausrichtung festhalten wollte und sich nun zurückzog. Boxen und Jiu-Jitsu sollte an die Stelle einer Schießausbildung treten, nicht Dolch und Gift oder Pistole sollten die Mittel der SA sein, sondern die terroristische Eroberung der Straße, in Hitlers Worten: »Wir haben dem Marxismus beizubringen, dass der künftige Herr der Straße der Nationalsozialismus ist, genau so, wie er einst der Herr des Staates sein wird.« Die SA war eine hoch motivierte Schlägertruppe für Saal- und Straßenschlachten, aber sie war keine Bürgerkriegsarmee. Sie verkörperte wie niemand sonst im politischen Alltag die Aufkündigung des demokratischen Konsenses durch die Nationalsozialisten.

Auch die SS wurde 1925 neu gegründet. Diese später so gefürchtete Elitetruppe war zunächst nur ein aus wenigen Mann bestehender Stoßtrupp, dessen Aufgabe vor allem in Hitlers persönlichem Schutz bestand. Sie unterstand der SA, verfügte aber dennoch über einen eigenen Reichsführer und war gewissermaßen eine innerparteiliche Polizei, deren unbedingter Loyalität sich Hitler immer gewiss sein konnte, während man das bei den eher unpolitischen Radaubrüdern der SA nicht so genau wusste. Die eigentliche Geschichte der SS begann erst im Januar 1929, als Heinrich Himmler an ihre Spitze trat. Damals hatte die Organisation nur 280 Mitglieder, Ende des Jahres waren es dann 1.000 und drei Jahre später bereits 52.000. Aber erst 1934, nach der Ausschaltung der SA als politischem Machtfaktor wurde die sie eine eigenständige Organisation innerhalb der NSDAP.

Auch die Hitlerjugend unterstand zu Beginn der SA. Nach 1933 wurde sie zur Staatsjugend, alle 10- bis 18-Jährigen waren zur Mitgliedschaft verpflichtet, doch die Anfänge waren bescheiden. Nachdem es schon vor der Verbotszeit einen Jugendbund der NSDAP gegeben hatte, gilt der Reichsparteitag vom Juli 1926 als eigentliches Gründungsdatum der HJ. Die Organisation konstituierte sich noch im Dezember, kam aber in den ersten Jahren über einige zehntausend Mitglieder nicht hinaus, während im Reichsausschuss der deutschen Jugendverbände immerhin 3,6 Millionen Jugendliche der religiösen, politischen und berufsständischen Verbände und bündischen Gruppen zusammengeschlossen waren. Im Gegensatz zu ihnen stand bei der HJ von Anfang an die politische Arbeit und der ideologisch motivierte Drill im Vordergrund. Zugleich wurde die Organisation dadurch geschwächt, dass alle Mitglieder an ihrem 18. Geburtstag in die SA übertreten mussten. Der Durchbruch erfolgte am 1. Oktober 1932, als die NSDAP in Potsdam einen »Reichsjugendtag« veranstaltete, an dem über 100.000 Menschen teilnahmen. Jetzt wurde die HJ auch in den Reichsausschuss der deutschen Jugendverbände aufgenommen, deren Zentrale ein halbes Jahr später dann im Handstreich von Hitlerjungen übernommen wurde.

Bereits am 30. Oktober 1931 war Baldur von Schirach zum Reichsjugendführer der NSDAP ernannt worden. In dieser Eigenschaft waren ihm auch der NS-Schülerbund und der NS-Studentenbund unterstellt. Schirach (1907–1974) kam aus einem großbürgerlichen Elternhaus und war reformpädagogisch erzogen worden. 1925 begegnete er Hitler und wurde dessen begeisterter Anhänger, 1932 heiratete er die Tochter von Hitlers Leibfotografen Heinrich Hoffmann, 1933 wurde er Jugendführer des Deutschen Reiches, 1936 Staatssekretär und gebot nun über eine HJ, die auf ein Heer von sechs Millionen Jungen und Mädchen angewachsen war.

Es wurden in der zweiten Hälfte der 20er Jahre auch berufsständisch orientierte Sonderorganisationen gegründet, wie der Kampfbund für deutsche Kultur, in dem sich bildende Künstler, Musiker, Architekten und Publizisten zusammenfanden, die die Ablehnung der Moderne einte, außerdem Bünde für nationalsozialistische Juristen, Ärzte und Lehrer. Sie alle organisierten sich unter dem Dach einer autoritär strukturierten Partei mit dem auch offiziell so genannten »Führer« an deren Spitze. Ihm zur Seite stand die Parteikanzlei, auf der nächsten Hierarchiestufe befand sich der Stellvertreter des Führers, darunter die Reichsleiter. Es folgten die Gauleiter, Kreisleiter, Ortsgruppenleiter, Zellenleiter und Blockleiter. Diese das ganze Deutsche Reich umfassende Struktur entwickelte sich erst allmählich. Für die erste Zeit sind vor allem sechs Instanzen zu nennen. Da war zunächst Rudolf Heß, der in Landsberg Hitlers Privatsekretär geworden war und später für seine langjährigen treuen Dienste mit dem Titel Stellvertreter des Führers belohnt wurde, sodann Reichsschatzmeister Franz Xaver Schwarz und Reichsgeschäftsführer Philip Bouhler. Reichspropagandaleiter war zunächst Hermann Esser, dem aber 1926 Gregor Strasser folgte, dessen Stellvertreter Heinrich Himmler war. Ein Untersuchungs- und Schlichtungsausschuss wurde geschaffen, der bei den internen Auseinandersetzungen der kommenden Jahre zeitweise eine erhebliche Rolle spielen sollte. Vorsitzender des Ausschusses war zunächst Bruno Heinemann, ab 1927 dann der pensionierte Major Walter Buch, der spätere Schwiegervater von Martin Bormann, der aber erst 1928 in die Parteizentrale aufrückte.

Im August 1927 fand erstmals ein Parteitag der NSDAP in Nürnberg statt, das von nun an die Stadt der ab 1933 in jährlicher Folge veranstalteten Reichsparteitage sein sollte. Ein wichtiges Propagandainstrument war neben dieser pompösen Heerschau der wachsenden Bewegung auch das »Kampfblatt der Partei«, der »Völkische Beobachter«. Er erschien ab April 1925 als Tageszeitung, was für die noch kleine und nicht gerade reiche Partei eine erhebliche Kraftanstrengung bedeutete. Hitler hob deshalb 1926 in seinem Rechenschaftsbericht zwei seiner Mitstreiter ganz besonders hervor, den Chefredakteur Alfred Rosenberg und Max Amann, der mit ihm in Landsberg gesessen hatte und nun seinen unaufhaltsamen Aufstieg zum braunen Pressezar begann, der ihm später Einkünfte in schwindelerregender Höhe bescherte. Hitler sprach Amann das Verdienst zu, die Umstellung des »Völkischen Beobachters« zur Tageszeitung wirtschaftlich sichergestellt zu haben. Amann (1891–1957) hatte im Ersten Weltkrieg in der gleichen Kompanie, in der Hitler Gefreiter war, als Feldwebel gedient und war 1922 Geschäftsführer der NSDAP geworden. 1933 wurde er Vorsitzender des Vereins deutscher Zeitungsverleger und Präsident der Reichspressekammer. Am Ende beherrschte der von ihm geleitete Eher Verlag mehr als 80 Prozent der in Deutschland erscheinenden Zeitungen.

Die Reichstagswahlen vom 20. Mai 1928 markierten den Tiefpunkt der öffentlichen Zustimmung für die Nationalsozialisten. Die NSDAP erreichte nur noch 2,6 Prozent der Stimmen. Auch DNVP, DVP sowie das Zentrum mussten zum Teil empfindliche Verluste hinnehmen. Die beiden Arbeiterparteien dagegen steigerten sich von 35 auf 40,4 Prozent. Noch einmal trat mit Hermann Müller ein Sozialdemokrat an die Spitze der Reichsregierung. Er blieb fast zwei Jahre im Amt und stützte sich auf eine Weimarer Koalition, verstärkt um die DVP, die mit Außenminister Gustav Stresemann das profilierteste Kabinettsmitglied stellte. Es war dies die letzte Regierung der Weimarer Republik, die sich auf eine Mehrheit im Reichstag stützen konnte, die freilich labil war, was immer wieder zu politischen Krisen und Kabinettsumbildungen führte.

Zugleich verschlechterte sich die wirtschaftliche Lage gravierend. Die Zahl der Arbeitslosen betrug nach einem Konjunktureinbruch im November 1928 bereits zwei Millionen und im Januar 1929 sogar mehr als drei Millionen. Höhepunkt der weltwirtschaftlichen Verwerfungen war schließlich der rapide Kursverfall an der New Yorker Börse, der im September 1929 begann und im Oktober dramatische Formen annahm. Rasch zog der Börsencrash auch die europäischen Märkte nachhaltig in Mitleidenschaft. Das deutsche Sozialversicherungssystem war derartigen Belastungen nicht gewachsen. Die Beitragssätze zur Arbeitslosenversicherung mussten immer wieder erhöht werden. An den Auseinandersetzungen darum zerbrach das Kabinett Müller schließlich und es folgte der konservative, aber angesehene Zentrumspolitiker Heinrich Brüning als erster Regierungschef eines sogenannten Präsidialkabinetts. Brüning suchte für seine Vorhaben nicht parlamentarische Mehrheiten, sondern stützte sich auf vom Reichspräsidenten unterzeichnete Notverordnungen. Brünings erstem Kabinett gehörten Politiker des Zentrums, der DDP, der DVP, der DNVP sowie konservative Splitterparteien an. Die Gewichte hatten sich deutlich nach rechts verschoben.

In dieser Zeit großer sozialer Unruhe und Not erreichte die Partei rasch wachsende Zustimmung. Nach der Niederlage bei den Reichstagswahlen kam sie ein Jahr später in Sachsen schon auf 5 Prozent, im Oktober 1929 in Baden auf 7 und im Dezember in Thüringen auf 11,3 Prozent. Am 22. Juni 1930 erreichten die Nationalsozialisten in Sachsen 14,4 Prozent und stellten nach der SPD die zweitstärkste Fraktion im neugewählten Landtag. Diese Wahlen waren die Feuerprobe für die neugeschaffene Organisationsstruktur der Partei, die sich als expansionsfähig erwies. Bei den Reichstagswahlen vom 14. September 1930 erntete die NSDAP dann die Früchte ihrer langen Aufbauarbeit. Statt 2,6 Prozent der Stimmen erhielt sie diesmal 18,3 Prozent.

Auch im Reichstag stellte sie nun mit einer von 12 auf 107 Abgeordnete angewachsenen Vertretung die zweitstärkste Fraktion. Die Nazis hatten viele bisherige Nichtwähler an die Urnen gebracht. Außerdem nahmen sie der DNVP Stimmen ab, der sie mit ihrer allemal entschiedeneren »nationalen Opposition« zunehmend den Rang abliefen. So verlor die DNVP z. B. in Ostpreußen 11,8 Prozent, während die NSDAP 21,7 Prozent gewann, in Pommern lauteten die entsprechenden Zahlen 16,7 und 21,7, in Schleswig-Holstein 17,1 und 23 Prozent.

Mit Ausnahme Schleswig-Holsteins hatte das Ergebnis der NSDAP 1928 in diesen Gebieten sogar noch unter dem Reichsdurchschnitt gelegen, während es nun weit darüber lag. Auffallend ist, dass alle diese Wahlkreise stark evangelisch geprägt waren, während in katholischen Gebieten wie Niederbayern (12,1 Prozent), Württemberg (9,4 Prozent) oder Westfalen-Nord (12 Prozent) die nationalsozialistischen Wahlerfolge erheblich unter dem Durchschnitt lagen. Die mittelständische Basis der Partei war nach wie vor stark, wenn auch nicht mehr so dominierend. Die Agrargebiete, bisher unterrepräsentiert, waren nun überdurchschnittlich vertreten, was vor allem mit der erfolgreichen Agitation im Bereich der Landvolkbewegung zu tun hatte. Das Ziel, mit einer betont sozialistischen Rhetorik vor allem die Arbeiterschaft der Großstädte zu gewinnen, war allerdings nicht erreicht worden. Die NSDAP überwand ihren »Mittelstandsbauch« nicht.

Sie orientierte sich nun um und versuchte besonders die Landbevölkerung anzusprechen. Die Agrarkrise, die der eigentlichen Wirtschaftskrise vorausging, hatte vor allem in Norddeutschland eine Radikalisierung des Landvolkes nach rechts bewirkt. Im Gegensatz zur DNVP verstand die NSDAP es, diese Situation für sich zu nutzen. Sogar das »unabänderliche« Parteiprogramm wurde an diese neue Strategie angepasst. In Punkt 17 war eine »unseren nationalen Bedürfnissen angepasste Bodenreform« propagiert worden. Die Bauern hatte besonders das im Anschluss geforderte »Gesetz zur unentgeltlichen Enteignung von Boden für gemeinnützige Zwecke« irritiert. Hierzu veröffentlichte Hitler am 13. April 1928 eine »Erklärung«, dass nur unrechtmäßig erworbener Grund und Boden enteignet werden solle, der nicht nach den Gesichtspunkten des Volkswohls verwaltet werde. »Dies richtet sich demgemäß in erster Linie gegen die jüdischen Grundstückspekulations-Gesellschaften.« Bei den Reichstagswahlen kamen 1930 14,1 Prozent der NSDAP-Wähler aus der Landwirtschaft, was mehr als dem Doppelten ihres Anteils an der Bevölkerung entsprach. Die Arbeiter dagegen blieben mit 28,1 Prozent weit unterrepräsentiert. Eine wirkliche Arbeiterpartei wurde die NSDAP ihrem Namen zum Trotz, solange es freie Wahlen gab, nie.

Das Deutsche Reich erlangte in den Zwanziger Jahren nicht nur im Inneren eine gewisse Stabilität, sondern auch außenpolitisch. Nach der Niederlage im Ersten Weltkrieg war es zunächst weithin isoliert gewesen. Der erste Befreiungsschlag war mit einem Vertrag gelungen, den die Reichsregierung am 16. April 1922 mit der Russischen Föderativen Sowjetrepublik, dem wichtigsten Gründungsmitglied der acht Monate später gebildeten Sowjetunion, in Rapallo geschlossen hatte. Der deutsche Außenminister Rathenau und sein russischer Amtskollege Georgi Tschitscherin vereinbarten die Wiederaufnahme der seit dem Krieg unterbrochenen diplomatischen und wirtschaftlichen Beziehungen. Deutschland verpflichtete sich unter anderem, Industrieanlagen zur Ausbeutung der russischen Ölfelder zu liefern und hoffte, im Gegenzug seine Abhängigkeit von der britischen und amerikanischen Ölindustrie zu vermindern. Das Abkommen schuf den vertraglichen Rahmen für eine weitreichende geheime Zusammenarbeit zwischen der Reichswehr und der Roten Armee, die damals bereits in Gang gekommen war. Die Deutschen lieferten moderne Technologie und erhielten dafür die Möglichkeit, auf russischem Boden ihre Soldaten an schweren Waffen auszubilden und eine getarnte Fliegerausbildung zu betreiben, was beides nach dem Versailler Friedensvertrag nicht erlaubt war. Die Aktivitäten liefen zu Tarnungszwecken über Privatfirmen, deren Aufwendungen aber aus dem Etat des Reichswehrministeriums gedeckt wurden.

Die Westmächte reagierten auf den Vertrag von Rapallo, der auch in Deutschland nicht unumstritten war, mit großem Misstrauen. Doch drei Jahre später konnte das Deutsche Reich durch die Verträge von Locarno einen weiteren entscheidenden Schritt aus der internationalen Isolierung tun. Frankreich und Belgien gegenüber erkannte Deutschland seine gegenwärtige Westgrenze an, wodurch es den Anspruch auf die Wiedergewinnung von Elsass-Lothringen offiziell aufgab, und akzeptierte auch die dauerhafte Entmilitarisierung des Rheinlands.

Großbritannien und Italien fungierten als Garantiemächte für diese Vereinbarungen. Mit Polen und der Tschechoslowakei schloss das Deutsche Reich Schiedsverträge, die eine gewaltsame Veränderung der mit diesen Ländern gemeinsamen Grenzen ausschloss. Frankreich verpflichtete sich zum Beistand im Falle eines deutschen Angriffs. Die insgesamt sieben Vereinbarungen, die in Locarno unterzeichnet wurden, schufen die Grundlagen für eine langfristige europäische Friedens- und Sicherheitsarchitektur. Der deutsche Außenminister Stresemann und sein französischer Kollege Aristide Briand erhielten im Jahr darauf den Friedensnobelpreis und Deutschland wurde in den 1919 von der Vollversammlung der Friedenskonferenz von Versailles gegründeten Völkerbund aufgenommen. Der DNVP waren die deutschen Zugeständnisse zu groß und das Erreichte zu gering, sie zog ihre Minister zurück und trat aus der Reichsregierung aus, die bei der Abstimmung im Reichstag am 27. November mithilfe der DDP und der SPD aber trotzdem eine Mehrheit erreichte.

Ein gravierendes Problem war, dass das Deutsche Reich sich durch den Artikel 231 des Versailler Vertrages dazu bekannt hatte, für die Folgen des Weltkrieges aufzukommen. In der Praxis ging es um die Zahlung von Reparationen, deren Dauer und Höhe der Vertrag freilich noch nicht endgültig regelte. Die wirtschaftliche Bedeutung dieser Reparationszahlungen für den Wiederaufbau des Landes ist bis heute umstritten. In jedem Fall waren sie eine gewaltige psychologische Hypothek, und jeder Politiker, der gewillt war, die vertraglichen Verpflichtungen einzuhalten, lief Gefahr, sich das Etikett eines vaterlandsvergessenen »Erfüllungspolitikers« einzuhandeln. Die Haltung der Siegermächte war nicht einheitlich. Die härteste Position vertrat der »Erzfeind« Frankreich. Das Land hatte unter dem Krieg bei Weitem am meisten gelitten und fühlte sich vom deutschen Nachbarn, mit dem es schon viele Kriege geführt und den letzten 1870/71 verloren hatte, ernsthaft bedroht. Den USA, die nicht auf eigenem Boden hatten Krieg führen müssen und nur vergleichsweise wenige Soldaten verloren hatten, ging es eher darum, auf längere Sicht in Deutschland einen wirtschaftlich stabilen Bündnispartner gegen das kommunistische Russland zu gewinnen. Die Briten waren näher bei der amerikanischen als bei der französischen Position.

Die Frage war auch, mit welchem Geld die Deutschen die Reparationen bezahlen sollten, denn der Krieg hatte die Staatsfinanzen nachhaltig zerrüttet. Die umlaufende Geldmenge hatte sich von 1914 bis 1918 verfünffacht, die Gelddeckung der Reichsmark war aufgegeben worden und zur Banknotendeckung hatte die Regierung staatliche Schuldverschreibungen zugelassen, die mit fortschreitender Inflation ihren Wert verloren, was das Vertrauen der Menschen in den Staat enorm schädigte. Die nach dem Krieg immer schneller galoppierende Inflation vernichtete alle Ersparnisse und stürzte viele Millionen in Armut. Was über Generationen angespart worden war, zerrann in nichts, sicher geglaubte Zinserträge waren plötzlich völlig wertlos. Gleichzeitig sank der Reallohn auf weniger als die Hälfte des Vorkriegsniveaus. Und die Kriegsfolgekosten waren nur durch neue Schulden zu bewältigen, was die Inflation weiter anheizte. Zugleich profitierte der Staat von der Inflation. Die gesamten Kriegsschulden von 164 Milliarden Reichsmark waren nach dem Währungsschnitt vom 15. November 1923 nur noch 16,4 Pfennige wert.

In dieser Situation kam es zu einer ganzen Reihe von Konferenzen, die aber in der Reparationsfrage zu keinem von allen Beteiligten akzeptierten Ergebnis führten. Schließlich lenkte Frankreich auf Druck der Engländer und Amerikaner ein, und am 16. August 1924 wurde der Dawes-Plan verabschiedet. Er sah jährliche Zahlungen in Höhe von einer Milliarde Mark vor, die bis 1928 auf 2,5 Milliarden ansteigen sollten, wobei insbesondere amerikanische Banken zur Finanzierung dieser Zahlungen in erheblichem Umfang Kredite zur Verfügung stellten. Insgesamt flossen bis zum Ausbruch der Weltwirtschaftskrise 1929 circa 21 Milliarden an Krediten nach Deutschland, wobei es sich größtenteils um kurzfristige Kredite handelte, was in einer Krisensituation zu einem gewaltigen Problem werden konnte. Doch zunächst einmal war es ein großer Fortschritt, dass der Dawes-Plan von dem Grundsatz ausging, die Reparationszahlungen der wirtschaftlichen Leistungsfähigkeit Deutschlands anzupassen. Außerdem sagte Frankreich ein Ende der Ruhrbesetzung zu, sodass im Reichstag sogar die Hälfte der DNVP-Abgeordneten für die Annahme des Plans stimmten.

Doch auf die Dauer erwiesen sich auch die als pragmatisch gedachten Bedingungen des Dawes-Plans als kaum erfüllbar. Unter Vorsitz von Owen Young, dem Direktor der amerikanischen Federal Reserve Bank, wurde 1929 ein neuer Zahlungsplan erarbeitet, der die Zahlung von 112 Milliarden Reichsmark bis 1988 vorsah. Reichsbank und Reichsbahn sollten nicht länger ausländischer Kontrolle unterstehen, was bedeutete, dass die deutsche Souveränität dann nicht mehr eingeschränkt war. Außerdem erreichte Außenminister Stresemann die Zusicherung, dass das gesamte Rheinland bis zum 30. Juni 1930, also fünf Jahre früher als im Versailler Vertrag vorgesehen, von Besatzungstruppen geräumt werden sollte. Nach dem Ausbruch der Weltwirtschaftskrise überstieg bald auch der Young-Plan, der nur eine relativ geringe Absenkung der jährlich zu leistenden Zahlungen vorgesehen hatte, das deutsche Leistungsvermögen erheblich. Auf der Konferenz von Lausanne im Juni 1932 wurde der Plan offiziell ad acta gelegt und lediglich noch eine symbolische Abschlusszahlung des Deutschen Reiches von drei Milliarden Reichsmark vereinbart, die tatsächlich aber nie geleistet wurde.

Es gehört zur Tragik der Weimarer Republik, dass ihre demokratischen Politiker mit einigem Erfolg die Interessen ihres Landes in der Frage der Reparationen vertraten und am Ende sogar eine Aufhebung des Zahlungsregimes erreichten und dennoch das demagogische Stigma der Erfüllungspolitik nicht loswurden. Der Höhepunkt der Wirtschaftskrise war zum Zeitpunkt der »Machtergreifung« bereits überwunden und die Zahl der Arbeitslosen deutlich rückläufig. Hitler profitierte von einem Aufschwung, den andere eingeleitet hatten. Auch die von Brüning geplanten Autobahnen hatte die NSDAP abgelehnt, so lange sie in der Opposition war, um sich dann später mit dieser Aufbauleistung umso mehr zu brüsten. Der Young-Plan, der nicht unerhebliche Fortschritte für das Deutsche Reich brachte, wurde zum Objekt einer intensiven Hasskampagne gemacht. Der nationalistische Pressezar und DNVP-Vorsitzende Alfred Hugenberg nannte ihn eine »Maschinerie des Hochkapitalismus zur Unterjochung Deutschlands«. Die lange Zahlungsfrist bis 1988, die durch die Streichung der Gesamtsumme zustande kam und insofern von Vorteil war, wurde als Versklavung der Deutschen bis ins dritte Glied attackiert. Hugenberg bildete gemeinsam mit den vaterländischen Verbänden, rechten Splitterparteien, der antirepublikanischen Frontsoldatenorganisation »Stahlhelm« und prominenten Industriellen wie Fritz Thyssen ein Agitationskomitee gegen den Young-Plan, dem sich auch die NSDAP anschloss. Ziel war ein Volksbegehren gegen die Ratifizierung des Plans. Die rechten Systemgegner scheuten nicht davor zurück, sich eines basisdemokratischen Mittels der ungeliebten Weimarer Verfassung zu bedienen, wenn es helfen konnte, das demokratische System zu bekämpfen. Diese Vorgänge sind der Grund dafür, dass man, als man bei der Formulierung des Grundgesetzes die »Lehren von Weimar« zu berücksichtigen suchte, nationale Volksbegehren abgeschafft hat. Heute gibt es in Deutschland dieses Instrument nur noch auf kommunaler und Landesebene.

Der Gesetzentwurf, der Gegenstand des Volksbegehrens war, richtete sich »gegen die Versklavung des deutschen Volkes« und sah Zuchthausstrafen für die Minister vor, die den Young-Plan unterschrieben. Das demagogische Machwerk trug die Handschrift Hugenbergs. Die Idee, die Reichsregierung und womöglich noch den Reichspräsidenten ins Zuchthaus zu schicken, ging selbst in der DNVP vielen zu weit und beschleunigte den Zerfall der unter Hugenbergs Führung noch weiter nach rechts gerückten Partei. Profiteur des Propagandaklamauks um das Volksbegehren war die NSDAP, die damals nur über sehr begrenzte publizistische Mittel verfügte. Der Schulterschluss mit Männern wie Hugenberg, Thyssen und dem Stahlhelm-Führer Franz Seldte trug dazu bei, Hitler beim national gesinnten Bürgertum salonfähig zu machen. Das notwendige Quorum von 10 Prozent für die Durchführung des Volksbegehrens wurde bei der Abstimmung am 2. November 1929 knapp erreicht, doch der Volksentscheid selbst fiel für die Initiatoren eher kläglich aus. Für einen Erfolg hätten 50 Prozent der Wahlberechtigten mit Ja stimmen müssen, tatsächlich waren es nur 13,5 Prozent. Zu einem gemeinsamen Aufruf gegen das Volksbegehren hatten sich die Politiker der verschiedenen demokratischen Parteien, von der SPD bis zur DVP, zusammengefunden, der Reichsbankpräsident Hjalmar Schacht und Vertreter von Kunst, Literatur und Wissenschaft wie Max Liebermann, Thomas Mann und Albert Einstein. Hier artikulierte sich das demokratische Deutschland, das eine realistische Vorstellung davon hatte, wie das eigene Land friedlich einen respektierten Platz in der internationalen Völkergemeinschaft gewinnen konnte. Ein großer Verlust für dieses demokratische Deutschland war der Tod von Gustav Stresemann, der nur Stunden, nachdem er die Zustimmung der Reichsregierung zum Young-Plan durchgesetzt hatte, mehrere Schlaganfälle erlitt und starb.

Bei den Thüringer Landtagswahlen vom 8. Dezember 1929 erzielte die NSDAP einen außerordentlich bedeutsamen Erfolg, der sie erstmals in eine Landesregierung führte. Mit 11,3 Prozent kam sie erstmals bei einer Landtagswahl über 10 Prozent der Stimmen, was ihr sechs Mandate einbrachte. Mit Abstand stärkste Partei war die SPD mit 18 Abgeordneten. Die KPD war auf sechs Mandate gekommen, die DDP hatte noch eines erreicht. Diesen 25 Abgeordneten auf der Linken und in der Mitte standen 22 auf der rechten Seite des Hauses gegenüber. Sie kamen von der Landvolkpartei, der Reichspartei des deutschen Mittelstandes, der DNVP und der DVP, deren Thüringer Landesverband innerhalb der Gesamtpartei ganz auf dem rechten Flügel stand und mit dem wütenden Anti-Stresemann-Kurs der Nationalsozialisten keine Probleme hatte. Während im Reich die DVP an einer sozialdemokratisch geführten Regierung beteiligt war und unter anderem den Außenminister stellte, half der Thüringer Landesverband, eine Koalition aus fünf republikfeindlichen Parteien zu bilden, die die NSDAP erstmals in die Regierungsverantwortung brachte. Hitler forderte mit dem Innenministerium und dem Volksbildungsministerium kategorisch zwei Schlüsselressorts für seine Partei.

Dem Innenministerium unterstand ein Großteil der allgemeinen Landesverwaltung, insbesondere die Sicherheitskräfte, außerdem das Personalreferat, dem Volksbildungsministerium das gesamte Schul- und Bildungswesen sowie die kulturellen Einrichtungen des Landes. Wer diese beiden Ministerien kontrollierte, hatte Zugriff auf nahezu alle Kompetenzen, die die Weimarer Verfassung den Ländern belassen hatte. Als Hitler seinen Partnern seinen Personalvorschlag Wilhelm Frick präsentierte, flackerte noch einmal Widerspruch im bürgerlichen Lager auf. Doch Hitler setzte wie immer alles auf eine Karte, drohte ultimativ mit Neuwahlen und Frick trat an die Spitze beider Ministerien.

Wilhelm Frick (1877–1946) gehörte zur alten Garde der NSDAP. Seit 1904 in der bayerischen Staatsverwaltung tätig, war er 1919 Leiter der Politischen Polizei geworden. Wegen seiner Beteiligung am Hitlerputsch war er zu 15 Monaten Haft verurteilt worden, die zur Bewährung ausgesetzt wurden, sodass er vier Wochen später in den Reichstag gewählt werden konnte. 1928 war er Reichswahlleiter gewesen und führte anschließend, von Hitler dazu ernannt, die Gruppe der neu gewählten Abgeordneten. Nun wurde Frick der erste nationalsozialistische Landesminister. Thüringen war nur ein relativ kleines Land, das 1918 aus fünf Fürstentümern und drei Herzogtümern entstanden war. Und doch kam Fricks erster Ministerschaft eine weitreichende Bedeutung zu, sie war die Generalprobe für den legalen Weg zur »Machtergreifung«. Hinzu kam die symbolische Bedeutung Weimars, jener Stadt, in der die verfassungsgebende Nationalversammlung der ersten deutschen Republik getagt hatte. Inzwischen war die Dichterstadt ein Hort der Reaktion geworden, mehr als doppelt so viele Wähler wie im Landesdurchschnitt hatten hier für die NSDAP gestimmt. Das Bauhaus war längst ins liberalere Dessau vertrieben worden. Der Aufbau der Thüringer NSDAP wurde energisch und erfolgreich von Fritz Sauckel vorangetrieben, einem ehemaligen Hilfsarbeiter, der 1925 Gaugeschäftsführer und 1927 Gauleiter wurde. 1926 hatte in Weimar der erste Parteitag außerhalb Münchens stattgefunden, im Dezember desselben Jahres wurde hier von

Baldur von Schirach, dessen Vater in Weimar Theaterdirektor gewesen war, die Hitlerjugend offiziell konstituiert.

Frick hatte in der Vergangenheit unermüdlich für die Aufhebung des über Hitler verhängten Redeverbotes agitiert, ebenso für die Freilassung der Mörder von Erzberger und Rathenau. Im Deutschen Reichstag hatte er den Ausschluss der Angehörigen der jüdischen Rasse von allen öffentlichen Ämtern propagiert. In Weimar war der erste Paukenschlag seiner Amtstätigkeit die Berufung von Paul Schultze-Naumburg zum neuen Leiter der Weimarer Kunstschule zum 1. April 1930. Das war die denkbar radikalste Absage an das neue Bauen, wie es sich mit dem Bauhaus verband. Schultze-Naumburg (1869–1949) war der prononcierteste Vertreter der Gegenmoderne in der deutschen Architektur jener Zeit. 1928 war sein programmatisches Werk »Kunst und Rasse« erschienen. In Rosenbergs Kampfbund für deutsche Kultur leitete Schultze-Naumburg die Unterorganisation Kampfbund deutscher Architekten und Ingenieure. Er enttäuschte die in ihn gesetzten Erwartungen nicht. Von den 32 Lehrern der Weimarer Hochschule wurden 29 entlassen, darunter sämtliche Vertreter des Fachbereichs Architektur. Schultze-Naumburg vereinte die beiden bestehenden Kunsthochschulen zur Staatlichen Hochschule für Baukunst, bildende Künste und Handwerk. Als diese am 10. November 1930 feierlich eröffnet wurde, schmückte die Hakenkreuzfahne den Festsaal, die bei dieser Gelegenheit erstmals Eingang in eine universitäre Festversammlung fand.

Noch in den Semesterferien hatte Schultze-Naumburg die gesamte, von Oskar Schlemmer geschaffene Innenausstattung des 1905/06 von Henry van de Velde errichteten Werkstattgebäudes zerstören lassen. Die Fresken wurden übermalt, die Reliefs abgeschlagen. Schlemmer durfte sein Werk nicht einmal mehr sehen, was der Künstler zu Recht als besonders grausam empfand. Kurz darauf folgte der zweite Schlag. Frick verfügte, beraten von Schultze-Naumburg, die vollständige Räumung der sechs modernen Säle des Weimarer Schlossmuseums, da die dort vertretenen Künstler »sich darauf beschränkten, das ostische oder sonst minderrassige Untermenschentum darzustellen«. Betroffen von dieser Maßnahme waren unter anderem Barlach, Dix, Kandinsky, Klee, Kokoschka, Marc, Nolde und Schmidt-Rottluff. Dieser Weimarer Kunstskandal wurde von der deutschen Öffentlichkeit im Ganzen erstaunlich wenig beachtet. Natürlich gab es kritische Stimmen, aber es überwog die Meinung, man könne über so viel Torheit, so die »Thüringische Allgemeine Zeitung«, nur »herzlich lächeln«. Wieder einmal wurden die Nazis gefährlich unterschätzt, obwohl sie mit brutaler Deutlichkeit sagten und demonstrierten, was ihre Ziele waren.

Fünf Tage nach Schultze-Naumburgs Ernennung kam Fricks Erlass »Wider die Negerkultur für deutsches Volkstum« heraus. Gegen die Verseuchung deutschen Volkstums durch fremdrassige Unkultur sollte mit allen Mitteln vorgegangen werden. Auf kritische Zeitungsberichte reagierte die Regierung unter Berufung auf das Republikschutzgesetz mit Publikationsverboten. Die Verwaltung des Landes wurde zentralisiert, was ein willkommener Vorwand für die Entlassung sozialdemokratischer Beamter und die Einstellung strammer Nationalsozialisten war. Als Volksbildungsminister führte Frick neue Schulgebete ein, z. B. »Deutschland erwache! Herr mach uns frei!«, aber eine Klage des Reichsinnenministers Joseph Wirth führte dazu, dass der Staatsgerichtshof in Leipzig die meisten der Gebetstexte für verfassungswidrig erklärte.

Die zweite prominente Personalie Fricks ging weniger glatt über die Bühne als die Berufung Schultze-Naumburgs. Er wollte dem populärsten Vorkämpfer der nationalsozialistischen Rassenkunde, dem Schriftsteller Hans F. K. Günther, der damals in Dresden als Aushilfslehrer arbeitete, zu einer Professur in Jena verhelfen, doch Rektor und Senat protestierten einmütig gegen diese Zumutung. Frick lag viel an seinem Schützling und er präsentierte ihn nacheinander als Professor für Philosophie, Vorgeschichte, Eugenik und Rassenkunde, doch die Ablehnung war jedes Mal einstimmig. Der wütende Frick setzte sich über die Einwände der Universität ebenso hinweg wie über deren gesetzlich garantierte Selbstverwaltungsrechte; er berief Günther kurzerhand auf den neu geschaffenen Lehrstuhl für menschliche Züchtungskunde und sandte ihn »als ersten Vorposten auf die feindliche Hochschule«.

Das Experiment der ersten nationalsozialistischen Regierungsbeteiligung endete abrupt und weniger glanzvoll, als es begonnen hatte. Nicht die brutalen Eingriffe Fricks in das kulturelle Leben waren der Grund dafür, sondern die maßlosen Pöbeleien des Fraktionsvorsitzenden Sauckel. Als er die Vertreter der DVP als trottelhafte Greise, Verräter und Betrüger bezeichnete, war die Duldungsfähigkeit auch der entschlossensten Opportunisten erschöpft, und die beiden nationalsozialistischen Minister Frick und Marschler, letzterer Staatsrat ohne Ressort, wurden abgewählt. Es folgte eine Minderheitsregierung der übrigen Rechtsparteien, die sich fast ein Jahr im Amt hielt. Die Rechtskoalition hatte einen ersten Blick auf das destruktive Potential des Nationalsozialismus ermöglicht. Auch wenn es nur die Spitze eines gewaltigen Eisbergs war, war für jeden, der es wissen wollte, erkennbar geworden, dass die Nazis nicht nur radikale Parolen brüllten, sondern dass auch ebenso radikale Maßnahmen folgen würden, wenn sie einmal an der Macht waren.

Auch ihr Auftreten im Reichstag nach den Wahlen vom September 1930 bot einen Vorgeschmack auf das Kommende. Waren es bisher zu wenige NSDAP-Abgeordnete zur Bildung einer Fraktion gewesen, was empfindliche Beschränkungen im parlamentarischen Betrieb mit sich brachte, so stellte die NSDAP diesmal die zweitstärkste Fraktion nach den Sozialdemokraten. Die Parlamentsneulinge sahen sich nicht als Parlamentarier; sie waren vielmehr »nach wie vor und erst recht nur Soldaten ihrer Bewegung, Kameraden der braunen Armee des erwachenden deutschen Volkes«, wie Wilhelm Frick sie bei der konstituierenden Sitzung der Fraktion nannte. Hitler ernannte Frick zum Fraktionsvorsitzenden und Gregor Strasser und Hermann Göring zu seinen Stellvertretern. Die Fraktion marschierte in geschlossener Formation und, das preußische Uniformverbot demonstrativ missachtend, im Braunhemd mit Hakenkreuzbinde zur konstituierenden Sitzung des neugewählten Reichstags, wo sie mit »Heil«-Rufen von der Zuschauertribühne empfangen wurden. Die Nazis waren unübersehbar im Herzen des verhassten Parteienstaates angekommen. Die legalistische Strategie begann Früchte zu tragen.

Die starke Position der NSDAP-Fraktion hatte zur Folge, dass sie das parlamentarische Leben in vielerlei Hinsicht nun mitprägte. Gegen die Wiederwahl des Reichstagspräsidenten Paul Löbe (SPD) hatte sie vergeblich agitiert. Die Mehrheit des Parlaments wählte anschließend trotzdem den Nationalsozialisten Franz Stöhr zu Löbes Stellvertreter, der seine Parteigenossen allerdings enttäuschen sollte, da er sein Amt korrekt ausübte. Als zweitstärkste Fraktion war die NSDAP in allen Ausschüssen maßgeblich vertreten, was sie nach Kräften nutzte, um die parlamentarische Arbeit zu behindern. Allerdings waren dieser destruktiven Politik Grenzen gesetzt.

Die NSDAP, die sich unaufhaltsam vom Radauverein zur Massenpartei entwickelte, machte in jenen Jahren eine Wandlung durch. War in der frühen Zeit Hitler mit seiner Kamarilla das Zentrum gewesen, so bildeten sich nun rationale, belastbare Organisationsstrukturen aus, die farblose, aber effiziente Figuren wie Philipp Bouhler, Martin Bormann und Franz Xaver Schwarz in zentrale Positionen brachten. Gleichzeitig wuchs Hitler immer mehr in eine mythisch überhöhte Führerrolle, die Kritik an seiner Person nicht einmal mehr als denkbar erscheinen ließ. Tatsächlich war der »Führer« über den weiteren Kurs seiner Bewegung durchaus unsicher. Er schwankte zwischen der Suche nach einem Bündnis mit den anderen rechten Oppositionskräften und einer Politik trotziger Alleinstellung. Die im Oktober 1931 vor allem aus taktischen Gründen mit DNVP, Stahlhelm, Alldeutschen und vaterländischen Verbänden gegen die Regierung Brüning gebildete Harzburger Front zerbrach bei der ersten Gelegenheit wieder, als man sich nicht auf einen gemeinsamen Kandidaten für die Reichspräsidentenwahl einigen konnte. Hitler hatte in diesem Bündnis wohl von vornherein vor allem ein Mittel gesehen, seine Reputation zu mehren. Über die DNVP machte er sich keine allzu großen Illusionen mehr, nachdem die Reichstagsfraktion im April 1930 gegen den Willen des Parteivorsitzenden Hugenberg mehrheitlich für Brünings Steuergesetze gestimmt hatte. Gleichzeitig zeigten die Ereignisse des Jahres 1930, dass der parlamentarische Weg für die Nazis erfolgversprechend war. Eine Serie von Wahlerfolgen hatte deutlich gezeigt, dass die NSDAP in der Lage war, das gesamte bürgerliche Lager, mit Ausnahme des katholisch geprägten Teils, wie ein Staubsauger aufzusaugen. Die Ergebnisse der Parteien rechts von der SPD bei den Reichstagswahlen machen das deutlich. DDP, DVP, DNVP, Wirtschafts-Partei und die Bauernparteien kamen 1924 gemeinsam auf 47 Prozent der Stimmen, im Juli 1932 erreichten sie gerade noch 10 Prozent!

Hinzu kam eine beträchtliche Mobilisierung der Nichtwähler durch die Nazis. Betrug die Wahlbeteiligung am 4. Mai 1924 77,4 Prozent, so waren es am 31. Juli 1932 84 Prozent, was einer Steigerung um 7,6 Millionen Wähler entsprach. Die NSDAP war die erste Partei, die Wähler im ganzen Land ansprach, ohne regionale oder soziale Begrenzung; sie war, wenn man so will, die erste moderne Volkspartei, allerdings natürlich die Partei eines rassistisch-exklusiv definierten Volkes. Einer der wenigen Demokraten, die die Bedeutung der Reichstagswahlen von 1930 klar erkannt hatten, war Ernst Toller. »Vor den Toren Berlins wartet Reichskanzler Hitler«, schrieb er in seinem Kommentar. In seiner bemerkenswert hellsichtigen Analyse sagte er den zaudernden Liberalen und Konservativen, aber auch den Sozialdemokraten, die über eine parlamentarische Einbindung dieser neuen politischen Kraft nachdachten, voraus, dass ein Reichskanzler Hitler alle Errungenschaften der Demokratie mit einem Federstrich beseitigen werde: »Der Inhalt dieser Tat wird nackter, brutaler Terror gegen Sozialisten, Kommunisten, Pazifisten und die paar überlebenden Demokraten sein.« Genau so sollte es kommen, aber die wenigsten wollten es hören.

Kurze Zeit nach dem Triumph bei den Reichstagswahlen hatte Hitler einen weiteren Erfolg, der einen beträchtlichen Prestigegewinn für ihn bedeutete. Im sogenannten Reichswehrprozess waren drei junge in Ulm stationierte Offiziere angeklagt, die sich der für Militärangehörige bestehenden Neutralitätspflicht zum Trotz der NSDAP angeschlossen hatten. Sie wurden wegen Vorbereitung zum Hochverrat angeklagt, weil der Verdacht bestand, dass sie auf einen Militärputsch hinarbeiteten. Am 26. September 1930 war Hitler als Zeuge geladen. Bei seiner ausführlichen Befragung kam es zu folgendem Dialog mit dem Gerichtspräsidenten:

Vorsitzender: »Wie denken Sie sich die Errichtung des Dritten Reiches?«

Hitler: »Die Verfassung schreibt nur den Boden des Kampfes vor, nicht aber das Ziel. Wir treten in die gesetzlichen Körperschaften ein und werden auf diese Weise unsere Partei zum ausschlaggebenden Faktor machen. Wir werden dann allerdings, wenn wir die verfassungsmäßigen Rechte besitzen, den Staat in die Form gießen, die wir als die richtige ansehen.«

Vorsitzender: »Also nur auf verfassungsmäßigem Wege?«

Hitler: »Jawohl!«

Hitler fuhr fort: »Wenn unsere Bewegung in ihrem legalen Kampf siegt, wird ein deutscher Staatsgerichtshof kommen, und der November 1918 wird seine Sühne finden und es werden auch Köpfe rollen.«

Diese Ankündigung wurde von den Zuhörern mit lautem Jubel quittiert. Hitler leistete dann im weiteren Verlauf der Verhandlung einen Eid auf die Verfassung. Dieser Legalitätseid, von Goebbels als genialer Schachzug bezeichnet, hatte eine ungeheure Wirkung in der Öffentlichkeit, hinter der die Verurteilung der Offiziere zu Festungshaft und ihre Entlassung aus der Reichwehr völlig verblasste, auch wenn der Eid in Wirklichkeit nichts Neues bedeutete, da Hitler schon seit Längerem ängstlich bemüht war, durch Lippenbekenntnisse zu den geltenden Gesetzen erneute Verbote der Partei oder ihrer Redner zu vermeiden. Aber nun, so kurz nach seinem triumphalen Wahlsieg, war ihm bei seinem Eid auf die Verfassung die Aufmerksamkeit der Weltpresse sicher. Es gelang ihm, den Gerichtssaal zur Tribüne umzufunktionieren und für seine Propagandazwecke zu missbrauchen.

Nach dem Wahlsieg der NSDAP vom September 1930 gab es Stimmen, die Reichskanzler Brüning rieten, die Partei in seine Regierung aufzunehmen. Heinrich von Brüning (1885–1970) war seit 1929 Fraktionsvorsitzender des Zentrums im Reichstag. Im Gegensatz zu dem früheren Reichskanzler Joseph Wirth und dem christlichen Gewerkschaftsführer Adam Stegerwald gehörte Brüning zum konservativen Flügel der katholischen Partei. Er war Finanzpolitiker und kämpfte darum, mithilfe von Steuererhöhungen und Sparmaßnahmen zu einem ausgeglichenen Staatshaushalt zu kommen. Als die große Koalition unter Hermann Müller (SPD) im Frühjahr 1930 zerbrach und Reichspräsident Hindenburg mit aller Macht auf eine antiparlamentarische Regierung unter Ausschluss der Sozialdemokraten zusteuerte, schlug Brünings Stunde. Er wurde Kanzler einer Koalition aus Zentrum, DVP und den kleinen Rechtsparteien, die von einer Mehrheit im Reichstag weit entfernt war, dafür aber den Rückhalt Hindenburgs hatte, der sich ohne Zögern mithilfe von Notverordnungen über das Parlament hinwegsetzte.

Es begann die Zeit der sogenannten Präsidialkabinette, der Regierungen von Gnaden des Reichspräsidenten. Doch als Brünings erstes Sanierungsprogramm im Reichstag durchfiel und Hindenburg es per Notverordnung in Kraft setzte, hob der Reichstag die Notverordnung mit überwältigender Mehrheit wieder auf und Hindenburg blieb nichts anderes übrig, als den Reichstag aufzulösen und Neuwahlen anzusetzen, die dann den Nationalsozialisten einen sensationellen Erfolg einbrachten und auch der KPD einen Stimmenzuwachs von fast 50 Prozent bescherten, aber die Kräfte in der Mitte und rechts von der Mitte empfindlich schwächten. Doch Brüning stand einer Verbindung mit den erstarkten Nazis unverändert ablehnend gegenüber. Ein Sondierungsgespräch am 5. Oktober 1930 brachte deshalb kein greifbares Ergebnis. Die von Brüning erhoffte loyale Opposition wurde von Hitler hohnlachend abgelehnt. Der hielt sich auch keineswegs an den Wunsch, das Gespräch geheim zu halten, sondern ließ vor dem Gebäude eine singende SA-Truppe auf- und abmarschieren und fertigte ein Gesprächsprotokoll an, das er tags darauf dem amerikanischen Botschafter zuspielte.

Brüning sah, dass mit dem Fanatiker Hitler keinerlei Verständigung möglich war. In langen Verhandlungen gelang es ihm andererseits, die Sozialdemokraten zu einer Tolerierung seiner rigiden Sparpolitik zu bewegen. Der Reichstag wurde nur noch selten einberufen, dafür folgte eine Notverordnung auf die andere, insgesamt waren es über 60 in weniger als zwei Jahren. Brüning verfolgte unter schwierigen Bedingungen eine Politik der »austerity«. Mit einem drastischen Sanierungsprogramm versuchte er, den Haushalt zu konsolidieren und zugleich auf diplomatischer Ebene ein Ende der Reparationen zu erreichen. Brüning verfolgte seine Politik gewiss in bester Absicht, wenn auch außenpolitisch erstaunlich ungeschickt, und er nahm dabei in Kauf, dass sich die Krisensituation durch die scharfen sozialen Einschnitte dramatisch verschärfte. Und die Hoffnung der Finanzwelt, der Sparkanzler könne für seinen unternehmerfreundlichen Kurs eine politische Mehrheit gewinnen, war am 14. September 1930 spektakulär gescheitert. In den folgenden Wochen wurden nicht weniger als 300 Millionen Reichsmark an ausländischen Einlagen von deutschen Bankkonten abgezogen. Verunsicherte inländische Anleger, denen die Erinnerung an die Inflation noch in den Knochen steckte, hoben sogar mehr als 600 Millionen Reichsmark von ihren Konten ab. Unter ihnen waren viele Juden, die sich nicht nur an die Inflation erinnerten, sondern auch an den gleichzeitigen Hitlerputsch, ein Ereignis, das sich nun womöglich mit mehr Aussicht auf Erfolg wiederholen mochte.

Die Grundlage für das Funktionieren des deutschen Finanzmarktes war äußerst fragil. Entscheidend waren ausländische Kredite, die aber überwiegend nur kurze Laufzeiten hatten, andererseits jedoch die Mittel lieferten für langfristige Kredite an Industrie und Gewerbe im Lande. Eine prekäre Situation, die schon durch relativ geringfügige Ereignisse aus dem Gleichgewicht geraten konnte. Ein einziger notleidender Kredit der Danat-Bank löste schließlich 1931 eine Bankenkrise aus. Die Schalter der Banken blieben Mitte Juli für mehrere Tage geschlossen, die Reichsbank musste die Devisenbewirtschaftung einführen und die Konvertierbarkeit der Reichsmark aussetzen. Die Danat-Bank wurde mit der Dresdner Bank zwangsfusioniert, wobei Letztere ebenso wie die Commerzbank nun in

Staatsbesitz überging. Lediglich die Deutsche Bank kam ohne Mehrheitsbeteiligung des Staates über die Runden.

Wenige Monate vor der Bankenkrise war das Buch »Das Ende der Reparationen« des ehemaligen Reichsbankpräsidenten Hjalmar Schacht erschienen. Schacht hatte sich von einem entschiedenen Befürworter in einen lautstarken Gegner des Young-Plans verwandelt, da er, so sein Vorwand, nicht richtig umgesetzt worden war. Er nutzte sein Buch, das enormes Aufsehen erregte, nicht nur, um seine politische Wendung nach rechts zu rechtfertigen, sondern auch zu einer Generalabrechnung mit Brüning, dem er vorwarf, die sozialistische Finanzpolitik seines Vorgängers Müller fortzusetzen. Wie so vielen Nationalisten waren Schacht die eigenen Interessen viel wichtiger als die seines Vaterlandes. Während er bei seinen zahlreichen Auslandsreisen offiziell das Bestreben der deutschen Regierung unterstützte, den Young-Plan durch eine Beendigung der Reparationen zu ersetzen, riet er hinter verschlossenen Türen amerikanischen Bankiers davon ab, dem Deutschen Reich weiterhin Kredit zu gewähren. Die Reichsregierung, so Schacht, habe ohnehin abgewirtschaftet und werde bald durch ein Bündnis von Deutschnationalen und Nationalsozialisten abgelöst werden. Einen Vorgeschmack auf ein solches Bündnis bot wenige Monate später die sogenannte Harzburger Front. In Bad Harzburg traf sich am 11. Oktober 1931 auf Alfred Hugenbergs Initiative die »nationale Opposition« zu einer Großveranstaltung. Mit DNVP, NSDAP und Stahlhelm waren dort die gleichen Kräfte präsent, die schon das Volksbegehren gegen den Young-Plan getragen hatten. Die antidemokratische Fronde wurde vermehrt um den großagrarisch orientierten Reichslandbund und Persönlichkeiten wie den Vorsitzenden des Alldeutschen Verbandes Heinrich Claß, den Sohn des letzten Kaisers und SA-Gruppenführer August Wilhelm von Preußen, den monarchistisch gesinnten General Hans von Seeckt, der als Chef der Heeresleitung 1926 entlassen worden war und nun für die DVP im Reichstag saß, und nicht zuletzt Hjalmar Schacht, der hier erstmals gemeinsam mit Adolf Hitler in der Öffentlichkeit auftrat. In schneidigen Reden wurde zum Sturz der Regierung Brüning aufgerufen; umrahmt war das Ganze von Aufmärschen der paramilitärischen Verbände. Hitler ließ es sich gerne gefallen, dass der Glanz dieser prominent besetzten Versammlung auch auf ihn fiel, achtete gleichzeitig aber darauf, sich nicht vereinnahmen zu lassen. Nach dem Vorbeimarsch seiner SA verließ er demonstrativ die Bühne, ohne die Parade des Stahlhelm abzuwarten.

Hjalmar Schacht war bei Weitem nicht der einzige Mann der Wirtschaft, der in jener Zeit seine Sympathien für die Nationalsozialisten entdeckte. Schacht und der Generaldirektor der Gutehoffnungshütte Paul Reusch organisierten eine Koordinierungsstelle zwischen Wirtschaft und NSDAP, die in beide Richtungen Vorbehalte abbauen sollte. Parallel dazu entstand der »Keppler-Kreis« um den badischen Unternehmer Wilhelm Keppler, den späteren Wirtschaftsberater Hitlers und Aufsichtsratsvorsitzenden der Brabag, der als SS-Obergruppenführer auch bei den Wirtschaftsunternehmen der SS eine wichtige Rolle spielen sollte.

Am 27. Januar 1932 hatte Adolf Hitler seinen ersten großen Auftritt vor den Kapitänen der Schwerindustrie. Eingeführt von Fritz Thyssen sprach er vor dem Industrieklub in Düsseldorf. Hitler hatte sich auf sein Publikum eingestellt und erschien nicht im Braunhemd mit Schaftstiefeln und Nilpferdpeitsche, dem bevorzugten Outfit der »Kampfzeit«, sondern im dunkelblauen Zweireiher mit schwarzer Krawatte. Er hielt eine mehrstündige Propagandarede, die er anschließend auch veröffentlichte. Zu Beginn standen viele Zuhörer dem Vertreter einer Partei, die die Worte »Arbeiter« und »sozialistisch« im Namen führte, gewiss skeptisch gegenüber, doch am Ende vermerkte das Protokoll stürmischen Beifall. Nach bewährter Manier kochte Hitler sein Publikum weich mit der unvermeidlichen Mär über die bescheidenen Anfänge und späteren Erfolge der nationalsozialistischen Bewegung und weitschweifigen Ausführungen über die gegenwärtige Weltkrise, Persönlichkeits- und Volkswert, Kampf- und Leistungsprinzip und anderes mehr, malte das Schreckgespenst der Bedrohung durch den Bolschewismus in grellen Farben und vertrat schließlich die These, dass die schwierige Situation des

Reiches ihre Ursache vor allem in der nationalen Selbstvergessenheit der gegenwärtigen Regierung habe. Er selbst und seine Partei seien der letzte Aktivposten des deutschen Volkes. Hitler schloss mit dem Ruf, für den Wiederaufstieg des Landes sei vor allem die »Wiederherstellung eines gesunden, nationalen und schlagkräftigen deutschen Volkskörpers« notwendig. Dass der vermeintliche Sozialist sich als rassistischer Nationalist entpuppte, beruhigte die Versammlung ungemein. Sicher teilten nicht alle Anwesenden Hitlers radikalen Antisemitismus, aber er war doch mit den Interessen der Schwerindustrie sehr viel eher kompatibel als die klassenkämpferischen Parolen, die von einem Gregor Strasser und anderen Nationalsozialisten zu hören waren.

Hitler war es gelungen, deutlich zu machen, dass er keine grundsätzlichen Veränderungen der Wirtschaftsordnung im Sinn hatte. Dennoch erkaltete die neue Sympathie für den Möchtegerndiktator aus München wieder, als Brüning gestürzt war und an seiner Stelle nicht Hitler, sondern Franz von Papen Kanzler wurde. Eine wichtige Rolle spielte in diesem Zusammenhang die »Ruhrlade«. Das war ein hochexklusiver und streng geheim tagender Zirkel, in dem alle Großunternehmen des Ruhrgebiets mit ein oder zwei Mitgliedern vertreten waren. Die Ruhrlade hatte in der Vergangenheit die Parteien des bürgerlichen Lagers, von der DDP bis zur DNVP, mit erheblichen Geldmitteln unterstützt und sogar versucht, eine bürgerliche Sammlungsbewegung zu initiieren. Dann hatten sich ihre Mitglieder, symptomatisch für das deutsche Bürgertum in der damaligen Zeit, immer weiter nach rechts orientiert. Albert Vögler z. B. hatte zu den Mitgründern der DVP gehört, wandte sich dann der DNVP zu und war nun, neben Schacht und Thyssen, der prominenteste Anhänger Hitlers in der Welt der Wirtschaft. Als Vorstandsvorsitzender der Vereinigten Stahlwerke führte er den zweitgrößten Stahlkonzern der Welt. Die Mehrheit in der Ruhrlade hatte aber noch immer Vorbehalte gegen die vermeintlich sozialistischen Parolen des Nazis und bevorzugte den Herrenreiter Papen, der ihnen ein autoritäres Regime ohne NSBO und SA zu versprechen schien.

Das Jahr 1931 hatte bei allen Landtagswahlen weitere Erfolge für die NSDAP gebracht. In Oldenburg und Hessen wurde sie mit jeweils über 37 Prozent stärkste Fraktion, in Schaumburg-Lippe und Hamburg erreichte sie jeweils den zweiten Platz hinter den Sozialdemokraten. Die Partei fühlte sich nun stark genug, den Konflikt mit der traditionellen Rechten zu suchen. Die Initiative, die Amtszeit des greisen Reichspräsidenten Hindenburg mittels einer Verfassungsänderung zu verlängern, lehnte die NSDAP kategorisch ab. Brünings Hoffnung, dem 84-jährigen einen erneuten Wahlkampf zu ersparen, war damit die Grundlage entzogen. Klar war, dass Hindenburg aus diesem Wahlkampf nur dann als Sieger hervorgehen konnte, wenn auch die Wähler der SPD für ihn stimmen würden, eine Vorstellung, die er als zutiefst demütigend empfand. Er entschloss sich deshalb erst zu einer erneuten Kandidatur, als dies von »breiten Volksschichten«, nicht aber von einer Partei gefordert wurde. Es fand sich ein »Hindenburg-Ausschuss« zusammen, an dessen Spitze der parteilose Berliner Oberbürgermeister Heinrich Sahm stand und dem so unterschiedliche Persönlichkeiten wie Gerhart Hauptmann, Max Liebermann und Gustav Noske angehörten. Das »vaterländische« Deutschland dagegen hielt sich weitgehend fern. Der Stahlhelm stellte mit seinem zweiten Vorsitzenden Theodor Duesterberg gar einen eigenen Kandidaten auf, der auch die Unterstützung der DNVP fand. Duesterberg war zwar ein entschiedener Gegner der Weimarer Republik, aber kein Freund der Annäherung an die NSDAP, die ihn zudem wegen seiner »nichtarischen« Abstammung attackierte. Für die KPD kandidierte Ernst Thälmann.

Der eigentliche Gegenspieler Hindenburgs aber war natürlich der Kandidat der NSDAP. Nachdem man zunächst erwogen hatte, Frick ins Rennen zu schicken, nominierte Goebbels auf einer Massenversammlung am 22. Februar 1932 Adolf Hitler, dessen Kandidatur nur den einen Schönheitsfehler hatte, dass er als Staatenloser nicht wählbar war. Frühere Versuche, Hitler einzubürgern, waren gescheitert. Doch nun sorgte der Nationalsozialist Dietrich Klagges, Innen- und Volksbildungsminister einer Koalitionsregierung in Braunschweig, dafür, dass Hitler rasch die deutsche Staatsbürgerschaft bekam. Hitler wurde Regierungsrat und sollte, so die offizielle Lesart, als Mitarbeiter der braunschweigschen Vertretung beim Reich die Interessen der heimischen Wirtschaft fördern.

Mit seiner Kandidatur für das Amt des Reichspräsidenten kämpfte Hitler erstmals mit offenem Visier in der nationalen Arena und meldete unübersehbar seinen Anspruch auf die Macht im Reich an. Im Wahlkampf wurde mit harten Bandagen gekämpft. Auf großen Plakaten sah man karikierte Juden mit dem Text »Auch ein Hindenburg-Wähler«, darunter die Zeile »Darum wählt Adolf Hitler!«. Der greise Feldmarschall wurde als Repräsentant des verhassten Systems dargestellt. Schon bei der Debatte über den Wahltermin hatte Goebbels Hindenburg als Büttel der Sozialdemokratie attackiert, der seine Wähler verraten habe, nur noch »gelobt von der Berliner Asphaltpresse, gelobt von der Partei der Deserteure«. Die Nazis setzten ganz auf ihren rassistischen Nationalismus. Der letzte Wahlaufruf im »Völkischen Beobachter« schloss mit den Worten: »So gilt der Gruß dieses erwachten, kämpfenden Deutschlands der Zukunft Adolf Hitler. Ein deutscher Volksherzog im heutigen Gewande als Ausdruck ewiger Werte des Germanentums. Was gesund und kraftvoll ist, kürt deshalb am 13. März den Schmied der deutschen Seele! Heil Hitler!«

Der deutsche Volksherzog wurde zwar nicht gekürt, doch sein Erfolg war beachtlich genug. Für Hitler stimmten 30,1 Prozent, der damit Hindenburg, der auf 49,6 Prozent kam, die Schmach bereitete, sich einem zweiten Wahlgang stellen zu müssen. (Thälmann und Duesterberg waren mit 13,2 und 6,8 Prozent weit abgeschlagen.) Im zweiten Wahlgang polarisierte sich die Auseinandersetzung ganz auf Hitler und Hindenburg. Hitler war der »Mann der Kraft«, der allein elf Millionen Stimmen auf sich vereinigt hatte und »gegen Parteikadaver und Interessenhaufen« stand, während acht verschiedene »Interessenhaufen«, vom Zentrum bis zur Wirtschaftspartei, zusammen nur 18 Millionen Hindenburg-Wähler ergeben hatten.

Im zweiten Wahlgang wollte Hitler noch einmal alle Kräfte mobilisieren. Nachdem der amtierende Reichspräsident einen

»Osterfrieden« verkündet hatte, blieben für den Wahlkampf in der zweiten Runde nur noch sechs Tage. Um in dieser kurzen Zeit möglichst viele Menschen zu erreichen, setzte Hitler ein neues Mittel ein, das Flugzeug. So konnte er täglich mehrere Massenversammlungen in verschiedenen Städten abhalten. Dabei begleiteten ihn auch Kameraleute, die die Wahlkampfreise dokumentierten. »Hitler über Deutschland« wurde der erste nationalsozialistische Propagandafilm. So etwas hatte es noch nie gegeben, und diese »Amerikanisierung« des Wahlkampfes war auch in den eigenen Reihen nicht unumstritten, aber natürlich trug sie dazu bei, Hitlers Nimbus als moderner Volkstribun weiter zu festigen. Der Wahlgang am 10. April 1932 brachte ihm mit 36,8 Prozent einen weiteren Stimmenzuwachs, aber der Abstand zu Hindenburg, der auf 53 Prozent kam, war doch deutlich. Doch Hitler stürzte sich sofort mit einer zweiten Deutschlandflug-Kampagne in den nächsten Wahlkampf. Am 24. April waren in fünf Ländern Landtagswahlen. Sie erbrachten durchweg starke Stimmengewinne für die NSDAP. Mit Ausnahme von Bayern, wo sie noch um 0,1 Prozent hinter der BVP lag, war sie nun überall die stärkste Partei. Am bedeutsamsten war der Wahlausgang in Preußen, dem Land, das an Bevölkerung und Fläche allein nahezu zwei Drittel des gesamten Deutschen Reiches ausmachte. Das »rote Preußen« war unter seinem Ministerpräsidenten Otto Braun (SPD) seit 1920 ein Hort relativer Stabilität gewesen. Nun hatte auch die Regierung Braun keine Mehrheit mehr und amtierte nur noch geschäftsführend. Die SPD hatte bei den preußischen Landtagswahlen nur 21,2 Prozent erreicht, während die NSDAP auf 36,3 Prozent gekommen war. Zusammen mit den 12,8 Prozent der KPD reichte das für eine negative Mehrheit, die jede neue Regierungsbildung verhinderte.

Auch auf nationaler Ebene entwickelten die Dinge sich negativ. Brüning hatte in einem rastlosen Wahlkampf Hindenburg eine zweite Amtszeit verschafft, doch der verzieh es ihm nicht, dass er seinen knappen Sieg ausgerechnet Katholiken und Sozialdemokraten, den »Reichsfeinden« von einst, verdankte. Der Dissens verschärfte sich, als Reichswehr- und Reichsinnenminister Wilhelm Groener, einer der wenigen wirklichen Demokraten unter den Militärs, ein Verbot der SA verfügte. Für ein solches Verbot gab es Gründe und Anlässe in Fülle, aber es widersprach der Linie von Groeners Staatssekretär Kurt von Schleicher, der die SA als Rekrutierungsreserve für die Wiederaufrüstung nutzen wollte. Schleicher drängte Groener zum Rücktritt als Wehrminister. Der Konflikt beschleunigte das Ende der Ära Brüning. Den letzten Anstoß gab der Versuch Brünings, die exorbitanten Hilfsgelder für die völlig überschuldeten Landgüter im Osten zugunsten anderer agrarpolitischer Prioritäten zu kürzen, da einerseits der Staatshaushalt erneut an den Rand der Unfinanzierbarkeit geriet und es andererseits Millionen von arbeits- und landlosen Siedlungswilligen gab. Die Idee, die Dauersubventionierung von nicht entschuldungsfähigen Großgütern einzustellen und so frei werdenden landwirtschaftlichen Grund an Siedler zu vergeben, wurde von den Ostelbiern als »Agrarbolschewismus« diffamiert. Hindenburg war als Besitzer des Gutes Neudeck von diesem Thema persönlich betroffen. Er erklärte brüsk, er werde keine einzige Notverordnung mehr unterzeichnen, woraufhin Brüning seinen Rücktritt erklärte.

Auf Brüning folgte Franz von Papen, der ebenfalls der Zentrumspartei angehörte, aber das war nur eine formale Gemeinsamkeit. Papen (1879–1969) hatte 1919 seinen Abschied von der Reichswehr genommen, weil er mit einer republikanischen Armee nichts zu tun haben wollte. 1925 hatte er gegen den Kandidaten der eigenen Partei die Wahl Hindenburgs unterstützt, was dieser ihm nicht vergaß. Bestrebungen, Papen aus dem Zentrum auszuschließen, waren nicht erfolgreich gewesen, weil er ein großes Aktienpaket der Parteizeitung »Germania« besaß und dort Aufsichtsratsvorsitzender war. Bis April 1932 hatte er dem Preußischen Landtag als Abgeordneter angehört und auf ein Ende der Koalition seiner Partei mit der SPD hingearbeitet. Nun kam er auf spektakuläre Weise ans Ziel.

Reichskanzler Papen enthob den geschäftsführenden preußischen Ministerpräsidenten Braun und seine Regierung am 20. Juli 1932 per Notverordnung ihres Amtes. Den Vorwand für dieses Vorgehen lieferte der »Altonaer Blutsonntag«, eine Schießerei zwischen Kommunisten, Nationalsozialisten und der Polizei, an deren Ende 18 Tote und 285 Verletzte zu beklagen waren. Der Schusswechsel war der blutige Höhepunkt der Gewaltwelle, die den Reichstagswahlkampf 1932 zum brutalsten in der Geschichte der Weimarer Republik werden ließ. Papens Aktion, der sogenannte Preußenschlag, entzog die wichtigste republikanische Streitmacht, die sozialdemokratisch geprägte preußische Polizei, die dem durch den Versailler Friedensvertrag minimalisierten Heer an Mannschaftsstärke weit überlegen war, der demokratischen Kontrolle. Die Regierung prozessierte gegen ihre Absetzung zwar vor dem Staatsgerichtshof und bekam auch Recht, aber das nutzte alles nichts mehr.

Mit dem Herrenreiter Papen, einer Erscheinung, die wie wenige das Versagen des deutschen Bürgertums angesichts der totalitären Herausforderung symbolisiert, war nicht nur die moralische Substanz der ersten deutschen Demokratie weitestgehend aufgezehrt, auch das parlamentarische System war nur noch ein Schatten seiner selbst. Der eigentliche Sinn des »Preußenschlages« enthüllte sich in den folgenden Wochen. Überall im Lande wurden sozialdemokratische und andere demokratische Polizeipräsidenten, Landräte und Beamte durch rechte Kräfte ersetzt. Preußen machte nach Fläche wie Einwohnern etwa zwei Drittel des Weimarer Staates aus. Dieses Bollwerk der Republik war nun geschleift. Keine andere Maßnahme der kurzlebigen Regierung Papen hat Hitlers »Machtergreifung« mehr entgegengearbeitet.

Papen, der die Zentrumspartei inzwischen verlassen hatte, erfüllte alle Bedingungen, die die Nazis für die Tolerierung seiner Regierung gestellt hatten. Er hob das Verbot von SA und SS auf, ließ das Tragen von Uniformen wieder allgemein zu und schrieb Neuwahlen zum Reichstag aus. Am 15. Juli 1932 startete Adolf Hitler seinen dritten Deutschlandflug. In 14 Tagen besuchte er 50 große Wahlkampfkundgebungen, und am 31. Juli stand das Ergebnis fest, das nun keine Überraschung mehr war: Mit 37,3 Prozent der Stimmen und 230 von 608 Abgeordneten war die NSDAP auch im Reichstag die mit Abstand stärkste Partei geworden, gefolgt von den Sozialdemokraten mit 21,6 Prozent. NSDAP und KPD konnten nun auch im Reichstag eine negative Mehrheit bilden. Das Zentrum erwies sich, gestützt auf seine konfessionell gebundenen Wähler, als stabil, aber die anderen bürgerlichen Parteien, von den liberalen Demokraten bis zur reaktionären DNVP, sahen den Wählerzuspruch dahinschmelzen wie den Schnee in der Sonne. Die Bürgerlichen kooperierten bei der Wahl des Reichstagspräsidiums offen mit den Nazis. Zum neuen Reichstagspräsidenten wurde Hermann Göring gewählt, der sich nicht die Mühe machte, den Anschein zu erwecken, er werde dieses Amt unparteiisch ausüben. Um ein »marxistenfreies« Präsidium zu erreichen, überging man den Anspruch der SPD, als zweitstärkste Fraktion den ersten Vizepräsidenten zu stellen. Die Sozialdemokraten wurden überhaupt nicht berücksichtigt. Stattdessen wählte man den Zentrumsabgeordneten Thomas Esser. Zweiter und dritter Vizepräsident wurden Walther Graef (DNVP) und Hans Rauch von der BVP, der bayerischen Schwesterpartei des Zentrums.

Das katholische Lager stellte so, obwohl es nur über 97 Abgeordnete verfügte, zwei von vier Präsidiumsmitgliedern. Dabei hatten sich die Gewichte innerhalb des Zentrums sehr stark nach rechts verschoben. Tonangebend waren jetzt die ehemaligen Reichskanzler Marx und Brüning, Josef Joos, der auch dem Zentralkomitee der deutschen Katholiken angehörte, sowie Ludwig Kaas, der 1929 den Parteivorsitz übernommen hatte und nach 1933 apostolischer Pronotar am Vatikan wurde. Kaas vor allem propagierte einen Kurs der »Volkssammlung«, aber auch andere prominente Zentrumspolitiker waren der Auffassung, der richtige Ausgleich für das langjährige Zusammengehen mit den Sozialdemokraten in Preußen sei eine Annäherung an die Nationalsozialisten auf Reichsebene. Tatsächlich hätte eine Koalition aus NSDAP und Zentrum eine Mehrheit im Reichstag hinter sich gehabt.

Im August 1932 kam es auch zu intensiven Verhandlungen über den Eintritt der NSDAP in die Regierung Papen, die aber an den überzogenen Forderungen der Nationalsozialisten scheiterten. Insbesondere wollte Hitler sich nicht mit dem Posten des Vizekanzlers zufrieden geben. Schleicher, Hindenburg und andere waren gewillt, Hitler sehr weit entgegenzukommen, zumal Hindenburg angesichts seiner grundsätzlichen Ablehnung der Sozialdemokratie an einer Zusammenarbeit mit den Nazis gar nicht vorbeikam. Aber noch wehrte er sich dagegen, den Mann, der ihn bei seiner Wiederwahl so gedemütigt hatte, zum Reichskanzler zu berufen. Gleichwohl sah Papen die Annäherungsversuche zwischen Zentrum und NSDAP mit Unbehagen, da sie das Ende seines Präsidialkabinetts bedeuten würden. Seine einzige parlamentarische Stütze bildeten die 37 Abgeordneten der DNVP. Als der Reichstag am 12. September 1932 mit 512 gegen 42 Stimmen die Aufhebung der von Papen erlassenen Notverordnung zur Belebung der Wirtschaft verlangte, war das für ihn ein willkommener Anlass, den Reichstag erneut aufzulösen. Am selben Tag erklärte Papen im Rundfunk, er beschreite nunmehr »den Weg einer neuen unabhängigen Staatsführung«, zu der der Reichspräsident ihn berufen habe.

Die Reichstagswahlen vom 6. November 1932 brachten nach Jahren stetig zunehmender Erfolge zum ersten Mal einen empfindlichen Rückschlag für die NSDAP, die nun statt 230 nur noch 196 Abgeordnete stellte. Auch das Zentrum hatte leichte Verluste hinnehmen müssen, sodass die rechnerische schwarzbraune Mehrheit vom Sommer dahin war. Auch die Sozialdemokraten gehörten zu den Verlierern, während DNVP, DVP und KPD Stimmen und Mandate hinzugewonnen hatten. An eine von einer Parlamentsmehrheit getragene Regierung war nach dieser Wahl noch weniger zu denken als zuvor. Prälat Kaas verlangte indes erneut eine »starke volksverbundene Reichsregierung« im Zeichen der »nationalen Sammlung«, was nach Lage der Dinge nur eine Einbeziehung der NSDAP bedeuten konnte. Selbst Joseph Wirth warb nun bei den Sozialdemokraten um Verständnis für eine solche Lösung. Papen kam bald zu der Erkenntnis, dass er einer Regierung der »nationalen Konzentration« im Wege stehe und erklärte seinen Rücktritt.

Zwei Tage später, am 19. November, plädierten Großagrarier und Industrielle in einer Eingabe an den Reichspräsidenten für einen Kanzler Hitler, doch dessen Gespräch mit Hindenburg am selben Tag blieb aus den gleichen Gründen wie drei Monate zuvor ohne positives Ergebnis. Der greise Feldmarschall wehrte sich noch immer gegen Hitlers Allmachtsanspruch und hätte ihm allenfalls die Kanzlerschaft einer vom Parlament getragenen Regierung zugestanden. Am 3. Dezember berief Hindenburg schließlich den General Kurt von Schleicher, der unter Papen bereits an die Spitze des Reichswehrministeriums gerückt war, zum neuen Kanzler.

Kurt von Schleicher (1882–1934) stammte aus Brandenburg an der Havel und hatte in Berlin-Lichterfelde die Kadettenanstalt absolviert, wo er u. a. Oskar von Hindenburg, den Sohn des späteren Reichspräsidenten, kennenlernte. Im Krieg hatte er in der Obersten Heeresleitung gedient und sich 1918 für die Verständigung zwischen Reichswehr und Sozialdemokratie eingesetzt. Schleicher vertrat eine autoritäre Staatsauffassung, befürwortete aber zugleich die Einbindung der Arbeiterschaft. Für wenige Wochen stand die Fata Morgana eines korporativ-vorkonstitutionellen Staates am politischen Horizont, gestützt auf ein Bündnis, das vom ADGB bis hin zu den Nationalsozialisten um den aus Protest gegen Hitlers Alles-oder-nichts-Kurs von sämtlichen Parteiämtern zurückgetretenen Gregor Strasser reichte. Doch schon am 28. Januar 1933 trat Schleicher wieder zurück, nachdem Hindenburg eine erneute Auflösung des Reichstages bei gleichzeitiger Verschiebung der Neuwahlen auf den Herbst verweigert hatte. Auch Zentrum und SPD mobilisierten ihre Energien gegen diesen »Reichsnotstand«. Die beiden großen demokratischen Parteien verhielten sich Ende Januar 1933 so, als werde die Republik mehr von Schleicher als von Hitler bedroht. Als Schleicher nach nur siebenwöchiger Kanzlerschaft schließlich zurücktrat, war er längst völlig isoliert gewesen.

Schon zehn Tage zuvor hatten in wechselnder Besetzung intensive Verhandlungen zwischen Hitler, Göring, Papen, Hugenberg, dem Stahlhelm-Führer Seldte, Oskar von Hindenburg und dem Staatssekretär und Chef der Präsidialkanzlei Otto Meißner begonnen, die sich angesichts der unterschiedlichen Interessenlagen kompliziert gestalteten. Hugenberg war nun wieder zum Zusammengehen mit Hitler bereit, fürchtete aber die von diesem geforderte erneute Auflösung des Reichstags. Zum entscheidenden Steigbügelhalter für Hitler wurde Papen, der auch Oskar von Hindenburg und Meißner auf seine Seite zog. Dem Reichspräsidenten präsentierte man schließlich eine Kabinettsliste, die mehrere Minister der DNVP und verschiedene Parteilose enthielt, aber nur zwei Nationalsozialisten, Frick als Innenminister und Göring als Minister ohne Geschäftsbereich. Außerdem hatte man den Posten des Justizministers freigelassen, um bei Hindenburg den Eindruck zu erwecken, das Zentrum werde in die Regierung Hitler eintreten.

Adolf Hitler war am Ziel. Wir haben uns angewöhnt, seine Ernennung zum Reichskanzler mit einem nationalsozialistischen Terminus als »Machtergreifung« zu bezeichnen. Niemand wäre auf die Idee gekommen, in den Jahren zuvor bei der Berufung von Brüning, Papen oder Schleicher von einer Machtergreifung zu sprechen, und auch jetzt war die Sache keineswegs so einfach, wie der Begriff suggerieren sollte. Hitler war nun Kanzler, aber von der Etablierung einer Diktatur noch weit entfernt. Die gesellschaftlichen Eliten waren ebenso wie die führenden Männer der Wirtschaft in ihrer Mehrheit zwar Gegner der Demokratie, standen den rabaukenhaften Nationalsozialisten aber nach wie vor überwiegend skeptisch bis distanziert gegenüber. Die Reichswehr und die Kirchen waren weit davon entfernt, mit den Nationalsozialisten gemeinsame Sache zu machen, und die NSDAP hatte bei den letzten Reichstagswahlen einen Verlust von zwei Millionen Stimmen hinnehmen müssen. Die wirtschaftliche Lage begann sich zu bessern. Die Zahl der Arbeitslosen war um eine Million zurückgegangen. Gleichzeitig gingen nach einer langen Serie von Wahlkämpfen die finanziellen Mittel der NSDAP zur Neige. Nach einem jahrelangen Parforceritt ohne jede Atempause machte sich Erschöpfung breit. Der populäre Gregor Strasser, den Schleicher zu seinem Vizekanzler hatte machen wollen, hatte im Dezember alle Parteiämter niedergelegt, weil er nicht mehr an einen Erfolg glaubte. Vieles spricht dafür, dass Hitler gescheitert wäre, wenn man ihn noch ein paar Monate vom Kanzleramt ferngehalten hätte.

Wie wir wissen, kam es anders. Der entscheidende Grund dafür ist das Versagen der Eliten in der Krise der Jahre 1930 bis 1933. Sie unterschätzten das Risiko einer Einbindung der Nationalsozialisten in die Ausübung der politischen Macht dramatisch. Der Kampf gegen die ungeliebte Republik war ihnen wichtiger als die Abwehr der radikalen Systemveränderer der NSDAP. Hätten die Führung der Reichswehr, die führenden Männer des Zentrums, die Hugenbergs, Schachts und Thyssens, die ostelbischen Großagrarier und nicht zuletzt der greise und schlecht beratene Reichspräsident etwas mehr Weitblick besessen, wäre auch in Deutschland ein autoritäres Präsidialregime möglich gewesen. In Italien gab es eine Diktatur seit 1922, in Portugal war es 1926 zu einem Militärputsch gekommen, in Polen zu einem Staatsstreich. Auch in Ungarn, Jugoslawien, Bulgarien und Rumänien gab es autoritäre Regimes. In Österreich etablierte sich 1933 ein autoritärer Ständestaat, in Griechenland 1936 eine Militärdiktatur. Und in Spanien errichtete General Franco nach einem blutigen Bürgerkrieg eine faschistische Diktatur, die das Land mehr als vier Jahrzehnte lang beherrschte, ohne, bei aller nicht zu verharmlosenden Schrecklichkeit, je den Versuch zu machen, ein ganzes Volk auszurotten oder gar die Welt mit Krieg zu überziehen.

Nur in relativ wenigen europäischen Staaten blieb in jener Epoche der sozialen Umbrüche und der totalitären Herausforderung das demokratische System stabil, so in der Schweiz und der Tschechoslowakei und in den konstitutionellen Monarchien in Großbritannien und Skandinavien mit ihren starken traditionsbewehrten Bindekräften. Nirgends aber zeitigte die globale Krise einen derartigen fatalen Zusammenbruch von Demokratie, staatlicher Ordnung und humanen Grundwerten wie in Deutschland. Gegen die Kräfte, die die Weimarer Republik repräsentierten und verteidigten, hatte sich schon bald eine Negativkoalition aus Militär, Schwerindustrie und Großagrariern gebildet, die sich bei der Wahl Hindenburgs erstmals durchgesetzt hatte. Sie war ständig mächtiger geworden und hatte sich immer offener mit der faschistischen Massenbewegung der Nationalsozialisten verbündet. Ein Franz von Papen glaubte im

Januar 1933 ernsthaft, man könne sich einen Hitler »engagieren«, ihn mit bewährten reaktionären Kräften umgeben und so domestizieren. Für diese Illusion bezahlten die alten Eliten, die noch immer vom Glanz vergangener Epochen träumten, einen sehr hohen Preis, den ihres Untergangs.

Die formierte Gesellschaft. 1933–1939

Nach einer jahrelangen pausenlosen Jagd, nach einer endlosen Serie von Versammlungen, Aufmärschen, Ansprachen und Großereignissen, die der Partei ständig neue Höchstleistungen abforderten, sodass sie zuletzt kurz davor war, in eine ernste Krise zu stürzen, hatte Adolf Hitler sein Ziel doch noch erreicht. Er war deutscher Reichskanzler geworden. Eine erstaunliche Karriere für einen Mann, der in sehr einfachen Verhältnissen aufgewachsen war, die Schule wegen ungenügender Leistungen mit 16 Jahren verlassen musste, von der Wiener Kunstakademie zweimal abgewiesen wurde, danach über Jahre ein unstetes Leben in verschiedenen Männerwohnheimen führte und sich als Postkartenmaler notdürftig über Wasser hielt. 1913 verließ er Österreich, 1914 meldete er sich dann freiwillig zum bayerischen Heer und erhielt mehrere Auszeichnungen für seine Tapferkeit, wurde jedoch nicht befördert, weil man ihm einen Mangel an Führungsqualitäten attestierte. Seine Tätigkeit als V-Mann führte ihn dann in einer erregten Zeit in viele politische Versammlungen, wo er bald sein rhetorisches Talent entdeckte. In den Wiener Jahren hatte er zudem viel gelesen und sich so, wenn auch sehr unsystematisch, eine gewisse Bildung angeeignet, die ihm jetzt in Verbindung mit seinem großen Interesse an allem Politischen zustatten kam. Hitler machte sich rasch einen Namen innerhalb der völkischen Bewegung, doch erst im Laufe des Jahres 1923 war er in die Rolle des Führers hineingewachsen, die er dann im folgenden Jahr vor Gericht erstmals voll ausspielte. Von da an wuchs seine Position stetig, bis seine Autorität von niemandem mehr ernsthaft in Frage gestellt werden konnte. Schon bald nach der Neugründung der Partei im Jahr 1925 wurde es unter den Anhängern der nationalsozialistischen Bewegung üblich, mit den Worten »Heil Hitler« zu grüßen, ein Gruß, der 1933 vom neuen Reichsinnenminister Frick allen Staatsdienern als »deutscher Gruß« zur Pflicht gemacht wurde.

Adolf Hitler hatte immer das Leben eines Bohemiens geführt. Auch als die Schar seiner Anhänger schon Millionen zählte, hatte er am liebsten die Vormittage im Bett verbracht und dafür nach Mitternacht seine längst ermattete Entourage mit stundenlangen Monologen von der Bettruhe abgehalten. Aktenstudium und systematische Arbeit waren Hitlers Sache nicht. Statt am Schreibtisch zu arbeiten, brachte er sich lieber in Stimmung für seinen nächsten öffentlichen Auftritt. Doch im neuen Amt des Reichskanzlers disziplinierte er sich, zumindest am Anfang, als Dauer und Durchschlagskraft seiner Kanzlerschaft noch in Frage standen. Es gelang ihm in erstaunlich kurzer Zeit, einen großen und hochentwickelten Regierungsapparat, dessen Beamtenschaft nur zu einem kleinen Teil aus begeisterten Nationalsozialisten bestand, unter seine Kontrolle zu bekommen und dann Schritt für Schritt in seinem Sinne umzugestalten, wobei ein sehr bewusst eingesetztes Herrschaftsmittel das Nebeneinander von Partei- und Staatsorganisation war. Berlin war die nun eroberte Reichshauptstadt, München blieb die »Hauptstadt der Bewegung« mit Parteizentrale, Führerbau und Braunem Haus. Und ein wichtiges Machtzentrum blieb auch Hitlers Privatresidenz auf dem Obersalzberg, wo er zahllose wichtige Besprechungen abhielt, Entscheidungen traf und Besucher aus dem In- und Ausland und auch Staatsgäste empfing.

Am 30. Januar 1933 war Hitler Reichskanzler geworden, am 31. Januar erklärte er die Koalitionsverhandlungen mit dem Zentrum, die in Wahrheit nie stattgefunden hatten, für gescheitert. Auf den frei gelassenen Posten des Justizministers wurde nun Franz Gürtner (ehemals Bayerische Mittelpartei, jetzt DNVP) berufen. Gürtner hatte sich schon als bayerischer Justizminister einen Namen als Naziförderer gemacht, war unter Papen erstmals Reichsjustizminister geworden, blieb es unter Schleicher und hatte dieses Amt bis zu seinem Tod 1941 inne. Die DNVP stellte noch vier weitere Minister: Hugenberg war eine Art Superminister und übernahm einerseits das Wirtschaftsressort, andererseits das Ministerium für Ernährung und Landwirtschaft, der »Stahlhelm«-Führer Franz Seldte wurde Arbeitsminister, Johann Ludwig Graf Schwerin von Krosigk Finanzminister und Paul Freiherr von Eltz-Rübenach Verkehrs- und Postminister. Die beiden Letztgenannten hatten dieselben Ministerposten auch schon unter Papen und Schleicher innegehabt, eines von vielen Signalen, die Kontinuität suggerieren sollten. Papen selbst übernahm nun das Amt des Vizekanzlers, eine Position, die in früheren Regierungen entweder gar nicht besetzt oder von einem Minister wahrgenommen worden war. Er war inzwischen parteilos, wie zwei weitere sehr wichtige Mitglieder des Kabinetts, zum einen der schon bisher amtierende Außenminister Konstantin von Neurath, ein Karrierediplomat alter Schule, der im Ausland hohes Ansehen genoss, zum anderen General Werner von Blomberg, der zum Reichswehrminister berufen wurde. Sie alle sollten zur konservativen Umrahmung des von vielen als Parvenü empfundenen Reichskanzlers ihren Beitrag leisten.

Hitler sollte die Gelegenheit haben, dem so erfolgreichen Verbalradikalismus seiner Forderungen und Ankündigungen konkrete Taten folgen zu lassen. Dann werde er rasch abgewirtschaftet haben, so glaubten damals viele. Papen, der sich nicht ganz zu Unrecht als derjenige sah, der das alles eingefädelt hatte, war mit dem Ergebnis seines Intrigenspiels hoch zufrieden. Er glaubte ernsthaft, die Bedrohung des Staates durch Hitler werde bald der Vergangenheit angehören, eine Fehleinschätzung, die er ein Jahr später fast mit dem Leben bezahlte.

Der 30. Januar 1933, von den Nazis als Beginn der nationalsozialistischen Revolution gefeiert, war zunächst weniger eine »Machtergreifung« als vielmehr eine Aufgabe der Macht durch die alten Eliten. Hitlers Kanzlerschaft war alles andere als unvermeidlich. Sie war gewollt, zuletzt sogar von Reichspräsident Hindenburg, der den »böhmischen Gefreiten« so lange mit Verachtung gestraft hatte. Solange er noch lebte, nahm man auf den alten Herrn etwas Rücksicht und schonte z. B. bei den Verfolgungsmaßnahmen Juden, die im Ersten Weltkrieg für ihre Tapferkeit an der Front ausgezeichnet worden waren. Aber Hitler ging sehr rasch daran, den Rahmen, den man ihm hatte setzen wollen, zu sprengen und die alte Ordnung hinter sich zu lassen. Und die, die dazu ausersehen waren, ihn unter Kontrolle zu halten, legten zum allergrößten Teil gegenüber dem neuen starken Mann ein erstaunliches Maß an Willfährigkeit an den Tag. Hitler bestimmte das Tempo, und das war hoch. Seine konservativen Partner waren, ehe sie es sich versahen, in der Defensive.

Hitler wollte Neuwahlen zur Bestätigung der nationalen Regierung, so lautete die offizielle Begründung. Er konnte nun erstmals einen Wahlkampf aus dem Amt heraus führen und hatte die nicht unbegründete Hoffnung, dass daraus Stimmengewinne resultieren würden. Hugenberg befürchtete für seine DNVP eher Verluste, ließ sich aber mit der Zusicherung abspeisen, dass er in jedem Fall sein Ministeramt behalten werde. So wurde am 1. Februar 1933 der Reichstag aufgelöst und der 5. März als Termin für die dritten Reichstagswahlen in sieben Monaten festgesetzt. Einen Tag nach Hitlers Ernennung zum Reichskanzler hatte die KPD zum Generalstreik aufgerufen. Dieser Aufruf hatte, nicht zuletzt angesichts von fünf Millionen Arbeitslosen, nur einen bescheidenen Erfolg, diente aber dennoch als Vorwand für die Verordnung des Reichspräsidenten »Zum Schutz des deutschen Volkes«, die eine empfindliche Einschränkung der in der Verfassung verankerten Grundrechte brachte und reiche Handhabe zur Verfolgung politischer Gegner bot. Diese Verordnung wurde von den Behörden vor allem zur willkürlichen Behinderung der KPD und der SPD im nun beginnenden Wahlkampf genutzt, traf aber immer wieder auch das Zentrum. Die Vertreter der Wirtschaft hatten bisher, abgesehen von wenigen prominenten Ausnahmen, auf eine autoritäre

Lösung der Staatskrise im Sinne Papens gesetzt. Nun spürten sie den neuen Wind und begannen sich verstärkt für den Mann zu interessieren, der sich anschickte, die Richtlinien der Politik zu bestimmen.

Am 20. Februar fand ein Treffen von Industriellen mit Hitler im Amtssitz von Reichsminister Göring statt. Hitler sagte wie immer sehr deutlich, was er wollte, den Marxismus zerschlagen, das untaugliche demokratische System abschaffen und Deutschland wieder zu nationaler Größe führen. Hjalmar Schacht forderte anschließend von den Anwesenden eine Wahlkampfspende von drei Millionen Reichsmark, denn Geld brauchte die finanziell ausgeblutete Partei dringend. Die Vertreter der IG Farben sagten 400.000 Mark zu, die Deutsche Bank 200.000 und die Wirtschaftsgruppe Bergbau 400.000. Dies waren die größten Einzelbeträge unter einer Vielzahl von Spenden. Es war die Geburtsstunde der »Adolf-Hitler-Spende der deutschen Wirtschaft«. Auch der »Freundeskreis Reichsführer SS« wurde 1933 etabliert. Er ging hervor aus dem Kreis um Wilhelm Keppler und organisierte Spenden an Heinrich Himmler von jährlich etwa einer Million Reichsmark. Prominente Mitglieder waren Friedrich Flick und Karl Blessing, der nach dem Krieg Chef der Deutschen Bundesbank wurde. Geld war auch im Dritten Reich ein wichtiges Schmiermittel zur Pflege von Beziehungen.

Eine Woche nach der Zusammenkunft in Görings Ministerium, am Abend des 27. Februar 1933, brannte der Reichstag. Marinus van der Lubbe aus dem niederländischen Leiden, Angehöriger einer rätekommunistischen Splittergruppe, war zehn Tage zuvor nach Berlin gekommen. Mit Brandstiftungen wollte er ein Zeichen des Protests setzen und dem Ruf nach direkter Aktion Nachdruck verleihen. Ausgerüstet mit Kohleanzündern suchte er öffentliche Gebäude auf. Dreimal wurden seine Aktionen frühzeitig entdeckt, sodass die Brände rasch gelöscht werden konnten. Ausgerechnet im Reichstagsgebäude hatte der Attentäter Erfolg. Der Plenarsaal brannte völlig aus. Van der Lubbe ließ sich widerstandslos festnehmen. Seine Tat hatte ähnlich fatale Folgen wie fünf Jahre später das Attentat von Herschel Grynszpan, der aus Protest gegen die Misshandlung der Juden in Paris den deutschen Legationssekretär niederschoss und damit den Nazis einen willkommenen Vorwand für die Pogrome der »Reichskristallnacht« lieferte.

Hitler, Göring und Goebbels kamen noch am selben Abend an den Ort des Geschehens. Die Bedeutung des Vorgangs war ihnen sofort bewusst, und die folgenden Aktionen rollten mit solcher Geschwindigkeit und Präzision ab, dass rasch das Gerücht entstand, die Nazis hätten selbst das Feuer gelegt. Umgekehrt versuchte die nationalsozialistische Propaganda den Eindruck eines kommunistischen Umsturzversuches zu erwecken. Da mit einem solchen gerechnet worden war, gab es vorbereitete Verhaftungslisten und Aktionspläne. Bereits am nächsten Tag wurde eine Verordnung des Reichspräsidenten »Zum Schutz von Volk und Staat« erlassen. Diese Reichstagsbrandverordnung war gewissermaßen die Verfassungsurkunde des Dritten Reiches. Alle wesentlichen Grundrechte wie Meinungs-, Presse-, Vereins- und Versammlungsfreiheit wurden »bis auf Weiteres« außer Kraft gesetzt. Das blieb so bis 1945. Tausende von Oppositionellen, Angehörige der KPD, aber auch viele Sozialdemokraten, wurden verhaftet, ihre Zeitungen verboten, die Todesstrafe auf eine Unzahl von Delikten ausgedehnt. »Nun läuft die Arbeit wie von selbst,« notierte Goebbels am 28. Februar in seinem Tagebuch, und »Es ist wieder eine Lust zu leben.«

In den folgenden Tagen mobilisierte der Reichspropagandaleiter seinen ganzen Apparat zu einer Höchstleistung für die letzten Tage des Wahlkampfs. Es gab wieder viele gewaltsame Zusammenstöße, sodass am Ende 69 Tote zu beklagen waren. Die Kommunisten und in geringerem Maße die Sozialdemokraten waren in ihren Mitteln bereits sehr stark eingeschränkt, auch die Wähler des katholischen Zentrums waren Objekt massiver Einschüchterungskampagnen, während die Nazis sich den gewaltigen Parteiapparat, aber auch die gerade errungene Staatsmacht zunutze machten. Dennoch war es im Prinzip eine freie und geheime Wahl und ein Sieg der Nationalsozialisten nicht garantiert, die deshalb im Wahlkampf alle Register zogen. Das Fanal des brennenden Reichstags wurde dabei stets genutzt, die Gefahr drohender kommunistischer Anarchie an die Wand zu malen.

Die Intensität der Auseinandersetzungen führte dazu, dass die Wahlbeteiligung am 5. März mit 88,8 Prozent einen Rekord erreichte. Die Nationalsozialisten feierten das Ergebnis der Wahl als historischen Sieg, der es in Anbetracht der Umstände aber eigentlich nicht war. Ihr Stimmenanteil stieg nur auf 43,9 Prozent. Der Zuspruch für die Nationalsozialisten war dabei noch immer nicht einheitlich. Während sie in dem ländlich-evangelischen Wahlkreis Frankfurt/Oder auf 55,2 Prozent kamen, erreichten sie im benachbarten Berlin nur 31,3 Prozent. In der Reichshauptstadt dominierten trotz massivem braunem Terror nach wie vor die alten Arbeiterparteien SPD und KPD, die am 5. März immer noch 52,6 Prozent der Stimmen auf sich vereinigten. Selbst nach Wochen intensivster Seelenmassage und angesichts eines nun im Scheinwerferlicht des Erfolges stehenden Adolf Hitler stimmte die Mehrheit der Deutschen nicht für die NSDAP. Allerdings war die um die DNVP versammelte Liste »Schwarz-weiß-rot« auf 8 Prozent gekommen, sodass die Regierung Hitler im Reichstag über eine Mehrheit verfügte. Außerdem wurden die 81 Mandate der KPD für ungültig erklärt, wodurch das Übergewicht der rechten Republikfeinde noch wuchs.

Zu einer unerquicklichen Angelegenheit wurde trotz aller Machtfülle der Reichstagsbrandprozess für die Nationalsozialisten. Angeklagt waren van der Lubbe, der deutsche Kommunist Ernst Torgler und Georgi Dimitroff sowie zwei weitere bulgarische Komintern-Funktionäre. Die beschuldigten Kommunisten mussten wegen offensichtlichen Mangels an Beweisen vom Reichsgericht freigesprochen werden. Diese Blamage gab den Anlass zu Errichtung des später mit Recht gefürchteten Volksgerichtshofs. Nur Marinus van der Lubbe wurde verurteilt und am 10. Januar 1934 hingerichtet. Auch das war ein Akt der Rechtsbeugung, denn auf Brandstiftung stand zum Zeitpunkt der Tat nicht die Todesstrafe, was die Reichsregierung unter Missachtung aller Rechtsstaatsprinzipien rückwirkend änderte. Dieses Vorgehen war sehr typisch für die »nationalsozialistische Revolution«, die durch stete Aktionsbereitschaft und radikale Skrupellosigkeit gekennzeichnet war. Hitler hatte schon 1924 in »Mein Kampf« geschrieben, dass er zum Ziel kommen wolle durch »tiefstes soziales Verantwortungsgefühl zur Herstellung besserer Grundlagen unserer Entwicklung, gepaart mit brutaler Entschlossenheit in der Niederbrechung unverbesserlicher Auswüchslinge.« Die Worte »brutal« und »kompromisslos« bekamen nun eine neue, positive Bedeutung. Ganz auf dieser Linie hatte schon der sogenannte Schießerlass des neuen preußischen Innenministers Göring vom 17. Februar gelegen, in dem die Polizeikräfte aufgefordert wurden, »dem Treiben staatsfeindlicher Organisationen mit den schärfsten Mitteln entgegenzutreten ... und, wenn nötig, rücksichtslos von der Waffe Gebrauch zu machen«. Um dieser Aufforderung noch mehr Nachdruck zu verleihen, wurden fünf Tage später etwa 50.000 Männer aus den Reihen der SA, der SS und des »Stahlhelm« zu Hilfspolizisten ernannt. Vielerorts wurden »wilde« KZs errichtet, in denen Andersdenkende zusammengetrieben, oftmals grausam misshandelt und nicht selten auch ermordet wurden.

Nach dem 5. März amtierte das alte Kabinett zunächst weiter, doch Hitler trat nun zunehmend selbstbewusster auf. Am 13. März 1933 wurde Joseph Goebbels Chef des neugegründeten Reichsministeriums für Volksaufklärung und Propaganda, am 16. März wurde Hjalmar Schacht erneut Reichsbankpräsident. Wiederum vier Tage später gab Heinrich Himmler, nunmehr Münchner Polizeipräsident, die Errichtung eines Konzentrationslagers in Dachau bekannt. Die unscheinbare Position in München wurde der Ausgangspunkt für eine Karriere, die Himmler mit der Zeit zum mächtigsten Mann des gesamten Sicherheitsapparats machte.

Am 21. März wurde in der Garnisonskirche in Potsdam der neue Reichstag betont feierlich konstituiert. Der Marschall und der Gefreite, Hindenburg und Hitler, repräsentierten das alte und das neue Deutschland, die nun zueinandergefunden hatten. Hitler, mit seinem sicheren Instinkt für Inszenierungen, erschien im Frack und verbeugte sich tief vor dem Staatsoberhaupt. Seine auffallend moderate Rede sollte zeigen, dass er zum Staatsmann gereift war.

Zwei Tage später zeigte er wieder sein wahres Gesicht, als er im Braunhemd vor den nun in der Kroll-Oper versammelten Reichstag trat und das Ermächtigungsgesetz »zur Behebung der Not von Volk und Reich« durchs Parlament peitschte. Der neugewählte Reichstag hatte 647 Abgeordnete. NSDAP und DNVP verfügten über 340 Stimmen, was für die erforderliche Zweidrittelmehrheit zu wenig war. Die 81 Mandate der KPD hatte man kassiert, doch das reichte immer noch nicht ganz. Von den 120 gewählten Sozialdemokraten waren 26 bereits verhaftet oder auf der Flucht, alle anderen waren anwesend; ihr Fraktionsvorsitzender Otto Wels begründete die Ablehnung des Gesetzentwurfs mit einer mutigen Rede.

Der SPD-Abgeordnete Josef Felder hat die dramatischen Stunden dieser Reichstagssitzung in seinen Lebenserinnerungen geschildert: »Wir gingen in den Reichstagssaal. Hitler ließ wie ein Star auf sich warten. Schließlich kamen er und sein Gefolge in Parteiuniform im Sturmschritt und mit erhobener Hand. Die Botschafter und Gesandten der fremden Mächte und die sonstige Prominenz erwarteten ihn in den vollgepferchten Logen stehend, während die gestiefelten Nazis die Hacken zusammenschlugen wie eine preußische Gardekompanie. Die bürgerliche Mitte und die SPD nahmen sichtlich betroffen und schweigend Platz. Der Diktator war eingerahmt von Papen und Hugenberg. In diesem Augenblick geschah etwas Ungewöhnliches: SA- und SS-Leute betraten in völlig unzulässiger Weise den Saal der Abgeordneten und bildeten einen dichten Kordon um die Sitze der SPD. Ihre gezischten Drohungen und billigen Witze verstummten erst, als Hitler mit seiner programmatischen Rede begann. Bei jedem seiner sarkastischen Hiebe gegen die SPD fieberten die braunen Gäste um uns und es sah mehr als einmal so aus, als könnten sie den Zeitpunkt einer ›persönlichen Abrechnung‹ mit uns nicht erwarten. Aber Göring hielt sie mit Handbewegungen und ironischem Lächeln immer wieder im Schach. Sehr auf das noch schwankende Zentrum gezielt, gab Hitler in gemäßigter Tonart innen- und außenpolitische

Zusagen, verbunden mit dem Hinweis auf das Weiterbestehen von Reichstag und Reichsrat und die Rechte des Reichspräsidenten. Nach der Debatte wurde die Sitzung für drei Stunden unterbrochen, in denen die Fraktionen tagten. Auf Hitlers vage Zusicherung hin, die nationale Regierung sehe in den christlichen Religionsgemeinschaften wichtige Faktoren zum Erhalt des Volkstums, ließ sich das katholische Zentrum schließlich zur Zustimmung bewegen. Die Sozialdemokraten erhielten von Wohlmeinenden ernstzunehmende Warnungen, ihr Leben sei in Gefahr, wenn sie nicht abreisten. Dennoch kehrten sie alle in den Sitzungssaal zurück, viele mit bebendem Herzen.«

Das Gesetz wurde schließlich mit 441 Stimmen gegen 94 Stimmen der SPD angenommen; bereits am nächsten Tag trat es in Kraft. Schon bald führte es den treffenden Namen Ermächtigungsgesetz, der Reichstag hatte die Regierung ermächtigt und sich selbst mit seiner Entscheidung entmannt. Die Regierung konnte nun Gesetze beschließen, selbst solche, die von der Verfassung abwichen, und sie konnten vom Reichskanzler an Stelle des Reichspräsidenten ausgefertigt werden. Damit war Hindenburg, in dem viele Angehörige des konservativen Bürgertums das letzte Bollwerk gegen die Nazis gesehen hatten, weitgehend entmachtet.

Das in seinen Konturen langsam erkennbar werdende diktatorische Regime, das in seiner administrativen Basis nun nachhaltig gestärkt war, inszenierte sich in den folgenden Wochen in drei demonstrativen Gewaltaktionen: Am 1. April 1933 gab es einen reichsweiten Boykott jüdischer Geschäfte, am 2. Mai wurden die freien Gewerkschaften zerschlagen und am 8. Mai fanden in vielen deutschen Städten Bücherverbrennungen statt. Das waren klare Kampfansagen an die jüdische Minderheit, die organisierte Arbeiterbewegung und regimekritische Intellektuelle und Wissenschaftler.

In den ersten Wochen und Monaten nach Hitlers Ernennung zum Reichskanzler hatte der Naziterror bereits viele Opfer gefordert: Juden waren auf offener Straße angegriffen, in Folterkeller oder »wilde« Konzentrationslager verschleppt worden. Schaufenster jüdischer Geschäfte wurden eingeschlagen, die Entlassung jüdischer Angestellter und Beamter erzwungen. Kaufhäuser, die ganz besonders als Symbole des »raffenden Kapitals« der Juden, im Gegensatz zum »schaffenden Kapital« nichtjüdischer Unternehmer, galten, wurden von entfesselten SA- oder SS-Horden verwüstet. Doch das alles genügte den neuen Herren noch nicht. Hitler und sein Chefpropagandist Joseph Goebbels dachten über eine zentral gesteuerte Aktion nach, die zum einen gewisse Auswüchse auf lokaler Ebene überwinden und zugleich ein weithin sichtbares Signal setzen sollte. Am 30. März ging ein Rundschreiben heraus, das es jeder Ortsgruppe der NSDAP zur Pflicht machte, ein Aktionskomitee »zur praktischen, planmäßigen Durchführung des Boykotts jüdischer Geschäfte, jüdischer Waren, jüdischer Ärzte und jüdischer Rechtsanwälte« zu bilden. Tatsächlich marschierten zwei Tage später in allen Teilen des Deutschen Reiches uniformierte Trupps vor den jüdischen Geschäften auf, die in Sprechchören die offizielle Parole riefen: »Deutsche! Wehrt euch! Kauft nicht bei Juden!« Die Schaufenster wurden mit antisemitischen Parolen beschmiert und mit deutsch-englischen Plakaten beklebt, auf denen zu lesen stand, Deutsche würden sich gegen die jüdische Gräuelpropaganda wehren und nur bei Deutschen kaufen.

Der gewalttätige Antisemitismus der letzten Monate war im Ausland nicht unbemerkt geblieben. Es hatte kritische Reaktionen in der Presse und Öffentlichkeit europäischer Nachbarländer und auch in den Vereinigten Staaten gegeben. In einigen Fällen hatten sogar Geschäftsleute ihre Beziehungen zu ihren deutschen Partnern beendet. Dies alles wurde von den Nazis angeprangert als Ergebnis jüdischer »Gräuelpropaganda und Boykotthetze« und galt als Beweis für den Einfluss der Juden in der Welt. Ergebnis dieser perversen Logik war es, dass die sehr berechtigte und eher zurückhaltende Kritik an antisemitischen Übergriffen als Vorwand für noch schlimmere Attacken diente. Die Nazis bewegten sich hier ganz in den Bahnen des modernen Antisemitismus seit der Kaiserzeit. Ihr Regierungshandeln war geprägt von dem Wunsch nach einer Rückabwicklung der Judenemanzipation, wie sie im 19. Jahrhundert stattgefunden hatte, und solange diesen Maßnahmen in Form von Gesetzen ein pseudolegales Mäntelchen umgehängt wurde, war vom deutschnationalen Koalitionspartner ernsthafter Widerstand nicht zu erwarten.

Dem Boykott am 1. April war bei allem Aufwand kein rechter Erfolg beschieden. Am nächsten Tag, einem Sonntag, waren ohnehin alle Geschäfte geschlossen. Am Montag war die Boykottfront schon weitgehend abgebröckelt, am folgenden Tag dann wurde die ganze Aktion sang- und klanglos eingestellt. Doch der Radau in den Geschäftsstraßen war nur der Auftakt zu einer ganzen Serie von Maßnahmen. Schon eine Woche später wurde das »Gesetz zur Wiederherstellung des Berufsbeamtentums« erlassen, das jüdische Beamte, aber auch Oppositionelle ausschalten sollte. Es folgten Verordnungen, die jüdische Lehrer, Apotheker und Ärzte, Rechtsanwälte und Notare betrafen. Schon früher hatte es in vielen Organisationen sogenannte Arierparagraphen gegeben, die von allen Mitgliedern den Nachweis »arischer«, d. h. nichtjüdischer Abstammung verlangten, z. B. bei vielen schlagenden Verbindungen, den Alldeutschen, im Deutschen Turnerbund, beim »Stahlhelm« und vielen anderen nationalistischen Verbänden, aber auch beim völkisch orientierten Teil der Lebensreformbewegung, etwa den Vereinen der Wandervogel-Bewegung. Nun wurde dieses dem staatsbürgerlichen Gleichheitsgrundsatz widersprechende Apartheiddenken offizielle Regierungspolitik. Weit über tausend sonderrechtliche Vorschriften waren es am Ende, die jüdisches Leben in Deutschland nahezu unmöglich machten.

Und noch etwas geschah am 1. April 1933. Die SA besetzte die Geschäftsstelle des Reichsverbands der deutschen Industrie. Der Geschäftsführer, der Jude war, und auch die Juden unter den Vorstandsmitgliedern mussten ausscheiden. Vorsitzender des Verbandes war seit 1931 Gustav Krupp von Bohlen und Halbach. Er bestimmte über die Richtlinien der Verbandspolitik von nun an weitgehend allein. Krupp war inzwischen auch Kuratoriumsvorsitzender der »Adolf-Hitler-Spende der deutschen Wirtschaft«. Sein Unternehmen profitierte in erheblichem Maße von der nun einsetzenden Aufrüstung. 1937 ernannte Hitler ihn zum Wehrwirtschaftsführer.

Den 1. Mai, der 1933 erstmals ein staatlicher Feiertag war, nahm Adolf Hitler zum Anlass, sich als der große Einer des deutschen Volkes zu inszenieren. Zu Beginn führte er dem greisen Reichspräsidenten mit einer »Kundgebung der deutschen Jugend im Lustgarten« die Begeisterung der jungen Generation für den neuen deutschen Staat vor Augen. Nachmittags empfing der Reichskanzler Delegationen von Arbeitern aus dem ganzen Deutschen Reich. Gegen Abend sammelten sich die Berliner Arbeiter in ihren Betrieben und marschierten in geschlossener Formation zur zentralen Maifeier auf dem Tempelhofer Feld. Insgesamt waren es weit mehr als eine Million Menschen, die dort in zehn großen Blöcken Aufstellung nahmen. Um 20 Uhr sprach der Führer und Reichskanzler zu den versammelten Volksmassen: »Das Symbol des Klassenkampfes, des ewigen Streites und Haders wandelt sich nun wieder zum Symbol der großen Einigung und Erhebung der Nation.« Die zentrale Botschaft lautete: »Deutsches Volk, Du bist stark, wenn Du eins wirst.« Das war eine Botschaft, die auch viele der nationalsozialistischen Bewegung skeptisch gegenüberstehende Menschen erreichte.

Der erste Versuch einer Demokratie auf deutschem Boden war kein strahlender Erfolg gewesen. Eine Vielzahl von politischen Parteien hatte sich erbittert bekämpft. Die Nazis versprachen, diese innere Zerrissenheit zu überwinden und das Volk zu einen. Ihr »nationaler Sozialismus« sollte das Völkische mit dem Sozialen versöhnen. Die 1889 in Paris gegründete Zweite Internationale hatte den 1. Mai zum »Kampftag der Arbeit« erklärt. Hitler rief nun, man könne den schönsten Frühlingstag des Jahres nicht als Symbol des Kampfes wählen, »sondern nur zu dem einer aufbauenden Arbeit, nicht zum Zeichen der Zersetzung und damit des Verfalls, sondern nur zu dem der völkischen Verbundenheit und damit des Emporstiegs.« Es war dies die aggressive Ideologie einer Volksgemeinschaft nationalsozialistischer Couleur. Der einzelne zählte nichts, seine Bedeutung bestand darin, Glied einer großen Gemeinschaft zu sein. Das war die Voraussetzung für den nationalen Wiederaufstieg.

Die Usurpation des 1. Mai war ein geschickter Schachzug. Bratwürste, Bier, Flugschau und Feuerwerk sollten den Arbeitern demonstrieren, dass der neue Regierungschef wirklich ein Herz für die kleinen Leute hatte. Nicht was einer tue sei wichtig, sondern wie er es tue. Dieser Egalitarismus der Pflicht, dem autoritären Sozialismus des 18. Jahrhunderts entwachsen, war Ausdruck jener antiliberalen und antiwestlichen deutschen Tradition, die im Nationalsozialismus ihren radikalsten Ausdruck fand. »Arbeit macht frei« stand in vollendetem Zynismus über den Eingangstoren der Konzentrationslager, von denen die ersten gerade errichtet wurden.

Am Morgen nach der großen Feier lernten die deutschen Volksgenossen dann die andere Seite der Medaille kennen. Am 2. Mai fuhren gegen 10 Uhr Rollkommandos der Nationalsozialistischen Betriebszellenorganisation und der SA im ganzen Land vor den Gewerkschaftshäusern vor. Die Gebäude wurden gestürmt, die Gewerkschaften aufgelöst, ihr Vermögen beschlagnahmt und die Funktionäre verhaftet, die Millionen von einfachen Mitgliedern zwangsweise eingegliedert in die am 10. Mai gegründete Deutsche Arbeitsfront (DAF). Die DAF vereinigte alle »schaffenden Deutschen«, Arbeiter, Angestellte und Unternehmer, und erreichte 1941 eine Mitgliederzahl von 25 Millionen. Entsprechend der Volksgemeinschaftsideologie führte die DAF keine Tarifverhandlungen. Die Löhne wurden nun von »Treuhändern der Arbeit« festgesetzt. Die Unternehmer hießen »Betriebsführer«, die Arbeitnehmer wurden zur »Gefolgschaft«, gemeinsam sollten sie eine »Betriebsgemeinschaft« bilden, für die, wie schon beim »Führer« der Volksgemeinschaft, das germanische Erbe bemüht wurde: »Ein deutschrechtliches Treueverhältnis ersetzt den jüdischen materialistischen Kampf um den Profitanteil.«

Zur wichtigsten Unterorganisation der DAF wurde die Gemeinschaft »Kraft durch Freude« (KdF), gebildet nach dem Vorbild der italienischen faschistischen Organisation »Dopolavoro« (deutsch: Nach der Arbeit). Die Entlohnung war staatlich kontrolliert, und Arbeiter, die sich kritisch äußerten, konnten nach dem Gesetz über die »Ordnung der nationalen Arbeit« vom »Betriebsführer« fristlos entlassen werden, aber man war auch um die Erhaltung der Arbeitskraft besorgt. Hatten bis dahin viele Arbeiter nur wenige Tage Urlaub pro Jahr gehabt, waren es nun durchweg zwei bis drei Wochen, was richtige Urlaubsreisen möglich machte. Viele DAF-Mitglieder machten mithilfe von KdF zum ersten Mal in ihrem Leben Urlaub, z. B. auf einem der Kreuzfahrtschiffe. Im letzten Friedensjahr nahmen mehr als zehn Millionen Menschen an solchen Urlaubsfahrten teil. KdF veranstaltete auch bunte Abende, Gymnastikkurse, Wanderungen, Konzerte und Kunstausstellungen. Wie die im Lebensalter vorgelagerten Massenorganisationen HJ und BDM waren DAF und KdF wichtige Instrumente zur Erfassung der »Volksgenossen« und zur Ausbildung einer nationalsozialistisch formierten Gesellschaft. »Kraft durch Freude« war trotz des vielfach belächelten Namens die populärste Organisation des Naziregimes.

Die dritte der demonstrativen Gewaltaktionen im Frühjahr 1933 waren die Bücherverbrennungen, auch sie ein Beispiel dafür, dass ostentative Gewaltbereitschaft zu den Insignien der neuen Epoche gehörte. Nicht nur hinter verschlossenen Türen, in den Folterkellern der SA, sondern auch in aller Öffentlichkeit rechnete das Dritte Reich mit seinen Gegnern ab. Aber auch der Furor jugendlichen Überschwangs war ein Zeichen der neuen Zeit. Während die Aktionen am 1. April und 2. Mai von oben geplant und zentral gesteuert worden waren, gingen die Bücherverbrennungen maßgeblich auf studentische Initiative zurück. In weit über 50 deutschen Städten wurden in den Monaten März bis Juli 1933 Bücher verbrannt. Das Hauptereignis fand am 10. Mai in Berlin statt.

Am Anfang stand die Antrittsvorlesung des Philosophen Alfred Baeumler, der soeben auf die neugeschaffene Professur für politische Pädagogik berufen worden war. Das Auditorium war schon lange vor Beginn der Veranstaltung überfüllt. Die meisten Studenten waren in SA-Uniform erschienen. Hinter dem Katheder hatte sich eine Abordnung mit Hakenkreuzfahne aufgestellt. Baeumler reklamierte für sich den Gestus der emphatischen Bescheidenheit des Soldaten der Revolution, der sich einreihte unter die Arbeiter, Bauern und Studenten, die die Vollstrecker dieser Revolution sein sollten. Die falsche

Antithese zwischen Geist und Macht müsse überwunden werden. Wie der Professor sich das vorstellte, erfuhr man wenige Wochen später, als er Grundsätze für die »vollständige Ausmerzung der vorhandenen Buchbestände« der inzwischen als missliebig identifizierten Autoren vorlegte.

Am Abend des 10. Mai versammelten sich die Studenten auf dem Hegelplatz hinter der Universität und zogen in geschlossener Formation mit klingendem Spiel unter Führung Baeumlers die mit Büchern schwer beladenen Ochsenkarren bis zum Opernplatz. Älteste der Studentenschaft und Germanistikprofessoren hielten Ansprachen. Dann flogen die Bücher von Karl Marx und Sigmund Freud, Heinrich Heine und Kurt Tucholsky, Theodor Wolff und Alfred Kerr und anderen ins Feuer. Die Hauptrede hielt Propagandaminister Goebbels. Sie begann mit den Worten: »Das Zeitalter eines überspitzten jüdischen Intellektualismus ist nun zu Ende.« Goebbels würdigte die Erfolge der »deutschen Revolution« und erwies den Studenten als »Vortrupp eines wirklich revolutionären deutschen Geistes« seine Reverenz, womit er signalisierte, dass die Bücherverbrennungen bei aller Feierlichkeit keine offiziellen Staatsaktionen waren.

Die Nazis sahen sich als Exekutoren des Volkswillens, die Studenten aber sollten dessen Avantgarde sein. Schon in den 20er Jahren hatten völkisch-rassistische Tendenzen die organisierte akademische Jugend dominiert. Die Vereinigten Deutschen Studentenschaften waren die erste gesellschaftliche Organisation, in der die Nazis bereits 1931 bei Wahlen zu den repräsentativen Organen die Mehrheit der Stimmen errungen hatten. Nach der »Machtergreifung« sahen sie sich einem erheblichen Konkurrenzdruck vonseiten des Nationalsozialistischen Deutschen Studentenbundes ausgesetzt und versuchten, diesen noch an Radikalität zu übertreffen. Das Anfang April 1933 neu geschaffene Hauptamt für Presse und Propaganda der Vereinigten Deutschen Studentenschaften führte als erste Maßnahme eine Großaktion durch, die am 12. April mit der Veröffentlichung der berüchtigten zwölf Thesen »Wider den undeutschen Geist« begann und die Bücherverbrennungen vorbereitete.

Jeder Student wurde in einem Rundschreiben aufgefordert, seine Bibliothek zu »säubern«. Weiter hieß es: »Jeder deutsche Student säubert die Bücherei seiner Bekannten und sorgt dafür, dass ausschließlich volksbewusstes Schrifttum darin heimisch ist.« Totalitäre Regime haben sich seit jeher gerne des revolutionären Elans junger Leute bedient und die Studenten gehörten damals in ganz anderer Weise zur gesellschaftlichen Elite als heute im Zeitalter der Massenuniversitäten. Das neue Regime bedurfte des akademischen Nachwuchses dringend zur Umformung der Funktionseliten. Tatsächlich haben junge Akademiker in Deutschland zu keiner Zeit so rasch Karriere gemacht wie nach 1933.

Den Bücherverbrennungen folgte rasch der Alltag der Bibliothekssäuberungen, Verbotslisten, Entlassungen und Berufsverbote. Allein in Berlin beschlagnahmte die Politische Polizei bis Ende Mai 1933 mehr als 10.000 Zentner »marxistische Literatur«.

Nachdem die Nationalsozialisten den politischen Raum erobert hatten, setzte der Prozess der »Gleichschaltung« ein. Die oppositionelle SPD war unter dem Vorwand, dass sich im Ausland ein Exilvorstand etabliert hatte, verboten worden. Den Parteien des bürgerlichen Lagers gestattete man den ehrenvolleren Weg der Selbstauflösung. Am 14. Juli 1933 wurde ein Gesetz erlassen, dessen erster Paragraph bestimmte: »In Deutschland besteht als einzige politische Partei die Nationalsozialistische Deutsche Arbeiterpartei.« Damit wurde unter die Zerschlagung der Parteienlandschaft der Weimarer Republik der offizielle Schlusspunkt gesetzt.

Die Formierung des nationalsozialistischen Staates war damit noch lange nicht abgeschlossen. Ein weiterer Meilenstein war das »Gesetz zur Sicherung der Einheit von Partei und Staat« vom 1. Dezember 1933, das die NSDAP zur Trägerin des deutschen Staatsgedankens erklärte. Sie war von nun an eine Körperschaft des öffentlichen Rechts. Partei und Staat sollten unauflöslich miteinander verbunden sein. Formal wurde die Partei durch das Gesetz zum Subjekt staatlichen Handelns aufgewertet, ihren Mitgliedern oblagen nun »erhöhte Pflichten gegenüber Führer, Volk und Staat«. Auch der Reichsparteitag in Nürnberg hatte als Hauptaufgabe für die siegreiche Partei die »Führung des Volkes« verkündet. Tatsächlich aber geschah eher das Gegenteil. Die nationalsozialistische Partei führte nun keine »Bewegung« mehr. Einer Staatspartei standen Aktionismus und revolutionäre Attitüde schlecht zu Gesicht. Die NSDAP, die in ihren Reihen Millionen von nunmehr zu Amtswaltern, Abschnittsleitern und Blockwarten avancierten Kleingeistern organisiert hatte, sklerotisierte rasch zu einem in hohem Maße verbürokratisierten Apparat. Wenn die Deutschen die Hilfstruppen bei der Formierung des Führerstaats waren, so bildeten die Parteigenossen die Elite dieser Hilfstruppen. Sie durften bei Parteitagen und anderen Massenveranstaltungen aufmarschieren und in langen Marschkolonnen die formierte Gesellschaft des Dritten Reiches symbolisieren. 850.000 Mitglieder hatte die NSDAP im Januar 1933 gehabt, doch nach den Wahlen vom 5. März strömten Millionen zu den siegreichen Fahnen. Die »Märzgefallenen« nannte man sie in ironischer Anlehnung an einen Ausdruck aus der Revolution von 1848. Im Mai hatte die Partei schon 2,5 Millionen Mitglieder, dann wurde zeitweilig eine Aufnahmesperre erlassen, und am Ende des Dritten Reiches waren es dann 8,5 Millionen.

Außenpolitisch war die Regierung Hitler zunächst einmal ziemlich isoliert. Die Gewalttaten gegen Oppositionelle, Anschläge auf jüdische Geschäfte und vor allem die Bücherverbrennungen hatten international ein verheerendes Echo gehabt. In dieser Situation gelang Adolf Hitler durch den Abschluss des Konkordats mit dem Heiligen Stuhl ein doppelter Befreiungsschlag. Er befriedete das Verhältnis zu den Kirchen, der wichtigsten vom Staat unabhängigen gesellschaftlichen Kraft im Land, und verschaffte sich zugleich auch internationale Anerkennung. In der Reichskanzlei stapelten sich Dankschreiben deutscher Bischöfe, derselben Bischöfe, die noch wenige Jahre zuvor in Kanzelabkündigungen vor der NSDAP gewarnt hatten. Der Münchner Erzbischof Kardinal Faulhaber schrieb dem Reichskanzler: »Was die alten Parlamente und Parteien in 60 Jahren nicht fertigbrachten, hat Ihr staatsmännischer Weitblick in sechs Monaten verwirklicht.« Für Deutschlands Ansehen in der Welt bedeute dieser Handschlag mit dem Papst »eine Großtat von unermesslichem Segen«. Tatsächlich wuchs die Reputation der Regierung Hitler durch das Konkordat beträchtlich. Zugleich glaubten die Männer der Kirche wohl, in der Auseinandersetzung mit den besonders den Katholiken nicht gerade wohlgesonnenen Nazis einen wichtigen Etappensieg errungen zu haben. Der »Völkische Beobachter« veröffentlichte den Konkordatstext auf einer ganzen Seite und schrieb im Vorspann: »Der Staat ist in Zukunft der Garant der christlichen Mission der Kirche.« Bekenntnisschule und religiöse Erziehung der Jugend waren nun ebenso offiziell garantiert wie die Mitwirkung der Kirche bei der Besetzung theologischer Lehrstühle. Dafür hatten der frühere Reichskanzler Papen und Prälat Kaas vom »römischen Flügel« des Zentrums, die maßgeblich zum Zustandekommen des Konkordats beigetragen hatten, jegliche politische Organisation des deutschen Katholizismus preisgegeben. Auch die christlichen Gewerkschaften wurden aufgelöst.

Der Vatikan und mit ihm die deutschen Bischöfe erhofften sich von ihren verbliebenen, aber nun immerhin verbrieften Rechten und Privilegien eine gesicherte Position in dem sich nach der »Machtergreifung« bald abzeichnenden Kirchenkampf. Für den seit wenigen Monaten amtierenden Reichskanzler Hitler bedeutete das Konkordat nicht nur einen enormen Prestigegewinn auf der internationalen Bühne, es steigerte auch sein Ansehen bei den Gläubigen im Lande und verlieh ihm die Aura der Legitimität. Faulhaber verstieg sich zu der These, Hitler sei ungleich legaler ins Amt gekommen als die mit dem Ludergeruch der Revolution behaftete Regierung von 1918.

Hitler, der selbst nie aus der Kirche austrat und oft als Taufpate für die Kinder prominenter Parteigenossen fungierte, hatte einen enormen Respekt vor der Macht der Kirchen, mit denen er erst nach dem »Endsieg« abrechnen wollte. Er hatte eine Frontstellung gegen die Kirchen immer sorgfältig vermieden und überließ auch nach 1933 dieses Feld seinen Satrapen. Dem Konkordat zum Trotz sah der Vatikan sich ständig zu neuen Protesten gegen die Behinderung der kirchlichen Arbeit veranlasst, die 1937 schließlich in die Enzyklika »Mit brennender Sorge« mündeten. Kardinal Faulhaber und nicht wenige seiner Amtsbrüder fanden deutliche Worte der Kritik, wenn der Besitzstand der Kirche angetastet wurde, etwa weil ein Gauleiter auf die Idee kam, in den Schulräumen die Kreuze abhängen zu lassen. Als 1938 die Synagogen brannten, verfielen die Kirchenfürsten in beredtes Schweigen.

Die deutsche Situation war anders als die der faschistischen Diktaturen Südeuropas oder der autoritären Regime in Polen, Ungarn oder der Slowakei, wo sich Obrigkeit und Kirche zu Bündnissen gegen Marxismus, Liberalismus und Materialismus zusammengefunden hatten. Spanien und Italien waren (und sind) zutiefst vom Katholizismus geprägt. Ohne enge Anlehnung an die Katholische Kirche hätten Franco und noch weniger Mussolini, der den Papst im eigenen Lande hatte, keine Chance gehabt, ihre diktatorischen Regime zu stabilisieren. Das Valle de los Caidos (Tal der Gefallenen) in der Nähe von Madrid, die zentrale faschistische Pilgerstätte, steht bis heute unter der Obhut eines katholischen Ordens.

In Deutschland lagen die Dinge anders. Das Land war seit den Tagen Martin Luthers konfessionell gespalten. Die Katholiken waren im Reich Bismarcks eine Minderheit gewesen und standen angesichts des universalen Anspruchs ihrer Kirche stets im Verdacht, einer ausländischen Macht hörig zu sein. Die Protestanten waren mit ihrer landeskirchlichen Organisation traditionell staatsnah und hatten in weit überdurchschnittlichem Maße NSDAP gewählt. Der deutsche Kulturprotestantismus hatte nach 1933 wenig Probleme damit, sich den neuen Machthabern zu attachieren.

Der Nationalsozialismus hatte aber einen anderen ideologischen Anspruch als die faschistischen Bewegungen im übrigen Europa, einen Anspruch, der jede Konkurrenz in Glaubensfragen ausschloss, was Alfred Rosenberg in die Worte kleidete, dass »der Nationalsozialismus über allen Bekenntnissen steht und sie im Dienste für das deutsche Wesen alle zu umschließen vermag.« Den Partialinteressen der Konfessionen setzte der Nationalsozialismus ein totalitäres Gemeinschaftsinteresse entgegen. Das nationalsozialistische Regime vermied eine zentrale Konfrontation, es gab auch keine geplünderten Gotteshäuser und keine ermordeten Geistlichen wie etwa in der Sowjetunion, aber die Kirchen sollten in ihrer Wirkung auf die Gläubigen umterminiert werden, wie und wo immer es möglich war. Dazu wurde ein ganzes Arsenal religiös anmutender Inszenierungen, alternativer Feste und Feiertage und anderes mehr entwickelt, damit der treue Nationalsozialist sich in seiner Partei aufgehoben fühlte wie in einer Glaubensgemeinschaft.

Dass etwa die von Albert Speer für die Reichsparteitage entwickelte Illuminationstechnik den Namen »Lichtdom« führte, ist sicher kein Zufall. Das nationalsozialistische Feierjahr hatte mit dem »Tag der Machtergreifung« am 30. Januar, dem Parteifeiertag am 24. Februar, der an die Verkündung des Programms erinnern sollte, dem an die Stelle des Volkstrauertages getretenen Heldengedenktag im März, der »Verpflichtung der Jugend« am letzten Sonntag des gleichen Monats, »Führers Geburtstag« am 20. April, dem »Tag der Nationalen Arbeit« am 1. Mai, dem Muttertag, der Sommersonnenwende, dem Nürnberger Reichsparteitag im September, Erntedank im Oktober und schließlich dem Gedenktag für die »Gefallenen der Bewegung« am 9. November, dem höchsten Feiertag, bald mehr inszenatorische Anlässe zu bieten als der konkurrierende christliche Festkalender. Die verschiedenen Feiertage betonten unterschiedliche Aspekte. Mal stand die Person des »Führers« im Vordergrund, mal die Einheit von Partei und Staat, mal die Überwindung der Klassengegensätze durch die nationalsozialistische Volksgemeinschaft, mal die Vereinnahmung der Jugend durch HJ und BDM, mal die Verpflichtung der deutschen Frau zur Mutterschaft. Am direktesten appellierten die Sonnwendfeiern an die Sphäre des Metaphysischen, wobei die Feiern im Juni, die ähnlich wie die Erntedankfeiern ganz direkt an traditionelles Brauchtum anknüpfen konnten, sich wesentlich größerer Beliebtheit erfreuten als die Wintersonnwendfeiern, die das christianisierte Weihnachtsfest gewissermaßen zu seinen germanischen Ursprüngen zurückführen sollten, ein Unternehmen, dem wenig Erfolg beschieden war, sodass der

NS-Staat schließlich seinen Frieden mit der »Volksgemeinschaft unterm Lichterbaum« machte.

Die Formierung der nationalsozialistischen Volksgemeinschaft vollzog sich auf mehreren Ebenen. Etwa 100.000 Menschen waren in den ersten Monaten verhaftet worden, demokratische Politiker, Gewerkschaftsfunktionäre, Wissenschaftler, Intellektuelle und andere, für die in der neuen Gemeinschaft kein Platz war. Weitere 30.000 bis 40.000 Menschen waren geflohen, Paris und Prag, beides Hauptstädte demokratisch regierter Nachbarstaaten, bildeten zunächst die wichtigsten Zentren des Exils. Am 14. Juli 1933 erließ die Reichsregierung ein Gesetz, das vorsah, dass Deutschen, die sich im Ausland aufhielten, die Staatsangehörigkeit aberkannt werden konnte, wenn sie gegen die »Pflicht zur Treue gegen Reich und Volk« verstießen. Am 23. August wurde die erste Ausbürgerungsliste veröffentlicht. Sie umfasste 33 Namen, unter ihnen die Schriftsteller Lion Feuchtwanger, Heinrich Mann und Ernst Toller, die Politiker Wilhelm Pieck (KPD), Philipp Scheidemann und Otto Wels (beide SPD), der frühere Berliner Polizeipräsident Albert Grzesinski und sein Stellvertreter Bernhard Weiß, der Hochschullehrer Emil Julius Gumbel, der Publizist Alfred Kerr. Bis zum Ende des Dritten Reiches fielen mehr als 39.000 Menschen der Ausbürgerung zum Opfer, unter ihnen über 100 ehemalige Reichstagsabgeordnete. Im Grundgesetz der Bundesrepublik ist heute ausdrücklich geregelt, dass die Staatsangehörigkeit nicht entzogen werden kann.

Neben der politischen Emigration gab es einen rasch anwachsenden Strom von Juden, die angesichts der ständig brutaler werdenden Ausgrenzung und Verfolgung und in der berechtigten Befürchtung, dass sich all dies noch steigern werde, das Land verließen. 1933 wanderten 37.000 Juden aus Deutschland aus, bis 1941 waren es insgesamt 270.000, etwas mehr als die Hälfte der ursprünglich in Deutschland lebenden jüdischen Minderheit. Alle Emigranten mussten die »Reichsfluchtsteuer« bezahlen, die Brüning 1931 zur Verhinderung von Kapitalflucht und zum Ausgleich des Haushalts angesichts der hohen Reparationszahlungen eingeführt hatte. Die Bestimmungen wurden nun drastisch verschärft. Jeder musste Reichsfluchtsteuer bezahlen, dessen Vermögen den Betrag von 50.000 Reichsmark überstieg. Der Steuersatz betrug 25 Prozent, für jüdische Auswanderer kamen noch einmal 25 Prozent Judensteuer hinzu. Außerdem mussten sie ihren Besitz, insbesondere Immobilien und Firmen, meistens zu einem Bruchteil des realen Wertes veräußern. Hinzu kamen noch Gebühren und Reisekosten, sodass die meisten Emigranten des größten Teils ihres Vermögens beraubt wurden. Nutznießer war der deutsche Staat.

Im deutschen Judentum hatte es vor 1933 im Wesentlichen drei unterschiedliche Strömungen gegeben, darunter eine relativ kleine zionistische, die für die Idee der Auswanderung nach Palästina warb. Den Zionisten genau entgegengesetzt war die Gruppe derjenigen, die ihr Heil in der vollständigen Assimilation bis hin zu Namensänderung und Konversion zum Christentum suchten. Die allermeisten deutschen Juden wollten aber ihre jüdische Identität behalten und dennoch als loyale und gleichberechtigte Staatsbürger gelten. Sie organisierten sich seit 1893 im »Centralverein deutscher Staatsbürger jüdischen Glaubens« (CV), der sein Bekenntnis zur deutschen Nation mit dem Kampf gegen den Antisemitismus verband. Doch der nationalsozialistische Antisemitismus war nicht religiös, sondern rassistisch fundiert. Er behandelte alle Juden gleich und schonte auch die nicht, die sich bei ihrer Einlieferung ins KZ ihre Orden aus dem Ersten Weltkrieg an die Brust geheftet hatten.

Am 17. September 1933 taten sich die großen überregionalen jüdischen Verbände zusammen, CV, Zionisten und Orthodoxe, und gründeten die »Reichsvereinigung der deutschen Juden« als reichsweite und umfassende Organisation. So etwas hatte es bis dahin nicht gegeben; nun war es bittere Notwendigkeit. Präsident der Reichsvereinigung wurde der Berliner Rabbiner Leo Baeck (1873–1956), ein herausragender Vertreter des deutschen Judentums. Die Reichsvereinigung leistete unter schwierigsten Umständen Hilfe für die vom Naziterror in ihrer Existenz täglich mehr Bedrängten. Zu Beginn, als es noch Reste einer ordentlichen Gerichtsbarkeit gab, ging es auch um Rechtshilfe, mehr und mehr um Wirtschaftshilfe und Wohlfahrtspflege, um

Berufsfürsorge für die vielen, die ihren erlernten Beruf nicht mehr ausüben durften oder durch den »Arierparagraphen« ihre Position als Beamte verloren hatten. Ein eigenständiges Bildungswesen für die aus den öffentlichen Schulen Verdrängten musste organisiert werden. Schließlich wurde ein immer wichtigeres Thema Vorbereitung und Hilfe bei der Auswanderung. Die Reichsvereinigung finanzierte ihre umfangreiche Arbeit durch Abgaben, die sie erhob, und durch Zuschüsse ausländischer Organisationen.

Je näher der Krieg kam, desto unverhüllter wurde der Vernichtungswille als entscheidender Impetus der nationalsozialistischen Judenpolitik erkennbar. Die Reichsvereinigung der deutschen Juden verlor ihren Status als Körperschaft öffentlichen Rechts und dadurch ihre Finanzhoheit. Sie wurde in die »Reichsvereinigung der Juden in Deutschland« umgewandelt, eine Zwangsvereinigung aller Juden auf deutschem Territorium, und direkt der Gestapo unterstellt. Im Oktober 1941 wurde die bis dahin geförderte Auswanderung verboten. Die Nazis zwangen die Mitarbeiter der Reichsvereinigung, bei der Vorbereitung der nun einsetzenden Deportationen mitzuwirken. Im Juni 1943 lösten die Nazis die Reichsvereinigung schließlich auf und zogen ihr Vermögen ein. Die letzten noch verbliebenen Mitarbeiter wurden nun selbst Opfer der Deportation. Leo Baeck, der bis zuletzt bei seiner Gemeinde ausgeharrt hatte, obwohl er wusste, dass sein Leben bedroht war, wurde nach Theresienstadt verschleppt, wo er sich als Mitglied des Ältestenrates unter schwierigsten Bedingungen um die anderen Häftlinge kümmerte. Leo Baeck überlebte wie durch ein Wunder, ging nach England und gründete dort das später nach ihm benannte »Institut zur Erforschung des Judentums in Deutschland seit der Aufklärung«.

Wer vor 1933 in Opposition zum Nationalsozialismus gestanden hatte, hatte die Möglichkeit, seine Gesinnung zu ändern oder mindestens den glaubhaften Eindruck zu erwecken, er habe es getan. Zahlreich sind die Fälle opportunistischer Bekenntnisse zu den neuen Machthabern. Für Juden gab es keinen Weg, die Kategorie der Verfolgten zu verlassen, da diese von den Nationalsozialisten rassistisch definiert war. Nach jüdischem Selbstverständnis war ein Austritt aus dem Judentum durchaus möglich, wie man sowohl eine Staatsangehörigkeit als auch die Zugehörigkeit zu einer Religionsgemeinschaft aufgeben kann. Aus einer »Rasse« dagegen konnte man nicht austreten.

Die nationalsozialistische Rassenhygiene definierte noch andere Verfolgungskategorien, aus denen es kein Entrinnen gab. Rasse wurde definiert als »alle Individuen zusammenfassende lebende Gesamtheit«. Es ging nicht um Rasse als systematische Varietät, sondern um das Volksganze, dessen Erhaltung alles andere unterzuordnen war. Dem medizinischen Begriff der erblichen Krankheit stellte der Rassekundler Alfred Ploetz (1860–1940) den der »Erbgesundheit« gegenüber, der zu einer zentralen Kategorie für den Nationalsozialismus wurde. Man übertrug die Idee von der körperlichen Gesundheit auf den Volkskörper, der vor Infektionen geschützt werden musste. Zu den geistigen Ahnen des nationalsozialistischen Antisemitismus gehörte der Orientalist Paul de Lagarde (1827–1891), der in Bezug auf die Juden erklärt hatte: »Mit Trichinen und Bazillen wird nicht verhandelt. Trichinen und Bazillen werden auch nicht erzogen, die werden so rasch und gründlich wie möglich unschädlich gemacht.« Die Juden galten als zersetzendes Element, als »plastischer Dämon des Verfalles der Menschheit«, wie es bei einem anderen Vordenker, dem Komponisten Richard Wagner (1813–1883), hieß, als Parasiten, die am Mark der Wirtsvölker nagten.

Doch die Juden waren nicht die einzigen Schädlinge, die aus der Sicht der Rassentheoretiker und Züchtungsutopisten den deutschen Volkskörper bedrohten. Sozialdarwinisten wie Alexander Tille (1866–1912) polemisierten gegen die »kurzsichtige Nächstenmoral« des modernen Sozialstaats, der mit seinen Fürsorgemaßnahmen den Prozess der natürlichen Auslese verhindere. Sie entwarfen das Schreckensszenario einer stetig wachsenden Zahl von »minderrassigen«, debilen, behinderten und erbkranken »Ballastexistenzen«. Vor diesem »lebensunwerten Leben«, wie es in der nationalsozialistischen Terminologie hieß, müssten die Starken und Gesunden geschützt werden. Ein erster Schritt war das »Gesetz zur Verhütung erbkranken Nachwuchses« vom 14. Juli 1933, das bei einer Reihe von Krankheiten, z. B. Schwachsinn und Schizophrenie, aber auch Blindheit, Taubheit und »schwerem Alkoholismus« die zwangsweise Sterilisierung der Betroffenen vorsah. Bis 1939 wurden etwa 300.000 Menschen Opfer solcher Eingriffe, die nicht selten zum Tod führten, zumal viele Ärzte sich keine besondere Mühe gaben, einen letalen Ausgang der Operation zu vermeiden. Ein zweiter Schritt war das »Gesetz zum Schutze der Erbgesundheit des deutschen Volkes« vom 18. Oktober 1935. Es war Teil der sogenannten Nürnberger Gesetze und untersagte Eheschließungen, wenn einer der Ehewilligen an einer Erbkrankheit oder an einer ansteckenden Krankheit litt, die gesundheitliche Schäden für die Nachkommen denkbar erscheinen ließ. Diese Gesetze waren erste Elemente der nationalsozialistischen Biopolitik, einer Politik mit mörderischen Konsequenzen.

Zunächst war die nationalsozialistische Diktatur von innerer Stabilität noch weit entfernt. Im Juli 1933 erklärte Hitler, der Revolution folge nunmehr die Evolution, Göring hatte die Hilfspolizei aus SA und SS wieder aufgelöst und die »wilden« KZs der Anfangszeit nach und nach schließen lassen. Man bekannte sich zur autoritären Staatsform, war aber gleichzeitig bemüht, den Eindruck zu erwecken, dass die Entwicklung in geordneten Bahnen verlaufe. Dennoch geriet Deutschland international mehr und mehr in die Isolation. Die seit 1932 unter Leitung des Völkerbunds tagende Genfer Abrüstungskonferenz war nach der »Machtergreifung« ins Stocken geraten. Im Dezember 1932 hatten die USA, Großbritannien, Frankreich und Italien Deutschlands militärische Gleichberechtigung grundsätzlich anerkannt, doch angesichts der neuen deutschen Regierung forderten Briten und Franzosen Übergangsfristen von mehreren Jahren. Daraufhin kündigte Propagandaminister Goebbels, und nicht etwa der dafür zuständige Außenminister, der parteilose Konstantin von Neurath, Deutschlands Austritt aus dem Völkerbund an. Dieser Akt trotziger Selbstisolation machte die internationale Stellung des NS-Regimes noch schwieriger, im

Lande aber war er womöglich populär. Bei einem Plebiszit am 12. November stimmten jedenfalls nach offiziellen Angaben über 95 Prozent der Deutschen der Entscheidung ihrer Regierung zu.

Am 24. Dezember 1933 nahm Adolf Hitler, erstmals als Reichskanzler, an einer Weihnachtsfeier mit Angehörigen der SA und der SS in München teil. Danach zog er sich wie immer an diesem Tag in die Einsamkeit seiner Wohnung am Prinzregentenplatz zurück und verbrachte den Weihnachtsabend in grüblerischer Stimmung. Viel hatte er erreicht in diesem Jahr. Er war nach einem zwölfjährigen Wettlauf gegen die Zeit doch noch in der Reichskanzlei angekommen, hatte ein totalitäres Regime installiert, dessen absolut dominierende Figur er war. Und doch stand seine Herrschaft auf schwankendem Boden. Die Radaubrüder der SA, ohne deren ausdauerndem Straßenterror Hitler kaum zwölf Jahre durchgehalten hätte, wurden zunehmend zum Problem. SA-Stabschef Ernst Röhm träumte von einer Fortsetzung der »deutschen Revolution«. Er wollte aus der paramilitärischen Organisation eine militärische und die SA zur zentralen Ordnungsmacht im Inneren machen, während die Reichswehr künftig nur noch für Aktionen außerhalb der Reichsgrenzen zuständig sein sollte. Doch der brutale Terror der SA in den Monaten nach der »Machtergreifung« hatte viele verschreckt. In den improvisierten Gefängnissen der selbsternannten Hilfspolizei waren Hunderte ermordet und Tausende zu Krüppeln geschlagen worden. Die alten Eliten, allen voran die Führung der Reichswehr, stand diesem Treiben sehr skeptisch, zum Teil auch mit unverhohlener Ablehnung gegenüber. Oberbefehlshaber der Reichswehr war immer noch der Reichspräsident, den zahlreiche Beschwerdebriefe über die Zustände im Lande erreichten. Gleichzeitig war klar, dass Hindenburg nicht mehr lange zu leben hatte. Der 86-Jährige wurde zunehmend schwächer.

Natürlich wollte Hitler Kanzler- und Präsidentenamt nach Hindenburgs absehbarem Ende auf sich vereinen. Doch die nationalkonservativen Eliten in Reichswehr, Wirtschaft und Verwaltung unterstützten zwar seinen antidemokratischen Kurs, hatten aber wenig Sympathien für Radauantisemitismus, Straßenterror und revolutionäre Umtriebe. Wenn dies andauerte, war es denkbar, dass sie sich auf einen anderen Kandidaten für die Hindenburg-Nachfolge einigten, mit der Konsequenz einer, möglicherweise monarchistisch verbrämten, Militärdiktatur. Den Vizekanzler Franz von Papen, ein typischer Repräsentant des »alten Deutschland«, sahen diese Kreise als einen der Ihren. Hitler schwankte einige Monate lang, doch ihm war klar, dass er sich zwischen Reichswehr und SA würde entscheiden müssen, zumal angesichts zunehmender wirtschaftlicher Schwierigkeiten auch vonseiten der Unternehmer Unruhe drohte.

Am 31. Dezember wandte sich Hitler »zum Abschluss des Jahres der nationalsozialistischen Revolution« in zahlreichen Anerkennungsschreiben an seine wichtigsten Mitstreiter, die allesamt im »Völkischen Beobachter« prominent publiziert wurden. Auch Ernst Röhm, der einzige der alten Mitstreiter, mit dem er per Du war, erhielt einen solchen Brief. Hitler schrieb, es sei Röhm in wenigen Jahren gelungen, mit der SA das politische Instrument aufzubauen, mit dessen Hilfe er den Kampf um die Macht siegreich habe bestehen können. Nun dränge es ihn, »Dir, mein lieber Ernst Röhm, für die unvergänglichen Verdienste zu danken, die Du der nationalsozialistischen Bewegung und dem deutschen Volke geleistet hast, und Dir zu versichern, wie sehr ich dem Schicksal dankbar bin, solche Männer wie Dich als meine Freunde und Kampfgenossen bezeichnen zu können.«

Als Hitler solches schrieb, war Röhm längst zu einem veritablen Problem für ihn geworden. Die SA war aus bescheidenen Anfängen als Saalschutztruppe zu einer Parteiarmee mit vier Millionen Mitgliedern herangewachsen. Röhm sah in diesem braunen Heer die Kerntruppe einer Volksmiliz, der die Reichswehr mit ihren 100.000 Soldaten ohne Schwierigkeiten einverleibt werden konnte. Die SS, die damals ganz im Schatten der SA stand, schürte Gerüchte, die SA plane einen Putsch. Außerdem wurde auf die Homosexualität Röhms und anderer SA-Führer verwiesen, die einerseits entschieden dem nationalsozialistischen Sittlichkeitskodex widersprach, andererseits immer bekannt gewesen und von Hitler ausdrücklich toleriert worden war. Doch jetzt bot all dies einen willkommenen Vorwand, um sich eines Problems zu entledigen, das Mussolini in einer Besprechung mit Hitler in die Worte fasste: »Was macht man nach der Revolution mit den Revolutionären?«

Röhm forderte eine »zweite Revolution«, eine soziale Revolution. Diese Forderung korrespondierte mit verbreiteter Unzufriedenheit im Lande, sowohl in den Großbetrieben, wo die NSBO so miserable Wahlergebnisse erreichte, dass sie nie veröffentlicht wurden, als auch bei den Bauern, die unter der zentralen Vermarktung der landwirtschaftlichen Produkte durch den »Reichsnährstand« litten. Gleichzeitig gab Röhm mit seinen Revolutionsparolen den gezielt gestreuten Gerüchten, die SA plane einen Putsch, neue Nahrung. Die große Mehrheit der SA-Mitglieder war jung, ihr Elan unverbraucht, viele frühere Anhänger der Arbeiterparteien hatten hier eine neue Heimat gefunden. Proletarische Interessenlage verband sich mit revolutionärer Erwartung, sodass sich in der SA die Hoffnungen auf einen wirklichen Umbau der Gesellschaft in einem gefährlichen Maße konzentrierten. Dagegen artikulierte sich zunehmend konservativer Widerspruch. Diejenigen, die vor einem Jahr geglaubt hatten, sie hätten sich einen Hitler nur zur Durchsetzung ihrer eigenen Interessen engagiert, wurden immer unruhiger. Höhepunkt der Kritik war eine Rede, die Vizekanzler Papen am 17. Juli 1934 an der Universität Marburg hielt. Papen bündelte darin die Unzufriedenheit der alten Eliten mit dem Aktionismus der Nazis und verurteilte den »ewigen Aufstand von unten«. Seine Rede konnte verstanden werden als Appell an Hindenburg, seine Nachfolge nicht im Sinne Hitlers zu regeln.

Nun waren die Tage Röhms gezählt. Aber nicht die Reichswehr ergriff die Initiative, sondern Hitler selbst, der Himmler, Heydrich und Göring auf seine Seite zog. Dabei ging er nicht nur gegen die SA vor, sondern auch gleich gegen seine konservativen Kritiker. Reinhard Heydrich, der seit 1932 Chef des Sicherheitsdienstes (SD) war, bestellte in der letzten Juniwoche die Oberen von SS und SD nach Berlin und informierte sie über die »bevorstehende Revolte der SA«, wie es in nazitypischer Verdrehung der Tatsachen hieß. Heß, Goebbels und Göring stimmten die Bevölkerung in wiederholten öffentlichen Auftritten auf das Bevorstehende ein. Am 29. Juni sekundierte Reichswehrminister Werner von Blomberg im »Völkischen Beobachter«: »Wehrmacht und Staat sind eins geworden.«

Für den nächsten Tag hatte Hitler ein Treffen mit wichtigen Führern der SA in Bad Wiessee anberaumt. Er kam jedoch nicht allein, sondern in Begleitung mehrerer SS-Einheiten. Die anwesenden SA-Führer wurden verhaftet, nach München abtransportiert und wenig später hingerichtet. Röhm räumte man die Möglichkeit ein, den ehrenvolleren Weg der Selbsttötung zu wählen, von der er jedoch keinen Gebrauch machte. Insgesamt wurden etwa 80 SA-Leute erschossen, darunter fast die gesamte Führungsriege. Die Exekutoren waren Angehörige der »SS-Leibstandarte Adolf Hitler« und der »SS-Totenkopfverbände«. Zum Dank für »die großen Verdienste der SS« erhob Hitler sie wenig später »zu einer selbständigen Organisation im Rahmen der NSDAP«. Damit hatte sie sich von der SA endgültig emanzipiert. Die SS übernahm nun auch die Zuständigkeit für die Konzentrationslager.

Unmittelbar nach der Verhaftung der SA-Spitze gab Hitler den Befehl für den zweiten Teil der Aktion. Papen wurde unter Hausarrest gestellt, seine Mitarbeiter hatten weniger Glück. Herbert von Bose, Leiter der Presseabteilung, wurde in den Räumen der Vizekanzlei von der SS erschossen. Edgar Jung, der seit seinem Buch »Die Herrschaft der Minderwertigen« (1928) als führender Kopf der konservativen Revolution galt, wurde ins KZ Oranienburg verschleppt und dort hingerichtet. Jung war seit 1932 als Redenschreiber für Papen tätig und hatte auch die Marburger Rede verfasst. Auch Kurt von Schleicher, letzter Reichskanzler vor Hitler, wurde gemeinsam mit seiner Frau erschossen. Hitler, der ein präzises Gedächtnis für Illoyalität hatte, ließ auch Gregor Strasser ermorden, ebenso den früheren bayerischen Generalstaatskommissar Gustav von Kahr, der ihn beim Putschversuch im November 1923 verraten hatte. Die Gesamtzahl der Todesopfer dieser

Staatsrevolte wurde geheim gehalten. Sie dürfte bei etwa 200 gelegen haben.

Das »reinigende Gewitter« wurde von der großen Mehrheit der Bevölkerung positiv aufgenommen. Die vor den »Volksempfängern« versammelten »Volksgenossen« spendeten Beifall, als Hitler im Reichstag verkündete: »Es soll jeder für alle Zukunft wissen, dass, wenn er die Hand zum Schlage gegen den Staat erhebt, der sichere Tod sein Los ist.« In der Stunde der Not habe er die Funktion des obersten Gerichtsherrn des deutschen Volkes übernehmen müssen. Carl Schmitt, ein Staats- und Völkerrechtler von Rang, ließ verlauten: »Der Führer schützt das Recht vor dem schlimmsten Missbrauch, wenn er im Augenblick der Gefahr kraft seines Führertums als oberster Gerichtsherr unmittelbar Recht schafft.« Schmitt (1888–1985), dessen frühe Schriften seinen internationalen Ruf begründet hatten, war nach der »Machtergreifung« mit bemerkenswertem Enthusiasmus auf die neue Linie eingeschwenkt. Das Ermächtigungsgesetz hatte er als die »vorläufige Verfassung der deutschen Revolution« gefeiert. Am 1. Mai 1933 trat er der NSDAP bei, wurde mit einer Professur in Berlin und der Ernennung zum preußischen Staatsrat belohnt und im November zum Präsidenten der Vereinigung nationalsozialistischer Juristen gewählt. 1945 wurde Schmitt von den Alliierten seines Lehramts enthoben und für mehrere Jahre inhaftiert, aber bis heute hat er seine Bewunderer.

Reichswehrminister Werner von Blomberg dankte Hitler in der nächsten Kabinettssitzung im Namen der Wehrmacht für sein mutiges und entschlossenes Handeln. Die Generalität hatte dabei nur eine passive Rolle gespielt.

Am 2. August 1934 verstarb der seit Längerem bettlägerige Hindenburg. Schon am Tag zuvor hatte Hitler ein Gesetz verkünden lassen, das nun in Kraft trat und bestimmte: »Das Amt des Reichspräsidenten wird mit dem des Reichskanzlers vereinigt. Infolgedessen gehen die bisherigen Befugnisse des Reichspräsidenten auf den Führer und Reichskanzler Adolf Hitler über. Er bestimmt seinen Stellvertreter.« Dieses Gesetz über das Staatsoberhaupt war von sämtlichen Ministern unterschrieben. All jene, die angetreten waren, Hitler einzurahmen, dienten nun nur noch als Verzierungen an seinem Thron. Der stets um Willfährigkeit bemühte Blomberg ließ noch am 2. August, kaum dass Hindenburg aufgebahrt war, die Wehrmacht auf den »Führer und Reichskanzler Adolf Hitler« vereidigen, ohne dass dafür eine Notwendigkeit bestanden hätte. Hitler dankte es ihm, indem er ihm 1935 den Oberbefehl über die gesamte Wehrmacht übertrug und den Reichswehrminister zum Reichskriegsminister machte. 1936 wurde er zum Generalfeldmarschall befördert und 1937 erhielt der eigentlich parteilose Blomberg als Höhepunkt seiner Karriere das Goldene Parteiabzeichen der NSDAP. Doch kurz darauf strauchelte er über die Heirat mit einer ehemaligen Prostituierten. Die Vereidigung der Soldaten auf Hitler blieb sein Erbe.

Mit dem »Röhm-Putsch« hatte das junge nationalsozialistische Regime seine erste große Krise erfolgreich absolviert. Es folgten Jahre der fortschreitenden Konsolidierung und geregelter Machtausübung, die dann 1938/39 in eine Radikalisierungskrise übergingen. Die traditionell starken föderalen Strukturen des Deutschen Reiches waren nur noch ein Schatten ihrer selbst. Der Reichsrat, die Vertretung der Länder im Gesetzgebungsprozess (dem heutigen Bundesrat vergleichbar), war im Frühjahr 1934 aufgelöst worden. Die Hoheitsrechte der Länder, etwa im Bildungsbereich, gingen auf das Reich über, weswegen nun auch erstmals ein Reichsminister für Wissenschaft, Erziehung und Volksbildung berufen wurde. Die Landtage wurden aufgelöst. An die Spitze der einzelnen Länder traten die Hitler unmittelbar unterstellten Reichsstatthalter, die in der Regel zugleich Gauleiter der NSDAP waren. Reichstagswahlen wurden zunächst weiterhin abgehalten, aber sie hatten im Einparteienstaat eine völlig neue Funktion. Dem Ausland sollten sie die »Einheit von Volk und Führer« demonstrieren, im Inland Regimegegner isolieren und den Aufbau der Volksgemeinschaft fördern.

Das Volk sollte als Akklamationsmaschine dienen und nicht eigene Initiativen entfalten. Deshalb wurde durch ein Gesetz das Instrument des Volksbegehrens abgeschafft und durch

Volksabstimmungen ersetzt, die de facto Volkszustimmungen waren. Die erste fand zu Deutschlands Austritt aus dem Völkerbund statt. Sie war verbunden mit der ersten Reichstagswahl neuen Typs am 12. November 1933. Die NSDAP trat als »Liste des Führers« an, um ihre das ganze Volk umschließende Überparteilichkeit zu demonstrieren. Die gesamte Parteiprominenz warb auf Großveranstaltungen um Wählerstimmen. Am Wahltag selbst weckten Spielmannszüge der SA und HJ die Bevölkerung aus dem Sonntagsschlaf. Die Teilnahme an den Wahlen wurde zur staatsbürgerlichen Pflicht erklärt. Wer zu Hause blieb, machte sich verdächtig, aber auch jeder, der seinen Stimmzettel nur im Schutz der Wahlkabine ausfüllen wollte.

Weitere Reichstagswahlen gab es nach dem Tod Hindenburgs, nach der Besetzung des Rheinlands und nach der Annexion Österreichs. Der Reichstag trat nur noch zu besonderen Anlässen zusammen, vor allem dann, wenn Hitler eine repräsentative Kulisse für eine an die internationale Öffentlichkeit gerichtete Erklärung brauchte. Das Kabinett kam immer seltener zusammen, ein letztes Mal am 5. Februar 1938. Der Reichskanzler brauchte die Minister zum Regieren nicht. Der »Führerwille« galt jetzt als Grundlage der Staatstätigkeit in Gesetzgebung, Verwaltung und Rechtsprechung. Einzelentscheidungen wurden durch »Führerbefehl« getroffen, allgemeine Regelungen durch »Führererlass«. Wer solche Befehle oder Erlasse erwirken wollte, musste den »Führer« aufsuchen, was nur gelang, wenn man sich mit seinen Kanzleisekretären Heß, Lammers und später Bormann gut stellte. Manche, wie Göring, Goebbels oder Himmler, fanden stets Zugang zu Hitler. Andere, wie Rosenberg, taten sich schwerer. Er schrieb stattdessen viele Denkschriften, die Hitler meist ungelesen beiseite legte. Das nationalsozialistische Regime war ein »Doppelstaat« (Ernst Fraenkel), auf der einen Seite gab es den auf gesetzlicher Grundlage agierenden Normenstaat, auf der anderen Seite den terroristischen Maßnahmenstaat. Es war, ähnlich wie der sowjetische Kommunismus, eine totalitäre Diktatur, die Anspruch auf den ganzen Menschen erhob, der das System, in dem er lebte, nicht nur passiv dulden, sondern sich aktiv zu ihm bekennen sollte.

Staatsaufbau und Parteiorganisation wurden parallel gestaltet. Manchmal gab es Personenidentität wie bei Goebbels, der sowohl Reichspropagandaminister als auch Reichspropagandaleiter der Partei war. In anderen Fällen war das nicht so. Reichsaußenminister war der parteilose Konstantin von Neurath, aber Leiter des Außenpolitischen Amts der NSDAP Alfred Rosenberg. Daneben etablierte sich bald als weitere außenpolitische Instanz die Dienststelle Ribbentrop. Joachim von Ribbentrop (1893–1946) war erst 1932 in Kontakt mit Hitler und der NSDAP gekommen. Als Schwiegersohn des Sektfabrikanten Otto Henkell verfügte er über gute Verbindungen, sprach außerdem fließend Englisch und Französisch und konnte die Konkurrenz auf dem diplomatischen Parkett für sich entscheiden, sodass er und nicht Rosenberg 1938 Neurath im Amt des Außenministers ablöste.

Ein drastisches Beispiel für die Verschränkung von Partei und Staat waren die drei sogenannten Nürnberger Gesetze. Obwohl es sich um gesetzgeberische Akte handelte, wurden sie in Nürnberg auf dem »Reichsparteitag der Freiheit« erarbeitet und verabschiedet. Der zentrale Satz des »Reichsbürgergesetzes« lautete: »Reichsbürger ist nur der Staatsangehörige deutschen oder artverwandten Blutes, der durch sein Verhalten beweist, dass er gewillt und geeignet ist, in Treue dem deutschen Volk und Reich zu dienen.« Juden waren damit von vornherein von der Reichsbürgerschaft ausgeschlossen, ihnen blieb der mindere Status der Staatsbürgerschaft. Dadurch verloren sie z. B. das Wahlrecht. Die Frage, wer Jude war, regelte das »Gesetz zum Schutz des deutschen Blutes und der deutschen Ehre«. Wer mindestens drei jüdische Großeltern hatte, galt als »Volljude«, mit einem jüdischen Elternteil und zwei jüdischen Großeltern war man »Halbjude«, mit einem jüdischen Großelternteil »Vierteljude«. »Halbjuden«, die der jüdischen Gemeinde angehörten oder mit einem jüdischen Ehepartner verheiratet waren, galten als »Volljuden«, später sprach man auch von »Geltungsjuden«. Das »Blutschutzgesetz« verbot

Eheschließungen zwischen Juden und Nichtjuden und stellte auch den Geschlechtsverkehr als »Rassenschande« unter Strafe. Auch die Beschäftigung von nichtjüdischen Dienstmädchen unter 45 Jahren in jüdischen Haushalten wurde verboten. Das sogenannte Frontkämpferprivileg entfiel nun, sodass die letzten jüdischen Beamten, die es noch gab, entlassen wurden. Das dritte Nürnberger Gesetz war das Reichsflaggengesetz, das die Hakenkreuzfahne zur Staatsflagge erklärte. Gleichzeitig wurde ihr Hissen Juden untersagt.

Der »Parteitag der Freiheit« dauerte vom 10. bis 16. September 1935. Sein Name bezog sich auf die Wiedereinführung der allgemeinen Wehrpflicht und die damit einhergehende »Befreiung« vom Joch des Versailler Vertrags. Mehr als 350.000 Teilnehmer kamen zu dieser nationalsozialistischen Heerschau und noch einmal so viele Zuschauer. Die Reichsbahn musste mehr als tausend Sonderzüge einsetzen. Diese Zahlen wuchsen stetig weiter an, 1938 brachte die Reichsbahn fast 1,3 Millionen Menschen nach Nürnberg. Die Stadt verfügte nur über 3.200 Hotelbetten, sodass die große Mehrheit in Massenquartieren unterkommen musste, vielfach in Hallen, in denen man auf dem Boden Stroh aufgeschüttet hatte. Den Teilnehmern war vor allem die Aufgabe zugedacht, Teil einer gewaltigen Kulisse zu sein. Für den ganzen Parteitag gab es eine präzise Choreographie, die nichts dem Zufall überließ. Den Marschkolonnen war ein »Gliederabstand von 80 cm auf den Vordermann« vorgeschrieben. Es gab Appelle der einzelnen Gliederungen wie Hitlerjugend und Reichsarbeitsdienst. Die eigentlichen politischen Reden wurden in der Luitpoldhalle gehalten, die 16.000 Menschen Raum bot. Daneben gab es eine ganze Reihe von Sonderveranstaltungen; die wichtigste war die Kulturtagung, die stets mit Hitlers »Kulturrede« begann.

Eröffnet wurden die Parteitage mit einer Aufführung von Wagners »Meistersingern«. Das ganze Spektakel hatte mit einem Parteitag im normalen Sinne des Wortes nichts zu tun. Es ging ausschließlich um Selbstinszenierung und Machtdemonstration. Mit Nürnberg hatte man sich eine frühe Hochburg der Partei gewählt, vor allem aber die Stadt, wo nach der

Goldenen Bulle von 1356 jeder neu gewählte König des Heiligen Römischen Reichs deutscher Nation seinen ersten Reichstag abzuhalten hatte. Diese Tradition wollte man gerne usurpieren.

Die jährlichen Reichstage waren eindrucksvolle Großdemonstrationen einer formierten Volksgemeinschaft. Aber der Höhepunkt propagandistischer Selbstdarstellung des Regimes war die Olympiade. Nach der »Machtergreifung« gab es viele Stimmen, die die Entscheidung für Deutschland als Austragungsort angesichts des dortigen Terrors gegen Andersdenkende und der Diskriminierung der Juden revidieren wollten. Vor allem in den USA war die Boykottbewegung sehr stark. Durch den Reichsparteitag 1935 und die Nürnberger Gesetze erhielt sie weiteren Auftrieb. Zur selben Zeit bildete sich in Paris ein Komitee zur Verteidigung der Olympischen Idee, in dem sich Vertreter vieler europäischer Staaten, aber auch Emigranten organisierten. Heinrich Mann sagte bei einer Konferenz des Komitees: »Ein Regime, das sich stützt auf Zwangsarbeit und Massenversklavung; ein Regime, das den Krieg vorbereitet und nur durch verlogene Propaganda existiert, wie soll ein solches Regime den friedlichen Sport und freiheitlichen Sportler respektieren? Sie werden dort nichts anderes sein als Gladiatoren, Gefangene und Spaßmacher eines Diktators, der sich bereits als Herr dieser Welt fühlt.« Wenn die USA ihre Teilnahme an der Olympiade abgesagt hätten, wäre das ein empfindlicher Rückschlag gewesen, aber Avery Brundage, der dann von 1952 bis 1972 als Präsident des IOC amtierte, verhinderte das mit ganzem Einsatz. Die in Barcelona geplante Gegenolympiade wurde ein Opfer des beginnenden Spanischen Bürgerkriegs.

Am 6. Februar 1936 begannen die Olympischen Winterspiele in Garmisch-Partenkirchen. Mit Teilnehmern aus 28 verschiedenen Staaten wurde ein neuer Rekord aufgestellt, entscheidend aber waren die Sommerspiele, die vom 1. bis 16. August in Berlin stattfanden. Auch sie erreichten mit 49 Nationen einen neuen Teilnehmerrekord. Eröffnet wurden die Spiele erstmals mit einem Fackellauf. Das war eine Idee des deutsche NOK-Vorsitzenden Carl Diem gewesen. Die Fackel wurde am 20.

Juli in Olympia entzündet und dann von 3331 Läufern aus sieben Nationen nach Berlin gebracht, wo mit ihr das olympische Feuer entzündet wurde. Leni Riefenstahl begann mit dieser eindrucksvollen Inszenierung ihren Olympia-Film. Auch sonst war die gesamte Olympiade ein perfektes Gesamtkunstwerk nationalsozialistischer Propaganda. Die ganze Stadt war mit Fahnen und Girlanden geschmückt. Die damals schon an vielen öffentlichen Gebäuden angebrachten Schilder »Für Juden verboten« wurden ebenso vorübergehend entfernt wie die sonst allgegenwärtige Hetzparole »Die Juden sind unser Unglück« aus den Schaukästen des »Stürmer«. Hitler hatte dem IOC gegenüber gelobt, sich an die olympischen Regeln zu halten. Tatsächlich gab es eine »Halbjüdin« in der deutschen Mannschaft, die Fechterin Helene Meyer, die damals bereits in den USA lebte, außerdem mit Werner Seelenbinder einen kommunistischen Arbeitersportler. Seelenbinder wurde 1944 im Zuchthaus Brandenburg hingerichtet.

Damit die perfekte Idylle nicht durch »rassefremde« Elemente getrübt wurde, ließ Innenminister Frick alle Zigeuner in ein Sammellager in Marzahn verfrachten. Und während im Olympiastadion um Medaillen gekämpft wurde, mussten Häftlinge aus Esterwegen vor den Toren der Stadt das Konzentrationslager Sachsenhausen errichten. In Esterwegen war auch der Schriftsteller Carl von Ossietzky inhaftiert gewesen. Wie viele Linksintellektuelle war er nach dem Reichstagsbrand verhaftet worden. Nach Berichten seiner Mitgefangenen wurde er immer wieder gezielt ganz besonders schrecklich misshandelt, zum einen, weil er unerschrocken wie wenige gegen den immer mächtiger werdenden Ungeist der Nazis opponiert hatte, zum anderen, weil seine Peiniger ihn fälschlich für einen Juden hielten. Bald setzte eine internationale Kampagne zu seinen Gunsten ein, die in dem Vorschlag gipfelte, ihm den Friedensnobelpreis zu verleihen. Für diese Kampagne engagierte sich auch Willy Brandt, der damals in Norwegen im Exil lebte.

Im Oktober 1935 besuchte der Schweizer Publizist Carl Jakob Burckhardt im Auftrag des Internationalen Roten Kreuzes Ossietzky im Konzentrationslager. Der Lagerkommandant

SS-Standartenführer Loritz behauptete zunächst, Ossietzky sei nicht da, weigerte sich dann, ihn holen zu lassen. Schließlich entschloss sich Burckhardt zu einem scharfen Kommandoton: ›»Sie kennen Ihren Befehl, ich sehe die Häftlinge, die ich zu sehen wünsche und ich spreche mit ihnen, Sie wissen, um was es geht.‹ Nach zehn Minuten kamen zwei SS-Leute, die einen kleinen Mann mehr schleppten und trugen als heranführten. Ein zitterndes, totenblasses Etwas, ein Wesen, das gefühllos zu sein schien, ein Auge verschwollen, die Zähne anscheinend eingeschlagen, er schleppte ein gebrochenes, schlecht ausgeheiltes Bein. ›Melden!‹ schrie Loritz. Ein unartikulierter, leiser Laut kam aus der Kehle des Gemarterten. ›Herr von Ossietzky‹, sprach ich ihn an, ›ich bringe Ihnen die Grüße Ihrer Freunde, ich bin der Vertreter des Internationalen Komitees vom Roten Kreuz, ich bin hier, um Ihnen, soweit uns dies möglich ist, zu helfen.‹ Nichts. Vor mir, gerade noch lebend, stand ein Mensch, der an der äußersten Grenze des Tragbaren angelangt war. Ich trat näher. Jetzt füllte sich das noch sehende Auge mit Tränen, lispelnd unter Schluchzen sagte er: ›Danke, sagen Sie den Freunden, ich sei am Ende, es ist bald vorüber, bald aus, das ist gut.‹ Und dann noch ganz leise: ›Danke, ich habe einmal Nachrichten erhalten, meine Frau war einmal hier; ich wollte den Frieden.‹«

Wenige Wochen später kam ein Rückschlag. Das Nobelkomitee in Oslo fand nicht den Mut, Ossietzky auszuzeichnen, und beschloss, den Friedensnobelpreis für 1935 nicht zu vergeben. Die Freunde fürchteten um sein Leben und riefen sofort eine zweite Kampagne ins Leben, der sich Politiker in vielen Ländern anschlossen. Als Ossietzkys Gesundheitszustand sich weiter verschlechterte und der Inspekteur der Konzentrationslager Eicke meldete, es müsse mit seinem Ableben gerechnet werden, ließ Göring ihn in ein Berliner Krankenhaus verlegen. Göring wollte keinen prominenten antifaschistischen Märtyrer und bot ihm eine lebenslange Rente gegen Verzicht auf den Nobelpreis an. Ossietzky lehnte ab und im November 1936 wurde ihm vom Osloer Komitee nachträglich der Friedensnobelpreis für 1935 zuerkannt. Göring untersagte Ossietzky die

Anreise und ein »Führererlass« bestimmte, dass die Annahme des Nobelpreises Deutschen von nun an untersagt sei.

Stattdessen wurde ein Deutscher Nationalpreis für Wissenschaft und Kunst in Höhe von 100.000 Reichsmark gestiftet, der jährlich an drei verdiente Deutsche verliehen werden sollte und im September 1937 im Rahmen des Reichsparteitags erstmals vergeben wurde. Carl von Ossietzky schickte notgedrungen einen Rechtsanwalt nach Oslo zur Entgegennahme des Preisgeldes, das dieser zum größten Teil veruntreute. Der tuberkulosekranke Ossietzky erlag im Mai 1938 in einer Klinik den Folgen seiner KZ-Haft. Sein Grab auf einem Berliner Friedhof blieb auf Anweisung der Gestapo namenlos.

Kaum waren die Olympioniken wieder abgereist, wurde im September 1936 auf dem Reichsparteitag der Vierjahresplan bekannt gegeben, ein umfassendes ökonomisches Programm, das der rüstungsorientierten Lenkung der Wirtschaft und der Vorbereitung auf den Zweiten Weltkrieg dienen sollte. Hitler wusste, dass die Zeit gegen ihn arbeitete und dass er den ökonomischen Wettlauf gegen die großen Volkswirtschaften wie die USA nicht gewinnen konnte. Die Verfolgung seiner imperialen Ziele war deshalb eine atemlose Jagd, die allen Beteiligten ohne Unterlass neue Höchstanstrengungen abforderte. 1934 verschlangen Militärausgaben bereits über 50 Prozent aller Staatsausgaben für Waren und Dienstleistungen. Hatten die Rüstungsinvestitionen 1933 noch einen Anteil von weniger als einem Prozent am Volkseinkommen, waren es zwei Jahre später bereits zehn Prozent. Kein kapitalistischer Staat hat je in so kurzer Friedenszeit eine Umschichtung des Sozialprodukts in solchem Ausmaß vorgenommen. Hjalmar Schacht wurde erneut Reichsbankpräsident und bald auch Reichswirtschaftsminister. Er initiierte und finanzierte ein gigantisches Aufrüstungsprogramm. Gleichzeitig kämpfte die deutsche Industrie um Autarkie, in den deutschen Grenzen von 1933 freilich ein aussichtsloses Unterfangen.

Hitler stellte im Vierjahresplan zwei zentrale Forderungen auf: »1. Die deutsche Armee muss in vier Jahren einsatzfähig sein. 2. Die deutsche Wirtschaft muss in vier Jahren kriegsfähig sein.« Zum Beauftragten dafür wurde Göring ernannt, der die Unvermeidlichkeit der Auseinandersetzung mit Russland bereits im Blick hatte. Im Sinne des Strebens nach Autarkie wurden die »Reichswerke Hermann Göring« gegründet, die wirtschaftlich unrentable Eisenerzlager ausbeuten und so die kriegswichtige Versorgung mit Eisenerz sicherstellen sollten. 1940 waren 600.000 Arbeiter bei den Reichswerken beschäftigt. Die Reichswerke waren ein Beispiel für staatliche Intervention im Wirtschaftssektor ohne Verstaatlichung. So etwas hatte es zuvor schon in dem hochsensiblen Bereich der Treibstoffproduktion gegeben. Am 14. Dezember 1933 hatte die Regierung mit den I.G. Farben einen »Benzin-Vertrag« geschlossen. Die I.G. Farben, 1926 aus einer Vielzahl von Einzelunternehmen gebildet, waren mit 200.000 Beschäftigten eines der größten Privatunternehmen der Welt. In den 20er Jahren hatten sie in Leuna das weltweit erste Kohlehydrierungswerk errichtet. Dahinter stand die Hoffnung auf Unabhängigkeit von dem Importartikel Rohöl. Gegenstand des »Benzin-Vertrags« war die Errichtung neuer Werke zur synthetischen Benzinproduktion. In einem Gesetz über staatliche Preis- und Abnahmegarantien wurde den I.G. Farben 1934 die Abnahme von 300.000 Tonnen synthetischen Benzins zu Preisen garantiert, die eine Sozialisierung der bei der Produktion entstehenden Verluste bedeuteten.

Auch die Herstellung von synthetischem Kautschuk war sehr bedeutsam für die industrielle Kriegsvorbereitung. Etwa zwei Drittel der gesamten Produktpalette der I.G. Farben dienten unmittelbar der Rüstungsproduktion. Ab 1941 wurden synthetisches Kautschuk und Benzin in den Bunawerken bei Auschwitz hergestellt. Für die Häftlinge, die dort arbeiteten, wurde das Konzentrationslager Auschwitz III (Buna Monowitz) eingerichtet. Eine der Tochterfirmen der I.G. Farben, die Degesch, lieferte das Gas Zyklon B, mit dem unterdessen im Lager Auschwitz II (Birkenau) die Vergasungsaktionen durchgeführt wurden. Während des Krieges plünderten die I.G. Farben in Zusammenarbeit mit der Wehrmacht und der nationalsozialistischen Bürokratie die Chemieindustrien der besetzten Länder aus. Nach dem Krieg wurde das Unternehmen aufgelöst, 13 leitende Mitarbeiter wurden im Nürnberger I.G. Farben-Prozess zu Haftstrafen verurteilt.

1936 war durch Schwierigkeiten bei der Lebensmittelversorgung, eine Zunahme der Arbeitslosigkeit, Untergrundaktivitäten der kommunistischen Opposition, Missstimmung wegen Behinderung der Kirchen und außenpolitische Isolation eine explosive Gemengelage entstanden. In dieser Situation verschaffte der Vierjahresplan mit seiner forcierten Autarkiepolitik dem Regime eine Atempause. Das Streben nach wirtschaftlicher Unabhängigkeit hatte aber nur im Kontext territorialer Expansion eine reale Perspektive.

1935 war mit dem Saarland eine erste territoriale Arrondierung erfolgt. 1920 war das Saarland mit einem Mandat des Völkerbundes für 15 Jahre unter französische Verwaltung gestellt worden. Bei der Volksabstimmung am 13. Januar 1935 hatten 90,7 Prozent der Wähler für die Vereinigung mit Deutschland gestimmt, lediglich 8,9 Prozent für die Beibehaltung des Status quo und der verschwindend kleine Rest für den Anschluss an Frankreich. Hitler wurde von der großen Mehrheit der Saarländer nicht als Gefahr gesehen, man wollte zurück zum Deutschen Reich. Das Saarland fiel nicht wieder an Preußen und Bayern, sondern wurde eine eigenständige politische Einheit innerhalb Deutschlands. (Dabei ist es bis heute geblieben.)

Bedeutsamer als die Gewinnung des Saarlands war die Rheinlandbesetzung im März 1936. Hitler setzte sich über den Versailler Friedensvertrag und die Verträge von Locarno hinweg und ließ am 7. März 30.000 Soldaten in die entmilitarisierte Zone einmarschieren. Sie errichteten Garnisonen in Aachen, Trier und Saarbrücken. Aus der Sicht Großbritanniens waren vitale Interessen durch diese Provokation nicht berührt, Frankreich befand sich im Wahlkampf, aus dem dann die Volksfront aus Sozialisten und Kommunisten als Sieger hervorging. Das faschistische Italien hatte schon im Vorfeld erklärt, dass es sich an internationalen Aktionen gegen Deutschland nicht beteiligen würde. Und die Welt schaute nach Afrika, wo die Italiener seit 1935 einen Krieg zur Eroberung Äthiopiens führten. Gegen ein entschlossenes militärisches Auftreten Frankreichs hätten die deutschen Truppen damals keine Chance gehabt. Hitler wusste das, aber wie so oft setzte er alles auf eine Karte und wie so oft führte die Provokation zum Erfolg. Seine Gegner waren einmal mehr kurzsichtig, uneinig und indisponiert. Und so blieb es bei einer lendenlahmen Verurteilung der deutschen Aktion durch den Völkerbundrat. Das demonstrative Abschütteln der Ketten des Versailler Friedensvertrags stärkte das Prestige des Diktators und hatte eine kaum zu überschätzende sozialintegrative Wirkung. Schon im Vorjahr hatten die ehemaligen Kriegsgegner im deutsch-britischen Flottenabkommen dem Deutschen Reich zugestanden, seine Marine wieder aufzurüsten. Die Tonnage sollte allerdings 38 Prozent der britischen nicht übersteigen.

Komplizierter war die Situation in Österreich: Bis 1806 waren die deutschen Länder und Österreich im Heiligen Römischen Reich miteinander verbunden gewesen, doch 1871 hatte Bismarck bei der Gründung des Deutschen Reiches eine »kleindeutsche« Lösung durchgesetzt, der sogar ein Krieg zwischen Preußen und Österreich vorausgegangen war. Im Ersten Weltkrieg waren das Deutsche Reich und die k. u. k. Monarchie Waffenbrüder gewesen und hatten ihn gemeinsam verloren. Durch den Versailler Friedensvertrag hatten die Österreicher Südtirol an Italien verloren, Ungarn und die anderen Nationen des Vielvölkerstaates waren souveräne Staaten geworden. Außerdem enthielt der Friedensvertrag ein ausdrückliches Anschlussverbot, gegen das, mit Ausnahme der Kommunisten, die österreichischen Politiker aller Parteien opponierten. Trotzdem stand ein »Anschluss« nicht auf der Tagesordnung. Eine solche Veränderung der Grenzen mitten in Europa hätte die Völkergemeinschaft nicht toleriert.

Mussolini verfolgte die Vorgänge in Deutschland sehr genau. Ein starker Nachbar im Norden, und das hätte der »Anschluss« bedeutet, war nicht in seinem Interesse. Hitler war auf der anderen Seite klar, dass dem faschistischen Italien bei der Befreiung Deutschlands aus seiner außenpolitischen Isolation eine Schlüsselrolle zukam, und er war bereit, einiges dafür zu tun, die Italiener als Bundesgenossen zu gewinnen oder doch jedenfalls eine spätere Annäherung möglich zu machen. Schon in

»Mein Kampf« hatte er sich darüber Gedanken gemacht und den entsprechenden Abschnitt unter dem Titel »Die Südtiroler Frage und das deutsche Bündnisproblem« vorab veröffentlicht. Wider besseres Wissen behauptete er, die Südtirolfrage werde von Juden und habsburgischen Legitimisten hochgespielt, und nahm sogar den Vorwurf in Kauf, er sei von Mussolini bestochen. Hitler wusste, dass Mussolini für ihn die einzige Chance bot, die Front der ehemaligen Kriegsgegner aufzubrechen und einen starken Bündnispartner in Europa zu gewinnen. Als im März 1932 eine Delegation der Südtiroler Volksgruppe im Braunen Haus vorstellig wurde, wurde sie brüsk abgewiesen.

Die »Machtergreifung« verschaffte den Nationalsozialisten auch im Nachbarland Österreich einen gewaltigen Auftrieb. Hatte die Partei am 30. Januar 1933 noch rund 43.000 Mitglieder gehabt, waren es ein Jahr später bereits über 68.000. Die österreichischen Nationalsozialisten hatten den traditionell orientierten Kräften wie den Christsozialen schwere Wahlniederlagen beigebracht. Viele auf den großdeutschen Listen gewählte Gemeinderäte waren zur österreichischen NSDAP übergelaufen. Der seit 1932 amtierende christlichsoziale Bundeskanzler Engelbert Dollfuß suchte daraufhin noch mehr die Anlehnung an Italien und hoffte auf Schutz gegen den wachsenden deutschen Einfluss. Mussolini machte die Beseitigung des Parteienstaates zur Bedingung und Dollfuß verkündete am 11. September 1933 im Rahmen des Katholikentages in Wien die Errichtung eines »sozialen, christlichen, deutschen Staates Österreich auf ständischer Grundlage und mit starker autoritärer Führung«. Dieser austrofaschistische Ständestaat war gewissermaßen der Versuch, ins 19. Jahrhundert zurückzumarschieren, ein autoritäres Regime, das sich einerseits gegen die Arbeiterbewegung, andererseits gegen die österreichischen Nationalsozialisten stellte, die nicht zu Unrecht als verlängerter Arm des Deutschen Reiches angesehen wurden.

Bei den bürgerkriegsähnlichen Unruhen im Februar 1934 blieben Bundesheer und Heimwehr siegreich gegen den sozialdemokratischen Republikanischen Schutzbund. Die SPÖ wurde verboten. Dennoch war die Machtbasis der Regierung

Dollfuß fragil, wie sich schon wenig später zeigte. Am 17. März 1934 unterzeichnete Dollfuß in Rom mit dem ungarischen Ministerpräsidenten Gyula Gömbös und Benito Mussolini die »Römischen Protokolle«. Die vereinbarte wirtschaftliche und politische Zusammenarbeit sollte Österreichs Unabhängigkeit sichern.

Am 25. Juli 1934 kam es zu einem nationalsozialistischen Putschversuch und Italien zog an der Grenze zu Österreich Truppenverbände zusammen. Trotzdem gelang den Nationalsozialisten die vorübergehende Besetzung des Bundeskanzleramtes und Dollfuß wurde erschossen. Die österreichische NSDAP wurde jetzt zwar verboten, aber der deutsche Druck auf die Regierung in Wien wuchs weiter. Neuer Bundeskanzler wurde Kurt Schuschnigg (1897–1977), der ebenfalls aus der Christlichsozialen Partei stammte. Sein Versuch, Österreich als den besseren deutschen Staat zu positionieren, war zum Scheitern verurteilt. Er suchte noch stärker als sein Vorgänger die Anlehnung an Italien. Doch am 3. Oktober 1935 waren große italienische Truppenkontingente nach Äthiopien vorgedrungen. Das war der Beginn eines Krieges, der bis zum 9. Mai 1936 dauerte und mit großer Brutalität geführt wurde. Bei den massiven Luftangriffen wurde auch immer wieder Giftgas eingesetzt. Der Völkerbund verhängte Sanktionen gegen Italien und in dieser Situation war für Mussolini Hitlers Wohlwollen viel wichtiger als das Schicksal der machtpolitisch bedeutungslosen Regierung Schuschnigg.

Am 11. Juli 1936 schlossen die deutsche und die österreichische Regierung ein Abkommen, das de facto ein deutsches Diktat war. Die illegalen Nationalsozialisten kamen in den Genuss einer Amnestie. Zwei Personen ihres Vertrauens musste Schuschnigg in sein Kabinett aufnehmen. Im Gegenzug hob die deutsche Regierung die Tausend-Mark-Sperre auf. Bis dahin hatten Deutsche, die nach Österreich fahren wollten, eine Gebühr von Tausend Reichsmark entrichten müssen, was die schon damals stark vom Tourismus abhängige österreichische Wirtschaft stark geschwächt hatte. Drei Monate später schlossen Deutschland und Italien einen geheimen Freundschaftsvertrag und Mussolini sprach von einer »Achse Berlin-Rom, um die herum sich alle jene europäischen Staaten bewegen können, die den Willen zur Zusammenarbeit und zum Frieden besitzen.« Der Begriff der Achse wurde bald sprichwörtlich, Deutschland und Italien waren nun, nach einer langen Zeit der zögerlichen Annäherung, die »Achsenmächte«. Durch den Antikominternpakt vom 25. November 1936 kam als dritte faschistische Ordnungsmacht noch das 1933 aus dem Völkerbund ausgetretene Japan hinzu. Am 7. Juli 1937 begann mit einer massiven Invasion japanischer Truppen auf dem chinesischen Festland der zweite japanisch-chinesische Krieg, dessen trauriger Höhepunkt das Massaker von Nanking war, bei dem die Japaner im Dezember 1937 in wenigen Tagen fast 300.000 Einwohner der damaligen chinesischen Hauptstadt Nanking ermordeten. Die Achsenmächte Deutschland, Italien und Japan waren damals aufgrund ihres aggressiven Expansionismus gleichermaßen isoliert in der internationalen Völkergemeinschaft. Ihre imperialistischen Ambitionen zielten aber in unterschiedliche Regionen und standen sich nicht im Wege.

Die sich abzeichnende faschistische Waffenbrüderschaft zwischen Deutschland und Italien erlebte schon bald ihre erste Bewährungsprobe. Am 25. Juli 1936 suchten Abgesandte des spanischen Generals Franco Hitler in Bayreuth auf und übergaben ihm nach einer Aufführung der Wagner-Oper »Siegfried« einen Brief, in dem Franco um militärische Unterstützung bat. Hitler entschied gegen erhebliche Bedenken seiner Berater noch in derselben Nacht, dieser Bitte zu entsprechen. Francisco Franco (1892–1975), der aus Galizien stammte, war 1910 als junger Offizier in die spanische Kolonie Marokko versetzt worden, hatte sich später im dortigen Kolonialkrieg bewährt und wurde 1926 jüngster General in einer europäischen Armee. 1935 wurde er zum Oberbefehlshaber der spanischen Truppen in Marokko ernannt. Im Jahr darauf kam es dort zu einer Revolte nationalistischer Kräfte, die zum Ausgangspunkt für den Spanischen Bürgerkrieg wurde. Franco stellte sich auf die Seite der Putschisten. Das spanische Militär teilte sich angesichts des Putsches in zwei feindliche Lager. Die Mehrheit des Offizierskorps entschied sich dafür, den Putsch zu unterstützen, während die überwiegende Zahl der Generäle der republikanischen Regierung treu blieb, obwohl aus den Wahlen im Februar eine Volksfront aus Liberalen, Sozialisten und Kommunisten als Sieger hervorgegangen war. Die Truppenteile waren gespalten.

Die Putschisten gewannen bald die Kontrolle über eine Reihe von Regionen, während die Republikaner in den Provinzen Madrid, Valencia und Barcelona, wo die Mehrheit der Bevölkerung und ein großer Teil der Industrie angesiedelt waren, die Oberhand behielten. Der Putsch hatte keinen durchschlagenden Erfolg gehabt. Es folgte ein mit großer Erbitterung ausgetragener dreijähriger Bürgerkrieg, der für Jahrzehnte zu einer inneren Zerrissenheit des Landes führte. General Franco wurde am 1. Oktober 1936 zum Chef einer nationalspanischen Regierung gewählt. Mussolini sandte zu seiner Unterstützung 70.000 Soldaten nach Spanien. In Deutschland wurde die Legion Condor aufgestellt, in der insgesamt fast 20.000 Soldaten zum Einsatz kamen, die pro forma aus der Wehrmacht austraten, sodass dies keine offizielle militärische Aktion war. Vor allem griff die Legion Condor mit einer erheblichen Anzahl Maschinen in die Luftkämpfe ein und leistete, was fast noch wichtiger war, logistische Hilfe, indem sie 20.000 von Francos Soldaten von Marokko nach Sevilla flog.

Offiziell begründeten Hitler und Mussolini ihr Engagement in Spanien mit dem Kampf gegen den Bolschewismus, einem stets griffbereiten Argument aus der ideologischen Asservatenkammer. Tatsächlich lieferte die Sowjetunion der immerhin durch freie Wahlen zustande gekommenen spanischen Regierung Jagdflugzeuge und Panzer, hielt ihr Engagement aber in Grenzen. Bedeutsamer waren für die republikanische Seite die Internationalen Brigaden, in denen Freiwillige aus vielen Ländern kämpften, unter ihnen eine Reihe berühmter Schriftsteller wie George Orwell, Georges Bernanos, Arthur Koestler oder Egon Erwin Kisch. Der spätere französische Kulturminister Malraux war ebenso engagiert wie der spätere indische Ministerpräsident Nehru. Willy Brandt war auf republikanischer Seite unter den Kriegsberichterstattern und auch Ernest Hemingway, dessen Roman »Wem die Stunde schlägt« für lange Zeit das Bild des Spanischen Bürgerkriegs geprägt hat. Auf faschistischer Seite kämpften Legionäre aus Portugal, Frankreich, Rumänien und Irland.

Vor dem Internationalen Militärgerichtshof erklärte Hermann Göring 1946, sein Ziel sei es gewesen, in Spanien »meine junge Luftwaffe bei dieser Gelegenheit in diesem oder jenem technischen Punkt zu erproben.« Die Theorie eines Bombenkriegs gegen die Zivilbevölkerung gab es bereits seit den frühen 20er Jahren. Am 26. April 1937 wurde sie erstmals in die Praxis umgesetzt. Das baskische Gernika (spanisch Guernica) war die erste Stadt, die durch einen Luftangriff zerstört wurde. Drei Junkers-Staffeln hatten mehr als 2.500 Brandbomben, außerdem Sprengbomben und Splitterbomben an Bord. Nach dem Angriff war die Stadt, die keine militärischen Ziele bot, zu drei Vierteln zerstört. In einem Einsatzbericht hieß es: »In einem europäischen Krieg können Städte mit Holzfachwerkbau durch die Brandbombe angesteckt werden. Die 100-250 Kg Bombe ruft große moralische Wirkung hervor und es gibt keine Schutzmöglichkeit ohne besonders gebaute Luftschutzräume.« Darüber, dass dies auch für deutsche Städte gelten würde, hat der Verfasser des Berichts damals womöglich nicht nachgedacht. Maler Pablo Picasso, der aus dem Pariser Exil die spanische Republik unterstützte und vergeblich versuchte, die französische Regierung zum Eingreifen zu bewegen, schuf in kurzer Zeit das monumentale Gemälde »Guernica«, ein überaus wirkungsmächtiges Symbol der leidenden Kreatur. Es wurde zum vielleicht berühmtesten Kunstwerk des 20. Jahrhunderts. Das Bild wurde noch im gleichen Jahr im spanischen Pavillon auf der Pariser Weltausstellung gezeigt und hängt heute in Madrid, eine Kopie im UNO-Hauptgebäude in New York.

Der Spanische Bürgerkrieg endete im April 1939 mit einer Niederlage der Republik. Hitlers Überrumpelungsstrategie war wieder einmal aufgegangen. Die liberalen Demokratien hatten sich nicht als aktionsfähig erwiesen. Stalin hatte seine Intervention vor allem dazu genutzt, die Position der spanischen Kommunisten gegenüber den in Spanien sehr präsenten Anarchosyndikalisten zu stärken, und es gleichzeitig vermieden, sich ernsthaft mit den Westmächten anzulegen, die er als potentielle Bündnispartner bei einem künftigen bewaffneten Konflikt mit Deutschland sah. Mussolini hatte sich stark in Spanien engagiert, stärker als Hitler, um Italiens neue internationale Rolle nach dem Sieg in Äthiopien zu erproben. Hitler war das nur recht, vergrößerte es doch seinen Spielraum in Österreich, wo Italien angesichts der sich abzeichnenden faschistischen Achse zum Desengagement tendierte.

Der Pakt mit Italien und Japan erhöhte Hitlers Handlungsspielraum beträchtlich. Am 5. November 1937 schloss er mit Polen ein Abkommen, das die Behandlung der jeweiligen ethnischen Minderheiten zum Gegenstand hatte und mindestens einen Teil der Konfliktstoffe mit dem ungeliebten Nachbarn im Osten beseitigte. Am Nachmittag desselben Tages lud Hitler den Außen- und den Kriegsminister in die Reichskanzlei, ebenso die Oberbefehlshaber der drei Wehrmachtsteile. In einer Geheimrede, deren Niederschrift als »Hoßbach-Protokoll« bekannt geworden ist, trug er ihnen seine Gedanken zur Lösung der deutschen Frage vor. Einen Krieg hielt er für unvermeidlich, um für den deutschen »Rassekern« von 85 Millionen Menschen den notwendigen Raum zu gewinnen. Nahziel sei die »Einverleibung der Tschechei und Österreichs«. Das bringe militärisch-politisch eine wesentliche Entlastung, Einwände Italiens erwartete Hitler nicht. Sein Ziel war die Gewinnung von Lebensraum als Grundlage für die Rohstoff- und Nahrungsmittelversorgung, eine »Raumerweiterung« ohne Kriegsfolgen, wie das schon mehrfach funktioniert hatte. Einen militärischen Konflikt, der am Ende nicht zu umgehen sein würde, erwartete er für die Jahre 1943/45, dann sei Deutschland optimal gerüstet, danach werde sein Rüstungsvorsprung wieder geringer werden.

Mit dem Ende der Reparationszahlungen, der Rückgewinnung des Saargebiets, der Wiedereinführung der Wehrpflicht und der Besetzung des Rheinlands waren die wesentlichen Beschränkungen des Versailler Friedensvertrages beseitigt. Nun machte Hitler sich an die größeren Grenzrevisionen.

Am 12. März 1938 überschritten deutsche Truppen die Grenze nach Österreich. Bundeskanzler Schuschnigg erklärte im österreichischen Rundfunk, er weiche der Gewalt, da er unter keinen Umständen deutsches Blut vergießen wolle. Am 13. März wurde der »Anschluss« per Gesetz vollzogen und Schuschnigg unter Hausarrest gestellt. Zwei Tage später verkündete Hitler auf dem Wiener Heldenplatz »den Eintritt meiner Heimat in das Deutsche Reich«. Der Jubel der Österreicher war grenzenlos, bei der Volksabstimmung am 10. April stimmten unter lebhaftem Zuspruch der katholischen Geistlichkeit 99,73 Prozent für den »Anschluss«. Österreich war nunmehr die »Ostmark«, Hitlers Imperium hieß jetzt »Großdeutsches Reich«.

Als Adolf Hitler im November 1937 in trauter Runde seine strategischen Überlegungen für die kommenden Jahre vorgetragen hatte, war Werner von Blomberg mit von der Partie gewesen. Im März 1938, als deutsche Panzer nach Österreich rollten, gab es keinen Reichskriegsminister mehr. Blomberg hatte eine Dame mit Vergangenheit geheiratet und aus der Wehrmacht ausscheiden müssen. Man nahm die Gelegenheit wahr und entledigte sich unter dem falschen Vorwurf der Homosexualität auch gleich noch des Generaloberstens Werner von Fritsch. Fritsch befürwortete die Aufrüstung und hielt wie Hitler einen Krieg für unvermeidlich, er opponierte aber gegen das forsche Tempo und das Vabanquespiel, das Hitler immer wieder trieb, und war insofern als Chef der Heeresleitung ein unbequemer Partner der Regierungspolitik.

Durch das Ausscheiden von Blomberg und Fritsch war der Wehrmacht die Basis für die Entwicklung einer eigenständigen Position entzogen. Hitler übernahm selbst den Oberbefehl und an die Stelle des Reichskriegsministeriums trat das Oberkommando der Wehrmacht (OKW), dessen Chef Wilhelm Keitel wurde. Er hatte eine lange militärische Karriere hinter sich und war zuletzt Chef des Wehrmachtsamts im Ministerium gewesen. Keitel war in alle militärischen Planungen involviert, unterzeichnete dabei auch viele völkerrechtswidrige Befehle, weswegen er 1946 in Nürnberg zum Tod verurteilt wurde. Keitel übertraf Blomberg noch an Willfährigkeit gegenüber Hitler, was ihm bei den Offizieren bald den Spitznamen »Lakaitel« einbrachte. Keitel schwärmte von Hitlers militärischem »Genie« und nannte ihn den »größten Feldherrn aller Zeiten«, woraus im Volksmund dann der »Gröfaz« wurde.

Auch der andere Reichsminister, der an der Besprechung vom 5. November 1937 teilgenommen hatte, wurde jetzt nicht mehr gebraucht. Konstantin von Neurath wurde am 4. Februar 1938 durch Joachim Ribbentrop ersetzt. An die Stelle des Karrierediplomaten alter Schule, in dem die konservative Beamtenschaft mit einigem Recht einen der Ihren gesehen hatte, trat nun der Emporkömmling, der zwar kein gelernter Diplomat war, aber gut aussah und zur richtigen Zeit in die richtige Partei eingetreten war. Immerhin war ihm mit dem deutsch-britischen Flottenabkommen ein erstaunlicher Erfolg gelungen. Aber jetzt steuerte das Land auf einen Krieg zu und in Kriegszeiten hatte ein Außenminister kaum Entfaltungsmöglichkeiten, seine Rolle reduzierte sich mehr oder weniger auf die eines Sonderbotschafters. Neurath blieb Mitglied des ohnehin nicht mehr tagenden Kabinetts als Reichsminister ohne Geschäftsbereich und wurde 1939 mit dem weitgehend einflusslosen Posten des Reichsprotektors für Böhmen und Mähren abgefunden. Doch noch gehörten diese Gebiete zum Territorium der ČSR.

Falls das konservative Beharrungsvermögen der alten Eliten jemals so etwas wie ein Gegengewicht zur radikalen Dynamik der nationalsozialistischen Bewegung gebildet hatte, war davon nach der Blomberg-Fritsch-Affäre jedenfalls nichts mehr übrig geblieben. In dem Moment, als einige darüber nachzudenken begannen, ob sie 1933 wirklich den richtigen Mann mit an die Macht gebracht hatten, wurde ihnen deutlich signalisiert, dass sie nicht mehr gebraucht würden. Die Klügsten und Mutigsten fanden sich Jahre später im Widerstand gegen Hitler, aber das waren nur wenige. Das Offizierskorps, das sich ihm gegenüber als so timide erwiesen hatte, verachtete Hitler mehr denn je. Der »Führer« war im Zenit seiner Macht angekommen. In einer Reihe von Schritten, vom Reichstagsbrand über den »Röhm-Putsch« bis hin zur Blomberg-Fritsch-Krise, hatte er alle Widerstände aus dem Weg geräumt und konnte wie ein absolutistischer Herrscher regieren.

Am 28. März 1938, kaum 14 Tage nach dem »Anschluss«, lud Adolf Hitler den sudetendeutschen Politiker Konrad Henlein nach Berlin ein. Henlein (1898–1945) hatte 1933 die »Sudetendeutsche Heimatfront« gegründet, der sich auch viele frühere Mitglieder der inzwischen verbotenen nationalsozialistischen Partei anschlossen. 1935 wurde die Heimatfront in »Sudetendeutsche Partei« umbenannt, sie gewann bei den Wahlen zum tschechischen Parlament 44 der 66 für Deutsche reservierten Sitze. Die NSDAP unterstützte die Sudetendeutsche Partei massiv und tat alles, um sie zu einem volkstumspolitischen Brückenkopf in der ungeliebten ČSR auszubauen. Henlein, der ursprünglich nur Selbstverwaltungsrechte für die deutsche Minderheit anstrebte, unterwarf sich Hitlers expansiver Politik. Bei dem Treffen in Berlin erhielt er den Auftrag, unerfüllbare Forderungen an die Regierung in Prag zu richten. Henlein entwickelte das Karlsbader Programm, in dem seine Partei sich erstmals zu den »nationalsozialistischen Grundauffassungen des Lebens« bekannte. Die Regierung des gut gerüsteten Landes antwortete mit einer Teilmobilmachung, in der Hoffnung, damit auch die Westmächte in Zugzwang bringen zu können. Am 12./13. September 1938 initiierte Henlein einen Aufstand, der von Polizei und Armee rasch erstickt wurde. Die Sudetendeutsche Partei, die zuletzt 1,3 Millionen Mitglieder gehabt hatte, wurde verboten, die gesamte Parteiführung flüchtete nach Deutschland, wo Henlein unter dem Dach der SA ein »Sudetendeutsches Freikorps« aufstellte.

Am 21. September akzeptierte die tschechische Regierung einen Plan Frankreichs und Englands, nach dem Gebiete mit über 50 Prozent deutscher Bevölkerung an Deutschland abzutreten waren. Nach der Ablehnung dieses Plans durch Hitler wurde am 23. September in der ČSR die allgemeine Mobilmachung ausgerufen. Am 29./30. September kamen der französische Sozialist Edouard Daladier, der seit April Ministerpräsident einer Mitte-Links-Koalition war, und der konservative britische Premierminister Arthur Neville Chamberlain nach

München. Beide waren Anhänger einer Appeasementpolitik, einer Beschwichtigungspolitik, die durch Konzessionen einen Krieg vermeiden wollte. Ihre Gegenspieler waren Mussolini und Hitler. Die ČSR, über deren Schicksal verhandelt wurde, war am Konferenztisch gar nicht vertreten. Hitler wollte den Krieg und riskierte damit einen Konflikt mit der eigenen Wehrmacht, die den Zeitpunkt für verfrüht hielt. Doch durch Mussolinis Vermittlung kamen Frankreich und Großbritannien Hitler derart weit entgegen, dass sich kein Vorwand fand, um einen Krieg vom Zaun zu brechen. Durch das »Münchner Abkommen« wurde das gesamte Sudetenland dem Deutschen Reich zugesprochen und bereits am folgenden Tag von deutschen Truppen besetzt. Der tschechische Staatspräsident Beneš legte daraufhin sein Amt nieder und ging nach London ins Exil. Wie stets hatte sich der entschlossene, risikobereite und skrupellose Hitler gegen die zögerlichen Westmächte durchgesetzt.

Am Abend des 30. Januar 1939 trat der schon am 10. April des Vorjahres gewählte »Großdeutsche Reichstag« in der Berliner Krolloper erstmals zu einer Sitzung zusammen. Hitler gab eine Regierungserklärung ab, es wurde eine Rede von zweieinhalb Stunden Dauer, was für ihn nicht ungewöhnlich war. Er sprach von Gott, der ihn dazu ausersehen habe, das Großdeutsche Reich zu schaffen. Er machte auch kein Geheimnis daraus, dass er zum »militärischen Einschreiten« im Sudetenland entschlossen gewesen war, und wetterte zugleich gegen die Kriegshetzer in Großbritannien. Er kam dann auf sein Kernthema zu sprechen, den »jüdischen Weltfeind«. Deutschland sei friedliebend, aber die jüdische Frage müsse gelöst werden, denn die »wurzellose internationale Rasse« stehe hinter den Kriegshetzern, da sie am Krieg verdiene. Der folgende Satz sollte der berühmteste dieser Rede werden: »Wenn es dem internationalen Finanzjudentum in- und außerhalb Europas gelingen sollte, die Völker Europas noch einmal in einen Weltkrieg zu stürzen, dann wird das Ergebnis nicht die Bolschewisierung der Erde und damit der Sieg des Judentums sein, sondern die Vernichtung der jüdischen Rasse in Europa.« Die Vernichtung der jüdischen Rasse war Hitlers Ziel, nur ging die Kriegsgefahr in Wahrheit nicht vom »internationalen Finanzjudentum«, sondern von ihm selbst aus. Der Räuber rief: »Haltet den Dieb!«. Das war ein simpler rhetorischer Trick, der dennoch seine Wirkung nicht verfehlte. Die zitierte Drohung wiederholte Hitler in den folgenden Jahren immer wieder bei ähnlich repräsentativen Auftritten.

Die Sudetenkrise wäre die letzte Gelegenheit gewesen, Hitler vor dem Ausbruch des Zweiten Weltkriegs zu stoppen. Die 1918 gegründete Tschechische Republik war eine der wenigen stabilen Demokratien im Herzen Europas, das stark industrialisierte Land wäre auch angesichts seiner geostrategischen Lage durchaus verteidigungsfähig gewesen, aber England und Frankreich nahmen ihre Rolle als europäische Ordnungsmächte nicht wahr. In der tschechischen Hauptstadt Prag war 1348 die erste deutsche Universität gegründet worden. Kaiser Karl IV. hatte hier residiert und die Stadt zu einem kulturellen Zentrum des Heiligen Römischen Reiches deutscher Nation gemacht. Diese kulturelle Tradition war lebendig geblieben. Nach 1933 war die ČSR von allen europäischen Staaten derjenige, der Emigranten aus Deutschland am bereitwilligsten aufnahm. Nahezu alle bekannten Schriftsteller, auch Thomas und Heinrich Mann, emigrierten über die ČSR. Nur wenige von ihnen blieben länger im Lande, aber die »Drehscheibe Prag« war für die deutsche Emigration von zentraler Bedeutung. Auch der Exilvorstand der SPD etablierte sich in Prag und veröffentlichte dort sein »Prager Manifest«. Dieser Aufruf zur revolutionären Aktion wurde allgemein als Abkehr vom reformistisch-kompromissbereiten Kurs der letzten Jahre verstanden, vermochte aber die innerparteiliche Linksopposition nicht zu überzeugen.

Die Emigranten und ihr Wirken wurden von den tschechoslowakischen Intellektuellen als große Bereicherung empfunden, ein letzter Höhepunkt war der internationale PEN-Kongress in Prag im Juni 1938. Als Ministerpräsident Milan Hodža die Delegierten an einer »so empfindlichen Stelle der Landkarte Mitteleuropas« begrüßte, lagen schon die Schatten des kommenden Unheils über der Tagung. Die Nationalsozialisten sahen in der ČSR vor allem ein Einfallstor des Bolschewismus in Europa. Mit geographischen Karten, auf denen das Land als drohend nach Westen ragender Keil hervorgehoben war, versuchten sie diese Drohung bildkräftig werden zu lassen. Hitler trieb die Isolierung der Tschechen voran, indem er mit der Drohung, dass das slowakische Territorium sonst Ungarn und Polen zufallen würde, den slowakischen Premier Jozef Tiso zwang, den Staatsverband mit den Tschechen aufzukündigen. Die Slowakei blieb ein formal selbständiger Satellitenstaat, der aber vollständig unter deutscher Kontrolle stand. Am 15. März 1939 besetzte die deutsche Wehrmacht die um das Sudetenland und die Slowakei verminderte Tschechische Republik, die »Resttschechei«, wie sie im Nazijargon hieß, und errichtete dort das Reichsprotektorat Böhmen und Mähren. Reichsprotektor war zunächst Konstantin von Neurath, der im September 1941 beurlaubt und durch seinen Stellvertreter Reinhard Heydrich ersetzt wurde, dem man eher die gewünschte Brutalität gegenüber der einheimischen Bevölkerung zutraute.

Die Westmächte standen nun vor den Scherben ihrer Appeasementpolitik und sahen, dass ein Kurswechsel unausweichlich war. Davon profitierte Polen, jedenfalls zunächst. Hitler hatte im Januar 1934 mit dem polnischen Diktator Piłsudski einen Nichtangriffspakt geschlossen. Das war ein geschickter Schachzug gewesen. Er verschaffte Hitler internationales Renommee, war er doch mit der Anerkennung der polnischen Grenzen sogar weiter gegangen als alle demokratischen Politiker der Weimarer Republik. Zugleich trieb er einen Keil zwischen Frankreich und Polen und bannte die Gefahr eines Zweifrontenkrieges. Der Schritt bot sogar die Perspektive, die Polen als Vorhut bei einem Krieg um Lebensraum im Osten einzusetzen.

Doch nach der Serie der Landgewinne ohne Kriegsfolgen verlor Hitler zunehmend das Interesse an diesem Nichtangriffspakt. Er verlangte im März 1939 die Angliederung der gemäß dem Versailler Vertrag als selbständiger Staat unter der Aufsicht des Völkerbundes stehenden Stadt Danzig an das Deutsche Reich sowie exterritoriale Verkehrswege durch den polnischen Korridor, um die Stadt mit dem Reich zu verbinden.

Polen lehnte erwartungsgemäß ab, und Hitler hatte einen willkommenen Vorwand, um den Nichtangriffspakt zu kündigen. Daraufhin gaben Großbritannien und Frankreich eine Garantieerklärung für Polen ab. Es begann sich die Konstellation des kommenden Krieges abzuzeichnen. Am 22. Mai 1939 wurde in Berlin vom neuen deutschen Außenminister Ribbentrop und seinem italienischen Amtskollegen, Mussolinis Schwiegersohn Galeazzo Ciano, ein deutsch-italienischer Bündnisvertrag unterzeichnet. Dieser »Stahlpakt« hatte ausdrücklich eine militärische Kooperation zum Gegenstand und verpflichtete den Vertragspartner sogar bei Angriffskriegen zum Beistand. Das war ungewöhnlich, weil solche Bündnisabkommen im Normalfall nur galten, wenn einer der Partner selbst angegriffen wurde, entsprach aber natürlich den Plänen der beiden Diktatoren. Hitler wollte auch gleich wenige Monate später Italien für die Mitwirkung am Feldzug gegen Polen gewinnen, über den Mussolini überhaupt erst Mitte August informiert worden war. Aber diesmal gelang es den Italienern gerade noch, sich aus der Beistandsverpflichtung herauszuwinden, ohne sich den Vorwurf der Vertragsverletzung einzuhandeln.

Die Neutralität Italiens konnte Hitler leicht verschmerzen, weil ihm, kurz bevor er die deutschen Truppen in Marsch setzte, ein Coup gelang, der entscheidende Entlastung versprach. Die Außenminister Ribbentrop und Molotow verhandelten über ein Wirtschaftsabkommen, das den Austausch von deutschen Industriegütern gegen sowjetische Rohstofflieferungen vorsah. Doch dabei ging es um mehr, vor allem um die Position, die die Sowjetunion in der Polenfrage einnehmen würde. Am 18. August kam schließlich die erlösende Nachricht: Stalin war bereit, einen Nichtangriffspakt zu unterzeichnen. Nach einem jahrelangen propagandistischen Trommelfeuer gegen den »jüdisch-bolschewistischen Weltfeind« war Hitler sehr an einer Übereinkunft mit Stalin interessiert, um den geplanten Angriff auf Polen nicht zum unkalkulierbaren Abenteuer werden zu lassen. Stalin hatte parallel zu den Kontakten mit Berlin auch in London sondiert. In dem Kräftedreieck Westmächte – Achsenmächte – Sowjetunion befürchtete jeder, dass die beiden anderen Lager sich gegen ihn verbünden könnten. Solange die Sowjets noch an die englisch-französische Option glaubten, wurde Ribbentrop hingehalten, aber nach Hitlers Intervention am 23. August schließlich in Moskau empfangen.

Als die Nachricht auf dem Obersalzberg eintraf, war die Erleichterung groß, die Champagnerflaschen wurden entkorkt und Polens Schicksal war besiegelt. Ribbentrop und Molotow unterzeichneten den deutsch-sowjetischen Nichtangriffsvertrag noch am selben Tag. In einem geheimen Zusatzprotokoll zum Hitler-Stalin-Pakt, wie er bald genannt wurde, wurden »für den Fall einer territorialpolitischen Umgestaltung« die Interessensphären beider Seiten fixiert. Im zweiten Artikel des Zusatzprotokolls hieß es: »Die Frage, ob die beiderseitigen Interessen die Erhaltung eines unabhängigen polnischen Staates erwünscht erscheinen lassen und wie dieser Staat abzugrenzen wäre, kann endgültig erst im Laufe der weiteren politischen Entwicklung geklärt werden.« Acht Tage später begann die Besetzung Polens.

Adolf Hitler, so schien es, hatte es geschafft. Der Mann, der als Bierkelleragitator begonnen hatte, schickte sich an, sich zum Herrn über Europa zu erheben. Es war ihm gelungen, die Wirkungsmacht seiner rassistisch-nationalistischen revolutionären Bewegung umzulenken in die Gefäße staatlicher Machtentfaltung. Jetzt versuchte er, die Grenzen des von ihm beherrschten Staates dauerhaft zu verschieben, um dem deutschen Volk den nach seiner Überzeugung notwendigen Lebensraum zu sichern und zugleich dem Deutschen Reich in Europa eine dominierende Position zu verschaffen.

Im Zuge der Konsolidierung der nationalsozialistischen Herrschaft etablierte sich ein weit ausdifferenziertes Unterdrückungs- und Überwachungssystem. Eine zentrale Rolle beim Ausbau des Polizeiapparats spielte Heinrich Himmler. Nach der »Machtergreifung« hatte er zunächst die unscheinbare Position des Polizeipräsidenten von München übernommen. Doch das war nur der Ausgangspunkt für den Aufbau eines zentralistischen Polizeistaatssystems. Nach einem Jahr hatte Himmler die politische Polizei in allen Ländern außer Preußen unter seine Kontrolle gebracht. Im April 1934 wurde er zum Inspekteur und stellvertretenden Chef der preußischen Gestapo ernannt. Nominell unterstand er damit dem preußischen Ministerpräsidenten Göring, der jedoch auf sein Weisungsrecht schon nach wenigen Monaten verzichtete. Aus dem im Frühjahr 1933 gegründeten Geheimen Staatspolizeiamt war die Gestapo hervorgegangen, die als ganz eigenständige Gesinnungspolizei für die systematische Bekämpfung tatsächlicher und vermeintlicher Regimegegner zuständig war.

Die zuvor in der Hoheit der Länder stehende Polizei wurde nunmehr in zwei Säulen zentral organisiert. Die eine Säule war die Ordnungspolizei (Orpo) mit der Schutzpolizei in den Städten, der Landpolizei und den verschiedenen Verwaltungspolizeien wie der Baupolizei, die andere Säule bildete die Sicherheitspolizei (Sipo) mit Gestapo, Kriminalpolizei und dem SD. Im Juni 1936 wurde Himmler auf die neugeschaffene Position des Chefs der deutschen Polizei berufen und nannte sich nun »Reichsführer SS und Chef der Deutschen Polizei«. Als Polizeichef unterstand er formal dem Reichsinnenminister, als Reichsführer SS aber direkt Adolf Hitler.

Nach der Emanzipation der SS von der durch den »Röhm-Putsch« faktisch entmachteten SA war die Übernahme der Polizei ein weiterer erheblicher Machtzuwachs. Die Polizei wurde eng mit der SS verzahnt, was auf ihre Entstaatlichung hinauslief. Dieser Prozess schritt, vor allem später in den Kriegsjahren, immer weiter voran. Auf regionaler Ebene wurde Himmler durch die »Höheren SS- und Polizeiführer« vertreten, die in ihrem Bereich sämtliche SS- und Polizeiformationen befehligten. 1943 übernahm Himmler auch das Amt des Reichsinnenministers, und Frick musste sich mit dem Amt eines Reichsministers ohne Geschäftsbereich begnügen.

Leiter des Geheimen Staatspolizeiamtes wurde Reinhard Heydrich, Himmlers wichtigster Mitarbeiter bei der Errichtung des Terrorsystems. Heydrich (1904–1942) war 1931 zur SS gestoßen und hatte dort rasch Karriere gemacht. Nach Himmlers Ernennung zum Chef der deutschen Polizei übernahm Heydrich die Zuständigkeit für die politische Polizei, die Kriminalpolizei und die Geheime Staatspolizei und wurde Chef des

Hauptamtes Sicherheitspolizei. Am 27. September 1939 wurden in Berlin die zentralen Ämter der Sicherheitspolizei und des Sicherheitsdienstes des Reichsführers SS, also die Sicherheitsdienste von Staat und Partei, im Reichssicherheitshauptamt (RSHA) zusammengeführt, an dessen Spitze bis zu seinem Tod Reinhard Heydrich stand. Das RSHA wurde zur zentralen Instanz des nationalsozialistischen Terrors und der systematischen Vernichtung der Juden in den okkupierten Territorien. Das Geheime Staatspolizeiamt hatte seinen Sitz in der ehemaligen Kunstgewerbeschule in der Prinz-Albrecht-Straße 8 (heute Niederkirchnerstraße 8). Der Reichsführer SS, das RSHA und der SD nahmen in benachbarten Gebäuden Quartier und so entstand hier, ganz nahe dem eigentlichen Regierungsviertel um die Wilhelmstraße, so etwas wie die Regierungszentrale des SS-Staates. Die damaligen Gebäude wurden im Krieg zerstört, aber am historischen Ort ist heute eine Dokumentation der Stiftung Topographie des Terrors zu sehen.

Am 21. März 1933 gab Himmler die Errichtung eines Konzentrationslagers vor den Toren Münchens in der Nähe von Dachau bekannt. Das Lager wurde in einer ehemaligen Munitionsfabrik errichtet und diente zunächst zur Aufnahme von 5.000 politischen Schutzhäftlingen. Vom Instrument der »Schutzhaft« machten die Nationalsozialisten massenhaft und völlig willkürlich Gebrauch. Angeblich wurde es eingesetzt, um Menschen vor dem »Volkszorn« zu schützen, in Wahrheit diente es dazu, Missliebige zu verhaften, die sich nichts hatten zuschulden kommen lassen, sodass es keine juristische Handhabe gegen sie gab. Das Konzentrationslager Dachau stand zunächst unter Aufsicht der Bayerischen Landpolizei, wurde aber schon nach wenigen Wochen von der SS übernommen. Kommandant wurde Theodor Eicke (1892–1943), zuvor Sicherheitskommissar bei I.G. Farben, den man als Dank für seine Mitwirkung bei der Ermordung der SA-Führung 1934 zum Inspekteur der Konzentrationslager ernannte.

Dachau wurde unter seiner Leitung zu einem Musterlager mit einem strengen Organisationsschema für das Lagerleben. Das Lagerpersonal und auch die Kommandanten der anderen

Lager wurden hier ausgebildet. Dachau wurde zur Mörderschule der SS, die neben vielen anderen Vernichtungsbürokraten auch Adolf Eichmann durchlief. Die SS-Totenkopfverbände, die ebenfalls Eicke unterstanden, hatten hier ihren Ursprung. Sie waren »eine stehende bewaffnete Truppe zur Lösung von Sonderaufgaben polizeilicher Natur«. Diese Sonderaufgaben bestanden in Betrieb und Bewachung der Konzentrationslager, später dann auch der Vernichtungslager. Insgesamt wurden in den zwölf Jahren des Naziterrors 206.000 Menschen in Dachau eingeliefert, von denen etwa 32.000 ums Leben kamen. Das KZ Dachau verfügte zuletzt über ein Netzwerk von 125 Außenlagern, die die süddeutsche Rüstungsindustrie, z. B. das Münchner BMW-Werk, in erheblichem Umfang mit Sklavenarbeitern versorgten.

Nach vielen kleinen, in aller Regel kurzlebigen Lagern der Anfangszeit wurden außer Dachau noch weitere große Konzentrationslager errichtet, deren Einzugsbereich geographisch nicht eingegrenzt war. 1936 wurde das KZ Sachsenhausen nordöstlich von Berlin eröffnet. 1937 das Lager Buchenwald bei Weimar und 1938 die Lager Flossenbürg in der Oberpfalz und Neuengamme bei Hamburg. Nach dem »Anschluss« kam ein KZ in Mauthausen bei Linz hinzu, das sich bald den Ruf besonderer Brutalität erwarb. Vor allem Häftlinge, deren Akte den gefürchteten Stempel »Rückkehr unerwünscht« trug, hatten schlechte Überlebenschancen. 1939 wurde in Ravensbrück, 100 Kilometer nördlich von Berlin, ein Frauenkonzentrationslager errichtet.

Allein in die deutschen Lager wurden im Lauf der Zeit über eine Million Häftlinge eingeliefert, darunter in den späteren Jahren auch viele Kriegsgefangene. Dachau hatte dabei die Rolle eines Vorzeigelagers. In der nationalsozialistischen Propaganda wurde es offensiv eingesetzt als sicherer Verwahrort für oppositionelle Politiker, vor deren schädlichem Einfluss der Staat geschützt werden müsse, für Arbeitsscheue, Kriminelle und andere »Gemeinschaftsfremde«. »Halt's Maul oder du kommst nach Dachau« wurde bald zu einem geflügelten Wort. Unter denen, die sich an diese Mahnung zur Vorsicht nicht hielten, waren auch viele Geistliche, die, anders als die Kirchenoberen, ihre Kanzel dazu nutzten, sich für Bedrängte und Verfolgte einzusetzen. »Kanzelmissbrauch« war ein Tatbestand, der 1871 im Zuge von Bismarcks »Kulturkampf« gegen die Katholiken ins Strafgesetzbuch gekommen war und von dem das Naziregime regen Gebrauch machte. Zur Symbolfigur für den katholischen Widerstand wurde Pater Rupert Mayer SJ (1876–1945), der wegen unerlaubter Predigttätigkeit 1937 erstmals in Schutzhaft genommen wurde und 1938 sieben Monate ins KZ Sachsenhausen kam. Kurz nach Kriegsende erlitt er einen Schlaganfall und starb, 1987 sprach Papst Johannes Paul II. ihn selig.

Pater Rupert Mayer wandte sich in seinen Predigten immer wieder gegen die nationalsozialistische Kirchenpolitik. Sein Credo war, der Mensch müsse Gott mehr gehorchen als dem Menschen. Damit verstieß er gegen ein zentrales Dogma des totalitären Staates, der Anspruch auf den ganzen Menschen erhob und den religiösen Glauben allenfalls als Privatsache duldete, die der Verpflichtung des Einzelnen gegenüber der Volksgemeinschaft nicht im Wege stehen durfte. Die Auseinandersetzung mit den Kirchen, der wichtigsten vom Staat unabhängige Institution, war ein zentrales Konfliktfeld für den Nationalsozialismus an der Macht. Über 95 Prozent der 65,2 Millionen Deutschen gehörten 1933 einer christlichen Kirche an, 40,9 Millionen der evangelischen und 21,2 Millionen der katholischen. Knapp 500.000 Menschen bekannten sich zur jüdischen Religion. 2,7 Millionen hingen einem anderen oder gar keinem Glaubensbekenntnis an. Auch die meisten Parteigänger der NSDAP waren brave Christen und die Nationalsozialisten vermieden auch nach 1933 Kritik an der Gläubigkeit der Volksgenossen, wohl aber sahen sie sich nun stark genug zur begrenzten Konfrontation mit den Organisationen dieser Gläubigkeit. Gab es vergleichsweise wenig Widerspruch gegen die Verfolgung von Kommunisten, Sozialdemokraten und Gewerkschaftlern, so war dies ganz anders bei allen Maßnahmen, die gegen die Kirchen gerichtet waren. Wer hieran Kritik übte, setzte sich nicht dem Vorwurf politischer Opposition aus. Er wehrte sich vielmehr gegen Eingriffe des Staates in seine Privatsphäre. Viele, die dem neuen Regime generell durchaus mit Sympathie gegenüberstanden, wollten ihren traditionellen Alltag beibehalten und von der neuen Politik geschieden wissen. Sie missbilligten es entschieden, wenn der Staat sich in Glaubensfragen einmischte. Hier waren auch Kirchenmänner wie der bekennender NSDAP-Wähler Pastor Niemöller zum Widerspruch bereit.

Im Programm der NSDAP hieß es: »Die Partei als solche vertritt den Standpunkt eines positiven Christentums, ohne sich konfessionell an ein bestimmtes Bekenntnis zu binden.« Dieses Bekenntnis zum »positiven Christentum« wurde in den kirchenpolitischen Auseinandersetzungen immer wieder zitiert. Doch in dem vorausgehenden Satz hieß es: »Wir fordern die Freiheit aller religiösen Bekenntnisse im Staat, soweit sie nicht dessen Bestand gefährden oder gegen das Sittlichkeits- und Moralgefühl der germanischen Rasse verstoßen.« Das konnte in der Praxis alles und nichts bedeuten. Die Katholiken fühlten sich durch diese Formulierungen mehr bedroht als die Protestanten und konnten sich in dieser Überzeugung durch vieles, was sie lasen, vor allem in Rosenbergs »Mythus des 20. Jahrhunderts«, bestätigt fühlen. Bei den Protestanten, die aufgrund ihrer Geschichte ohnehin viel staatsnäher waren, gab es dagegen eine viel größere Affinität zur völkischen Erneuerungsbewegung. Nicht wenige hofften, dass die Nazis im Anschluss an den »deutschen Mann Luther« eine erneute Reformation, eine Wiederauferstehung des deutschen Volkes realisieren würden. In einigen Landeskirchen gab es zu Beginn der 30er Jahre sogar nationalsozialistische Pfarrergruppen, und zeitgenössischen Schätzungen zufolge sympathisierte ein Drittel der aktiven evangelischen Christen mit der NSDAP.

Die Nationalsozialisten wollten die Protestanten in einer Staatskirche zusammenführen und so unter Kontrolle bringen. Die 28 evangelischen Landeskirchen schlossen sich am 11. Juli 1933 zur Deutschen Evangelischen Kirche zusammen, was drei Tage später per Reichsgesetz bestätigt wurde. Hitlers Bevollmächtigter für Fragen der Evangelischen Kirche war der Königsberger Wehrkreispfarrer Ludwig Müller (1883–1945), der, nachdem Hitler massiv interveniert hatte, zum »Reichsbischof« gewählt wurde. Er überführte eigenmächtig die evangelischen Jugendorganisationen in die HJ. Müller agierte so glücklos, dass er bald, ohne von seinem Amt offiziell zurückzutreten, in der Bedeutungslosigkeit verschwand. An seiner statt sollte der am 16. Juli 1935 zum Reichsminister für die kirchlichen Angelegenheiten berufene Hanns Kerrl (1887–1941) nun die Dinge regeln. Kerrl glaubte an die Vereinbarkeit von Nationalsozialismus und Christentum, was viele Gegner, allen voran Bormann und Rosenberg, auf den Plan rief. Die Autorität Kerrls war am Ende von so bescheidenen Dimensionen, dass nach seinem Tod auf die Wahl eines Nachfolgers verzichtet wurde.

Bei den Katholiken war im Durchschnitt die Distanz zum Nationalsozialismus viel größer gewesen als bei den Protestanten, doch nach der »Machtergreifung« hatten auch sie ihren Frieden mit den Nazis gemacht. Die katholischen Reichstagsabgeordneten hatten dem Ermächtigungsgesetz zugestimmt, und fünf Tage später rückte auch die deutsche Bischofskonferenz, die in den letzten Jahren gegenüber der nationalsozialistischen Bewegung eine ablehnende Haltung eingenommen hatte, von ihrer bisherigen Position ab. Auch der gläubige Katholik konnte nun, da sie einmal an der Macht war, bedenkenlos Mitglied der NSDAP werden und so seiner »Treue gegenüber der rechtmäßigen Obrigkeit« Nachdruck verleihen. Die katholische Kirche hoffte, mit den neuen Machthabern einen Modus Vivendi zu finden, und die Nazis nährten diese Hoffnung in sehr geschickter Weise. Nach dem Ende des liberalen Zeitalters sei der Staat der Garant der christlichen Mission der Kirche, schrieb der »Völkische Beobachter« zum Abschluss des Konkordats, das derselbe Artikel treffend als »Anerkennung des nationalsozialistischen Deutschland durch die katholische Kirche« charakterisierte.

Mit der Wahl eines Reichsbischofs auf der evangelischen und dem Konkordat auf der katholischen Seite schien die Situation erst einmal befriedet. Jeder wusste nun, woran er war, was fürderhin erlaubt war und was nicht. Doch der Scheinfriede des Jahres 1933 hielt nicht lange vor. Nun, da die Kirche die Legitimität des nationalsozialistischen Staates anerkannte, sah man sich in der Lage, weitergehende Ziele ins Auge zu fassen. Die konfessionelle Presse wurde drangsaliert, man untersagte aktiven Christen die Mitgliedschaft in halbstaatlichen Verbänden wie der DAF und überzog die zölibatär lebende katholische Geistlichkeit mit inszenierten Sittlichkeitsprozessen. Ein besonderer Dorn im Auge waren den neuen Machthabern die katholischen Jugendorganisationen. Ihnen wurde der uniformierte Auftritt in der Öffentlichkeit untersagt. An kirchlichen Feiertagen setzte die HJ Termine mit Anwesenheitspflicht an. Aber es gab auch Gegenwehr, wenn die katholische Jugend just zum Datum der Reichssportwettkämpfe der HJ einen Bonifatiustag veranstaltete. Insgesamt aber waren die Kirchen in der Defensive, mehr schlecht als recht geduldet. In der »Kampfzeit« hatte Hitler die Konfrontation vermieden, und jetzt steuerte er auf einen Krieg zu, der nicht mit religiösen Streitigkeiten belastet werden durfte. Aber nach dem »Endsieg« sollte die Generalabrechnung mit den Kirchen kommen, denn der Allmachtsanspruch des Nationalsozialismus ließ keinen Raum für andere Ideologien oder Glaubenssysteme.

Ganz anders war das Verhältnis zu den Juden. Die »Endlösung« sollte keinesfalls auf die Zeit nach dem Krieg vertagt werden. Die »Entfernung der Juden überhaupt«, die Hitler schon 1919 gefordert hatte, galt im Gegenteil als Vorbedingung für den Sieg. Als im Krieg die militärische Lage nach den großen Erfolgen der Anfangszeit schwieriger wurde, radikalisierten sich die Maßnahmen zur »Entjudung« des Deutschen Reiches.

Im Laufe des Jahres 1938 spitzte sich die Situation immer weiter zu. Österreich war bis dahin als deutschsprachiges Nachbarland mit einer relativ leicht zu überwindenden grünen Grenze Ziel nicht weniger Emigranten gewesen. Nach dem »Anschluss« entfiel dieser Fluchtweg von einem Tag auf den anderen. Damals lebten fast 200.000 Juden in Österreich, 90 Prozent von ihnen in Wien, die jetzt wie die Juden in Deutschland verfolgt wurden. Dadurch verschärfte sich das jüdische Flüchtlingsproblem insgesamt erheblich, zumal die Österreicher einen beachtlichen Ehrgeiz entwickelten, mit dem antisemitischen Terror, der in den vergangenen sechs Jahren in Deutschland geherrscht hatte, binnen weniger Wochen gleichzuziehen. Es kam vielerorts zu gewaltsamen Übergriffen und Pogromen. Die

Wiener zwangen ihre jüdischen Mitbürger, mit ihren Zahnbürsten die Straßen zu reinigen. Nicht wenige wurden in den Selbstmord getrieben. Der Schriftsteller Egon Friedell sprang aus dem Fenster, als die Gestapo an der Wohnungstür klingelte. Sigmund Freud emigrierte im Juni 1938, nachdem man seine Tochter Anna zum Verhör auf eine Polizeiwache geschleppt hatte. Der weltberühmte Gelehrte stand damals bereits im 83. Lebensjahr und war schwer krank. Er starb im Jahr darauf in London. Von seinen fünf Schwestern gelang nur einer die Flucht, die vier anderen wurden von den Nazis ermordet.

Angesichts des immer drängenderen Problems der jüdischen Flüchtlinge schlug die amerikanische Regierung eine internationale Konferenz vor, die vom 6. bis 14. Juli in Evian am Genfer See stattfand. Schon in der Einladung hieß es unmissverständlich, dass es keinem Land zugemutet werden könne, mehr Flüchtlinge als bisher aufzunehmen. Gleichwohl suchte man nach Wegen, die Auswanderung aus Deutschland und Österreich zu erleichtern. Die Konferenz wurde zu einem sensationellen Fiasko. Der britische Vertreter erklärte, die Territorien des Commonwealth seien bereits übervölkert, und ohnehin für Europäer ungeeignet, England selbst sei ebenfalls dicht besiedelt. Zudem verbiete die gegenwärtige Arbeitslosigkeit die Aufnahme von Flüchtlingen. Der Repräsentant Frankreichs sagte, sein Land werde tun, was es könne, wobei sich herausstellte, dass das nichts war. Die Niederlande wollten immerhin jüdische Flüchtlinge aufnehmen, allerdings nur unter der Bedingung, dass zum Ausgleich die jetzt im Land vorhandenen Flüchtlinge es zuvor verließen. Australien war gegen jede Einwanderung von Flüchtlingen, denn das Land habe bisher kein Rassenproblem und das solle auch so bleiben. Kanada verwies auf die wirtschaftliche Depression, die Lateinamerikaner auf die hohe Arbeitslosigkeit usw. usf. Am Schluss schuf man ein ständiges Komitee für Flüchtlingsfragen, das man aber vorsichtshalber nicht mit irgendwelchen Kompetenzen oder finanziellen Mitteln ausstattete.

Die Konferenz von Evian war ein enormer Propagandaerfolg für die Nazis. Sie durften sich ermutigt fühlen, in ihrer antijüdischen Politik ungehemmt fortzufahren. Schon am 9. Juni 1938 hatte man begonnen, in München die Hauptsynagoge abzubrechen. Der betrunkene Gauleiter Adolf Wagner hatte den Befehl dazu gegeben, weil er Hitler damit eine Freude machen wollte. Am 10. August wurden auch in Nürnberg die große Synagoge und das jüdische Gemeindehaus zerstört. Eine Woche später wurde verfügt, dass Juden zur Kenntlichmachung zusätzlich die Zwangsvornamen »Israel« und »Sara« annehmen mussten. Anfang Oktober wurden ihre Pässe auf Wunsch der Schweizer Fremdenpolizei mit einem roten »J« gestempelt, sodass jeder jüdische Flüchtling von den Beamten sofort identifiziert werden konnte.

Am 9. November 1938 erreichte die Verfolgung der Juden in Deutschland einen neuen, dramatischen Höhepunkt. Zwei Tage zuvor hatte Herschel Grynszpan, ein mittelloser und verzweifelter Jugendlicher, auf den Gesandtschaftsrat in der deutschen Botschaft in Paris Ernst vom Rath ein Attentat verübt, an dessen Folgen dieser am Nachmittag des 9. November verstorben war. Am Abend desselben Tages versammelte Hitler wie jedes Jahr seine »alten Kämpfer« in München im Alten Rathaussaal, um des Marsches von 1923 zu gedenken. Nachdem Hitler gesprochen hatte, ging Goebbels ans Mikrophon, gab den Tod von Rath bekannt und hielt eine selbst für seine Verhältnisse extreme antisemitische Hetzrede. Er berichtete davon, dass es an verschiedenen Orten bereits zu »spontanen Vergeltungsaktionen« gekommen sei. Goebbels schilderte das Geschehen so, dass kein Zweifel bleiben konnte, was von den Anwesenden erwartet wurde. Als er geendet hatte, stürzten die Gauleiter und anderen Parteifunktionäre zu den Telefonen und erteilten Weisungen an die heimischen Dienststellen, von wo sie unverzüglich an die lokalen Einheiten weitergegeben wurden. Das Attentat auf den Legationssekretär wurde zum Vorwand für einen beispiellosen Vandalismus, der zur Zerstörung von fast 8.000 jüdischen Geschäften und 171 Synagogen führte, weswegen der Volksmund von der »Reichskristallnacht« sprach. Etwa 30.000 Juden wurden inhaftiert und mindestens 100 ermordet, wobei in den Monaten danach in den

Konzentrationslagern noch mehrere Hundert Inhaftierte ums Leben kamen.

Am 12. November fand unter Görings Vorsitz eine Konferenz mit Beamten aus allen Reichsministerien und Vertretern der Versicherungswirtschaft statt. Die Schäden des Pogroms betrugen mehrere 100 Millionen Reichsmark. Da die Enteignung der Juden zu diesem Zeitpunkt ohnehin bereits beschlossene Sache war, wurden die Entschädigungszahlungen der Versicherungen beschlagnahmt und zusätzlich den deutschen Juden noch eine »Sühneleistung« von einer Milliarde Reichsmark auferlegt. Dieses Geld war der Reichsregierung hoch willkommen, weil sie durch die extrem forcierte Aufrüstung in erhebliche wirtschaftliche Schwierigkeiten geraten war.

In den folgenden Wochen erging eine Fülle von Vorschriften, die jüdisches Leben immer mehr zu einer Unmöglichkeit machten. Der Besuch von Schulen und Universitäten wurde ihnen verboten, fast jede Art beruflicher Betätigung, die Benutzung fast aller öffentlichen Einrichtungen. Die einzigen Grünflächen, die Juden noch betreten durften, waren jüdische Friedhöfe. Die Zahl der Auswanderer stieg nach den Novemberpogromen erheblich an, aber noch immer gab es viele, die sich trotz der unmenschlichen Lebensbedingungen von ihrer deutschen Heimat nicht trennen konnten oder wollten. Die meisten von ihnen bezahlten dafür am Ende mit ihrem Leben.

Adolf Hitler hatte den Staat erobert. Sein Regime gelangte zu einer außerordentlichen totalitären Machtentfaltung. Aber je mehr die radikalen nationalsozialistischen Ziele an Eigendynamik gewannen, desto nachhaltiger wurden die Fundamente traditioneller Staatlichkeit unterspült. Das äußerte sich insbesondere in der Kriegszeit in einer wuchernden Fülle von Sonderbehörden, vom »Reichskommissar für die Festigung deutschen Volkstums« bis zum »Generalbevollmächtigten für den Arbeitseinsatz«. Die klaren Grenzen, die der demokratische Rechtsstaat zwischen Exekutive, Legislative und Jurisdiktion zieht, waren längst Vergangenheit. Der Einzelne hatte keine individuelle Daseinsberechtigung, er war lediglich Teil einer Volksgemeinschaft, deren Bestimmung vom »Führer« diktiert wurde. Bezeichnend für die Zerstörung zwischenmenschlicher Beziehungen ist, dass mehr als 90 Prozent der Verfehlungen von »Volksgenossen«, die die Gestapo untersuchte, auf Denunziationen zurückgingen und weniger als ein Zehntel auf polizeiliche Ermittlungen. Das Regime brauchte gar nicht viele Geheimpolizisten, um ein Klima der Einschüchterung zu erzeugen, denn es gab die Selbstkontrolle der Volksgemeinschaft durch die Blockwarte. 1935 betrug ihre Zahl etwa 200.000, im Krieg waren es dann bis zu zwei Millionen. Ihre Aufgabe beschrieb das Hauptschulungsamt der NSDAP so: »Der Hoheitsträger muss sich um alles kümmern. Er muss alles erfahren. Er muss sich überall einschalten.« Die Blockwarte warben Mitglieder für die der Partei nachgeordneten Verbände, sie trieben Spenden ein, überwachten die Einhaltung aller judenfeindlichen Vorschriften, verteilten Lebensmittelkarten und führten über jeden Haushalt eine Kartei, in der alles notiert wurde: Teilnahme an politischen Pflichtveranstaltungen, Befolgung der Beflaggungsanweisungen, etwaige Unmutsäußerungen usw. Auch für Leumundszeugnisse war der Blockwart zuständig.

Die Privatsphäre des Einzelnen wurde durch den Omnipotenzanspruch des Staates enteignet. Für die Bücherverbrennungen hatten die Studenten die Bibliotheken ihrer Eltern »gesäubert«, HJ und BDM usurpierten die Kindererziehung, das Arbeitsleben kontrollierte die Betriebsgemeinschaft, über das Freizeitverhalten wachte der Blockwart. Selbst für die Gestaltung von »Lebensfeiern« wie Taufe, Hochzeit und Beerdigung gab es noch Vorschriften, die sich allerdings in der Breite nicht durchsetzten. Auch wenn es immer wieder Missstimmungen wegen Bevormundung, dem Zwang zur Teilnahme an Aufmärschen, Mangelwirtschaft und der Korruption der Parteibonzen gab, blieb die Person Hitlers davon fast bis zuletzt ausgenommen. »Wenn das der Führer wüsste«, war die am meisten verbreitete Reaktion auf Missstände. Selbst noch nach der Niederlage bei Stalingrad blieb dieser Führermythos, wenngleich nicht mehr unbeschädigt, ein entscheidender Integrationsfaktor des totalitären Staates. Die Volksgenossen folgten ihrem »Führer« sehr lange auf dem Weg ins Verderben. Viele glaubten noch an ihn und den »Endsieg«, als die russischen Panzer schon durch die Vororte von Berlin rollten.

Volksgemeinschaft im Krieg.
1939– 1945

Am 1. September 1939 versandte Parlamentspräsident Göring morgens um drei Einladungen für eine Reichstagssitzung, die noch für denselben Tag anberaumt war. Reichskanzler Hitler berichtete den rasch zusammengerufenen Abgeordneten, dass am Tag zuvor der Konsultations- und Nichtangriffsvertrag mit Russland ratifiziert worden sei. Dann kam er auf Polen zu sprechen. Er wiederholte seine Forderungen nach Rückgabe Danzigs und des Korridors, was ein »friedliches Zusammenleben sicherstellen« sollte. Nichts lag Hitler in Wirklichkeit ferner als ein friedliches Zusammenleben mit dem östlichen Nachbarn. Tatsächlich war er schon seit dem Frühjahr zur Beseitigung Polens entschlossen. Wie das Vorgehen gegen die Juden wurde sie zum Abwehrkampf stilisiert: »Polen hat nun heute Nacht zum ersten Mal auf unserem eigenen Territorium auch durch reguläre Soldaten geschossen. Seit 5 Uhr 45 wird jetzt zurückgeschossen! Und von jetzt ab wird Bombe mit Bombe vergolten! Wer mit Gift kämpft, wird mit Giftgas bekämpft!« Tatsächlich hatte der deutsche Angriff auf Polen schon um 4 Uhr 45 begonnen, nachdem zuvor die SS einen Überfall auf den Sender Gleiwitz inszeniert hatte, bei dem die »Angreifer« nach ihrer Erschießung in polnische Uniformen gesteckt worden waren. Noch am selben Tag wurde die Freie Stadt Danzig dem Deutschen Reich wieder eingegliedert. Mit diesem »Feldzug der achtzehn Tage« war der Rubikon endgültig überschritten. Großbritannien und Frankreich konnten der Konfrontation mit Deutschland nicht länger ausweichen.

Am 22. August hatte Hitler etwa 50 Generäle auf dem Berghof versammelt, um sie auf den Krieg einzustimmen: »Wir haben nichts zu verlieren, wohl zu gewinnen«. Wirtschaftliche Autarkie mit dem vorhandenen Territorium war illusorisch: »Unsere wirtschaftliche Lage ist infolge unserer Einschränkungen so, dass wir nur noch wenige Jahre durchhalten können.« Gleichzeitig hoffte Hitler bis zuletzt, den Konflikt auf Polen beschränken zu können. An die deutsche Presse erging der strikte Befehl: »Der Begriff Krieg ist in Berichten und Überschriften auf jeden Fall zu vermeiden.« Man reagiere lediglich auf polnische Angriffe. Der für den 2. bis 11. September in Nürnberg geplante »Reichsparteitag des Friedens« wurde dennoch abgesagt. (In den kommenden Kriegsjahren veranstaltete die NSDAP dann ohnehin keine Parteitage mehr.)

Nach dem deutschen Überfall auf Polen zögerten Großbritannien und Frankreich ein weiteres Mal, doch zwei Tage später folgten sie ihren Beistandspflichten und erklärten Deutschland den Krieg. Abgesehen von einigen kleineren Operationen blieb diese Kriegserklärung zunächst ohne praktische Folgen, und doch war damit die Frontstellung geschaffen, die letztendlich zur deutschen Niederlage von 1945 und dem definitiven Ende aller deutschen Weltmachtsträume führte. Hitler, der den von ihm als unvermeidlich angesehenen Krieg eigentlich im Westen hatte beginnen wollen und auch das erst in einigen Jahren, musste seine Strategie umkehren. Die Hoffnung, Frankreich und Großbritannien würden ihm im Osten freie Hand lassen und Polen könnte zum Satellitenstaat in dem Lebensraumkrieg gegen die Sowjetunion umfunktioniert werden, hatte sich nicht erfüllt. Gleichwohl schien Hitler wieder einmal Glück zu haben. Die polnische Heeresleitung überschätzte ihr militärisches Potential und ließ den größten Teil der Streitkräfte an der fast 2.000 Kilometer langen Grenze aufmarschieren, die die Deutschen nach einer Woche in voller Länge überrannt hatten. Die Polen kämpften tapfer, aber sie hatten keine Chance. Neun deutschen Panzerdivisionen konnten sie lediglich ein Dutzend

Kavalleriebrigaden und einige leichte Panzer entgegensetzen. Die Ostsee wurde von Anfang an von der deutschen Marine beherrscht, der Luftraum war völlig unter der Kontrolle der deutschen Luftwaffe. Die Hauptstadt Warschau kapitulierte nach schweren Luftangriffen am 28. September. Die polnische Regierung war zu diesem Zeitpunkt bereits nach London geflohen.

Am 3. September fuhr Hitler mit seinem Sonderzug »Adler«, der zugleich Befehlsstand war, ins Kriegsgebiet und besuchte fast während des gesamten Feldzugs an verschiedenen Orten die Front. An seiner Seite war Reichsbildberichterstatter Heinrich Hoffmann, dessen Bildband »Mit Hitler in Polen« noch 1939 erschien. Im Vorwort schreibt der Chef des OKW Keitel, Hitler habe blitzschnell »die Gefahren eines uns feindlich gesinnten, größenwahnsinnigen polnischen Staates für das deutsche Volk und Reich« beseitigt. In der Tat waren die deutschen Panzerverbände sehr schnell durch die gegnerischen Linien gebrochen und tief ins Hinterland vorgedrungen. Dank dieser neuen Blitzkriegsstrategie erzielten sie rasche Geländegewinne und schnelle Siege. Der Krieg wurde, anders als der Stellungskrieg in den Schützengräben vor Verdun und an der Somme, den die Deutschen noch in traumatischer Erinnerung hatten, wieder zum Feldzug. Das Überraschungsmoment war dabei auf der Seite des Angreifers. Die Deutschen wollten den als Folge des Ersten Weltkriegs wiedererstandenen polnischen Staat auslöschen und zur Sicherung dieses Ziels die Polen zu einem Volk von Heloten machen. Die Führungsschicht sollte vernichtet werden. Bereits im ersten Kriegsmonat wurden 16.000 Polen ermordet.

Am 17. September waren auch sowjetische Truppen nach Polen einmarschiert, um sich ihren Teil der Beute zu sichern. Nach seiner Ernennung zum Reichskanzler hatte Hitler unmissverständlich die »Eroberung neuen Lebensraumes im Osten und dessen rücksichtslose Germanisierung« gefordert. Doch nun, in der Situation des Jahres 1939, bewertete er die Vorteile eines vorübergehenden Bündnisses mit seinem sowjetischen Gegenspieler höher als das starre Festhalten an ideologischen

Dogmen, zumal er die Hoffnung hatte, sich nach einem absehbar kurzen polnischen Feldzug und einer Verständigung mit England gegen Russland wenden zu können. Doch auch auf dem den Deutschen zugefallenen polnischen Territorium ließen sich Germanisierungs- und Vernichtungswille erproben.

Bereits am 12. September 1939 gab Generaloberst Keitel bekannt, dass es neben den militärischen auch Zivilbefehlshaber in jedem Bezirk geben werde, die für die »Volkstums-Ausrottung« zuständig seien. Wenige Tage später trat der Chef des SD Reinhard Heydrich auf den Plan. Er war Himmlers engster Mitarbeiter und gehörte zu den ganz wenigen, die von Anfang an in alle Überlegungen eingeweiht waren. Am 21. September instruierte er die Führer der Sicherheitspolizei über die »Entwicklung im ehemaligen Polen«. Von der polnischen Führungsschicht seien nur noch drei Prozent vorhanden und auch die gelte es »unschädlich« zu machen. Die übrigen Polen sollten als Wanderarbeiter eingesetzt werden. Ihren Hauptfeind ließen die Nazis auch jetzt nicht aus den Augen: »Das Judentum ist in den Städten im Ghetto zusammenzufassen, um eine bessere Kontrollmöglichkeit und später Abschubmöglichkeit zu haben.« Auch die Deportation der deutschen Juden in die neu eroberten Gebiete war laut Heydrich bereits angeordnet, erfolgte tatsächlich aber erst zwei Jahre später.

Am 28. September, als Warschau fiel, schlossen die beiden Aggressoren den deutsch-sowjetischen Grenz- und Freundschaftsvertrag. Tags darauf notierte Goebbels Hitlers Eindrücke in Polen: »Ein solches Menschentum gebe es nicht wieder. Die Polen: eine dünne germanische Schicht, unten ein furchtbares Material. Die Juden, das grauenhafteste, was man sich überhaupt vorstellen konnte. Die Städte starrend von Schmutz. Er habe viel gelernt in diesen Wochen.« Nur eine »zielsichere Herrenhand« könne hier regieren. Hitler entwickelte sein Konzept eines breiten Gürtels der Germanisierung entlang der alten Grenze, einer Konzentration der Juden und einer polnischen Reststaatlichkeit; dies alles im Schutze eines »unbezwingbaren Ostwalls«, der keine Grenze, sondern eine Sicherungslinie sein sollte. Die westlichen Gebiete Polens wurden als »Warthegau« und »Reichsgau Danzig-Westpreußen« Teil des Deutschen Reiches. Das übrige von den Deutschen eroberte Territorium wurde als »Generalgouvernement«, als besetztes Gebiet ohne eigene Staatlichkeit, dem Rechtsanwalt Hans Frank (1900–1946) unterstellt. Frank, der Hitler in der Zeit der Weimarer Republik häufig vor Gericht vertreten und nach 1933 als Reichsminister ohne Geschäftsbereich lange auf eine ihm adäquat erscheinende Verwendung gewartet hatte, nahm als Generalgouverneur seinen Dienstsitz im Wawel in Krakau, der ehemaligen Residenz der polnischen Könige, und verband Herrenmenschendünkel, Verschwendungssucht und Vernichtungswut zu einem brutalen Ausbeutungs- und Unterdrückungsregime, das ihm bald den Spitznamen »Polenschlächter« einbrachte.

Am 6. Oktober 1939 trat Adolf Hitler vor den Reichstag. In einer weit ausgreifenden Rede feierte er sich als großen Strategen und Feldherrn und übergoss die Briten, die seine Umgarnungsbemühungen verschmäht hatten und nun zu Kriegsgegnern geworden waren, mit Hohn und Spott. Zentrales Thema waren die Konsequenzen aus dem »Zerfall des polnischen Staates«. Neben einer deutschen Interessen genügenden Reichsgrenze und einer Kontrolle des eroberten Territoriums war die wichtigste Forderung die nach einer »neuen Ordnung der ethnographischen Verhältnisse, das heißt, eine Umsiedlung der Nationalitäten so, dass sich am Abschluss der Entwicklung bessere Trennungslinien ergeben, als es heute der Fall ist.« Das klang freundlich-neutral. In Wahrheit sollte bei dieser ethnischen Flurbereinigung natürlich nur auf deutsche Interessen Rücksicht genommen werden. Alle übrigen Nationalitäten wurden brutal dezimiert, ohne Rücksicht auf Verluste umgesiedelt oder, wie die Juden, mit dem Ziel der völligen Entfernung in Ghettos zusammengepfercht. Hitler behauptete, seine Strategie weise der Welt »neue Wege zum Frieden«. Er forderte die Westmächte auf, die neue Situation anzuerkennen. Die Franzosen wiesen dieses »Friedensangebot« am 10. Oktober zurück, die Briten zwei Tage später.

Hitlers Auftritt im Reichstag folgte am nächsten Tag sein »Erlass zur Festigung deutschen Volkstums«. Mit dieser Aufgabe wurde der Reichsführer SS und Chef der Deutschen Polizei Heinrich Himmler betraut. Er war zuständig 1. für die Rückführung der Auslandsdeutschen, 2. »die Ausschaltung des schädigenden Einflusses von solchen volksfremden Bevölkerungsteilen, die eine Gefahr für das Reich und die deutsche Volksgemeinschaft bedeuten« und 3. die Gestaltung neuer deutscher Siedlungsgebiete. Folgenschwer war vor allem der zweite Auftrag, der von den berüchtigten Einsatzgruppen mit äußerster Brutalität ausgeführt wurde. Die Einsatzgruppen waren eine Spezialtruppe für den Weltanschauungskrieg. Ihre Kommandeure kamen aus dem Reichssicherheitshauptamt, ihre Mordtaten hatten nichts mit normaler Kriegsführung zu tun. So war es nur konsequent, dass Hitler zehn Tage später, am 17. Oktober 1939, die Ausgliederung von SS und Polizei aus der Zuständigkeit der Militärgerichtsbarkeit verfügte. In den eroberten polnischen Territorien wurden Kommandos eingerichtet, Danzig, Posen und Krakau waren die Dienstsitze der Höheren SS- und Polizeiführer, die als Himmlers höchste Repräsentanten vor Ort die ihnen unterstellten SS- und Polizeiverbände, Sicherheits- und Ordnungspolizei, zur Herrschaftssicherung und bei Vernichtungsaktionen koordinierten.

Die völkisch-sozialdarwinistische These von der Überlegenheit des deutschen Herrenmenschen in Verbindung mit dem rassenbiologisch begründeten Verlangen nach Lebensraum mündete in die konkrete Forderung nach Siedlungsgebieten, die es mit allen Mitteln zu erobern und zu sichern galt. Deshalb wollte Himmler »diesen ganzen Völkerbrei des Generalgouvernements auflösen«. Nur so werde es möglich sein, »die rassische Siebung durchzuführen, die das Fundament in unseren Erwägungen sein muss, die rassisch Wertvollen aus diesem Brei herauszufischen, nach Deutschland zu tun, um sie dort zu assimilieren.« Für die Verbleibenden war eine rudimentäre Ausbildung in einer vierklassigen Volksschule vorgesehen: »Einfaches Rechnen bis höchstens 500, Schreiben des Namens, eine Lehre, dass es ein göttliches Gebot ist, den Deutschen gehorsam zu sein und ehrlich, fleißig und brav zu sein. Lesen halte ich nicht für erforderlich.« Dieses brutale rassistische Programm führte zu einer ganz neuen Art von Klassengesellschaft. Die oberste Klasse bildeten die »Volksdeutschen« und »eindeutschungsfähigen« Polen, etwa 1,7 Millionen Menschen, die nun zu Reichsbürgern im Sinne der Nürnberger Gesetze wurden. Etwa ebenso viele hatten als »Deutschtumsanwärter auf Probe« die Chance, innerhalb von zehn Jahren zum Reichsbürger aufzusteigen. Dem großen Rest von mehr als sechs Millionen Menschen blieb der Status des polnischen »Schutzangehörigen« und damit eine Existenz als Arbeitssklave, der sich für die deutschen Besatzer zu Tode schuften durfte.

Keinerlei Perspektive gab es für den jüdischen Bevölkerungsteil: »Den Begriff Juden hoffe ich, durch die Möglichkeit einer großen Auswanderung sämtlicher Juden nach Afrika oder sonst in eine Kolonie völlig auslöschen zu sehen.« Himmler nennt hier das Stichwort Afrika, das Tradition hatte bei den Antisemiten. Schon der deutsche Orientalist Paul de Lagarde (1827–1891) war dafür eingetreten, die Juden »nach Madagaskar abzuschaffen«. Zu keiner Zeit war der Madagaskar-Plan näher daran, offizielle deutsche Politik zu werden, als 1939/40, als einerseits durch die Besetzung polnischer Territorien erstmals Juden in Millionenzahl in den deutschen Herrschaftsbereich geraten waren und andererseits der Seeweg nach Madagaskar noch nicht blockiert war. Franz Rademacher, Leiter des Judenreferats im Auswärtigen Amt, plädierte ebenfalls für die Madagaskar-Idee. Wenig später stimmte Hitler der Ausarbeitung entsprechender Pläne zu, was Goebbels im August 1940 zu der Tagebucheintragung veranlasste: »Die Juden wollen wir später nach Madagaskar verfrachten. Dort können auch sie ihren eigenen Staat aufbauen.« Angesichts der raschen Niederlage Frankreichs und der nie ganz aufgegebenen Hoffnung auf eine Verständigung mit England schien die Idee einer Deportation der Juden nach Madagaskar nicht utopisch, sodass im Juli 1940 ein Stopp der Deportationen ins Generalgouvernement verfügt wurde. Am 15. August legte Eichmann einen konkretisierten Plan zur Deportation von vier Millionen Juden aus Europa nach Madagaskar vor. Doch im Herbst 1940 setzte sich die Überzeugung durch, dass der Madagaskar-Plan kurzfristig nicht zu realisieren sei und man ging dazu über, die Juden auf dem europäischen Kontinent weiter zu isolieren. Das führte zur Ghettoisierung der Warschauer Juden.

Das nach dem Blitzkrieg in Polen errichtete Besatzungsregime erlaubte es den Nazis erstmals, ihre Vorstellungen einer Herrschaftsform, die auf dem Prinzip rassistisch begründeter Ungleichheit beruhte, schlagartig, radikal und kompromisslos in die Wirklichkeit umzusetzen. Zwischen September 1939 und März 1940 ermordeten die Einsatzgruppen etwa 80.000 Angehörige der polnischen Intelligenz. Seit dem Spätherbst 1940 stand die »Judenpolitik« im Schatten der Vorbereitungen des Überfalls auf die Sowjetunion, wodurch sie einen zunehmend genozidalen Charakter gewann. »Dieses Judentum muss vernichtet werden«, hatte Goebbels bereits am 17. Oktober 1939 nach einer Besprechung mit Hitler notiert, und wenig später: »Das sind keine Menschen mehr, das sind Tiere. Das ist deshalb auch keine humanitäre, sondern eine chirurgische Aufgabe.«

Durch die polnische Teilung gerieten etwa zwei Millionen Juden unter deutsche Herrschaft. Tausende von ihnen kamen schon während des deutschen Vormarschs ums Leben. Im November 1939 legten die Volkstumsplaner des Reichssicherheitshauptamtes einen »Fernplan der Umsiedlung in den Ostprovinzen« vor, der eine »endgültige Lösung der Volkstumsfragen« für zwingend erklärte. Das Ziel war eine »Entpolonisierung und Entjudung der deutschen Ostprovinzen«, womit die annektierten Teile Polens gemeint waren. Schon in den ersten Wochen des Zweiten Weltkriegs zeigte sich, dass der Einmarsch in Polen nicht einfach die Eroberung eines fremden Landes war wie die Invasion in Frankreich im Jahr darauf, sondern der erste Schritt zu einem rassenideologischen Raub- und Vernichtungskrieg. Zugleich zeigte sich hier auch schon, dass Slawen und Juden gleichermaßen Feindgruppen im Visier der Deutschen waren.

Die Nationalsozialisten gingen nicht nur gegen die äußeren Gegner, sondern zugleich auch gegen die inneren vor, die »Gemeinschaftsfremden« und »Ballastexistenzen«, die man aus dem Volkskörper eliminieren wollte. Im Oktober 1939 unterzeichnete Adolf Hitler den Befehl zu den Euthanasiemorden, ließ ihn aber auf den 1. September, den Tag des Angriffs gegen Polen, zurückdatieren. Bevollmächtigte für die Vernichtung »lebensunwerten Lebens« waren Hitlers Leibarzt Karl Brandt sowie Philipp Bouhler, der Leiter der »Kanzlei des Führers«. Da die in der Reichskanzlei für Euthanasiemaßnahmen zuständige Stelle ihren Sitz in der Tiergartenstraße 4 hatte, wurde die systematische Ermordung von über 100.000 geistig Behinderten und psychisch Kranken »Aktion T 4« genannt. Eine Meldepflicht für missgebildete Neugeborene bestand schon seit April 1939. Nun wurde diskret und effizient die Vergasung der Insassen der Anstalten Bernburg, Brandenburg, Grafeneck, Hadamer, Hartheim und Sonnenstein organisiert. Ärzte fertigten die gewünschten Gutachten, eigene Standesämter die Sterbeurkunden, die Vergasten wurden umgehend eingeäschert, die Urne den Hinterbliebenen gegen Gebühr überstellt. Die Menschen, die bisher nicht in den sechs Vernichtungsstätten untergebracht gewesen waren, wurden mit Bussen herbeigefahren, die als Krankentransportfahrzeuge getarnt waren. Trotz all dieser Vorsichtsmaßnahmen wurde die Aktion bekannt und es kam, vor allem vonseiten der katholischen Kirche, namentlich des Bischofs von Münster Clemens August Graf von Galen, zu entschiedenen Protesten, sodass die Euthanasiemaßnahmen im Sommer 1941 offiziell eingestellt wurden. Sie liefen aber dezentral weiter und wurden später auch auf nicht arbeitsfähige KZ-Häftlinge ausgedehnt. Dieser nach dem entsprechenden Aktenzeichen »Aktion 14f13« genannten Unternehmung fielen etwa 20.000 Lagerinsassen zum Opfer.

Die rücksichtslose »Ausmerzung« der »Gemeinschaftsfremden« war die eine Seite der Medaille, die Sorge um die Befriedung der Volksgemeinschaft die andere. Das NS-Regime befand sich 1939 im Zenit seiner Popularität. Doch die Einschränkungen, die der Krieg mit sich brachte, waren eine erste ernste Prüfung für die innere Stabilität der Diktatur. Am 18. September 1939 erließ der »Stellvertreter des Führers« Rudolf Heß eine umfangreiche Anordnung zur Stabilisierung der Heimatfront, die den »jüdisch-plutokratischen Kriegshetzern seelisch nie mehr erliegen« dürfe. Die Partei solle dafür sorgen durch Mundpropaganda, »Abstellen des Schlangestehens« bei der Lebensmittelausgabe, Streifendienst in den verdunkelten Straßen, Nachbarschaftshilfe, Einrichtung von Kindergärten, Betreuung ernährerloser Familien u. a. m. Die mit sich verschlechternder Kriegslage zunehmende Missstimmung in der Heimat bis hin zu Hungerdemonstrationen, Streiks und Meutereien, die der Obrigkeit 1917/18 schwer zu schaffen gemacht hatten, war noch in lebhafter Erinnerung. Deshalb unternahm das Regime große Anstrengungen, ein möglichst befriedigendes Angebot an Konsumgütern und Nahrungsmitteln sicherzustellen, wobei Einschränkungen unvermeidlich waren. Im August 1939 hatte man mit der Rationierung und der Ausgabe von Lebensmittelmarken und Kleiderkarten begonnen. Hungern mussten die Deutschen nicht, aber Fleisch, Butter, Käse und Eier wurden in der Zuteilung streng begrenzt.

Gleichzeitig war die Rüstungswirtschaft trotz erheblicher Investitionen von ihrem Leistungsgipfel noch weit entfernt und das Dritte Reich für eine längere Auseinandersetzung noch nicht kriegstauglich, was angesichts der Blitzsiege über Polen und Frankreich leicht in Vergessenheit geriet. Zur Finanzierung weiterer Rüstungsanstrengungen wurde eine Reihe zusätzlicher Steuern eingeführt, z. B. auf Zigaretten und Alkohol. Am 4. September 1939 verhängte das Regime außerdem einen Lohnstopp. Zudem führten die Beschränkungen des Konsumgüterangebots zu einer erheblichen Erhöhung der Sparquote. Die Zunahme der Einlagen bei Banken und Sparkassen kam ebenfalls dem Kriegsbudget zugute. Dazu trugen so unterschiedliche Organisationen bei wie die Bausparkasse Wüstenrot, die dafür warb, für ein nach dem Krieg zu errichtendes Häuschen zu sparen, oder die Freizeitorganisation KdF, die Sparkarten ausgab mit der Aufforderung, wöchentlich fünf Mark für den späteren Erwerb eines Volkswagens einzuzahlen. Tatsächlich wurde der VW als Kübelwagen von der Wehrmacht in großem Umfang eingesetzt, aber an keinen der 336.000 privaten Besteller jemals geliefert. Dem Regime gelang es so, die Volksgemeinschaft an der Finanzierung der von Hitler geplanten Angriffskriege zu beteiligen.

Und das war dringend notwendig, denn Deutschland konnte 1939 zwar die Mittel zu einem Blitzkrieg gegen ein eher schwach gerüstetes Nachbarland aufbringen, nicht aber zu einer größeren militärischen Anstrengung, und auch von ökonomischer Autarkie konnte keine Rede sein. Der fortdauernden Neutralität der Sowjetunion kam deshalb ebenso eine entscheidende Bedeutung zu wie der Lieferung kriegswichtiger Güter durch die Russen im Rahmen der vereinbarten wirtschaftlichen Kooperation. Andernfalls wäre die deutsche Kriegswirtschaft schon 1940 zusammengebrochen. An der Westfront entwickelte sich inzwischen ein »Sitzkrieg«, der sich auf gelegentliche Luftangriffe und Auseinandersetzungen zur See beschränkte, begleitet von lautstarker Propaganda. Die Sowjetunion hatte währenddessen Finnland angegriffen, das sich zunächst überraschend erfolgreich zur Wehr setzte, was Hitler in der Überzeugung bestärkte, das russische Reich könne in einem weiteren Blitzkrieg besiegt werden.

Am 17. März 1940 ernannte Hitler den Ingenieur Fritz Todt (1891–1942) zum Reichsminister für Bewaffnung und Munition. Todt, ein Nationalsozialist der ersten Stunde, war 1933 Generalinspekteur für das deutsche Straßenwesen geworden und verantwortlich für den Bau der Reichsautobahnen. Dieses moderne Verkehrswegenetz, das bis heute mancher zu den positiven Leistungen der Nazizeit rechnen möchte, hatte einen erheblichen Stellenwert bei der Selbstdarstellung des Regimes. Tatsächlich gingen die Planungen im Wesentlichen auf die 20er Jahre zurück. Auch der Beschäftigungseffekt wurde von der staatlichen Propaganda stark übertrieben. Die höchste Zahl wurde 1936 mit 120.000 Arbeitern erreicht, die vielfach Löhne akzeptieren mussten, die noch unter den Sozialhilfesätzen lagen. Von den geplanten 6.900 Kilometern wurde bis 1945 nur gut die Hälfte fertiggestellt. Todt hatte bald Wichtigeres zu tun. 1938 ernannte Hitler ihn zum Generalbevollmächtigten für die Bauwirtschaft. In dieser Eigenschaft war er auch für militärische Fortifikationen zuständig. Die Organisation Todt (OT), in der staatliche Verwaltung, Bauwirtschaft und Reichsarbeitsdienst zusammenwirkten, errichtete 1938 entlang der deutschen Westgrenze den Westwall und 1940 an der zwischenzeitlich eroberten Küste Frankreichs und der Beneluxstaaten den Atlantikwall. Bis zu 800.000 Arbeiter waren mit Errichtung und Instandhaltung der Anlagen beschäftigt, darunter in wachsender Zahl auch Zwangsarbeiter. Als Reichsminister war Todt auch zuständig für die Kriegswirtschaft. Er sah die vorhandenen Defizite und artikulierte Zweifel an der Möglichkeit, den Krieg zu gewinnen, was zu Auseinandersetzungen mit Hitler führte. Als Todt im Februar 1942 bei einem Flugzeugabsturz nahe dem Führerhauptquartier ums Leben kam, munkelten manche, es habe sich um ein Attentat gehandelt. Auf Todt folgte der ebenso ehrgeizige wie skrupellose Albert Speer.

Während der Krieg an der Westfront stagnierte, planten Großbritannien wie Deutschland die Besetzung Norwegens. Die Deutschen, die über die britischen Pläne gut unterrichtet waren, ergriffen die Initiative. Am 8. April 1940 marschierten deutsche Truppenverbände in Dänemark ein, was die Regierung in Kopenhagen unter Protest akzeptierte. Sie verzichtete auf Widerstand und durfte im Gegenzug weiter amtieren. Auch das Königshaus, das Parlament und die Armee blieben unangetastet. In Norwegen lagen die Dinge komplizierter. Es gab eine starke antinazistische Stimmung, die sich auch in der Verleihung des Friedensnobelpreises an Carl von Ossietzky artikuliert hatte. Die großen Parteien im Lande waren sich einig, dass Norwegen wie im Ersten Weltkrieg als »neutraler Verbündeter« Englands am besten dran sei. Norwegen war strategisch ungleich bedeutsamer als Dänemark, denn 40 Prozent der deutschen Eisenerzeinfuhr aus Schweden wurden in dem norwegischen Hafen Narvik umgeschlagen. Am 8. April 1940 hatten die Alliierten die Küstengewässer vermint, am Tag darauf begann der zwei Monate dauernde deutsche Norwegenfeldzug. Die norwegischen Truppen wurden bei ihrem Widerstand von englischen, französischen und polnischen Einheiten unterstützt. König Haakon VII. verweigerte jede Kooperation mit den deutschen Aggressoren, woran heute das Mahnmal »Das Nein des Königs« eindrucksvoll erinnert. Er ging ebenso wie die von dem Sozialdemokraten Nygaardsvold geführte Regierung nach London ins Exil. Bereits Ende April 1940 wurde mit Josef Terboven ein deutscher Reichskommissar für Norwegen eingesetzt. Der norwegische Nationalsozialist Vidkun Quisling übernahm zwei Jahre später das Amt des Ministerpräsidenten, blieb aber vergleichsweise einflusslos. Sein Name wurde zum Synonym für Kollaboration und Landesverrat. Nach der Befreiung Norwegens wurde er im Oktober 1945 hingerichtet.

Nach dem Angriff auf Norwegen kam auch die Westfront in Bewegung. Am 10. Mai bezog Hitler das »Felsennest« bei Münstereifel, das erste von insgesamt sechs Führerhauptquartieren während des Krieges, und die deutsche Wehrmacht griff unter Missachtung ihrer Neutralität die Beneluxstaaten an. Schon nach fünf Tagen kapitulierten die Niederlande, Belgien knapp zwei Wochen später. Am zehnten Tag des Angriffs befanden sich die Deutschen bereits in Sichtweite der Küste, zögerten allerdings beim weiteren Vormarsch auf Dünkirchen, sodass mehr als 300.000 eingeschlossene britische Soldaten über den Kanal evakuiert werden konnten. Am 14. Juni besetzten die deutschen Truppen Paris. Drei Tage danach erklärte der französische Premierminister Paul Reynaud seinen Rücktritt. An seine Stelle trat sein Stellvertreter, der Held des Ersten Weltkriegs Marschall Philippe Pétain. Ohne das verbündete Großbritannien zu konsultieren, suchte er unverzüglich um einen Waffenstillstand nach, der am 22. Juni geschlossen wurde.

Die britische Regierung war in der Zwischenzeit umgebildet worden. Der Appeasement-Politiker Neville Chamberlain hatte dem höchst energischen Winston Churchill (1874–1965) Platz machen müssen. Der Politikersohn Churchill war nach einer militärischen Laufbahn 1900 erstmals ins Unterhaus gewählt worden und hatte im Lauf der Jahre eine Vielzahl unterschiedlicher Ämter innegehabt. Von 1929 bis 1939 war er ohne politisches Amt gewesen und hatte sich vor allem seinen historischen Arbeiten gewidmet, für die er später den Literatur-Nobelpreis erhielt. Seine Kritik an Chamberlains Beschwichtigungskurs stieß auf wachsende Resonanz und am 10. Mai, unmittelbar nach Beginn des deutschen Westfeldzugs, wurde er unter dem Druck der öffentlichen Meinung Premier- und Verteidigungsminister einer Allparteienregierung. Churchill wurde bald zur treibenden Kraft des Widerstands gegen Hitler.

Das Deutsche Reich war zu keiner Zeit einem Sieg so nahe wie im Sommer 1940, aber Hitler erwuchs in Churchill ein zum Äußersten entschlossener Gegenspieler. In seiner ersten Rede als Premierminister versprach er seinen Landsleuten »nichts als Blut, Mühsal, Tränen und Schweiß«. Gegen die monströseste Tyrannei aller Zeiten wollte er einen Sieg um jeden Preis erringen und, sollte den Deutschen die geplante Invasion Großbritanniens gelingen, den Kampf sogar aus Übersee fortsetzen. Doch so weit kam es nicht. Churchill sorgte dafür, dass der Brigadegeneral Charles de Gaulle über den Sender BBC an seine französischen Landsleute appellieren konnte, den Kampf gegen die Deutschen nicht aufzugeben, was dazu beitrug, dass Marschall Pétain die diplomatischen Beziehungen mit Großbritannien abbrach. Pétain stand einer Regierung vor, die ihren Sitz in Vichy hatte und über die 40 Prozent des französischen Territoriums im Südosten gebot, die unbesetzt geblieben waren. Sein autoritäres Regime war formal souverän, konnte de facto aber nur durch eine enge Kollaboration mit den deutschen Siegern überleben, was auch die Stellung von Zwangsarbeitern und die Deportation von Juden einschloss. Den Versuchungen der Kollaboration konnten sich auch etliche namhafte Intellektuelle nicht entziehen, von denen einige nach dem Krieg hingerichtet wurden.

Frankreich war besiegt, aber England nicht. Im Juli 1940 ordnete Hitler Vorbereitungen für eine Invasion der Insel, die »Operation Seelöwe«, an. Gleichzeitig bombardierte die deutsche Luftwaffe Ziele an der englischen Küste, aber auch Schiffskonvois im Ärmelkanal. Unerlässliche Voraussetzung für eine Invasion war die Kontrolle des Luftraums, außerdem hoffte man, die Briten durch Luftangriffe zu einem Kompromissfrieden bewegen zu können, um das riskante Manöver, Truppen an die britische Küste zu bringen, nicht weiter verfolgen zu müssen. Am 12. August flogen über 200 Bomber Angriffe auf Radarstationen bei Portland und Dover, allerdings ohne rechten Erfolg. Am folgenden Tag, dem »Adlertag«, begann die eigentliche Luftschlacht um England. Starke Verbände griffen Einrichtungen der RAF und der Marine, Luftabwehrstellungen, Flottenverbände und Standorte der Rüstungsindustrie an. Der soeben zum Reichsmarschall beförderte Göring hatte das Bild einer weithin überlegenen deutschen Luftwaffe entworfen, das sich rasch als völlig unrealistisch erwies. Die Verluste an Piloten und Flugzeugen waren bei den Deutschen stets höher als bei den Briten. Am 4. September befahl Hitler, auch London anzugreifen. Die Stadt wurde 76 Nächte lang bombardiert und in erheblichem Umfang zerstört. Hunderttausende von Kindern hatte man zuvor evakuiert, zahllose Menschen wurden obdachlos. Die Bevölkerung suchte Schutz in den Schächten der U-Bahn, was Henry Moore in einer Serie von eindrucksvollen Zeichnungen festgehalten hat. Die Luftangriffe richteten schweren Schaden an, konnten den Widerstandswillen der Engländer aber nicht brechen und führten auch nicht zu einem militärischen Erfolg. Am 17. September verschob Hitler die »Operation Seelöwe« auf unbestimmte Zeit.

Die Briten verloren bis zum 31. Oktober 1940 544 Piloten und 1.547 Flugzeuge, die Deutschen dagegen ca. 2.200 Maschinen. Auch waren sie in der Produktion von Nachschub deutlich unterlegen. 2000 Angehörige der Luftwaffe waren gefallen, mindestens noch einmal die gleiche Zahl war bei der Luftschlacht über Feindesland in Gefangenschaft geraten. Die Deutschen hatten die erste herbe Niederlage in diesem Krieg erlitten, eine Niederlage aus Mangel an militärischer Überlegenheit, auch wenn Göring das nicht wahrhaben wollte und seine Piloten der Feigheit bezichtigte. Wie ein hilfloser, deshalb aber nicht weniger barbarischer Racheakt wirkte der schwere Angriff auf Coventry am 14. November. Das offizielle Ziel waren die Flugzeugmotorenwerke von Rolls Royce, aber es wurden auch Hunderte von Einwohnern getötet und mehr als 4.000 Häuser zerstört. Der nie um einen Zynismus verlegene Propagandaminister Goebbels prägte anschließend den Begriff »Coventrieren« für die Zerstörung einer Stadt aus der Luft. Dem Angriff fiel auch die weltberühmte mittelalterliche Kathedrale zum Opfer, von der nur Teile der Außenmauern stehen blieben. Trotz dieser brutalen Attacke rief der Probst der Kirche in einer von der BBC übertragenen Weihnachtsmesse zur Versöhnung auf, die den Hass überwinden sollte. Aus Zimmermannsnägeln, die die Deckenbalken zusammengehalten hatten, wurde ein Nagelkreuz geschaffen, das heute auf dem Altar der auch mithilfe deutscher Spenden in den 50er Jahren neu gebauten Kathedrale steht. Weitere Nagelkreuze gibt es inzwischen in über hundert Kirchen weltweit, eines davon in der kürzlich wieder errichteten Frauenkirche in Dresden.

Es hatte sich gezeigt, dass die deutsche Wehrmacht zu Lande von höchster Effizienz war, zur See und in der Luft aber keine dominante Position gewinnen konnte. Die Niederlage, die die RAF der deutschen Luftwaffe beigebracht hatte, war gewissermaßen die Antwort auf den deutschen Sieg über Frankreich. Im September 1940 begann aber auch, zunächst höchst diskret, eine britisch-amerikanische Zusammenarbeit. Sie schuf die Grundlagen für die Luftüberlegenheit der Alliierten, der die Deutschen dann im weiteren Verlauf des Krieges immer weniger entgegenzusetzen hatten.

Mussolini, der so lange gezögert hatte, sich militärisch zu engagieren, und für Hitler eher eine Last als ein gewinnbringender Verbündeter war, eröffnete unterdessen eine neue Front. Zunächst hatte er Frankreich noch kurz vor dessen Kapitulation den Krieg erklärt, in die militärischen Auseinandersetzungen aber kaum noch eingreifen können. Nun griffen die italienischen Streitkräfte das unter britischer Kontrolle stehende Königreich Ägypten an, gerieten aber bald in die Defensive. Hitler, der zu Recht einen weiteren Konflikt in Südeuropa fürchtete, sah sich deshalb gezwungen, den Italienern zu Hilfe zu kommen. Generalleutnant Erwin Rommel, der sich schon im Ersten Weltkrieg, aber auch in den Feldzügen gegen Polen und Frankreich beträchtliche Meriten erworben hatte, landete im Januar 1941 mit zwei Panzerdivisionen in Tripolis. Als Bedingung für seinen Einsatz hatten die Deutschen durchgesetzt, dass auch die italienischen Verbände seinem Oberkommando unterstellt wurden. Mit seiner Taktik blitzschneller Vorstöße gelang es ihm, trotz kräftemäßiger Unterlegenheit die Lage zu stabilisieren. Bald hatte er einen legendären Ruf als »Wüstenfuchs«, scheiterte aber bei allen Erfolgen immer wieder an mangelndem Nachschub, sodass die erreichten Geländegewinne oftmals nicht von Dauer waren. Zudem band das Deutsche Afrikakorps wertvolle, eigentlich in Europa benötigte Kapazitäten.

Deutschland hatte ein faschistisches Bündnissystem aufgebaut, das aber militärisch von zweifelhaftem Nutzen war. Den Ausgangspunkt bildete, jedenfalls dem Namen nach, der gegen die Kommunistische Internationale gerichtete Antikominternpakt mit Japan vom 25. November 1936, dem später auch Italien, Spanien, Ungarn und der japanische Satellitenstaat Mandschuko beitraten. Dieses Bündnis wurde im Grunde durch den deutsch-sowjetischen Nichtangriffsvertrag, der auch einen Waffenstillstand im Kampf der Ideologien mit sich brachte, obsolet. Der Antikominternpakt wurde am 27. September 1940 durch den dezidiert militärischen Dreimächtepakt zwischen Deutschland, Italien und Japan ersetzt. Auch Ungarn, Rumänien, die Slowakei und Bulgarien schlossen sich diesem Bündnis an, verfolgten dabei aber jeweils ganz eigene Ziele, was im Grunde auch für die ursprünglichen Vertragspartner galt, deren Kooperation deshalb leidlich funktionierte, weil ihre Interessensphären sich kaum überschnitten.

Da die britische Marine die Seewege kontrollierte und der Plan, Millionen von Juden nach Madagaskar zu deportieren, ab September 1940 nicht mehr weiterverfolgt wurde, setzte man nun verstärkt darauf, die Juden in besonderen Wohnbezirken zu isolieren und die jüdische Landbevölkerung in den Städten zu konzentrieren. Das größte Ghetto wurde in Warschau errichtet. In der Nacht vom 15. auf den 16. November wurde es hermetisch abgeriegelt. Auf 2,4 Prozent des Stadtgebiets wurden 30 Prozent der Warschauer Bevölkerung zusammengepfercht. Insgesamt verschleppte man mehr als 500.000 Menschen in das Warschauer Ghetto. Die Menschen, die von der Außenwelt, einschließlich ihres dort zurückgebliebenen Eigentums, völlig abgeschnitten waren, lebten in äußerster Bedrängnis unter schwierigsten hygienischen Bedingungen. Die Lebensmittelzuteilungen ergaben nur wenige Hundert Kalorien pro Tag, sodass der Hungertod für die große Mehrheit, die keine Möglichkeit der Zusatzversorgung hatte, unausweichlich war. Die geschwächten Menschen fielen Krankheiten zum Opfer, die Beengung förderte die Ausbreitung von Seuchen. Monat für Monat starben etwa 5.000 Menschen. Zu denen, die im November 1940 zur Übersiedlung ins Ghetto gezwungen wurden, gehörte auch der spätere Literaturkritiker Marcel Reich-Ranicki. Im Ghetto arbeitete er u. a. für den von den Nazis eingesetzten Judenrat als Übersetzer. Im Februar 1943 konnte er gemeinsam mit seiner Frau fliehen und entging so der Deportation. In seinem Buch »Mein Leben« hat er dies später geschildert.

Eine ideologische Offensive im Kontext der fortschreitenden Radikalisierung der antisemitischen Maßnahmen war der Spielfilm »Jud Süß«, der im September 1940 in die Kinos kam. Er war mit Ferdinand Marian, Heinrich George und Kristina Söderbaum prominent besetzt. Werner Krauß spielte alle jüdischen Nebenrollen, womit symbolisiert werden sollte, dass alle Juden Vertreter derselben nach der Weltherrschaft strebenden Gemeinschaft waren. Der jüdische Finanzier Süß Oppenheimer nutzt im Film geschickt die Geldnot des Herzogs, um die Aufhebung des Judenbanns zu erkaufen. Später vergewaltigt Oppenheimer die Tochter des Vorsitzenden der Landstände, die sich aus Scham darüber, von einem Juden entehrt worden zu sein, das Leben nimmt. Am Ende wird Oppenheimer hingerichtet und der Judenbann wieder eingeführt. Der Film endet mit der Mahnung an die Nachfahren, an der Verbannung der Juden festzuhalten, »auf dass ihnen viel Leid erspart bleibe.« Veit Harlans Propagandastück berief sich auf historische Tatsachen, die sehr geschickt verdreht und in eine Spielfilmhandlung eingeflochten wurden, der Dramatik nicht abzusprechen war. Himmler ordnete an, dass die gesamte SS und Polizei den Film sehen sollte. Auch in der Bevölkerung war die Resonanz sehr groß, in zwei Jahren hatte der Film mehr als 20 Millionen Besucher. Der Dokumentarfilm »Der ewige Jude« brachte es dagegen nur auf etwa 2 Millionen Zuschauer. Er begann mit Aufnahmen aus dem Warschauer Ghetto, was damit erklärt wurde, dass Deutschlands Juden ein unvollständiges Bild des Judentums ergäben, da sie sich hinter der Maske des zivilisierten Europäers versteckten. In Polen aber könne man die »Niststätte der Pest« beobachten. Der »Filmbeitrag zum Problem des Weltjudentums«, so der Untertitel des Machwerks, kontrastierte die Aufnahmen aus Warschau mit Bildern von wandernden Ratten: »Wo Ratten auch auftauchen, tragen sie Vernichtung ins Land, zerstören sie menschliche Güter und Nahrungsmittel. Sie sind hinterlistig, feige und grausam und treten meist in großen Scharen auf. Sie stellen unter den Tieren das Element der heimtückischen, unterirdischen Zerstörung dar – nicht anders als die Juden unter den Menschen.« Der Film endete mit der Reichstagssitzung vom 30. Januar 1939 und Hitlers berühmter »Prophezeiung«, dass der nächste Weltkrieg zur Vernichtung der jüdischen Rasse in Europa führen werde. Die Botschaft dieser Propagandafilme war klar, und sie kam auch an. Im Auschwitzprozess sagte später ein Rottenführer der SS: »Damals wurden uns Hetzfilme gezeigt wie ›Jud Süß‹. Und wie haben die Häftlinge am nächsten Tag ausgesehen!«

Die Vernichtung der Feinde fand ihr Gegenstück in der Arbeit an dem sozialen Gefäß für die sich formierende rassistische Volksgemeinschaft. Im Herbst 1940 präsentierte Robert Ley den Plan für ein »Sozialwerk des Deutschen Volkes«. Ley (1890–1945) hatte nach seinem Studium der Chemie bei Bayer gearbeitet, war aber wegen seiner Alkoholprobleme, die ihm später den Namen »Reichstrunkenbold« einbrachten, 1928 entlassen worden. Er hatte 1933 die Zerschlagung der Gewerkschaften geleitet und stand an der Spitze der DAF. Leys Sozialwerk sollte fünf Säulen haben: Altersversorgung, Gesundheitswerk, Reichslohnordnung, Berufserziehung und sozialer Wohnungsbau. Wer sich als nützliches Glied der Gemeinschaft erwies, als Arbeiter, Soldat oder Hausfrau und Mutter seine Pflicht tat, sollte nach dem Sieg über die Feinde des Reiches ein besseres Leben führen. Schon seit 1934 gab es das »Hilfswerk Mutter und Kind«, eine Einrichtung der Nationalsozialistischen Volkswohlfahrt, das sich im Sinne nationalsozialistischer Bevölkerungspolitik um werdende Mütter, Wöchnerinnen, aber auch Kindertagesstätten und Müttererholungsfürsorge kümmerte.

Seit 1938 wurde das »Ehrenkreuz der Deutschen Mutter« verliehen. Die in der Alltagssprache »Mutterkreuz« genannte Auszeichnung war das weibliche Pendant zum Eisernen Kreuz der Soldaten. Wie ein militärischer Orden hatte es mehrere Stufen. Für vier Kinder gab es das bronzene Kreuz, für sechs das silberne und ab acht Kindern das goldene. Bei festlichen Anlässen war es mit einem blauweißen Band zu tragen. So hielt man die Mütter, die gewissermaßen an der Heimatfront kämpften, dazu an, »völkisch wertvollen« Nachwuchs zu produzieren, während man auf der anderen Seite die als »volksschädigend« abgestempelten »Gemeinschaftsfremden« – Erbkranke, Gewohnheitsverbrecher, Arbeitsscheue, »Versager« – ermordete.

Die nationalsozialistische Züchtungsutopie brachte auch spezielle Einrichtungen hervor wie den 1935 von der SS gegründeten »Lebensborn e.V.«, der ledigen Frauen die Geburt rassisch erwünschter Kinder erleichtern sollte und auch Adoptionen organisierte. Die Geburtenrate war nach dem Ersten Weltkrieg bis zum Ende der Weimarer Republik um über 40 Prozent gesunken. 1932 standen 516.793 Geburten geschätzte 600.000 bis 800.000 Abtreibungen gegenüber. Diese Zahlenverhältnisse zu verändern, lag im dringenden Interesse eines Regimes, das imperiale Absichten hegte und Angriffskriege führen wollte. Darwinismus, Biologismus und Rassismus ergaben eine hochbrisante ideologische Basis für eine Politik, die auch vor radikalen Operationen am Volkskörper nicht zurückschreckte und bereit war, beim Kampf um den als erforderlich angesehenen Siedlungsraum im wahrsten Sinne des Wortes über Leichen zu gehen.

Adolf Hitler stand nach den Siegen über Polen, Frankreich und in Skandinavien in hohem Ansehen und das Jahr 1941 sollte noch größere Triumphe für ihn bereithalten, zugleich barg es aber auch schon den Keim der Niederlage in sich. Am 31. Juli 1940 hatte der »Führer« seinen Generälen in einer ausführlichen Besprechung auf dem Obersalzberg dargelegt, dass er im Frühjahr des folgenden Jahres die Sowjetunion angreifen wolle. Er fürchtete nach wie vor, dass das nach seiner Meinung zur Niederlage verurteilte England sich mit Stalin verbünden könne: »Ist aber Russland zerschlagen, dann ist Englands letzte Hoffnung getilgt.«

Es war dies eine für den ganzen weiteren Kriegsverlauf entscheidende Besprechung. Hitler verabschiedete sich unwiderruflich von der Option einer Zusammenarbeit mit der Sowjetunion, die bis dahin immer noch eine Rolle gespielt hatte. Und er entschied sich auch zum Angriff, obwohl er einen Zweifrontenkrieg ursprünglich unbedingt hatte vermeiden wollen. Im Zuge eines »Weltblitzkriegs-Plans« sollte die Sowjetunion innerhalb weniger Monate niedergeworfen werden, sodass die östliche Hemisphäre von den im Dreierpakt verbundenen Mächten Deutschland, Italien und Japan beherrscht wäre und die USA im Westen isoliert zurückbleiben würden. Am 18. Dezember 1940 erteilte Hitler Anweisung zum »Fall Barbarossa«: »Die deutsche Wehrmacht muss darauf vorbereitet sein, auch vor Beendigung des Krieges gegen England Sowjetrussland in einem schnellen Feldzug niederzuwerfen.« Die Vorbereitungen sollten bis zum 15. Mai 1941 abgeschlossen sein.

Doch zunächst kam Hitler noch einmal der italienische Verbündete in die Quere. Diesmal versuchte sich Mussolini mit einer Offensive auf dem Balkan zu profilieren, doch wieder hatte er wenig Glück. Mit einem dritten Blitzkrieg musste die Wehrmacht in Jugoslawien und Griechenland intervenieren. Jugoslawien wurde innerhalb von zehn Tagen überrannt, allerdings machte ein verlustreicher Partisanenkrieg dem deutschen Besatzungsregime erheblich zu schaffen. Zum Hauptgegenspieler der deutschen und italienischen Streitkräfte wurde Marschall Tito, der im Ersten Weltkrieg in der österreichisch-ungarischen Armee gekämpft hatte und sich jetzt auf eine rasch anwachsende kommunistische Partisanenarmee stützen konnte, mit deren Hilfe er den Einfluss der jugoslawischen Exilregierung bald überflügelte. Weitaus schwieriger noch als in dem rasch besetzten Jugoslawien gestalteten sich die Verhältnisse in Griechenland. Der als schwach eingeschätzte Feind leistete zähen Widerstand. Außerdem entsandten die Briten ein mehrere zehntausend Soldaten umfassendes Expeditionskorps. Dennoch gelang, mit Ausnahme Kretas, auch die

Eroberung Griechenlands. Doch der Balkanfeldzug band wie die Intervention in Nordafrika wertvolle Ressourcen, modern ausgerüstete Divisionen, die eigentlich für den Überfall auf die Sowjetunion eingeplant waren. Vor allem aber verzögerte sich der Angriff durch das Balkanunternehmen um mehrere wertvolle Wochen.

Seit dem 31. Januar 1941 lag der Aufmarschplan des OKH für den »Fall Barbarossa« vor. Am 30. März notierte der Generalstabschef des Heeres Franz Halder in seinem Tagebuch: »Kampf zweier Weltanschauungen gegeneinander. Vernichtendes Urteil über Bolschewismus, ist gleich asoziales Verbrechertum. Kommunismus ungeheure Gefahr für die Zukunft. Wir müssen von dem Standpunkt des soldatischen Kameradentums abrücken. Der Kommunist ist vorher kein Kamerad und nachher kein Kamerad. Es handelt sich um einen Vernichtungskampf.« In solchen Äußerungen zeigte sich deutlich die grundsätzliche Übereinstimmung zwischen Hitler und seinen Generälen. Die Entscheidung zum Vernichtungskrieg war gleichermaßen von machtpolitischem Kalkül und ideologischer Fixierung geprägt. Am 13. Mai 1941 wurde mit dem sogenannten »Kommissarbefehl« eine jener berüchtigten verbrecherischen Direktiven erlassen, die den ordnungspolitischen Rahmen für das kommende Geschehen bildeten. »Politische Hoheitsträger und Leiter (Kommissare) sind zu beseitigen«, hieß es dort. Und die »Richtlinien für das Verhalten der Truppe in Russland« verlangten rücksichtsloses Durchgreifen gegen »Hetzer, Freischärler, Saboteure, Juden«.

Am 22. Juni 1941 wurden drei Millionen Soldaten mit einer halben Million Pferde, 600.000 Kraftwagen und 3.350 Panzern, unterstützt von 7.200 Geschützen und 1.950 Flugzeugen, Richtung Leningrad, Moskau, Kiew und Stalingrad in Marsch gesetzt. Die größte militärische Operation in der Geschichte der Menschheit hatte begonnen. Zwei Tage später bezog Hitler das Führerhauptquartier »Wolfsschanze« in der Nähe des ostpreußischen Rastenburg (heute Kętrzyn in Polen). Den Namen hatte er in Anlehnung an den Decknamen »Wolf«, den er in den 20er Jahren benutzt hatte, gewählt. Das Führerhauptquartier bestand aus 40 Wohn-, Wirtschafts- und Verwaltungsgebäuden und noch einmal so vielen Bunkern, die insgesamt mehr als 2.000 Menschen beherbergen konnten. Hitler blieb ein ganzes Jahr und kam später noch mehrfach für jeweils mehrere Monate in die »Wolfsschanze«. Das Führerhauptquartier entwickelte sich bald zum eigentlichen Machtzentrum des Dritten Reiches. Hier hielt Hitler während und nach den Mahlzeiten seine gefürchteten Monologe und traf auch viele wichtige Entscheidungen. Martin Bormann, der im Mai 1941 nach Heß' rätselhaftem Englandflug, dessen Motiv nie wirklich aufgeklärt werden konnte, Leiter der Parteizentrale wurde und sich bald durch immensen Fleiß, verbunden mit absoluter Skrupellosigkeit, zu Hitlers allgegenwärtigem, machtvollem Schatten entwickelte, hatte hier ein eigenes Dienstgebäude, ebenso Todt (nach seinem Tod übernahm es Speer), Göring und General Jodl, der Chef des Wehrmachtsführungsstabes im OKW.

In den ersten Wochen erzielte die Wehrmacht, unterstützt von finnischen, ungarischen und rumänischen Verbänden, enorme Geländegewinne. Am 1. September erreichte sie Leningrad und schloss die Stadt ein. In den ersten zwölf Monaten verhungerten dort etwa 500.000 Menschen, am Ende waren es mehr als doppelt so viele, etwa ein Drittel der gesamten Einwohnerschaft. Am 27. November standen die deutschen Panzer nur noch 30 Kilometer vom Moskauer Stadtzentrum entfernt, doch der Angriff blieb in Schlamm und Eis stecken. Die Wehrmacht erlitt erhebliche Verluste. Bis zum 1. Dezember waren 158.773 Soldaten gefallen, 31.191 wurden vermisst und 563.082 waren verwundet. Die Luftwaffe hatte mehr als 2.000 Flugzeuge verloren, und für einen Winterkrieg war das deutsche Ostheer nicht ausgerüstet. Hitler hatte geglaubt, einen Zweifrontenkrieg vermeiden zu können, und drei Viertel des gesamten Heeres an die Ostfront geworfen, um die Sowjetunion in einem weiteren Blitzkrieg niederzuwerfen und sich dann wieder England zuzuwenden. Doch diese Rechnung ging nicht auf. Die deutschen Geländegewinne waren gewaltig, doch die russischen Landmassen waren noch viel gewaltiger, sodass die sowjetische Armee selbst nach einem Fall Moskaus und weiteren deutschen Vorstößen noch über ausreichende Rückzugsräume verfügt hätte. Außerdem fraß sich der deutsche Angriff nach schnellen Anfangserfolgen fest. Weder Leningrad noch Moskau oder Stalingrad konnten erobert werden. Erst machte die herbstliche Schlammperiode viele Vormarschstrecken unpassierbar, dann setzte der Winter mit Temperaturen bis 40 Grad minus den Deutschen extrem zu, während die Sowjets aus Sibirien frische, speziell für den Winterkrieg trainierte und ausgerüstete Truppen heranführten. Die deutschen Armeen büßten in dieser Zeit mehr Soldaten durch Erfrieren ein als durch Kampfverluste. Die Überlebenden erhielten eine Auszeichnung, die bald den sarkastischen Beinamen »Gefrierfleischmedaille« bekam.

Die Deutschen gewannen den Krieg nicht, aber sie errangen große Siege. Allein in den ersten 18 Tagen machten sie 328.898 Gefangene, erbeuteten 3.102 Geschütze und zerstörten 3.332 Panzer, etwa so viele, wie das deutsche Ostheer überhaupt nur besaß. Insgesamt gerieten im Zweiten Weltkrieg 5,7 Millionen Rotarmisten in deutsche Gefangenschaft, von denen 3,3 Millionen durch Mord, Nahrungsentzug und gezielte Vernachlässigung umkamen. Die anfänglichen Siege nährten die Wunschvorstellung, dem »Endkampf mit dem Bolschewismus« sei ein Erfolg beschieden. Die Sowjetunion sollte nicht erobert, sondern zerstört werden, »da man Russland nicht erobern kann«, wie Hitler sagte. Die Dezimierung der slawischen »Untermenschen« war dabei Programm, der Hungertod von vielen Millionen von vornherein Teil des Kalküls. Als in Vorbereitung des Angriffs die wichtigsten Staatssekretäre am 2. Mai 1941 mit dem Chef des Wehrwirtschafts- und Rüstungsamtes General Thomas zusammenkamen, vermerkte das Protokoll: »1. Der Krieg ist nur weiter zu führen, wenn die gesamte Wehrmacht im dritten Kriegsjahr aus Russland ernährt wird. 2. Hierbei werden zweifellos zig Millionen Menschen verhungern, wenn von uns das für uns Notwendige aus dem Lande herausgeholt wird. 3. Am wichtigsten ist die Bergung und Abtransport von Ölsaaten, Ölkuchen, dann erst Getreide. Das vorhandene Fett und Fleisch wird voraussichtlich die Truppe verbrauchen.«

Am 16. Juli 1941, als man glauben konnte, die Sowjetunion sei geschlagen, kam es zu einem Treffen auf höchster Ebene. Hitler lud Rosenberg, Lammers, Keitel und Göring zu sich in die »Wolfsschanze«, er eröffnete die Besprechung mit Ausführungen über das weitere Vorgehen. Die eigentliche Zielsetzung dürfe nicht bekannt werden, die »Motivierung unserer Schritte vor der Welt« müsse sich nach taktischen Gesichtspunkten richten. Es sei zu betonen, dass man gezwungen war, »ein Gebiet zu besetzen, zu ordnen und zu sichern«. Jeder Eindruck einer endgültigen Regelung sei zu vermeiden: »Alle notwendigen Maßnahmen – Erschießen, Aussiedeln etc. – tun wir trotzdem und können wir trotzdem tun.« Hitler fuhr fort, und das wurde das berühmteste Zitat aus dieser langen Konferenz: »Grundsätzlich kommt es darauf an, den riesenhaften Kuchen handgerecht zu zerlegen, damit wir ihn erstens beherrschen, zweitens verwalten und drittens ausbeuten können.« Von den Anwesenden war Keitel für das Beherrschen, Rosenberg für das Verwalten und Göring für das Ausbeuten zuständig. Getreu der Logik vom riesenhaften Kuchen, der handgerecht zu zerlegen sei, kam Hitler dann auf die einzelnen Gebiete zu sprechen: »Die Krim muss von allen Fremden geräumt und deutsch besiedelt werden.« Mit »Fremden« waren natürlich die Einheimischen gemeint. Auch Galizien sollte »Reichsgebiet« werden, ebenso das Baltikum und schließlich die »Wolga-Kolonie«. Der Partisanenkrieg habe den Vorteil, dass er die Möglichkeit bietet, »auszurotten, was sich uns entgegenstellt.«

Entscheidend war für Hitler, die Bildung einer militärischen Macht westlich des Ural für alle Zeiten auszuschließen. Die unterworfenen Völker zur Waffenhilfe heranzuziehen, sei deshalb ganz falsch: Hitler wollte die deutsche Vorherrschaft in Europa für alle Zeiten sichern, überschätzte dabei aber die deutsche Kampfkraft. Der Ostminister Rosenberg und seine Ministerialen, aber auch viele Militärs waren da realistischer. Sie setzen darauf, Bündnisse mit den nichtrussischen Völkern der Sowjetunion zu suchen, z. B. mit den Ukrainern. Das hätte aber ein Eingehen auf deren Unabhängigkeitsbestrebungen bedingt, was Hitler um keinen Preis wollte. Russland niederzuringen war sein Ziel, und er wollte es aus eigener Kraft erreichen.

»Ostorientierung oder Ostpolitik« heißt ein zentrales Kapitel in »Mein Kampf«. Der völkische Staat, schreibt Hitler dort, habe die Existenz der durch ihn zusammengefassten Rasse sicherzustellen. Das deutsche Volk habe nur als Weltmacht eine Zukunft, wichtigste Voraussetzung dafür sei, dass das »Missverhältnis zwischen unserer Volkszahl und unserer Bodenfläche« beseitigt werde. Das »Volk ohne Raum« müsse Lebensraum gewinnen. Wäre eine solche Politik schon früher verfolgt worden, hätte man auch aus dem Ersten Weltkrieg siegreich hervorgehen können. Die Forderung nach Grund und Boden war deshalb »sittlich und moralisch berechtigt«. Um sie durchzusetzen, bedurfte es eines weiteren Krieges: »Der Grund und Boden, auf dem dereinst deutsche Bauerngeschlechter kraftvolle Söhne zeugen können, wird die Billigung des Einsatzes der Söhne von heute zulassen.« Die entscheidende Frage war, wo dieser Eroberungskrieg geführt werden sollte. Auch hier gab Hitler damals eine klare Antwort: »Wenn wir aber heute in Europa von neuem Grund und Boden reden, können wir in erster Linie nur an Russland und die ihm untertanen Randstaaten denken.« An die Stelle der Handels- und Kolonialpolitik der Vorkriegszeit sollte die Bodenpolitik der Zukunft treten. Das »jüdisch-bolschewistische« Russland, daran ließ Hitler keinen Zweifel, war der Hauptfeind und die Koexistenz zweier Kontinentalmächte in Europa nicht möglich. Die eine musste vernichtet werden, um die Existenz der anderen zu sichern. Deshalb war Hitlers Forderung an die deutsche Nation: »Sorgt dafür, dass die Stärke unseres Volkes ihre Grundlagen nicht in Kolonien, sondern im Boden der Heimat in Europa erhält.« Ziel deutscher Außenpolitik sollte eine »Ostpolitik im Sinne der Erwerbung der notwendigen Scholle für unser deutsches Volk« sein.

Das war ein klares Kriegsprogramm, niedergelegt genau 15 Jahre vor dem Überfall auf die Sowjetunion. Dieses Ziel verlor Hitler nie aus den Augen. Der Ostraum war ausersehen für das mythisch überhöhte Ziel der Landgewinnung, als Laboratorium für eine Reagrarisierung und eine rassistisch motivierte ethnische Flurbereinigung allergrößten Ausmaßes. Der im Reichsministerium für die besetzten Ostgebiete ausgearbeitete »Generalplan Ost« sah die »Verschrottung« von 31 Millionen Slawen vor, im Protokoll der Wannsee-Konferenz war von elf Millionen zu vernichtenden Juden die Rede. Die Addition beider Zahlen ergibt den Blutzoll für die nationalsozialistische Vision einer starken und rassisch reinen deutschen Nation in einem neu geordneten Europa. In der Osterweiterung sah Hitler die entscheidende Voraussetzung für die Sicherung der eigenen Machtbasis: »Der Kampf um die Hegemonie der Welt wird für Europa durch den Besitz des russischen Raumes entschieden; er macht Europa zum blockadefestesten Ort der Welt. Der russische Raum ist unser Indien, und wie die Engländer es mit einer Handvoll Menschen beherrschen, so werden wir diesen unseren Kolonialraum regieren.«

Diesem Kolonialraum kam eine dreifache Aufgabe zu. Er sollte als Siedlungsraum dienen. Sodann musste er Lebensmittel und andere Bedarfsgüter liefern. Normalerweise werden in einem Krieg Besatzungstruppen aus dem eroberten Territorium ernährt. In diesem Krieg hatten die besetzten Gebiete die sehr viel weitergehende Funktion, die Heimat der Angreifer mitzuversorgen. Göring, der Beauftragte für den Vierjahresplan, hatte die klare Devise ausgegeben: »Wenn einer hungert, dann hungert nicht der Deutsche.« Tatsächlich gelang es so, anders als im Ersten Weltkrieg, Unzufriedenheit über die Ernährungslage im Deutschen Reich weitestgehend zu vermeiden.

Die dritte wichtige Funktion der eroberten Ostgebiete war die Lieferung von Arbeitskräften. Im Sommer 1941 arbeiteten bereits drei Millionen Zwangsarbeiter in Deutschland, drei Jahre später waren es fast acht Millionen. Sie machten etwa ein Viertel aller in Deutschland tätigen Arbeitskräfte aus, in der Rüstungsindustrie ein Drittel und in der Landwirtschaft sogar die Hälfte. Als 1943 der Luftkrieg über Deutschland einsetzte, wurden die Flugzeugbauer Heinkel, Messerschmitt und BMW zu den größten Abnehmern von Sklavenarbeitern. Auschwitz war das erste Vernichtungslager, das Sklaven in großer Zahl in eigene Arbeitslager abkommandierte. Die Juden wurden oftmals schon vor Beginn der Deportation in Arbeitsfähige und sofort zu Vernichtende selektiert. Dabei musste zwischen dem Vernichtungsziel und den wirtschaftlichen Zielen eine Kompromisslinie gefunden werden, die immer wieder zu Diskussionen führte, wobei es eine starke Tendenz gab, im Interesse der vollständigen Vernichtung aller Juden auf ökonomische Belange keine Rücksicht zu nehmen. Das Zwangsarbeiterlager Auschwitz-Monowitz war Teil des oberschlesischen Chemiekomplexes, in den insgesamt 1,3 Milliarden Reichsmark investiert wurden. Er erreichte dadurch Dimensionen, die denen des Ruhrgebietes kaum nachstanden.

Als wenig erfolgreich erwies sich der Einsatz sowjetischer Kriegsgefangener, was an ihrer brutalen Behandlung lag. 1941 nahmen die Deutschen 3,35 Millionen Rotarmisten gefangen. Meist wurden sie in großen Kontingenten einfach auf offenem Feld mit Stacheldraht eingezäunt und dann ohne Obdach und Nahrung sich selbst überlassen. Ende des Jahres waren bereits zwei Drittel der Gefangenen tot. 1,1 Millionen lebten noch, doch waren nur etwa 400.000 noch arbeitsfähig. Nicht selten enthielten die Viehwaggons, wenn die Transporte in Deutschland ankamen, mehr tote als lebendige Kriegsgefangene, worüber es mehrfach zu Auseinandersetzungen zwischen dem Generalbevollmächtigten für den Arbeitseinsatz Fritz Sauckel, Ostminister Rosenberg und den beteiligten militärischen Instanzen kam.

Dieses ganze Geschehen war Ausdruck eines palingenetischen, d. h. auf eine revolutionäre Neugeburt der Nation setzenden, rassistisch aufgeladenen Ultranationalismus. Aus den blutigen Vernichtungsorgien sollte eine neue bessere Ordnung hervorgehen. Das war der mythische Kern der faschistischen Ideologie. »Indem ich mich des Juden erwehre, verrichte ich das Werk des Herrn«, schrieb Hitler in »Mein Kampf«. Sein Gott war ein Vorsehungsgott, der ihn dazu ausersehen hatte, den finalen Kampf gegen das Weltjudentum zu führen.

Am 22. Juni 1941 hatte die Wehrmacht die deutsch-sowjetische Demarkationslinie überschritten. Am 23. Juni begannen die Kommandos der Einsatzgruppen der Sicherheitspolizei und des SD mit den ersten Pogromen und Massenerschießungen.

Diese Spezialeinheiten, deren Führungspersonal aus den Reihen der Gestapo, der Kripo und des SD kam, waren für den Krieg an der Ostfront zusammengestellt worden. Sie umfassten mit ihren verschiedenen Sonderkommandos zunächst etwa 3.000 Mann. Das waren die »ganz normalen Männer«, die für den Alltag des Mordgeschäfts zuständig waren. Sie ermordeten in wenigen Monaten etwa 900.000 Menschen.

Die erste Phase der Vernichtung umfasste die Zeit von Juni bis Dezember 1941. Am Beginn stand die Ermordung der baltischen Juden. Die Pogrome der einheimischen Bevölkerung in Estland, Lettland und Litauen wurden aus dem Hintergrund gelenkt. Heydrich wies die Chefs der Einsatzgruppen an: »Den Selbstreinigungsbestrebungen antikommunistischer und antijüdischer Kreise in den neu zu besetzenden Gebieten ist kein Hindernis zu bereiten. Sie sind im Gegenteil, allerdings spurenlos, auszulösen, zu intensivieren wenn erforderlich und in die richtigen Bahnen zu lenken, ohne dass sich diese örtlichen ›Selbstschutzkreise‹ später auf Anordnungen oder auf gegebene politische Zusicherungen berufen können.« Dies wurde sehr effizient befolgt. Es war gelungen, die Juden als Helfershelfer und Nutznießer der vorübergehenden sowjetischen Besatzungsherrschaft, als Akteure einer jüdisch-bolschewistischen Verschwörung erscheinen zu lassen, sodass sie nun in großem Umfang Opfer von Pogromen wurden. Besonders berüchtigt war Herberts Cukurs von der pronazistischen Organisation »Pērkonkrusts« (deutsch: Donnerkreuz), der »der Schlächter von Riga« genannt wurde. Er war allein für etwa 30.000 Morde verantwortlich. Als Walther Stahlecker, Leiter der für das Baltikum zuständigen Einsatzgruppe, den Befehl gab, in Riga die Synagogen niederzubrennen, trieb Cukurs zuvor Hunderte von Menschen hinein, die so mit den Gebäuden verbrannten.

Mit dem Krieg an der Ostfront eröffneten sich mehrere neue Perspektiven. Zum einen kam eine ungleich größere Zahl von Juden in den deutschen Herrschaftsbereich, zum anderen gab es nun die Möglichkeit der »Evakuierung der Juden nach dem Osten«, wie das Protokoll der Wannsee-Konferenz vermerkte. Unter dem Schirm der Wehrmacht, und teilweise auch unter ihrer Mitwirkung, verrichteten die Einsatzgruppen ihr Vernichtungswerk. Die Wehrmacht war das Instrument eines »Feldzuges gegen das jüdisch-bolschewistische System«, wie Generalfeldmarschall von Reichenau dekretierte: »Der Soldat ist im Ostraum nicht nur ein Kämpfer nach den Regeln der Kriegskunst, sondern auch Träger einer unerbittlichen völkischen Idee.« Hitler war von dem Reichenau-Befehl so begeistert, dass er ihn umgehend in der ganzen Wehrmacht verbreiten ließ.

Mit dem Angriff auf die Sowjetunion war die Schwelle zur »Endlösung der Judenfrage« überschritten. Zwischen Wehrmacht, Polizei und Zivilverwaltung bestand ein breiter Konsens bezüglich des Vernichtungsziels, die Amtsträger der verschiedenen Verwaltungskörperschaften waren politisch hoch motiviert, in ihren Zielen weitgehend einig und sie identifizierten sich stark mit ihren Aufgaben. Der Mann, dessen Karriere durch die Umsetzung der »Endlösung« steil anstieg, war Reinhard Heydrich. Um die Jahreswende 1940/41 beauftragte Hitler ihn, einen Plan zur Deportation aller Juden aus dem deutschen Machtbereich zu entwickeln.

Am 19. August 1941 war Goebbels zu einem sehr ausführlichen Gespräch bei Hitler, den in den vergangenen vier Wochen schwere Sorgen gedrückt hatten. Er sah sich unerwarteten »militärischen Schwierigkeiten« gegenüber: »Wir haben offenbar die sowjetische Stoßkraft und vor allem die Ausrüstung der Sowjetarmee gänzlich unterschätzt.« Hitler bekannte, er habe die Zahl der sowjetischen Panzer auf 5.000 geschätzt, in Wirklichkeit seien es wohl viermal so viele. Ähnlich verhalte es sich mit den Flugzeugen. Hitler sei »innerlich über sich sehr ungehalten«. Am Ende seiner langen Ausführungen kam er auf das »Judenproblem« und erinnerte an seine Prophezeiung vom 30. Januar 1939, an die er sich klammerte wie an einen Strohhalm. Wann immer es militärische Rückschläge gab, suchte er sie durch eine Steigerung der Vernichtungsanstrengungen zu kompensieren. Der Antisemitismus war der motivationale Kern von Hitlers Handeln. Das Weltjudentum sah er als treibende Kraft hinter seinen Hauptgegnern in diesem Krieg, ihm wurde auch der zähe und die Erwartungen weit übertreffende Widerstand der sowjetischen Armee zugeschrieben. Nachdem Hitler die militärische Lage mit Goebbels erörtert hatte, rief er aus: »Im Osten müssen die Juden die Zeche bezahlen.« Er fuhr fort: »In Deutschland haben sie sie zum Teil schon bezahlt und werden sie in Zukunft noch mehr bezahlen müssen.«

Die ersten Deportationen reichsdeutscher Juden waren damals schon in der Diskussion. Hitler und Goebbels verabredeten eine Kennzeichnungspflicht für Juden. Aus nationalsozialistischer Sicht waren die Juden eine fünfte Kolonne, Feinde im eigenen Lande, die man durch die Judensterne, die sie nun zu tragen gezwungen waren, kenntlich machte. Der gelbe Stern musste gut sichtbar auf der linken Brustseite des Kleidungsstücks aufgenäht sein. Wer ihn verdeckte, etwa durch einen Schal, machte sich strafbar und musste die Einweisung ins KZ gewärtigen. Diese Verpflichtung betraf alle Juden, die älter als sechs Jahre alt waren. Die Verordnung trat am 19. September in Kraft. Sie schrieb auch vor, dass Juden ihren Wohnort nur noch mit polizeilicher Genehmigung verlassen durften. Am 23. Oktober erfolgte ein generelles Auswanderungsverbot für Juden; drei Tage zuvor hatte man die ersten »reichsdeutschen« Juden deportiert. Der Judenstern signalisierte die Entfernung der jüdischen Mitbürger aus der deutschen Gesellschaft. Von vielen wurde das begrüßt, allerdings gab es aus der Bevölkerung auch Beschwerden darüber, dass der Judenstern nur auf der Brust, nicht aber auf dem Rücken zu tragen war, sodass die Juden, mit denen man jeden Kontakt vermeiden wollte, von hinten nicht ohne Weiteres zu erkennen waren. Die Deportationen wurden im Allgemeinen zustimmend zur Kenntnis genommen. Ein Vorfall in einer fränkischen Landgemeinde zeigt, dass es manchen gar nicht schnell genug gehen konnte. In einem Bericht des SD hieß es: »In der Nacht vom 15. auf 16. November wurde vor dem Rathaus zum Protest gegen die einzig im Landkreis noch vorhandene jüdische Person, die Ehefrau des Uhrmachers Reuter, ein Galgen mit der Aufschrift ›Für die Jüdin‹ aufgestellt.« Das Eigentum der Deportierten wurde durch die Finanzämter verwertet. Ein Teil ging als Eigenbedarf an die Verwaltung, vieles wurde zugunsten des Deutschen Reiches versteigert, einiges kam auch reichsdeutschen Neusiedlern im Osten oder ausgebombten Familien zugute. Um die frei gewordenen »Judenwohnungen« entspann sich ein lebhafter Wettbewerb von staatlichen und Parteiinstanzen, in den sich manchmal sogar die Zentrale einschaltete.

Bevor die Deportationen aus Wien, München, Frankfurt, Berlin und anderen Städten des großdeutschen Reiches einsetzten, hatte Hitler Rücksprache mit seinem Außenminister gehalten, da er die deutschen Juden stets als Faustpfand gegenüber den USA gesehen hatte. Wenn die amerikanische Politik vom Weltjudentum gelenkt war, lag es in der Logik dieser Vorstellung, dass sich eine Schonung des Lebens der reichsdeutschen Juden günstig auf eine Fortdauer der Neutralität der USA im Zweiten Weltkrieg auswirken könnte. Doch Ribbentrop hatte offenbar keine Bedenken, und am 17. September genehmigte Hitler die Transporte. Dazu mag beigetragen haben, dass es nach der Depression des Sommers, der »schweren Krise«, die Hitler durchlitten hatte, an der Ostfront wieder voranging. Am 12. September war es gelungen, den Verteidigungsring um Leningrad zu sprengen, und Panzerverbände hatten hinter Kiew die russischen Linien durchbrochen. Die Rote Armee war an ihrem Tiefpunkt angekommen. Der deutsche Sieg schien zum Greifen nahe, der mögliche Kriegseintritt Amerikas weder wahrscheinlich noch bedrohlich. Am 19. August hatte Hitler erklärt: »USA ist nicht kriegsreif. Roosevelt hat zwar ein Interesse daran, den Krieg möglichst lange hinzuziehen. Aber in ihn einzugreifen, dazu fehlt ihm die Lust und auch die Vollmacht.« Als dann die Vereinigten Staaten im Dezember Japan den Krieg erklärten, stärkte das noch Hitlers Optimismus, weil er glaubte, nun seien die Kräfte der Amerikaner auf dem asiatischen Kriegsschauplatz gebunden. Einen Zweifrontenkrieg hatte er vermeiden wollen und dachte, dass ihm das auch gelungen sei, weil er mal den Gegner im Westen, mal den im Osten als mehr oder weniger schon besiegt ansah.

Gleichzeitig erreichte die Diskussion über effektive Vernichtungsmethoden den SS- und Polizeiapparat. Die Einsatzgruppen hatten inzwischen etliche Hunderttausend Menschen erschossen, aber schon im ersten Tätigkeitsbericht war über »seelische Höchstanstrengungen« geklagt worden. Die Tötung jedes Einzelnen durch einen gezielten Kopf- oder Genickschuss war mühevoll und aufwendig. Die Schädel der Opfer wurden oft aufgerissen, Blut und Hirnmasse verunreinigten die Uniformen. Die Nachfolgenden sahen, was sie erwartete. Viele weinten und schrien oder versuchten zu fliehen. Etliche fielen in die Gruben, waren aber nur angeschossen. In den Worten eines Schutzpolizisten: »Man kann sich ja vorstellen, dass diese Erschießungen nicht in der Ruhe vor sich gingen, wie man sie heute erörtern kann.« Wenig später wurden erstmals Gaswagen eingesetzt, bei denen das Kohlenmonoxyd der LKW-Motoren in den abgeschlossenen Kastenaufbau geleitet wurde. Die ersten Versuche waren so erfolgreich, dass das RSHA 15 Gaswagen für den Einsatz in den besetzten Ostgebieten herstellen ließ. Die Täter empfanden dies als enormen Fortschritt, sie mussten nun nicht mehr selbst Hand anlegen, sondern konnten den qualvollen Tod ihrer Opfer bequem durch kleine Fenster aus Sicherheitsglas beobachten. Ab Frühjahr 1942 wurden die Mordaktionen auch in stationären Gaskammern durchgeführt, wobei auch hier zunächst Kohlenmonoxyd aus Gasflaschen oder Automotoren zum Einsatz kam. Doch den Vernichtungsexperten des RSHA war der Aufwand zu hoch, das Ergebnis nicht präzise genug. Rudolf Höß, der Kommandant von Auschwitz, entschied sich schließlich für den Einsatz von Zyklon B, das bis dahin nur für die Entlausung verwendet worden war. Diese kristalline Form der Blausäure wird durch den Kontakt mit Sauerstoff zu einem hochwirksamen Tötungsmittel. Um mehr Menschen gleichzeitig ermorden zu können, zwang man sie, mit erhobenen Armen in die Gaskammer zu gehen. Auf diese Weise brauchten sie weniger Platz. Säuglinge und Kleinkinder wurden auf die Menschenmasse geworfen. Sobald die Türen geschlossen waren, warfen SS-Leute das Zyklon B durch die Decke der als Duschen getarnten Gaskammern.

Im Januar 1942 nahm die erste reguläre Gaskammer in Auschwitz ihren Betrieb auf. Im Mai 1942 wurde sie ins Außenlager Birkenau verlegt, wo auch die Krematorien II bis V mit jeweils mehreren unterirdischen Gaskammern errichtet wurden. Diese Kombination von Gaskammern mit Krematorien beschleunigte die Massenvernichtung erheblich, denn das Problem der Beseitigung der Leichen war bisher nicht befriedigend gelöst gewesen. Zunächst hatte man sie vergraben, dann wieder ausgegraben und verbrannt, was aufwendig war und zudem unliebsames Aufsehen erregte. Hier versprachen leistungsfähige Krematorien einen entscheidenden Fortschritt. Es bestand die begründete Hoffnung, die Einäscherungskapazität auf das Leistungsniveau der Gaskammern zu bringen. Zwei Firmen standen in erbittertem Konkurrenzkampf um die Belieferung der SS: Kori in Berlin und Topf in Erfurt. Kori hatte einen Standortvorteil. Doch als nach dem Frankreichfeldzug die ohnehin rationierten Flüssigbrennstoffe immer knapper wurden, machte die Firma Topf das Rennen, die frühzeitig auf einen Betrieb mit Koks umgestellt hatte. Fritz Sander, leitender Ingenieur bei Topf, hatte am 27. Oktober 1942 ein Patent für einen »kontinuierlich arbeitenden Leichen-Verbrennungsofen für Massenbetrieb« angemeldet. Auch das war eine Errungenschaft deutscher Ingenieurskunst, ein Ofen, der sich selbst bei längerem Dauerbetrieb nicht überhitzte. Ab März 1942 kamen fast täglich Züge am Bahnhof Auschwitz an, zunächst vor allem aus Oberschlesien, dann auch aus der Slowakei, aus Frankreich, den Niederlanden, Jugoslawien usw. Bis Jahresende waren die Bewohner fast aller Ghettos in Auschwitz und den anderen Vernichtungslagern ermordet worden. Im Januar 1943 traf der erste Transport aus Berlin ein. Bis zum Februar dauerten die großen Vernichtungsaktionen, denen drei Viertel aller von den Nazis ermordeten Juden Europas zum Opfer fielen. Im Mai 1944, nach der Besetzung Ungarns durch das Dritte Reich, begann die letzte »Aktion« dieser Größenordnung, die Vergasung von mehr als 400.000 ungarischen Juden. Insgesamt wurden von etwa sechs Millionen Juden, die die Nazis ermordeten, etwas mehr als die Hälfte in den Vernichtungslagern Auschwitz, Bełzec, Chełmno, Majdanek, Sobibor und Treblinka umgebracht. Die übrigen starben in anderen Lagern, bei Pogromen, Massenerschießungen, während der Zwangsarbeit oder auf den Todesmärschen.

Neben Geisteskranken, Slawen und Juden bildeten die Zigeuner eine weitere wichtige Opfergruppe der nationalsozialistischen Rassenutopie. Wie die meisten Minderheiten hatten sie auch in früherer Zeit schon unter Vorurteilen, Ausgrenzung und Diskriminierung zu leiden gehabt. Doch Mitte der 30er Jahre steigerte sich diese traditionelle Abwehrhaltung in Deutschland zu offener Verfolgung. Aus einem sozialen wurde ein rassistischer Antiziganismus. Die Nürnberger Gesetze trafen auch die Zigeuner, die als »fremdrassig« galten, man begann, sie in Lagern zusammenzuführen und 1938 wurde beim Reichskriminalpolizeiamt die »Reichszentrale zur Bekämpfung des Zigeunerunwesens« gebildet. Im Mai 1940 begannen die Deportationen, deren Ziel zunächst das Generalgouvernement war. Im Februar 1943 kam der erste große Zigeunertransport in Auschwitz an, und man errichtete in Birkenau ein »Zigeunerlager«. Die meisten der etwa 23.000 Insassen starben durch Hunger, Krankheiten, Misshandlung und medizinische Experimente. Die letzten 3.000 wurden bei der Auflösung des »Zigeunerlagers« im August 1944 vergast. Die Zahl der deutschen Opfer beträgt etwa 15.000, die Gesamtzahl ist aufgrund der schlechten Quellenlage schwer zu bestimmen. Schätzungen schwanken zwischen 220.000 und 500.000.

Schon bald nach dem Überfall auf die Sowjetunion war es zu einer ersten Verständigung unter Hitlers Gegnern gekommen. Am 12. Juli 1941 hatten die Regierungen in London und Moskau einen Beistandspakt unterzeichnet. In der Atlantikcharta hatten sich Roosevelt und Churchill wenig später über Grundlinien einer Nachkriegsordnung verständigt, und im September gab es eine Drei-Mächte-Konferenz in Moskau zur Stabilisierung der sowjetischen Front. Noch waren die USA offiziell neutral, doch das änderte sich schlagartig, als am Morgen des 7. Dezember von sechs japanischen Flugzeugträgern aus ein Luftangriff auf den amerikanischen Flottenstützpunkt Pearl Harbor gestartet wurde. Am 8. Dezember erklärten die Vereinigten Staaten Japan den Krieg, woraufhin Deutschland und Italien drei Tage später Amerika den Krieg erklärten. Die eigentlich für den 9. Dezember vorgesehene Wannsee-Konferenz wurde daraufhin auf den 20. Januar 1942 verschoben.

Zu der Konferenz über die »Endlösung der Judenfrage« hatte Reinhard Heydrich eingeladen, der in Begleitung mehrerer Mitarbeiter erschien, unter ihnen Adolf Eichmann, der das Protokoll führte. Die größte Gruppe der 15 Teilnehmer stellten neben dem RSHA die Vertreter der Ministerialbürokratie, die in die Vernichtungsaktionen eingebunden werden sollten. Außerdem gab es je einen Vertreter des Rasse- und Siedlungshauptamtes der SS und der Parteikanzlei sowie drei Repräsentanten der Zivilverwaltung in den besetzten Gebieten im Osten, einen Abgesandten des Generalgouvernements und zwei Vertreter aus dem Ostministerium. Die Wannsee-Konferenz fand zu einem Zeitpunkt statt, als der deutsche Vormarsch zum Stillstand gekommen war. Es wurde immer deutlicher, dass der »Arbeitseinsatz im Osten«, im nichteroberten Sibirien etwa, Fiktion bleiben würde und die »Evakuierung« für viele den sofortigen und für die Übrigen den nur aufgeschobenen Tod bedeutete. Unmittelbar nach der Konferenz setzten flächendeckende Deportationen in Deutschland ein, außerdem wurde das Mordgeschehen mit einem umfassenden Zwangsarbeitsprogramm verzahnt. Der Wannsee-Konferenz schlossen sich mehrere Nachfolgekonferenzen an, von denen die erste am 29. Januar im Ostministerium stattfand. Wiederum beschäftigten die Ministerialbeamten sich mit der Frage der »Mischlinge«, die im Osten anders gelöst werden sollte als im »Altreich«. Manche sahen die Chance, hier nicht die in Deutschland erforderlichen Rücksichten nehmen zu müssen und die Kategorie der Mischlinge praktisch zu eliminieren. Der Effekt all dieser Überlegungen und Initiativen war sehr begrenzt, denn Himmler verbat sich »alles Mitreden« und schrieb an den Chef des SS-Hauptamtes Gottlob Berger: »Ich lasse dringend bitten, dass keine Verordnung über den Begriff ›Jude‹ herauskommt.« Himmler war überzeugt, dass man sich mit »diesen törichten Festlegungen« nur selbst die Hände binde. Im Frühjahr 1942 begann die zweite und furchtbarste Mordwelle, an deren Ende die Auflösung der Ghettos stand. Waren bis

März 1942 20 bis 25 Prozent aller Holocaustopfer umgekommen, starben in den folgenden zwölf Monaten 50 Prozent von ihnen.

Dieses Vernichtungsgeschehen vollzog sich im Windschatten einer Front, die 1942 ihre größte Ausdehnung erreichte. Die deutschen Truppen standen vor Leningrad im Norden, vor Stalingrad und am Ufer des Schwarzen Meeres im Süden. Ein Teil der eroberten Territorien war nun der Zivilverwaltung unterstellt. Die baltischen Staaten und Weißrussland bildeten das Reichskommissariat Ostland, die Ukraine das Reichskommissariat Ukraine. Als Reichskommissare amtierten die Gauleiter Hinrich Lohse und Erich Koch. Doch die Verluste an Menschen und Material gingen an die Substanz. Nicht nur die Moral der Truppe, auch die militärische Schlagkraft war bereits erheblich geschwächt. Im Sommer 1942 hatte die Wehrmacht noch die Kraft zu Offensiven, es gelangen auch Erfolge, z. B. die Einkesselung großer sowjetischer Verbände bei Charkow. Aber Leningrad konnte nicht erobert werden. Auch das Ziel, zur Sicherung der gefährdeten Treibstoffversorgung die kaukasischen Ölfelder zu besetzen, wurde nicht erreicht. Und die 6. Armee unter General Paulus eroberte zwar weite Teile des Stadtgebiets von Stalingrad, konnte den sowjetischen Widerstand aber nicht brechen.

Die Starrheit, mit der Hitler auf die wachsenden Probleme reagierte, machte alles noch schwieriger. Alle Vorschläge, doch irgendeine Art von Verständigung mit den Sowjets zu suchen, wies er brüsk zurück. Selbst jeder vorübergehende, taktisch gebotene Rückzug erschien ihm als Verrat. Auch General Paulus wurde jede Kapitulation strikt untersagt. Hitler erwartete, dass die 6. Armee untergehen würde bis zum letzten Mann wie einst die Spartaner in der Schlacht bei den Thermopylen und beförderte Paulus in Erwartung seines Heldentodes zum Generalfeldmarschall. Dies alles machte die Kriegsführung nicht gerade einfacher und mancher General verzweifelte angesichts der Interventionen Hitlers, freilich ohne in dessen Gegenwart Widerspruch zu artikulieren.

Am 26. April 1942 versammelte sich der vier Jahre zuvor gewählte Großdeutsche Reichstag zu seiner sechsten und letzten Sitzung. Die Hauptrede hielt naturgemäß Adolf Hitler. Einmal mehr sprach er über das »Ringen um Sein oder Nichtsein« und die Vorsehung, die ihn dazu ausersehen habe, »in einer so großen Zeit das deutsche Volk führen zu dürfen«. Dann übernahm Reichstagspräsident Göring das Wort, dem man anmerkte, dass ihm nicht wohl in seiner Haut war. Er trug einen Gesetzesvorschlag vor, der selbstredend einstimmig angenommen wurde. Es ging dabei um Hitler, der »als Führer der Nation, als oberster Befehlshaber der Wehrmacht, als Regierungschef und oberster Inhaber der vollziehenden Gewalt, als oberster Gerichtsherr und als Führer der Partei« künftig nicht mehr an bestehende Rechtsvorschriften gebunden sein sollte. Die Omnipotenz, die sich in der Fülle seiner Machtpositionen offenbarte, genügte noch nicht, der Diktator sollte ganz ausdrücklich jeder Einschränkung durch irgendwelche Rechtsvorschriften enthoben sein.

Diese letzte Steigerung der Personalisierung von Hitlers Herrschaft war eine Ausgeburt der Allmachtsphantasien eines in seinem Inneren zutiefst ängstlichen Charakters, eines Mannes, der nach der Niederlage von Stalingrad seinen deutschen Volksgenossen, die ihn einst gewählt hatten, nicht mehr gegenübertreten wollte. Öffentliche Auftritte überließ er jetzt anderen. Auch an der Front, die er zu Beginn des Krieges so gerne besucht hatte, ließ er sich nicht mehr blicken, sondern verbrachte die Zeit lieber abgeschieden in seinem mit drei Sperrkreisen gesicherten Führerhauptquartier. Der Normenstaat löste sich zusehends auf. An seine Stelle trat ein Maßnahmensystem, dem eine geordnete Staatlichkeit zunehmend abzusprechen war. Als Oberbefehlshaber des Heeres mischte sich Hitler in eine Vielzahl von taktischen Einzelfragen ein, was eine geordnete Kriegsführung enorm erschwerte. Doch die Generäle, die Hitler einst mit in den Sattel gehoben hatten, waren ihm nun ausgeliefert.

Am 27. Mai 1942 wurde Reinhard Heydrich auf der Fahrt zu seinem Dienstsitz als stellvertretender Reichsprotektor für Böhmen und Mähren, dem Prager Hradschin, durch Attentäter, die eine Handgranate in seinen offenen Wagen warfen, schwer verwundet. Die Attentäter handelten im Auftrag der tschechischen Exilregierung in London. Acht Tage später erlag Heydrich seinen Verletzungen, was die Besatzer zum Anlass für einen brutalen Rachefeldzug gegen die tschechische Zivilbevölkerung nahmen. Unter anderem wurde der 102 Häuser mit 503 Einwohnern zählende Ort Lidice dem Erdboden gleichgemacht. Die Gebäude wurden in Brand gesteckt, gesprengt und schließlich durch den Reichsarbeitsdienst eingeebnet. Alle männlichen Bewohner wurden erschossen, die Frauen in das KZ Ravensbrück deportiert. Die 98 Kinder kamen in das KZ Łódź, das die Nazis nach einem deutschen General Litzmannstadt nannten. Dort wurden zwölf »eindeutschungsfähige« Kinder ausgesondert und nach Bayern verbracht, die anderen vergast.

Die Leitung des RSHA übernahm vorübergehend Himmler selbst, am 30. Januar 1943 wurde Ernst Kaltenbrunner (1903–1946) zu Heydrichs Nachfolger berufen. Kaltenbrunner war zunächst Leiter der österreichischen SS gewesen, hatte die Gestapo in der »Ostmark« aufgebaut und war 1939 Höherer SS- und Polizeiführer für den Bezirk Donau geworden. Nun wurde er unmittelbarer Vorgesetzter von Adolf Eichmann, den er schon aus seiner Schulzeit in Linz kannte. Kaltenbrunner entwickelte sich zu einer Haupttriebkraft bei der Umsetzung der »Endlösung«. Außerdem gelang ihm im Frühjahr 1944 die Entmachtung von Canaris und die Übernahme der militärischen Abwehr durch den SD, der so ein nachrichtendienstliches Monopol hatte, das ihm bei der Verfolgung der Widerstandskämpfer des 20. Juli sehr zustattenkam.

Während die Kommandanten der Vernichtungslager bei ihrem Mordgeschäft Höchstleistungen registrierten, erlitt die Wehrmacht empfindliche Rückschläge. Das galt nicht nur für die Ostfront, sondern auch für Nordafrika. Im Juli 1942 brachten die Alliierten den Vormarsch der deutsch-italienischen Panzerverbände bei El Alamein, einem ägyptischen Küstenstädtchen etwa 100 Kilometer westlich von Alexandria, zum Stehen. In der zweiten Schlacht bei El Alamein gelang dem britischen General Montgomery drei Monate später ein entscheidender Sieg über die Achsenmächte, der ihren Rückzug vom afrikanischen Kontinent einleitete. Im Frühjahr 1943 musste Rommel sich geschlagen geben, organisierte die Verteidigung Italiens, wo die Alliierten am 10. Juli landeten, und wurde zuletzt, in Erwartung der Invasion in Frankreich, am Atlantikwall eingesetzt. Als sein Name im Zusammenhang mit der Verschwörung des 20. Juli genannt wurde, ordnete Hitler Rommels Selbstmord an. Andernfalls drohte ihm ein Verfahren vor dem Volksgerichtshof und Sippenhaft für die Familie. Rommel wählte die Giftkapsel, wofür er, angeblich bei einem Flugzeugabsturz ums Leben gekommen, mit einem Staatsbegräbnis belohnt wurde.

Im Frühjahr 1942 fielen in kurzem Abstand drei bedeutsame Personalentscheidungen, die in erheblichem Maße dazu beitrugen, dass das Dritte Reich trotz seiner sehr viel schwieriger gewordenen militärischen Lage als kriegführende Macht noch drei Jahre durchhalten konnte. Am 8. Februar trat Albert Speer die Nachfolge des verunglückten Todt als Reichsminister für Bewaffnung und Munition an und war damit für die gesamte Rüstungswirtschaft zuständig. Am 21. März wurde Fritz Sauckel Generalbevollmächtigter für den Arbeitseinsatz und war damit Oberbefehlshaber über das Millionenheer der Zwangsarbeiter, deren ökonomische Bedeutung ständig zunahm. Mit brutalen Zwangsrekrutierungen musste deshalb ständig für Nachschub gesorgt werden, wobei man auch vor der Verschleppung von Jugendlichen nicht zurückschreckte. Am 23. Mai übernahm der skrupellose Herbert Backe von dem zaudernden Spintisierer Darré die Leitung des Landwirtschaftsministeriums. Backe gilt als Urheber des sogenannten Hungerplans, der den Hungertod von Millionen Slawen im Rahmen der deutschen Kriegsführung bewusst einkalkulierte. Auch die Tatsache, dass 1942 sehr viel mehr Juden vernichtet wurden als zuvor, gehört in diesen Zusammenhang, denn die Forcierung der Vernichtungsmaßnahmen half, die Zahl »nutzloser Esser« zu reduzieren. Zuvor hatte Backe (1896–1947) den Arbeitsbereich Ernährung im Rahmen des Vierjahresplans geleitet. Mit Göring war er sich einig in dem Ziel, die Sowjetunion so rücksichtslos wie möglich auszuplündern. Damit leistete er einen wichtigen Beitrag zu Speers »Rüstungswunder«, wie auch Fritz

Sauckel (1894–1946), der der Rüstungswirtschaft Millionen von Arbeitssklaven zuführte und es nicht fassen konnte, dass er dafür in Nürnberg zum Tod verurteilt wurde, während Speer, den er zu Recht als den größeren Verbrecher ansah, mit 20 Jahren Haft davonkam.

Speer war ein Mann, dem Effizienz über alles ging. Hitler erkannte rasch seine Talente und ließ ihm in nahezu allem freie Hand. Speer, der sich nach dem Krieg mit großem Geschick zum unpolitischen Technokraten stilisierte, war ein fanatischer Überzeugungstäter und zugleich ein energischer und effizienter Organisator industrieller Höchstleistungen. Er war auch ein Meister der Propaganda, hierin Goebbels ebenbürtig, mit dem er eng zusammenarbeitete. Speer trug entscheidend dazu bei, dass sich das deutsche Volk trotz aller erkennbaren Rückschläge bis zum Schluss allen Anstrengungen zur Erreichung der Kriegsziele willig unterzog. Mit Himmler vereinbarte Speer eine Kooperation zur systematischen Bespitzelung aller Industriebetriebe, um noch das Äußerste aus den dort Arbeitenden herauszuholen. Noch im Sommer 1944 setzte er eine weitere Radikalisierung der Kriegsmaßnahmen durch. Am 26. Juni 1944 hielt Adolf Hitler seine letzte öffentliche Rede. Sein Auditorium bestand aus handverlesenen Vertretern der Rüstungsindustrie. Geschrieben hatte die Rede, die von der Notwendigkeit einer letzten großen Anstrengung für den »Endsieg« handelte, Albert Speer, der Mann, der mehr als jeder andere die Verantwortung dafür trug, dass die Wehrmacht nach der Wende vom Dezember 1941 noch dreieinhalb Jahre lang durchhielt, bevor sie an allen Fronten zusammenbrach.

Das Kriegsjahr 1943 begann mit einer Tragödie. Im Lauf der Sommeroffensive des Vorjahres war die 6. Armee bis nach Stalingrad (heute Wolgograd) vorgedrungen. Es gelang ihr, 90 Prozent des Stadtgebiets zu erobern, nicht aber, die Sowjets zu besiegen. Vielmehr wurden die Deutschen in Stalingrad eingekesselt und in zwei Gruppen gespalten. Es begann ein verlustreicher Häuserkampf, bei dem manche Gebäude mehrmals täglich den Besitzer wechselten. Die Sowjets führten ständig neue Truppen heran. Ihre Verluste waren enorm, die Lebenserwartung eines Rotarmisten nach seiner Ankunft lag damals bei 24 Stunden. Insgesamt verlor die Sowjetunion in Stalingrad eine Million Soldaten. Manchen sprachen von einem sowjetischen Verdun, doch anders als in Verdun gab es einen eindeutigen Sieger bei dieser Schlacht.

General Paulus verfügte über 250.000 Mann, die von jeder Rückzugsmöglichkeit abgeschnitten waren, andererseits, entgegen den großmäuligen Versprechungen Görings, aus der Luft nicht versorgt werden konnten. Die durchschnittliche Lebensmittelration eines Wehrmachtssoldaten betrug zwei Scheiben Brot pro Tag. Viele kamen durch Unterernährung, Erschöpfung und die erbarmungslose Kälte um. Am 31. Januar 1943, nach neun Wochen in der Eishölle, in denen die letzte Munition verschossen war, setzte sich Paulus über den tobenden Hitler hinweg und erklärte für den südlichen Kessel die Kapitulation, der sich zwei Tage später auch die Verbände im nördlichen Kessel anschlossen. 91.000 Mann waren noch am Leben, von denen aber 50.000 bald ihren Verletzungen oder den Strapazen erlagen. 35.000 starben in den sowjetischen Lagern. Nur 6.000 Stalingradkämpfer kehrten Jahre später lebend in die deutsche Heimat zurück.

Hitler hatte gerade die nach seinem Erzfeind Stalin benannte Stadt um jeden Preis erobern wollen, doch die sowjetische Übermacht hatte den Deutschen die erste vernichtende Niederlage in diesem Krieg beigebracht. Von da an waren die deutschen Aggressoren die Getriebenen, das Gesetz des Handelns war ihnen entwunden worden. Die Schlacht von Stalingrad wurde zur berüchtigtsten des Zweiten Weltkrieges. Hitlers Nimbus als unbesiegbarer Feldherr war verblasst und viele begannen, am »Endsieg« zu zweifeln. Doch noch standen die deutschen Armeen weit in Feindesland. Die Versorgungslage in der Heimat war stabil und es hatte erst wenige schwere Luftangriffe auf deutsche Großstädte gegeben. Die meisten hofften nach wie vor, dass am Ende alles gut ausgehen würde, zumal diejenigen, und das waren nicht wenige, die sich so weit auf das Naziregime eingelassen hatten, dass sie in der einen oder anderen Weise in seine Verbrechen verstrickt waren.

Albert Speer hatte am 22. Januar 1943 ein »Adolf-Hitler-Panzerprogramm« aufgelegt. Nach der Niederlage von Stalingrad verdoppelte Hitler die Produktionsziele für dieses Programm und gab Speer eine Universalvollmacht, um alles dafür Notwendige zu veranlassen. Aber in die Öffentlichkeit wagte sich der »Führer« nicht mehr. Schon am 30. Januar, zum zehnten Jahrestag der »Machtergreifung«, hatte er erstmals das Rednerpult seinem Propagandaminister überlassen und auch am 18. Februar war es Goebbels, dem die Aufgabe zufiel, die Menschen wieder auf Siegeszuversicht und die damit einhergehenden Kriegsanstrengungen einzuschwören. Er hielt im Sportpalast die berühmteste seiner vielen Reden. Sie wurde vom Rundfunk nicht nur im Deutschen Reich übertragen, sondern auch an die verschiedenen Fronten. Die Millionen an den heimischen Volksempfängern und die in weiter Ferne kämpfenden Soldaten sollten so zu einer fanatisierten Gemeinschaft zusammengeschweißt werden. Am Ende eines langen rhetorischen Furioso stellte Goebbels den Anwesenden, stellvertretend für die Nation, zehn Fragen. Siegeszuversicht wurde abgefragt, aber auch Einsatzbereitschaft, die Todesstrafe für »Drückeberger«. Am berühmtesten wurde zweifellos die vierte Frage: »Wollt ihr den totalen Krieg? Wollt ihr ihn, wenn nötig, totaler und radikaler, als wir ihn uns heute überhaupt erst vorstellen können?« Geantwortet wurde selbstverständlich, wie bei allen Fragen, mit stürmischen Ja-Rufen. Die Veranstaltung endete mit dem Absingen der Nationalhymne.

Goebbels verfolgte mit diesem Auftritt, der auch Hitler beeindruckte, ein durchaus egoistisches Ziel. Er hatte bereits Mitte Januar Vorschläge für die Durchführung des totalen Krieges gemacht. Hitler griff diese Ideen zwar auf, beauftragte aber Bormann, Lammers und Keitel mit der weiteren Ausarbeitung. Diese drei, die Partei, Staat und Wehrmacht repräsentierten, gehörten, gemeinsam mit Göring und Frick, auch dem schon länger existierenden Reichsverteidigungsrat an, der nun zugunsten des neuen Dreierausschusses in den Hintergrund trat, wogegen Göring vergeblich intrigierte. Angesichts des Versagens der Luftwaffe war sein Stern stark gesunken. Goebbels dagegen wurde für die psychologische Kriegsführung dringend gebraucht. Niemand konnte so wie er Niederlagen in Siege umlügen. »Das Ringen um Stalingrad wurde geradezu zu einem Symbol des Widerstands gegen den Aufruhr der Steppe«, hatte er seinen Zuhörern am 18. Februar zugerufen. Die militärischen Niederlagen waren zudem nicht seine Niederlagen. Goebbels kämpfte an der Heimatfront, mobilisierte dort die letzten Reserven und versuchte mit immer neuen Durchhalteappellen, die Menschen zu äußersten Anstrengungen zu bringen. Am 25. Juli 1944 ernannte Hitler ihn in Anerkennung dieser Propagandaarbeit zum »Reichsbevollmächtigten für den totalen Kriegseinsatz«.

In dem Maße, in dem der Führermythos diffundierte, gewann die Präsenz des Propagandaministers an Bedeutung. Dass seine Einsatzappelle ernst zu nehmen waren, machte die gleichzeitige Zunahme von Terror und Gewalt deutlich. Der SS- und Polizeichef Himmler löste Frick als Innenminister ab. Die letzten Reste unabhängiger Staatlichkeit schwanden, indem die Gauleiter die volle Kontrolle über die staatlichen Organe bekamen. Und hatte es ursprünglich drei Delikte gegeben, bei denen die Todesstrafe verhängt werden konnte, waren es am Ende über 40. Deutsche Gerichte fällten in den letzten Kriegsjahren im Durchschnitt 100 Todesurteile pro Woche. Diese Eskalation der Gewalt sollte die Entschlossenheit der Obrigkeit demonstrieren und so das Stimmungstief überwinden helfen.

Dieser Entschlossenheit bedurfte es mehr und mehr, denn es gab nicht nur an den Fronten Rückschläge. 1943 war auch das Jahr, in dem die Luftangriffe der Westmächte eine bis dahin ungeahnte Massivität erreichten. Einzelne Angriffe hatte es schon 1940 und 1941 gegeben. Anfang 1942 erteilte Churchill den Befehl, die Luftangriffe zu intensivieren. Seine »Area Bombing Directive« vom 14. Februar wies den neuen Oberkommandierenden der RAF Arthur Harris an, dass die Bombardements die Moral der Zivilbevölkerung, insbesondere der Industriearbeiter, brechen sollten. Die ersten schweren Angriffe trafen im Frühjahr 1942 Lübeck, Rostock, Köln und Essen, doch erst im März 1943 hatte die RAF die schweren Kampfflugzeuge zur

Verfügung, um die Herzkammer der deutschen Schwerindustrie wirksam anzugreifen. Bis in den Juli hinein gab es eine Serie von massiven Schlägen gegen Essen, Duisburg, Bochum, Düsseldorf, Dortmund, Wuppertal, Mülheim, Gelsenkirchen und Köln. Zwischen dem 24. Juli und dem 3. August flogen Briten und Amerikaner dann sieben Angriffe auf Hamburg, wobei die RAF nachts angriff, die US-Luftwaffe am Tag. Am gravierendsten war die zweite Attacke in der Nacht vom 27. auf den 28. Juli, bei der 739 Bomber eingesetzt wurden. Begünstigt durch wochenlange Hitze und Trockenheit standen bereits nach den ersten Detonationen ganze Straßenzüge in Flammen. Die einzelnen Feuerherde vereinigten sich rasend schnell zu einem Orkan, der die umliegenden Brände weiter anfachte. Mehrere Stadtteile wurden völlig zerstört, mehr als 30.000 Einwohner kamen um, etwa 125.000 wurden verletzt, 900.000 waren ohne Obdach und auf der Flucht. Menschen verbrannten auf offener Straße, erstickten in den Luftschutzkellern oder kamen durch das kochend heiß gewordene Löschwasser um. Die Straßenzüge verwandelten sich in kilometerlange Schutthalden, die noch nach Tagen glühten, sodass Rettungsarbeiten kaum möglich waren. Schon zwei Nächte später folgte der dritte Großangriff. Bei den Angriffen wurden in der ersten Welle vor allem Sprengbomben abgeworfen, die durch ihre Druckwirkung die Dächer der Häuser abdeckten. In der zweiten Welle wurden Brandbomben direkt in die Wohnungen und Treppenhäuser geworfen, die so vollständig ausbrannten.

Die Flugzeuge mit ihrer todbringenden Last wurden für die Deutschen ein Teil des Alltagslebens. Da die vorhandenen Luftschutzkeller und Bunker bei Weitem nicht alle Menschen aufnehmen konnten und direkter Bombeneinwirkung auch nicht gewachsen waren, begann man, Teile der Bevölkerung zu evakuieren. So wurden z. B. 700.000 Berliner auf dem Land untergebracht. Dem Luftkrieg kam große Bedeutung zu, denn die einzige große Landstreitmacht, die auf europäischem Boden gegen Deutschland im Krieg stand, war die sowjetische. Die Westalliierten wollten ebenfalls eine Landfront gegen die Deutschen eröffnen und beschlossen deshalb auf der Konferenz von

Casablanca, nach einem erfolgreichen Abschluss der afrikanischen Operation die frei werdenden Kräfte für ein Landemanöver auf Sizilien einzusetzen.

Am 10. Juli 1943 erreichten die 8. britische Armee und die 7. US-Armee unter dem Kommando von General Eisenhower die Insel und eroberten sie innerhalb von fünf Wochen vollständig. Das Mussolini-Regime, dessen Rückhalt im kriegsmüden Italien beträchtlich geschwunden war, zerfiel daraufhin. Am 24. Juli sagte sich der Große Faschistische Rat von Mussolini los, am Tag darauf ließ König Viktor Emanuel III. ihn verhaften. Der neue Ministerpräsident Pietro Badoglio (1871–1956) nahm umgehend Geheimverhandlungen mit den Alliierten auf, die am 3. September zu einem Waffenstillstandsabkommen führten. Gleichzeitig landeten die Alliierten auf dem italienischen Festland und rückten vom Golf von Salerno nach Norden vor. Die Deutschen hatten mit dieser Entwicklung gerechnet. Sie entwaffneten die italienischen Streitkräfte und besetzten Rom. Italien war nun geteilt. Der Süden unter dem Antifaschisten Badoglio erklärte dem Deutschen Reich den Krieg, im Norden bildete der von deutschen Fallschirmjägern befreite Mussolini eine faschistische Gegenregierung, die unter deutscher Kontrolle stand. Die Deutschen zogen Verbände von der Ostfront ab, um die Lage in Norditalien zu stabilisieren. Tatsächlich gelang es ihnen fast bis zuletzt, einen Vormarsch der Alliierten bis zum Brenner zu verhindern, aber der von ihnen kontrollierte Teil Italiens war dennoch einem stetigen Schrumpfungsprozess ausgesetzt. Rom wurde von den Deutschen zur »offenen Stadt« erklärt und von den Alliierten am 4. Juni 1944 kampflos eingenommen. Sofort begann Roberto Rossellini mit seinem Film »Rom, offene Stadt«, für den Federico Fellini das Drehbuch schrieb und der am 24. September 1945 uraufgeführt wurde. Im Mittelpunkt steht eine italienische Widerstandsgruppe, die von Deutschen grausam verfolgt wird. Der Film mit Anna Magnani in der weiblichen Hauptrolle begründete den Weltruhm des italienischen Neorealismus. In Deutschland wurde er von der FSK 1950 wegen seiner »völkerverhetzenden Wirkung« verboten. Es dauerte immerhin neun Jahre bis zur Revision dieser grotesken Entscheidung.

Gravierend war die deutsche Machtübernahme für die jüdische Gemeinde Italiens, die bis dahin noch relativ unbehelligt gelebt hatte. Mussolini war kein Antisemit, im Großen Faschistischen Rat und sogar im Kabinett gab es jüdische Mitglieder. Doch nach 1933 begann Mussolini, sich aus außenpolitischen Erwägungen Hitler anzunähern. Vor allem nach der gemeinsamen Intervention im Spanischen Bürgerkrieg bestimmten die Bedürfnisse der Achse zunehmend die italienische Politik gegenüber der kleinen jüdischen Minderheit im Lande. Mit den »Rassegesetzen« von 1938 stellte Mussolini sich endgültig gegen die Tradition der europäischen Aufklärung. Juden wurden nun wirtschaftlichen, beruflichen und politischen Beschränkungen unterworfen, Eheschließungen zwischen jüdischen und nichtjüdischen Italienern verboten, was in- und außerhalb der faschistischen Partei auf Empörung stieß. Aber das Leben der etwa 44.000 in Italien lebenden Juden war gleichwohl nicht gefährdet. Das änderte sich schlagartig, als im September 1943 die Deutschen die Macht übernahmen. Zwischen September 1943 und Dezember 1944 wurden über 7.000 italienische Juden deportiert. Wenn über vier Fünftel der italienischen Juden den Holocaust überlebt haben, hängt das vor allem auch damit zusammen, dass die Italiener der Verfolgung ablehnend gegenüberstanden und nicht selten sogar Widerstand dagegen leisteten. Tausende von Juden wurden versteckt. Auch etliche Vertreter der Kirche haben dabei geholfen.

Auch in Frankreich kamen etwas mehr als ein Fünftel der etwa 350.000 Juden um. Wesentlich höher lagen die Todesraten in den Beneluxstaaten, die höchste aller westeuropäischen Länder wurde mit über 70 Prozent in den Niederlanden erreicht. Aber am schlimmsten traf der deutsche Vernichtungswille die jüdischen Gemeinden in Mittel- und Osteuropa. Den schlimmsten Blutzoll entrichtete Polen, drei Millionen Juden wurden hier ermordet, das waren mehr als 90 Prozent der jüdischen Gemeinde und die Hälfte aller Holocaustopfer. Die zweitgrößte Opfergruppe waren die Juden in der Sowjetunion, wo über eine Million umkamen, etwas mehr als ein Drittel der gesamten Gemeinde. Bemerkenswert ist der Sonderfall Bulgarien, wo alle 50.000 Juden überlebten. Die Gründe dafür sind nicht klar.

Eine Rolle spielte sicher, dass die Bulgaren in diesem Punkt mit den Deutschen nicht kooperierten, und dies, obwohl die beiden Länder miteinander verbündet waren. Auch in Dänemark gelang es, die 7.800 Juden des Landes mithilfe dänischer Fischer nahezu vollständig nach Schweden zu evakuieren. Maßgeblich beteiligt an dieser Rettungsaktion war auch der deutsche Gesandtschaftsattaché für Schifffahrtsfragen Georg Ferdinand Duckwitz.

Es wäre weit gefehlt, anzunehmen, dass die europäischen Juden ihre Verfolgung und Ermordung fatalistisch über sich haben ergehen lassen. Als sich abzeichnete, dass die Nationalsozialisten an die Macht kommen würden und auch gewillt waren, mit ihrem radikal antisemitischen Programm ernst zu machen, setzte ein Auswanderungsstrom ein, der von den USA über Palästina bis Schanghai die unterschiedlichsten Ziele haben konnte. Da sie durch den Gang der Ereignisse früher als andere gewarnt waren, überlebten so drei Viertel der deutschen und österreichischen Juden den Holocaust. Andere konnten nicht emigrieren, weil ihnen die finanziellen Mittel fehlten oder sie ältere, nicht mehr reisefähige Angehörige nicht zurücklassen wollten. Aber auch in den von den Deutschen überfallenen und besetzten Ländern, wo es zuvor keine Emigration gegeben hatte, gab es vielfältige Versuche, der Vernichtung zu entrinnen und Widerstand zu leisten. Zahlreiche Menschen versteckten sich, gingen in den Untergrund, nahmen eine neue, nichtjüdische Identität an, organisierten Fluchtwege, fälschten Pässe, beschafften Bestechungsgelder, schmuggelten Waffen oder schlossen sich Partisanengruppen an.

Auch in den Ghettos und in den Lagern bildeten sich Widerstandsgruppen. Das Vernichtungslager Sobibor wurde nach einem Aufstand, der zur Befreiung von 300 Häftlingen führte, sogar vorübergehend geschlossen und in ein KZ umgewandelt. Ebenso sind zahlreiche Fluchtversuche dokumentiert. Aus Auschwitz entkamen trotz fast unüberwindlicher Hindernisse im Lauf der Zeit etwa 300 Häftlinge, unter ihnen die slowakischen Juden Rudolf Vrba und Alfred Wetzler, denen am 7. April 1943 die Flucht gelang. Über verschiedene Zwischenstationen erreichte ihr Bericht über das, was sie im Vernichtungslager erlebt hatten, den Jüdischen Weltkongress, den Vatikan, das amerikanische Außenministerium und andere einflussreiche Stellen, sodass die Weltöffentlichkeit erstmals vom Ausmaß der Tragödie des Holocaust erfuhr. Die BBC sendete am 18. Juni Auszüge aus dem Bericht von Vrba und Wetzler, was dazu beitrug, dass die ungarische Regierung unter internationalem Druck die Deportationen stoppte, die nach der Besetzung Ungarns durch die Deutschen im März 1944 begonnen hatten. Allerdings waren zu diesem Zeitpunkt von 825.000 Juden mehr als 550.000 schon tot.

Die berühmteste jüdische Widerstandsaktion ist der Aufstand im Warschauer Ghetto im April 1943, nicht zu verwechseln mit dem Warschauer Aufstand vom August 1944, der hierzulande durch den Film »Der Pianist« sehr bekannt geworden ist. Das Warschauer Ghetto war im Zuge der »Endlösung« schrittweise verkleinert worden. Im April 1943 lebten dort offiziell noch 40.000 Juden, etwa ein Zehntel der ursprünglichen Zahl, tatsächlich wohl etwa 70.000. Am 19. April begann man das Ghetto ganz aufzulösen, doch die verbliebenen Bewohner waren darauf vorbereitet. Niemand kam zur Sammelstelle, die Güterwaggons blieben leer. Das Kommando, das SS- und Polizeigeneral Jürgen Stroop befehligte, begann nach einigen Tagen Haus für Haus im Ghetto niederzubrennen, was die Ghettokämpfer zu Ausfallaktionen und Angriffen zwang. Das Ghetto verwandelte sich in eine große Fackel, wodurch es in den unterirdischen Verstecken unerträglich heiß und Waffen und Lebensmittelvorräte zerstört wurden. Dennoch brauchten mehr als 1.000 Soldaten etliche Wochen, um den Ghettoaufstand niederzuschlagen. Am 16. Mai lautete Stroops Tagesmeldung: »Es gibt keinen jüdischen Wohnbezirk in Warschau mehr!« Tatsächlich zeugt heute in Warschau nur noch sehr weniges von der einst größten jüdischen Gemeinde Europas. Zur Erinnerung an den Warschauer Ghettoaufstand wurde nach dem Krieg ein Denkmal errichtet. Der Kniefall von Bundeskanzler Brandt vor diesem Denkmal am 7. Dezember 1970 war der symbolische Höhepunkt der von seiner Regierung eingeleiteten Entspannungspolitik, für die Brandt im Jahr darauf den Friedensnobelpreis erhielt. Eingedenk des legendären Aktes, dessen Bedeutung kaum zu überschätzen ist, wurde am 30. Jahrestag dieses Staatsbesuchs am Willy-Brandt-Platz, nahe dem Mahnmal des Ghettoaufstands, ein weiteres Denkmal enthüllt.

Während in Birkenau die Schornsteine rauchten, wurde die militärische Lage des Deutschen Reiches immer schwieriger. Lange hatte Stalin die westlichen Alliierten bedrängt, zur Entlastung seiner leidgeprüften Armeen eine zweite Front zu eröffnen. Am 6. Juni 1944 war es soweit. Es war der erste Tag der »Operation Overlord«, die mit der Landung in der Normandie begann und mit der Einnahme von Paris am 25. August ihren erfolgreichen Abschluss fand. Jetzt hatten die Alliierten nicht nur die Lufthoheit über dem Deutschen Reich, sondern die Wehrmacht musste außerdem gegen sowjetische Truppen im Osten und gleichzeitig gegen amerikanische und britische im Westen kämpfen. Diese Situation überforderte die Deutschen zusehends und am 15. September standen die Amerikaner bereits am Rhein. Zwei Millionen Soldaten marschierten Richtung Osten, um das Deutsche Reich gemeinsam mit den Sowjets in die Zange zu nehmen. Den amerikanischen Strategen war klar, dass die Fortschritte an der Westfront wichtig sein würden, um nach dem Krieg territoriale Ansprüche zu legitimieren. Gleichzeitig wuchs unter den deutschen Militärs die Zahl derer, die sich Gedanken darüber machten, wie man den Krieg zu einem Ende bringen konnte, bevor er noch mehr Opfer kostete. Allen an den verschiedenen Widerstandsgruppen Beteiligten war klar, dass die wichtigste Voraussetzung für einen Waffenstillstand die Beseitigung von Adolf Hitler war.

Am 20. Juli 1944 um 12 Uhr 42 erschütterte eine Explosion die »Wolfsschanze«. Die von Oberst Claus Graf Schenk von Stauffenberg in seiner Aktentasche deponierte Bombe hatte gezündet. Vier Teilnehmer der gerade stattfindenden Lagebesprechung kamen ums Leben, andere erlitten zum Teil schwere Verletzungen. Aber Adolf Hitler, dem das Attentat vor allem gegolten hatte, kam mit leichten Hautabschürfungen und Prellungen davon. Als Stauffenberg und sein Adjutant Werner von

Haeften drei Stunden später in Berlin eintrafen, waren sie noch in dem Glauben, der verhasste »Führer« sei tot. Erste Befehle im Sinne des geplanten Staatsstreichs wurden erteilt. Doch währenddessen waren auch schon Gegenmaßnahmen im Gange. Attentäter und regimetreue Kräfte trafen im Bendlerblock in Berlin aufeinander, wo zahlreiche Dienststellen der Reichswehrführung ihren Sitz hatten. Kurz vor Mitternacht wurden Stauffenberg, Haeften und andere verhaftet und gegen 1 Uhr nachts im Hof des Bendlerblocks erschossen. (Heute ist im selben Gebäude die Gedenkstätte Deutscher Widerstand untergebracht.)

Das Attentat vom 20. Juli war der spektakulärste in einer langen Reihe von Versuchen, dem Terrorregime der Nazis ein Ende zu setzen. Hinter Stauffenberg stand eine Verschwörung, an der höhere Militärs ebenso beteiligt waren wie Diplomaten, ehemalige Politiker und Gewerkschaftsführer. Selbst die nationalkonservativen Eliten hatten sich mit den Jahren zunehmend in Opposition zu Hitlers Regime begeben. Ihr Entschluss zum aktiven Widerstand erwuchs vor allem aus der Ablehnung der Kriegsführung an der Ostfront und der immer deutlicher erkennbaren Politik der Judenvernichtung. Im Sommer 1942 sagte Stauffenberg: »Die täglichen Berichte über die Behandlung der Bevölkerung durch die deutsche Zivilverwaltung, der Mangel an politischer Zielgebung für die besetzten Länder, die Judenbehandlung beweisen, dass die Behauptungen Hitlers, den Krieg für eine Umordnung Europas zu führen, falsch sind. Damit ist dieser Krieg ungeheuerlich.« So sprach ein Mann, der zehn Jahre zuvor noch Hitler gewählt hatte. Widerstand gegen den Diktator hatte es in der Wehrmacht schon seit 1938 gegeben. Doch das Münchner Abkommen, das Europa den Frieden noch einmal für ein Jahr bewahrte, hatte erfolgversprechende Aktionen unmöglich gemacht. Seit Herbst 1943 hatten die Planungen für einen Staatsstreich immer konkretere Formen angenommen. Einige Male musste das Attentat wegen ungünstiger Umstände verschoben worden, aber am 20. Juli war ein weiterer Aufschub nicht möglich und die Verschwörer entschlossen sich zuzuschlagen, obwohl z. B. Heinrich Himmler, den man unbedingt mit erledigen wollte, nicht zugegen war. Zum Verhängnis wurde ihnen die Tatsache, dass die Lagebesprechung nicht wie gewohnt in einem Bunker, sondern in einer Holzbaracke stattfand, wo der Sprengstoff nur einen Teil seiner Wirkung entfalten konnte. Noch in der Nacht, zur selben Stunde, in der Stauffenberg hingerichtet wurde, sprach Hitler über den Rundfunk zum deutschen Volk und verkündete Vergeltung. Die Terrormaschine von Gestapo und SS lief bald auf Hochtouren. Fast 7.000 Menschen wurden verhaftet, mehr als 180 von ihnen hingerichtet. Einige der militärischen Führer wie z. B. Henning von Tresckow setzten ihrem Leben selbst ein Ende. Der Präsident des »Volksgerichtshofs« Roland Freisler, der für seine menschenverachtende Verhandlungsführung und seine Brüllorgien berühmt war, führte zahllose Prozesse, die in der Regel mit Todesurteilen endeten. Am 3. Februar 1945 kam Freisler bei einem britischen Bombenangriff ums Leben, in seinen Händen die Akte von Fabian von Schlabrendorff, der so überlebte und 1967 Richter am Bundesverfassungsgericht wurde.

Wäre Stauffenbergs Attentat erfolgreich gewesen, hätte es viel Leid erspart. Millionen von Soldaten aller am Krieg beteiligten Nationen wären am Leben geblieben. Städte wie Dresden oder Würzburg wären nicht zerstört, Hunderttausende von Juden nicht ermordet worden. Doch das Attentat scheiterte. Viele hatten sich von vornherein nicht beteiligen wollen, die einen wegen ihres Eides auf den »Führer«, den sie auch jetzt nicht brechen wollten, andere aus Angst. Und angesichts der Tatsache, dass Hitler überlebt hatte, löste sich das Netzwerk der Attentäter rasch auf. Hatte es in den ersten Jahren des Dritten Reiches noch resistente Milieus gegeben, so waren die Widerständler des Jahres 1944 kleine, sozial isolierte Zirkel von Angehörigen der Funktionseliten. Das nationalsozialistische Regime verschärfte den Terror und verfolgte diese wenigen unbarmherzig. Bis in den April 1945 hinein wurden Todesurteile vollstreckt.

Gleichzeitig versuchten die Nazis, die Reihen der Volksgemeinschaft zu schließen. 1944 nahm die NSDAP viele neue Mitglieder auf. Das Führerkorps der Partei war kriegsbedingt stark reduziert, etwa zwei Drittel der Funktionsträger waren gefallen. Um Führungsnachwuchs zu rekrutieren, wurden die Geburtsjahrgänge 1926 und 1927 in die Partei aufgenommen, vor allem diejenigen, die sich durch aktiven Dienst in HJ und BDM bewährt hatten. Das sind genau diejenigen, die heute so große Schwierigkeiten haben, sich an ihre Parteimitgliedschaft zu erinnern. Die NSDAP und die ihr angeschlossenen Verbände hatten insgesamt etwa 45 Millionen Mitglieder. Der Nationalsozialismus tendierte dazu, die gesamte Volksgemeinschaft nicht nur ideologisch, sondern auch organisatorisch zu umfangen. Das deutsche Volk, das dieses totalitäre Regime erst herbeigewählt, ihm dann in seiner großen Mehrheit freudig gedient und es zuletzt erduldet hatte, war das Objekt einer totalen Organisation.

Diese totale Organisation erwies sich über lange Zeit auch unter sehr großen Belastungen als erstaunlich starkes soziales Kohäsionsmittel. Deshalb konnte sich Hitlers abgründige Destruktivität so nachhaltig entfalten. In einer Situation, in der es bereits mehr als deutlich war, dass der Krieg verloren war, lehnte er jedes Ansinnen, dieser Realität Rechnung zu tragen, mit fanatischer Entschlossenheit ab. Als Göring und Himmler in den letzten Kriegstagen versuchten, mit den Westmächten Kontakt aufzunehmen, wurden sie von Hitler aus der Partei ausgeschlossen und sollten verhaftet werden, was freilich nicht möglich war, weil sich beide längst aus Berlin abgesetzt hatten.

Dass er den Krieg nicht gewonnen hatte, ahnte Hitler schon im November 1941. Dass er den Krieg verloren hatte, versuchte er noch im April 1945 zu leugnen. Dazwischen lagen dreieinhalb Jahre voll Leid und Zerstörung, Größenwahn und Vernichtung, Bombenkrieg und Vertreibung. Mehr als 50 Millionen Menschen mussten sterben, bis der Diktator Hand an sich legte. 1944 hatten die Deutschen einen großen Teil des eroberten Territoriums verloren. Ihre Verbündeten Finnland, Rumänien und Bulgarien wechselten die Front, und die sowjetischen Truppen standen zu Beginn des Jahres 1945 an einer Linie, die von Königsberg über Warschau bis Budapest reichte. Noch befand sich kein feindlicher Soldat auf deutschem Boden, aber das deutsche Haus war ein Haus ohne Dach geworden. Die deutsche Luftwaffe hatte den Angriffen der Engländer und Amerikaner am Ende kaum noch etwas entgegenzusetzen. Fast 500.000 Tonnen Bomben wurden im letzten Kriegsjahr noch über Deutschland abgeworfen. Die Luftangriffe im März 1945 waren die heftigsten des gesamten Krieges. Sie trugen zur Auflösung der Heimatfront bei, befriedigten aber auch das Rachebedürfnis der Alliierten. Hitler war das Leid der Zivilbevölkerung völlig gleichgültig. Er besuchte keine einzige der von Bomben getroffenen Städte, sondern erging sich stattdessen in Wutanfällen über die Unfähigkeit der deutschen Luftwaffe. Ihn interessierten nur militärische Erfolge, denn sie waren das einzige Mittel, sein armseliges Leben zu verlängern.

Zu Beginn des Jahres 1945 hatte das Deutsche Reich noch 7,5 Millionen Soldaten unter Waffen. Lediglich 75 der 260 Divisionen standen an der Ostfront, obwohl Generaloberst Guderian dort die Entscheidungsschlacht erwartete. Aber Hitler glaubte ihm nicht; er hatte die letzten deutschen Kräfte zu einer Offensive in den Ardennen zusammengezogen, in der absurden Hoffnung, ein militärischer Erfolg an der Westfront würde das Bündnis von Amerikanern und Briten zerbrechen lassen. Am 12. Januar begann die sowjetische Großoffensive. Auf breiter Front wurden die deutschen Linien durchbrochen, am 18. Januar war Warschau erobert. Die mehrfach überlegenen sowjetischen Truppen stießen rasch zur Danziger Bucht vor, erreichten am 26. Januar das Frische Haff und kesselten die Heeresgruppe Mitte vor Königsberg ein. Am 31. Januar, nach einem der schnellsten Vormärsche des ganzen Krieges, stand Marschall Schukow mit seiner Armee an der Oder, nur noch 65 Kilometer von Berlin entfernt. Im Sturm hatten die russischen Panzer Polen, Ostpreußen, Pommern und Schlesien überrollt und das deutsche Ostheer zerschlagen.

Immerhin konnten die Häfen Danzig und Gdingen noch bis Ende März verteidigt werden. Es gelang der deutschen Kriegsmarine, noch 1,5 Millionen Flüchtlinge und eine halbe Million Soldaten zu evakuieren. Trotz Angriffen aus der Luft und durch sowjetische U-Boote gab es relativ geringe Verluste. Man rechnet damit, dass etwa ein Prozent der Evakuierten auf der Flucht umkam. Die meisten starben, als das Kreuzfahrtschiff »Wilhelm Gustloff« nach einem Torpedoangriff innerhalb von weniger als 50 Minuten sank. Das KdF-Schiff war für 1.465 Passagiere und 426 Besatzungsmitglieder gebaut worden, hatte zum Zeitpunkt der Katastrophe aber mehr 10.000 Menschen an Bord. (Günter Grass hat dieses Geschehen in seiner Novelle »Im Krebsgang« geschildert.) Etwa zwei Drittel der östlich von Oder und Neiße lebenden Deutschen begaben sich auf die Flucht, für die kaum Vorbereitungen getroffen waren. Zahllose Menschen kamen um. Viele der Zurückgebliebenen wurden später in die Sowjetunion deportiert, die meisten anderen nach Kriegsende ausgewiesen.

Am 27. Januar erreichten die sowjetischen Soldaten Auschwitz. Als die Befreier eintrafen, lebten noch 7.650 Menschen in dem Lager, von denen allerdings die Hälfte in den folgenden Wochen an den Folgen der erlittenen Qualen starb. Diese wenigen Tausend hatten es vermeiden können, nach Westen gejagt oder abtransportiert zu werden, und die SS hatte in der Eile des Aufbruchs nicht mehr die Zeit gefunden, sie umzubringen. Die meisten hatten nicht so viel Glück gehabt. Etwa 58.000 Häftlinge schleppten sich, von Schergen der SS scharf bewacht, auf den sogenannten Todesmärschen neuen Torturen in weiter westlich gelegenen Lagern entgegen. Viele von ihnen mussten sich in den unterirdischen Fabrikationshallen von Dora-Mittelbau für Hitlers Wunderwaffen zu Tode schuften. Die letzte dokumentierte Vergasung hatte in Auschwitz am 1. November 1944 stattgefunden. Heinrich Himmler, der auf einen Separatfrieden mit dem Westen hoffte, ließ danach die Spuren der fabrikmäßigen Massenvernichtung beseitigen. Die Krematorien wurden demontiert, wobei die Motoren und Rohre zum Teil in anderen Lagern weiterverwendet wurden. Am 18. Januar 1945 begann die Evakuierung des Lagers. Der Lagerarzt Josef Mengele liquidierte seine Versuchsstation und brachte das aus den Versuchen an Zwillingen, Zwergwüchsigen und Krüppeln gewonnene »Material« in Sicherheit. Die Akten der Krankenstation wurden verbrannt, die Krematorien gesprengt. Einheiten der SS versuchten noch, möglichst viele Häftlinge zu erschießen oder in ihren Baracken zu verbrennen. Aber angesichts starker Luftangriffe und dem näher kommenden russischen Geschützdonner ergriffen sie bald die Flucht. Den sowjetischen Soldaten präsentierte sich in den Magazinen die Hinterlassenschaft deutscher Gründlichkeit: 348.820 Herrenanzüge, 836.255 Damenkleider und -mäntel, Berge von Kinderbekleidung, Brillen und Prothesen, 7,7 Tonnen Frauenhaar in Papiertüten, fertig verpackt für den Transport.

Die SS räumte in den ersten Monaten des Jahres 1945 ein Lager nach dem anderen und transportierte die Häftlinge in Gebiete, die noch unter deutscher Kontrolle standen. Diese Todesmärsche fanden unter sehr grausamen Bedingungen statt. Es gab weder Nahrung noch eine der Jahreszeit angemessene Bekleidung. Wer nicht mehr weiterkonnte, wurde erschossen. 250.000 Menschen kamen dabei ums Leben. In Gardelegen wurden noch einen Tag, bevor die Amerikaner den Todesmarsch erreicht hatten, über tausend Häftlinge bei lebendigem Leib in einer Scheune verbrannt.

In den Wochen und Monaten nach dem 27. Januar, der heute Holocaust-Gedenktag ist, befreiten die Alliierten viele Lager. In Bergen-Belsen fanden die Engländer zwischen den Leichenbergen noch Überlebende. Die Deutschen hatten das Lager sich selbst überlassen. Da es geregnet hatte, hatten die Häftlinge aus den Pfützen trinken und sich so vor dem Verdursten retten können. Aber in den Wochen nach der Befreiung starben noch etwa 14.000 von ihnen an Entkräftung, Ruhr und Fleckfieber. In der Eingangshalle des Holocaust-Museums in Washington sind heute Fahnen der sowjetischen, britischen und amerikanischen Einheiten aufgestellt, die Lager befreit haben.

In der Nacht vom 13. auf den 14. Februar 1945 erfolgte der schwerste Bombenangriff des ganzen Krieges in Europa, der Höhepunkt der Strategie des Flächenbombardements, die die RAF seit 1942 verfolgte. »Dresden ist die größte bebaute Fläche, die noch nicht bombardiert wurde. Mit dem Angriff ist beabsichtigt, den Feind dort zu treffen, wo er es am meisten spüren wird. Hinter einer teilweise schon zusammengebrochenen Front gilt es, die Stadt im Zuge des weiteren Vormarschs unbenutzbar zu machen und nebenbei den Russen, wenn sie einmarschieren, zu zeigen, was das Bomberkommando tun kann.« So lautete der Einsatzbefehl für die 773 britischen Lancaster, die in zwei Angriffswellen 650.000 Spreng- und Stabbrandbomben über der Stadt abwarfen. Dresden galt mit seinem einzigartigen Barockensemble als eine der schönsten Städte der Welt. Bisher war dieses »Elbflorenz« von Luftangriffen verschont geblieben. Da die Deutschen glaubten, dass dies auch so bleiben würde, gab es keine effektiven Luftschutzvorkehrungen und kaum Flugabwehrgeschütze. Doch nun entfachte der Bombenteppich ein Feuermeer, das aus der Luft bis nach Frankfurt an der Oder zu sehen war. Selbst in 4.000 Metern Höhe war die Glut des Feuerofens noch in den Kanzeln der britischen Bomber zu spüren. Etwa 20.000 Menschen kamen bei diesem Angriff ums Leben. Dresden war ein bedeutsamer Eisenbahnknotenpunkt mit strategischer Bedeutung für die Versorgung des Ostheeres, zugleich aber auch der Sammelplatz von Hunderttausenden schlesischen Flüchtlingen. Die Frage, ob Flächenbombardements, die auf die Zentren der Städte zielten, nach dem Sommer 1944 noch gerechtfertigt waren, ob sie noch einer rationalen militärischen Strategie entsprachen oder bloße Racheakte geworden waren, ist bis heute umstritten. Die pausenlose Bombardierung der Ballungszentren sollte die Rüstungsindustrie, soweit noch intakt, zum Stillstand bringen, aber auch durch die Zerstörung der Infrastruktur der Bevölkerung das Leben unmöglich machen und so den Krieg verkürzen, eine Strategie, die nicht wirklich funktioniert hat. Die RAF hätte die Möglichkeit gehabt, die Bombardierung städtischer Bevölkerungszentren zugunsten von Präzisionsangriffen, wie sie angesichts der totalen britischen Luftüberlegenheit möglich waren, aufzugeben. Der Krieg hätte deshalb nicht länger gedauert und er hätte weniger zivile Opfer gefordert.

Adolf Hitler erließ am 19. März 1945 den »Nero-Befehl«. Alles sollte zerstört werden, was dem Feind bei seinem Vormarsch dienlich sein konnte. Das sollte die gesamte Infrastruktur betreffen, vor allem Brücken, aber auch Versorgungsleitungen und Vorräte an Nahrungsmitteln. Es sollten alle Möglichkeiten genutzt werden, der Schlagkraft des Feindes »den nachhaltigsten Schaden zuzufügen«. Zur Begründung sagte der Befehl: »Der Feind wird bei seinem Rückzug uns nur eine verbrannte Erde zurücklassen und jede Rücksichtnahme auf die Bevölkerung fallen lassen:« Dieser Satz ist eine klassische Projektion. In Wahrheit war es nicht der Feind, sondern die deutsche Wehrmacht, die sich auf dem Rückzug befand und nach Hitlers Wunsch nur verbrannte Erde zurücklassen sollte. Glücklicherweise wurde dieser Befehl weitestgehend missachtet, woran wohl auch Albert Speer ein Verdienst zukommt. Eine der bekanntesten Zerstörungen, zu denen es dennoch kam, war die Sprengung des Nord-Süd-Tunnels der Berliner S-Bahn unter dem Landwehrkanal, die auch zu einer Flutung der U-Bahn führte. Hitler gab sich der Hoffnung hin, dass das den Vormarsch der Sowjets mehrere Stunden aufhalten würde, sodass er seinen Selbstmord etwas hinauszögern konnte. Der Preis dafür war, dass Tausende von Ausgebombten, die in dem Tunnel Zuflucht gesucht hatten, ertranken.

Am 16. April 1945 hatte die Schlacht um Berlin begonnen. Dieser militärisch völlig sinnlose Häuserkampf, bei dem die Sowjets Straßenzug um Straßenzug eroberten, führte nicht nur zu einer starken Zerstörung der Stadt, er kostete auch noch einmal 700.000 Menschen das Leben. Hitlers Reich, das einst große Teile Europas umfasst hatte, war auf wenige Quadratkilometer zusammengeschrumpft. Von seinem »Führerbunker« aus befahl er Armeen, die nur noch in seiner Phantasie existierten, Entlastungsangriffe. Seine Entourage hatte bereits das Weite gesucht. Nur wenige Getreue, namentlich Goebbels, der sogar seine Familie in den Bunker geholt hatte, harrten bei ihm aus.

Am 28. April 1945, inzwischen war die Rote Armee schon bis zum Brandenburger Tor vorgerückt, wurde bekannt, dass Heinrich Himmler versucht hatte, Verbindung mit den Westalliierten aufzunehmen, die sein Kapitulationsangebot aber abgelehnt hatten. Hitler bekam einen der schlimmsten Tobsuchtsanfälle seines Lebens und schäumte über den »schamlosesten Verrat der deutschen Geschichte«. Himmler wurde aus der Partei ausgeschlossen und aller Ämter enthoben. Sein Stellvertreter im Führerhauptquartier, der mit der Schwester von Eva Braun verheiratete SS-Oberführer Hermann Fegelein, wurde als angeblicher Mitwisser standrechtlich erschossen. Nachdem selbst sein »treuer Heinrich« ihn verlassen hatte, traf Hitler in der folgenden Nacht die endgültige Entscheidung, seinem Leben ein Ende zu setzen. Sein faschistischer Kampfgefährte Benito Mussolini war zu diesem Zeitpunkt schon tot. Er war am 28. April, gemeinsam mit seiner Freundin Clara Petacci, in der Nähe des Comer Sees von Partisanen aufgegriffen und ohne große Umstände erschossen worden. Die Leichen hatte man an den Füßen aufgehängt, und eine erregte Menschenmenge hatte sie bespuckt und mit Steinen beworfen. Doch Hitler wollte auf keinen Fall »Feinden in die Hände fallen, die zur Erlustigung ihrer verhetzten Massen ein neues, von Juden arrangiertes Schauspiel benötigen« oder, »dass meine Leiche von den Russen in einem Panoptikum ausgestellt wird.« Deshalb hatte er vorgesehen, sich zu erschießen, und seine Untergebenen verpflichtet, die Leiche zu verbrennen.

Mitte April war Eva Braun nach Berlin gekommen. Jeder wusste, was das zu bedeuten hatte: Die Geliebte wollte mit ihrem Adolf das Ende teilen. Am 29. April traten beide vor einen herbeigeholten Gauamtsleiter, der in einer improvisierten Zeremonie die standesamtliche Trauung durchführte. Das Protokoll vermerkte, Adolf Hitler und Eva Braun seien rein arischer Abstammung und frei von Erbkrankheiten. Trauzeugen waren Martin Bormann und Joseph Goebbels. Am Tag danach verabschiedete Hitler seinen Kammerdiener: »Linge, ich werde mich jetzt erschießen. Sie wissen, was Sie zu tun haben.« 15 Minuten später war er tot.

Der Wehrmachtsbericht meldete am 30. April: »Das heroische Ringen um das Zentrum der Reichshauptstadt hält mit unverminderter Heftigkeit an. In erbitterten Häuser- und Straßenkämpfen halten Truppen aller Wehrmachtsteile, Hitlerjugend und Volkssturm den Stadtkern. Ein leuchtendes Sinnbild deutschen Heldentums.« Versprengte Soldaten, kaum bewaffnete Hitler-Jungen und Volkssturm-Männer sowie von Dönitz herbeigeschaffte Matrosen waren zur Verteidigung Berlins angetreten, alles in allem etwa 100.000 Mann. Ihnen standen zweieinhalb Millionen gut ausgerüstete sowjetische Soldaten gegenüber, die von Tausenden von Geschützen, Panzern und Flugzeugen unterstützt wurden. Darüber, wie dieses »heroische Ringen« ausgehen würde, war kein Zweifel möglich.

Am 7. Mai 1945, morgens um 2 Uhr 41, unterzeichnete Generaloberst Alfred Jodl in Reims die deutsche Gesamtkapitulation. Zwei Tage später wurde diese Zeremonie auf ausdrücklichen Wunsch Stalins im Offizierskasino der ehemaligen Pionierschule in Karlshorst bei Berlin wiederholt. Leiter der deutschen Delegation war diesmal Generalfeldmarschall Keitel. Damit war der Krieg in Europa zu Ende. Insgesamt 53 Staaten hatten sich zuletzt mit dem Deutschen Reich im Kriegszustand befunden. Fast die gesamte zivilisierte Menschheit hatte sich in einer Koalition gegen den Irrsinn des Nationalsozialismus zusammengefunden. Aus dieser Anti-Hitler-Koalition gingen nach Kriegsende die Vereinten Nationen hervor.

In Asien, wo der Krieg schon 1938 begonnen hatte, wurde noch weiter gekämpft. Japan war in seiner insularen Situation strategisch in einer besseren Lage als der deutsche Verbündete. Die Amerikaner hatten sich, angesichts der zu erwartenden schweren Verluste, zu einer Invasion bisher nicht entschließen können. Am 26. Juli 1945 stellte der amerikanische Präsident Truman den Japanern ein Ultimatum: »Wir werden Japans Fähigkeit zur Kriegsführung vollständig zerstören. Wenn sie jetzt nicht unsere Bedingungen akzeptieren, dann können sie einen Regen der Vernichtung aus der Luft erwarten, wie man ihn auf dieser Erde noch nicht gesehen hat.« Seit Ende November 1944 hatten die Alliierten den Großraum Tokio systematisch bombardiert und der japanischen Kriegsmaschine massive Schläge zugefügt. Bei Luftangriffen auf insgesamt 60 Städte waren mehr als eine Million Zivilisten ums Leben gekommen. Die Führung der US-Luftstreitkräfte setzte darauf, den Krieg durch die Zerstörung der Großstädte für sich zu entscheiden. Am Tag des Ultimatums traf »Little Boy« auf der Insel Tinian ein. Es war die zweite von drei Atombomben, die die Amerikaner gebaut hatten, seit 1939 das »Projekt Manhattan« unter der Leitung des Physikers Robert Oppenheimer gestartet worden war. Die erste Bombe war zehn Tage zuvor in der Wüste von New Mexiko gezündet worden. Nachdem der Test alle Erwartungen übertroffen hatte, stand für Truman fest, dass er diese militärische Option nutzen würde.

In Tokio wurde heftig über Trumans Ultimatum diskutiert, dem sich auch Großbritannien und China angeschlossen hatten. Doch noch hatte die Kriegspartei die Oberhand. Die Aussicht, alle überseeischen Besitzungen räumen zu müssen, etwa Formosa (das heutige Taiwan), Korea oder die mit einem chinesischen Marionettenkaiser versehene Mandschurei, war allzu schmerzlich. Am 6. August startete ein kleiner, von den Japanern gar nicht beachteter Verband von Flugzeugen den Angriff auf Hiroshima. Die Stadt war ausgewählt worden, weil es hier amerikanischen Informationen zufolge keine Kriegsgefangenenlager gab. Am Detonationspunkt der Atombombe erreichte die Hitze 60 Millionen Grad. Die dem Lichtblitz folgende Druckwelle breitete sich mit einer Geschwindigkeit von 3.000 Metern pro Sekunde aus. In den ersten Sekunden nach der Explosion gab es schätzungsweise 70.000 bis 80.000 Tote. Von vielen blieb nichts als die Kontur ihres Schattens. Bis Ende 1945 kamen noch einmal so viele Menschen ums Leben. 1950 lag die Zahl der Opfer bei 200.000, später erreichte sie fast 300.000. Am 9. August warfen die Amerikaner ihre dritte und letzte Atombombe auf Nagasaki, wo etwa 35.000 Menschen durch die Explosion umkamen. Insgesamt forderte der Zweite Weltkrieg etwa drei Millionen japanische Opfer. Angesichts dieses schrecklichen Blutzolls sollte man sich aber vergegenwärtigen, dass die Zahl der Opfer der japanischen Aggression mehr als 20 Millionen betrug.

Der Einsatz der neuen Massenvernichtungswaffe hatte den gewünschten Effekt. Am 15. August erklärte Kaiser Hirohito die bis dahin für viele Japaner undenkbare Kapitulation. Nicht wenige traditionsbewusste Japaner stürzten sich daraufhin in ihr Schwert. In manchen Militärakademien ergossen sich Sturzbäche von Blut in die Treppenhäuser. Kamikazeflieger steuerten ihre Maschinen ins Meer. Das Land, das noch nie einen Krieg verloren hatte, war von einem Tag auf den anderen keine Großmacht mehr. Die Verfassung von 1946 legte fest, dass die japanische Nation das Recht zur Kriegsführung verwirkt hatte. Sie deklarierte auch das Ende des Feudalsystems. Der Kulturbruch hatte säkulare Dimensionen, die von den Besatzern verfügte »Reeducation« war radikal, aber sie hatte Erfolg. 1951 wurde der Friedensvertrag von San Francisco geschlossen, im Jahr darauf endete die amerikanische Besatzungsherrschaft und 1956, fast 20 Jahre früher als die beiden deutschen Staaten, wurde Japan Mitglied der Vereinten Nationen. Ein Feudalstaat, der sich jahrhundertelang von der Welt abgewandt hatte, wandelte sich in atemberaubendem Tempo zu einer bedeutenden Industrienation.

Die Bilanz des Zweiten Weltkrieges war entsetzlich. Mehr als 55 Millionen Menschen waren eines gewaltsamen Todes gestorben, darunter etwa 30 Millionen Zivilisten. Den bei Weitem größten Blutzoll hatten Russen und Chinesen zu entrichten gehabt. Dem grausigsten Kriegsziel der Deutschen, der Ausrottung des europäischen Judentums, waren fast 6 Millionen Menschen zum Opfer gefallen, darunter etwa eineinhalb Millionen Kinder. Die deutsche Wehrmacht hatte 4,8 Millionen Soldaten verloren, hinzu kamen eine halbe Million Tote der Waffen-SS und paramilitärischer Verbände sowie eine halbe Million Vermisste und vier Millionen Verwundete. Zwölf Millionen Deutsche verloren ihre Heimat. Fast zwei Millionen von ihnen kamen während der Vertreibung um. Fast zehn Millionen von der nationalsozialistischen Knechtschaft Befreite befanden sich in Lagern für »Displaced Persons« und hofften, nach ihrer Verschleppung nun in ihre Heimat zurückkehren zu können. Und etwa neun Millionen evakuierte Deutsche strömten in die zerstörten Städte zurück. All dies vollzog sich unter den denkbar schwierigsten Umständen. Die Infrastruktur war zerstört, Kommunikation funktionierte so wenig wie Transport. Es mangelte an Lebensmitteln und Heizmaterial. Die Kohleproduktion war um 80 Prozent gesunken. Fast vier Millionen Wohnungen, ein Fünftel des gesamten Bestandes, waren zerstört. Gleichzeitig mussten Millionen von Vertriebenen untergebracht werden. Zahllose Familien hatten ihren Ernährer verloren. Ein Drittel aller zwischen 1915 und 1924 geborenen Männer war im Krieg gefallen. Die Alliierten gaben sich alle Mühe, die Menschen in dem eroberten Land ausreichend zu ernähren, aber das gelang nicht immer. Es wurde gehungert und, vor allem zu Beginn in den provisorischen Kriegsgefangenenlagern, auch gestorben.

Am 24. Dezember 1945 stand in der »Stuttgarter Zeitung« zu lesen: »Das deutsche Volk wird heuer das Weihnachtsfest in einer Freudlosigkeit feiern müssen, wie sie so dunkel und so allgemein noch nie in der Geschichte, die wir übersehen können, über die Lande ihrer Zunge hereingebrochen ist.« Der Autor des Artikels war keineswegs ein enttäuschter Nationalist oder gar ein verkappter Nazi. Geschrieben hatte diese Zeilen der Sozialdemokrat Carlo Schmid, der führend am Aufbau des Landes Württemberg-Hohenzollern beteiligt war und 1947 dessen stellvertretender Ministerpräsident wurde. (1952 wurde das Land mit Baden zum Bundesland Baden-Württemberg vereinigt.) Aus Carlo Schmids Worten sprach die maßlose Enttäuschung, die unermessliche Leere, die das Drittes Reich hinterlassen hatte. Hitlers totalitäres Regime hatte große Teile Europas verheert. Aber auch Deutschland selbst war innerlich wie äußerlich eine Trümmerwüste, Millionen von Vätern, Männern und Söhnen auf den Schlachtfeldern geblieben, ein großer Teil der in Jahrhunderten gewachsenen Städte zerstört, die künstlerische und die wissenschaftliche Elite marginalisiert, vertrieben oder ermordet, die geistige Mitte des Lebens verloren. Die Menschen waren wie betäubt. Hunderttausende saßen noch Jahre später in Kriegsgefangenschaft. Millionen befanden sich auf der Flucht. Unzählige wurden vermisst. Andere waren im Exil oder lebten als Displaced Persons (DP) in Camps. Diejenigen, die sich durch glückliche Umstände an ihrem Heimatort befanden, mussten in Häusern ohne Dach unterkommen, in ungeheizten Wohnungen ohne Fenster. Und wer eine Wohnung hatte, hatte noch lange nichts zu essen. Im November 1945 wurde die tägliche Kalorienzahl pro Kopf auf 1550 heraufgesetzt, im Februar 1946 dann wieder auf knapp über 1000 reduziert. Das war nicht einmal die Hälfte dessen, was ein Erwachsener zum Überleben brauchte.

Der große englische Humanist Victor Gollancz, ein Verleger und Schriftsteller, der mehrere aufrüttelnde Berichte über seine Deutschlandreise 1946 veröffentlichte, schrieb, die Ernährungsrationen, die man der deutschen Bevölkerung zugestehe, seien nicht höher als zuvor die Rationen der Häftlinge im Konzentrationslager Bergen-Belsen. Mangelernährung war im ganzen Land verbreitet. Typhusfälle vermehrten sich explosionsartig, die Säuglingssterblichkeit verdreifachte sich gegenüber den letzten Vorkriegsjahren. Obwohl der Krieg zu Ende war, verringerte sich die Bevölkerung weiter, denn die Zahl der Todesfälle überstieg die der Geburten bei Weitem.

Die meisten, die über jene Zeit geschrieben haben, erwähnen die erste Friedensweihnacht nicht. Es gab nichts zu feiern und man erinnerte sich nicht gern daran. Eine der Ausnahmen war die Halbjüdin Hildegard Hamm-Brücher, für die das Geschenk der Freiheit alle erlittenen Schrecken aufwog: »Zum ersten Mal empfand ich die Weihnachtsgeschichte als Heilsgeschichte, als lebendige Hoffnung und als Kraftquell. Die Geburt des ›Heilands‹ war für mich nicht länger nur ein Gedenktag, sondern eine wirkliche Ankunft, die ich in diesem Jahr 1945 erstmals bewusst erleben und erfahren durfte.«

Die Schuldfrage. 1945 bis heute

Karl Jaspers hatte während des Krieges in seinem Tagebuch notiert: »Wer es überlebt, dem muss eine Aufgabe bestimmt sein, für die er den Rest seines Lebens verzehren soll.« Jaspers, seit 1922 Ordinarius für Philosophie an der Universität Heidelberg, hatte sich kategorisch geweigert, sich von seiner jüdischen Frau zu trennen. Deswegen wurde er 1933 aus der Universitätsverwaltung ausgeschlossen, 1937 zwangsweise in den Ruhestand versetzt und später auch mit Publikationsverbot belegt. Mit Martin Heidegger, dem anderen großen deutschen Philosophen jener Zeit, war Jaspers seit den frühen 20er Jahren in freundschaftlich-kollegialer Verbindung gewesen, doch nach der »Machtergreifung« trennten sich ihre Wege. Heidegger trat der NSDAP bei und wurde Rektor der Universität Freiburg i. Br. Am 27. Mai 1933 hielt er seine Antrittsrede als Rektor, in der er die Übertragung der Ideen der nationalsozialistischen Revolution auf die Welt der Wissenschaft propagierte. Nach Kriegsende erhielt Heidegger Lehrverbot. Jaspers dagegen erhielt den Auftrag, eine neue Satzung für die Universität auszuarbeiten, die den Ideen von Wahrheit, Gerechtigkeit und Humanität verpflichtet war. Jaspers' erste Vorlesung im Wintersemester 1945/46, die anschließend auch als Buch erschien, trug den Titel »Die Schuldfrage«. Der Autor entwickelte darin eine Differenzierung des Schuldbegriffs, die bis heute von Bedeutung ist.

Jaspers unterscheidet vier Schuldbegriffe: 1. Die kriminelle Schuld von Verbrechern, die gegen Gesetze verstoßen haben und vom Gericht ihrer Strafe zugeführt werden. 2. Die politische Schuld der Staatsmänner und der Staatsbürgerschaft, infolge derer der Einzelne die Konsequenzen staatlichen Handelns tragen muss. Diese politische Haftung trifft alle Angehörigen eines Staates, unabhängig von ihrem Geburtsdatum. Urteilende Instanz nach einem verlorenen Krieg ist die Macht des Siegers, er entscheidet über Wiedergutmachung, Reparationen, Demontage, Macht- und Territorialverlust. Kriminelle Schuld und politische Haftung werden vor sozialen Instanzen verhandelt. Der dritte und der vierte Schuldbegriff führen in den persönlichen Bereich. Da ist 3. die moralische Verantwortung des Einzelnen für seine Handlungen, unabhängig davon, ob sie ihm befohlen waren oder nicht. Instanz ist hier das eigene Gewissen, das uns, wenn wir ihm Gehör schenken, zur Buße mahnt, die Voraussetzung für eine moralische Erneuerung ist. Diese bleibt denen, die sich in demonstrative Ignoranz flüchten, versagt. Schließlich 4. die metaphysische Schuld, die aus der zwischenmenschlichen Solidarität erwächst und uns mitverantwortlich macht für alles auf der Welt begangene Unrecht, soweit wir ihm nicht mit den uns gegebenen Mitteln widerstehen, so bescheiden diese auch sein mögen.

In diese kollektive Verantwortung bezog der Autor auch sich selbst ein: »Wir Überlebenden haben nicht den Tod gesucht. Wir sind nicht, als unsere jüdischen Freunde abgeführt wurden, auf die Straße gegangen, haben nicht geschrien, bis man uns vernichtete. Wir haben es vorgezogen, am Leben zu bleiben mit dem schwachen, wenn auch richtigen Grund, unser Tod hätte nichts helfen können. Dass wir leben, ist unsere Schuld. Wir wissen vor Gott, was uns tief demütigt.« Zugleich wandte er sich gegen die These einer Kollektivschuld des deutschen Volkes, die von den Besatzungsmächten nicht vertreten wurde, in der öffentlichen Meinung namentlich der angelsächsischen Staaten aber eine gewisse Rolle spielte: »Es ist aber sinnwidrig, ein Volk als Ganzes eines Verbrechens zu beschuldigen. Verbrecher ist immer nur der Einzelne.« Auch die Kategorien der Moral seien immer auf das Handeln des Einzelnen, nicht des Kollektivs anzuwenden. Ein solcher Aufruf, sich mit der

Frage nach der eigenen Schuld auseinanderzusetzen, ist nicht populär. Jaspers war, obwohl nun geachtet und geehrt, bald enttäuscht von der Entwicklung im Nachkriegsdeutschland. 1948 folgte er einem Ruf an die Universität Basel. Zur Verjährungsdebatte 1965 meldete er sich noch einmal mit dem Buch »Wohin treibt die Bundesrepublik?« zu Wort, das eine leidenschaftliche Diskussion auslöste. Als im Jahr darauf der ehemalige Nationalsozialist Kurt-Georg Kiesinger Bundeskanzler wurde, gaben Karl Jaspers und seine Frau aus Protest ihre deutsche Staatsangehörigkeit auf und wurden Schweizer Bürger.

Im ersten Moment hatte es ein großes Erschrecken gegeben, als die Waffen schwiegen und die Menschheit einen ersten Blick in den Abgrund der Nazigräuel tat. Es stellte sich heraus, dass der von den Deutschen geschaffene Horror noch viel schlimmer war als das, was die Propagandaeinheiten der psychologischen Kriegsführung darüber verbreitet hatten. Kamerateams und Fotografen dokumentierten nun die Zustände in den Lagern, mancherorts wurde die einheimische Bevölkerung zur Besichtigung der Konzentrationslager gezwungen. Sogar den Angeklagten im Nürnberger Hauptkriegsverbrecherprozess wurde ein Dokumentarfilm über den Holocaust vorgespielt, der Teil der Beweismittel war, doch die entthronten Potentaten erwiesen sich als erbärmliche Kreaturen und schlechte Verlierer. Erika Mann, die den Prozess für eine englische Zeitung beobachtete, schrieb: »Wie der Rest ihrer Landsleute haben sie nichts getan, nichts gesehen und nichts gewusst.«

Das war eine Haltung, die sich in der deutschen Gesellschaft insgesamt rasch durchsetzte. »Davon haben wir nichts gewusst!« lautete der Schlachtruf, mit dem man sich von der eigenen Vergangenheit dissoziieren wollte. Die Einführung des Judensterns hatte sich vor aller Augen vollzogen und war von den meisten begrüßt worden. Als die Deportationen begonnen hatten, waren viele Schaulustige zu den Sammelstellen gekommen. Zahllose Deutsche hatten sich anschließend an der Versteigerung der zurückgebliebenen Habseligkeiten beteiligt. Doch schon 1943 begann die Flucht in die Unwissenheit. Je deutlicher im Verlauf des Krieges wurde, dass sich der von Hitler versprochene »Endsieg« nicht einstellen würde, desto mehr flüchtete sich die Bevölkerung in Indifferenz und Passivität. Die Menschen begannen zu erahnen, dass eine Zeit kommen würde, in der es besser wäre, von nichts gewusst zu haben. Sie wollten nicht, wie Hitler das in seinem Testament gewünscht hatte, mit ihrem »Führer« zur Hölle fahren, sondern nach den Jahren des Infernos einen Weg zurück in die Normalität menschlicher Zivilisation finden und sahen in der Flucht in die Unwissenheit die Voraussetzung für einen Neubeginn, den man mit dem Mythos von der »Stunde Null« zu legitimeren suchte.

Zudem erforderten die Umstände vielfach pragmatische Entscheidungen, die der frühzeitigen Ausbildung einer Erinnerungskultur nicht unbedingt förderlich waren. Es herrschte zunächst große Unsicherheit, wie man mit der Hinterlassenschaft des Dritten Reiches umgehen sollte. Heute existiert ein eindrucksvolles Netzwerk von Gedenkstätten, doch bis dorthin war es ein weiter Weg. Das gilt für Opfer- und Täterorte gleichermaßen über die es, von der Berliner Wannsee-Villa bis zur KZ-Gedenkstätte Dachau, oft jahrzehntelange Auseinandersetzungen gab, bevor die heutige Gestaltung erreicht wurde. Vieles war im Krieg zerstört worden, z. B. die Neue Reichskanzlei in Berlin oder das Braune Haus in München. Anderes ließ man nach Kriegsende sprengen, wie die »Ehrentempel« am Münchner Königsplatz, deren verbliebene Sockel 2001 unter Denkmalschutz gestellt wurden. Jahrzehntelang stand das Areal leer. 2002 fassten der Münchner Stadtrat und der Bayerische Landtag Grundsatzbeschlüsse, am einstigen Standort des Braunen Hauses ein Dokumentationszentrum zur NS-Geschichte zu errichten, dessen Realisierung nun bald beginnen soll. Auch das riesige Reichsparteitagsgelände in Nürnberg, wo es heute ein stark frequentiertes Dokumentationszentrum gibt, ließ man über Jahrzehnte ungenutzt. Ähnliches gilt für den Obersalzberg, wobei im wieder instandgesetzten Platterhof das Hotel General Walker eingerichtet wurde, das den US-Streitkräften als Erholungszentrum diente. Das Lager Bergen-Belsen wurde niedergebrannt, um die akute Seuchengefahr zu bannen. Die überlebenden Häftlinge kamen in eine zum Lazarett umfunktionierte SS-Panzerschule.

Die Geschichte des KZ Flossenbürg ist symptomatisch für das den Umständen geschuldete pragmatische Vorgehen. Zunächst wurde das Lager als Unterkunft und Krankenstation für die überlebenden Häftlinge genutzt. Nach deren Repatriierung wurde es im Mai 1945 aufgelöst, doch schon zwei Monate später errichtete man auf dem Gelände ein Internierungslager für deutsche Kriegsgefangene, zumeist SS-Männer. 1946 übernahm die Flüchtlingsorganisation der UNO das Lager, um dort Displaced Persons unterzubringen. Danach diente es Vertriebenen als erste Wohnstätte in der neuen Heimat und ein Teil des Lagergeländes wurde für den Wohnungsbau genutzt. Zugleich gab es seit 1946 die Gedenkstätte »Tal des Todes«, die den Kern der erst 1966 errichteten heutigen Gedenkstätte bildet. Die sowjetische Besatzungsmacht schuf in ihrer Zone zehn »Speziallager«, die in einigen Fällen, so in Buchenwald und Sachsenhausen, in den ehemaligen Konzentrationslagern eingerichtet wurden, die so ohne Unterbrechung weitere Verwendung fanden. Hitler und Stalin reichten sich hier gewissermaßen die Hand. Die Speziallager unterstanden der Hauptverwaltung Lager (GULag) des sowjetischen Innenministeriums. Inhaftiert wurden etwa 160.000–180.000 Menschen, vielleicht sogar noch mehr, unter ihnen Nationalsozialisten, aber auch viele andere, die man als Gegner des neuen Regimes ansah: Konservative, Liberale, Sozialdemokraten oder Unternehmer und Großbauern, die sich der entschädigungslosen Enteignung widersetzten. Fast alle wurden ohne Verfahren festgehalten. Die wachsende Kritik im Westen führte 1948 zu einer ersten Entlassungswelle und zwei Jahre später zur Auflösung der Speziallager.

Man darf sich die Sieger des Zweiten Weltkriegs nicht als antifaschistische Einheitsfront vorstellen. Es waren Großmächte mit je eigenen Interessen, die zudem ganz unterschiedliche Gesellschaftsordnungen repräsentierten. Schon auf der Konferenz von Jalta hatten sich Gegensätze gezeigt, die nach dem Tod Roosevelts am 12. April 1945 vollends aufbrachen. In einem Telegramm an dessen Nachfolger Harry S. Truman sprach Churchill davon, »dass längs der russischen Front ein eiserner Vorhang niedergegangen ist. Wir wissen nicht, was dahinter vor sich geht.« Am 12. März 1947 verkündete der neue amerikanische Präsident die nach ihm benannte Truman-Doktrin. Die USA wollten allen Völkern Beistand gewähren, »deren Freiheit von militanten Minderheiten oder durch einen äußeren Druck bedroht ist.« Das war auf Griechenland gemünzt, wo ein Bürgerkrieg zwischen der konservativen Regierung und der aus dem antifaschistischen Widerstand hervorgegangenen, kommunistisch dominierten Rebellenarmee ausgebrochen war. Die Truman-Doktrin bedeutete eine entschiedene Abkehr vom Isolationismus der Zwischenkriegszeit. Man war bereit, sich weltweit zu engagieren und das sowjetische Expansionsstreben in die Schranken zu weisen. Gleichwohl wurde der Stalin während des Krieges zugestandene Machtbereich respektiert.

Oberstes Regierungsorgan in Deutschland war nach der Kapitulation der Alliierte Kontrollrat, der am 30. Juli erstmals tagte und aus Marschall Schukow, dem Eroberer von Berlin, General Eisenhower, dem Oberkommandierenden der britisch-amerikanischen Invasionsstreitkräfte, Feldmarschall Montgomery und General Lattre de Tassigny, dem Befehlshaber der Ersten Französischen Armee, bestand. Der Alliierte Kontrollrat hatte seinen Sitz in Berlin, er sollte eine gemeinsame Politik für ganz Deutschland garantieren, doch die einzelnen Besatzungszonen wurden von jeder der Mächte autonom verwaltet. Schon bald überschattete der heraufziehende Kalte Krieg die Einigkeit der Sieger, einen dramatischen Höhepunkt erreichten die Spannungen mit der Blockade Berlins durch die Sowjetunion. Formal bestand der Alliierte Kontrollrat weiter. De facto blieb ihm nur die gemeinsame Verkehrsüberwachung, angesichts der isolierten Lage Berlins kein unwichtiges Thema, und die Bewachung des Kriegsverbrechergefängnisses in Spandau. Doch die Souveränität der beiden deutschen Teilstaaten stand immer unter alliiertem Vorbehalt. Der entfiel erst durch den Zwei-plus-Vier-Vertrag, der 1990 die Wiedervereinigung möglich machte.

Auf der Potsdamer Konferenz legten die vier Siegermächte, zu denen auf Drängen der Briten und Amerikaner auch die Franzosen gehörten, die Grundzüge für die Nachkriegsordnung fest, wie sie dann für mehr als 40 Jahre Bestand hatte.

Der nördliche Teil Ostpreußens wurde der Sowjetunion zugeschlagen und das polnische Territorium erheblich nach Westen verschoben, sodass die Oder-Neiße-Linie die neue deutsche Ostgrenze bildete. Stalin setzte dies u. a. mit dem völlig unhaltbaren, in Potsdam aber nicht überprüfbaren Argument durch, östlich der Oder-Neiße-Linie lebten gar keine Deutschen mehr. Insgesamt mussten infolge der Potsdamer Beschlüsse mehr als zehn Millionen Deutsche ihre Heimat in Polen, der Tschechoslowakei und Ungarn verlassen. Die Staaten Mittel- und Osteuropas, die später den »Ostblock« bildeten, gerieten auf Jahrzehnte in politische Abhängigkeit von der Sowjetunion. Die kommunistischen Parteien in Frankreich, Italien und anderen westeuropäischen Ländern wies Stalin an, das pluralistisch-demokratische System nicht in Frage zu stellen. Das entsprach der Logik der zwischen den Großmächten vereinbarten Einflusssphären. Des Weiteren beschloss man in Potsdam die völlige Abrüstung und Entmilitarisierung Deutschlands, die Entnazifizierung und Demokratisierung des Landes, außerdem die Demontage der Wirtschaft und Reparationszahlungen an die Siegermächte. Die Umsetzung dieser Beschlüsse in den einzelnen Zonen fiel später höchst unterschiedlich aus.

Seit Jahren schon hatte man sich auch Gedanken gemacht über die Ahndung der von den Deutschen verübten Verbrechen. In der Erklärung von St. James war sie im Januar 1942 erstmals zum Kriegsziel erhoben und am 30. Oktober 1943 auf der Folgekonferenz in Moskau konkretisiert worden: »Nachdem festgestellt wurde, dass zahlreiche Zeugenaussagen vorliegen über Grausamkeiten, Blutbäder und Massenhinrichtungen, die von den Hitlertruppen in vielen Ländern verübt wurden, erklären die drei alliierten Mächte im Namen der 32 Vereinten Nationen feierlich: Bei Abschluss eines Waffenstillstands werden die deutschen Offiziere und Mannschaften, wie auch die Mitglieder der Nationalsozialistischen Partei, welche die Verantwortung für derartige Grausamkeiten tragen oder ihnen zugestimmt haben, in die Länder zurückgebracht werden, in denen diese verabscheuungswürdigen Verbrechen begangen wurden, um nach Gesetzen der befreiten Länder und der dort errichteten Regierungen abgeurteilt und bestraft zu werden.« Die »Verbrecher, deren Verbrechen geographisch nicht begrenzt sind« sollten dagegen »nach gemeinsamem Beschluss der alliierten Regierungen bestraft werden.« Deshalb trafen sich Vertreter der Siegermächte am 26. Juni 1945 in London. Leiter der amerikanischen Delegation war der Richter am obersten Bundesgericht Robert Jackson, dessen Dossier die Grundlage der Londoner Beratungen bildete. Nach 15 Sitzungen einigte man sich am 8. August auf das Londoner Abkommen und das Statut für den Internationalen Militärgerichtshof, der in Berlin seinen Sitz hatte, aber in Nürnberg tagte.

24 Hauptvertreter des untergegangenen Regimes wurden in Nürnberg angeklagt. Unter ihnen befand sich Martin Bormann, gegen den in Abwesenheit verhandelt wurde, weil man zu diesem Zeitpunkt noch nicht wusste, dass er Anfang Mai in Berlin bei einem Ausbruchsversuch umgekommen war. Robert Ley erhängte sich nach Bekanntgabe der Anklageschrift am 25. Oktober in seiner Zelle. Und die Anklage gegen Gustav Krupp von Bohlen und Halbach, dessen Sohn Alfried später in einem der Nachfolgeprozesse angeklagt war, wurde angesichts seines schlechten Gesundheitszustandes fallen gelassen, sodass am Ende nur 21 Männer auf der Anklagebank saßen. Außerdem waren sechs »verbrecherische Organisationen« angeklagt, die Reichsregierung, das Korps der politischen Leiter der NSDAP, die SS, Gestapo, SA und das OKW. »Die wahre Klägerin vor den Schranken dieses Gerichts ist die Zivilisation«, rief der Chefankläger Robert Jackson gegen Ende seiner epochalen Eröffnungsrede am 20. November 1945 im Schwurgerichtssaal Nr. 600 des Nürnberger Justizpalasts aus. Die Grundidee seiner mehrstündigen Rede war, dass die Nazis sich verschworen hatten, einen Angriffskrieg zur Realisierung ihrer Weltherrschafts- und Vernichtungspläne zu führen. Vorgeworfen wurden den Angeklagten 1. Verbrechen gegen den Frieden, namentlich Planung und Durchführung eines Angriffskrieges unter Bruch internationaler Verträge, 2. Kriegsverbrechen, dabei unter anderem das Zwangsarbeitsprogramm und die Misshandlung von Kriegsgefangenen, und 3. Verbrechen gegen die Menschlichkeit, dabei

insbesondere die Verfolgung aus politischen, rassischen oder religiösen Gründen. Diese drei Verbrechenskomplexe bildeten die Anklagepunkte zwei bis vier, denen als erster Punkt der Tatbestand »Gemeinsamer Plan oder Verschwörung« vorangestellt war. Die Grundkonstruktion ging von der Annahme aus, dass alle Angeklagten »als Führer, Organisatoren, Anstifter und Mittäter an der Ausarbeitung oder Ausführung eines gemeinsamen Planes oder einer Verschwörung teilgenommen« hatten und deshalb für ihre eigenen Taten, aber auch für alle Handlungen der anderen Teilnehmer verantwortlich seien.

Es war dies der Versuch, staatliche Verbrechen justizförmig zu bewältigen, ein schwieriges, umstrittenes, aber eminent wichtiges und verdienstvolles Unterfangen. 218 Tage dauerten die Verhandlungen, 240 Zeugen wurden gehört, 300.000 eidesstattliche Erklärungen vorgelegt und mehr als 5.000 Dokumente von Anklage und Verteidigung in den Prozess eingeführt. Eines der furchtbarsten Anklagedokumente war Himmlers erste Posener Rede vom 4. Oktober 1943, in der er die Vernichtung der Juden als nicht zu tilgendes Ruhmesblatt der deutschen Geschichte gefeiert hatte. Das Protokoll der Wannsee-Konferenz dagegen war damals noch nicht bekannt, es wurde erst 1947 von dem Ankläger Robert Kempner entdeckt und im Wilhelmstraßen-Prozess, dem letzten der Nachfolgeprozesse, vorgelegt.

Am Ende wurden zwölf Angeklagte zum Tod verurteilt, drei zu lebenslänglicher Haft, vier zu Zeitstrafen und drei freigesprochen. Am umstrittensten war die Strafe für Albert Speer, der so geschickt aufgetreten war, dass er mit 20 Jahren Gefängnis davonkam, obwohl er zweifellos zu den Haupttätern gehörte. Der Hauptkriegsverbrecherprozess war der einzige, bei dem alle vier Siegermächte gemeinsam zu Gericht saßen. Anschließend führte jede der vier Siegermächte Folgeprozesse in eigener Verantwortung durch. Die großen amerikanischen Verfahren fanden wiederum in Nürnberg statt; dabei wurden in zwölf Prozessen, die sich u. a. gegen Ärzte, Juristen, Industrielle und Ministerialbeamte richteten, weitere 177 Personen angeklagt und zum großen Teil auch verurteilt. Der Hauptkriegsverbrecherprozess und die zwölf amerikanischen Nachfolgeverfahren werden heute häufig unter dem missverständlichen Begriff »Nürnberger Prozesse« zusammengefasst. Daneben gab es zahlreiche weitere Verfahren, z. B. die Dachauer Prozesse, die unter anderem gegen die Wachmannschaften verschiedener Konzentrationslager geführt wurden. Im Schwurgerichtssaal Nr. 600 wurde am 22. November 2010 die Dauerausstellung »Memorium Nürnberger Prozesse« eröffnet, daneben wird der Saal aber bis heute auch für Gerichtsverhandlungen genutzt.

Hitler, Himmler und Goebbels hatten sich selbst gerichtet. Göring, Ribbentrop, Rosenberg, Keitel u. a. waren in Nürnberg zum Tod verurteilt worden. Erstmals in der Menschheitsgeschichte, sieht man von den weithin missglückten Leipziger Prozessen nach dem Ersten Weltkrieg ab, hatte man versucht, Individuen für verbrecherisches Staatshandeln haftbar zu machen. Dabei hatten insbesondere die Amerikaner auf ein streng rechtsstaatliches Verfahren gedrungen. Die hinter diesem Bemühen stehende Idee war die einer neuen, dem Völkerfrieden verpflichteten Weltordnung. Die Deutschen nicht weniger als die übrige Welt haben mit den Angeklagten eine Rechnung zu begleichen, hatte Jackson in seiner grundlegenden Anklagerede betont: »Wie eine Regierung ihr eigenes Volk behandelt, wird gewöhnlich nicht als Angelegenheit anderer Regierungen oder der internationalen Gemeinschaft der Staaten angesehen. Die Misshandlung Deutscher durch Deutsche aber überschreitet nach Zahl und Art der Fälle und Rohheit alles, was für die moderne Zivilisation tragbar ist.«

Hier liegt das wichtigste Vermächtnis dieses Gerichtsverfahrens, das Geschichte gemacht hat wie kein zweites. Es verlangte, soweit dies auf juristischem Wege möglich war, Sühne für die einzigartigen Verbrechen des Naziregimes – Verbrechen gegen fremde Völker, aber auch Verbrechen gegen das eigene Volk – und wollte zugleich den Frieden in der Welt sicherer machen. Ohne Nürnberg gäbe es heute keinen internationalen Gerichtshof für Kriegsverbrecher und ein Milošević hätte nie vor Gericht gestanden. Auch in anderen Ländern versuchte man, die Schandtaten der Nationalsozialisten aufzuarbeiten. So wurden allein in den Niederlanden, Österreich und Ungarn etwa 50.000 NS-Straftäter verurteilt, wobei wir nicht wissen, wie viele von ihnen Deutsche waren. Aus anderen Ländern fehlen vielfach gesicherte Zahlen, insbesondere auch aus der Sowjetunion, wo es Tausende von Verurteilungen gab, die allerdings vielfach auch einfache Kriegsgefangene trafen.

In den westlichen Besatzungszonen verurteilten die Gerichte der Alliierten insgesamt rund 5.000 Kriegsverbrecher, davon etwa 800 zum Tode, von denen knapp zwei Drittel tatsächlich hingerichtet und die anderen zu lebenslänglicher Haft begnadigt wurden. In der sowjetischen Besatzungszone wurden etwa 13.000 Menschen wegen »faschistischer Kriegs- und Menschlichkeitsverbrechen« verurteilt, wobei die rechtsstaatliche Qualität dieser Verfahren teilweise fragwürdig war. Die Sieger wollten aber nicht nur Kriegsverbrecher zur Rechenschaft ziehen, sondern auch die deutsche Gesellschaft von Grund auf umgestalten und »alle nazistischen und militärischen Einflüsse aus öffentlichen Einrichtungen und Kultur- und Wirtschaftsleben des deutschen Volkes zu entfernen.« Die Amerikaner nannten diesen Prozess der Umerziehung »Reeducation« und entwickelten Richtlinien dafür, wobei sie recht schematisch vorgingen. Sie legten 99 verschiedene Kategorien fest, deren Angehörige ohne Ansehen der Person aus ihren beruflichen Positionen zu entlassen waren. Mehr als 400.000 Menschen wurden wegen ihrer Zugehörigkeit zu bestimmten Organisationen inhaftiert. Schon bald stellte sich heraus, dass dieses Vorgehen einen Neuaufbau von Verwaltung und Wirtschaft behinderte, weil zu viele erfahrene Kräfte fehlten. Ganz davon abgesehen, dass das rein formale Kriterium der Organisationszugehörigkeit fanatische Nationalsozialisten, Opportunisten, Mitläufer und Regimegegner in gleicher Weise traf.

Mit dem Gesetz zur Befreiung von Nationalsozialismus und Militarismus vom 5. März 1946 beschritt man einen anderen Weg. Die Amerikaner nahmen nun die Deutschen ausdrücklich in die Pflicht, da sie ihnen eher eine Einzelfallprüfung zutrauten. Jeder Deutsche über 18 Jahre musste einen Fragebogen mit nicht weniger als 131 Einzelfragen beantworten, bevor die jetzt für die Entnazifizierung zuständige Spruchkammer ihn in eine der vier Täterkategorien, von »Hauptschuldiger« bis »Mitläufer«, einstufte oder er gänzlich entlastet wurde. Mehr als 13 Millionen Fragebögen wurden ausgefüllt, aber nur etwa 1.600 Personen zu »Hauptschuldigen« erklärt. Viele Menschen brachten zu ihrer Entlastung »Persilscheine« bei, wobei dieses Bezeugen von Regimeferne nicht selten ein Geschäft auf Gegenseitigkeit war. Jeder bestätigte dem anderen, er sei kein Nazi gewesen, sodass mancher Besatzungsoffizier sarkastisch bemerkte, er habe noch nie einen überzeugten Nationalsozialisten zu Gesicht bekommen.

Insgesamt erwies sich das Entnazifizierungsverfahren als »Mitläuferfabrik«. Bezeichnend ist der Fall des Nazibarden Hanns Johst. Dieser Schriftsteller, mit Himmler eng befreundet und von ihm zum SS-Gruppenführer ernannt, hatte sein Schicksal so eng mit dem Regime verbunden wie keiner seiner Kollegen. Er hatte zahllose Ämter übernommen; nicht zuletzt das des Präsidenten der Reichsschrifttumskammer. Im Mai 1945 hatten ihn die Amerikaner gemäß ihren Richtlinien festgesetzt, sodass er immerhin drei Jahre Lagerhaft verbüßte. In dieser Zeit begann seine Entnazifizierung. Aus dem ersten Verfahren ging er als »Mitläufer« hervor. Nach der Aufhebung dieses grotesken Fehlurteils erklärte eine Berufungskammer Johst zum »Hauptschuldigen«. In einem dritten Verfahren kam der Autor 1951 in die zweite Kategorie der »Belasteten«. Noch einmal vier Jahre später erreichte er die Aufhebung auch dieser Entscheidung und die Einstellung des Verfahrens. So wurde er auf Kosten der Staatskasse faktisch rehabilitiert.

Der gut gemeinte, aber dilettantische Versuch, ein ganzes Volk einer Gesinnungsprüfung zu unterziehen, hatte sicher in einzelnen Fällen die erhoffte reinigende Wirkung, erwies sich aber im Großen und Ganzen als untauglich und mobilisierte zudem auf breiter Front Ressentiments. Typisch ist folgende Zeitungsmeldung vom 3. November 1951: »In Stadtoldendorf, Kreis Holzminden, wurden in Anwesenheit aller Ratsmitglieder die Entnazifizierungsakten im Ofen des städtischen Gaswerkes verbrannt. Der Bürgermeister verwies darauf, dass Stadtoldendorf als erste Stadt der Bundesrepublik einen Schlussstrich unter die gesamte Entnazifizierung ziehe. Er übergab dann eine dickleibige Akte mit den Fällen von etwa 400 Entnazifizierten den Flammen. Den Beschluss, die Akten zu verbrennen, hatte der Stadtrat auf einer Feier anlässlich des fünfzigjährigen Bestehens des städtischen Krankenhauses gefasst, bei der des Stifters Max Lewy gedacht und auf dem jüdischen Friedhof ein Kranz niedergelegt wurde.« Eine Meinungsumfrage ergab im selben Jahr, dass 40 Prozent der Bevölkerung der Meinung waren, das Reich Hitlers sei besser gewesen als die demokratische Neuordnung. Ausländische Besucher, die in den ersten Nachkriegsjahren nach Deutschland kamen, zeigten sich erschüttert über den wieder aufflammenden Hass gegen die Juden, die für Hunger und Not verantwortlich gemacht wurden.

Die Fixierung auf den wirtschaftlichen Wiederaufbau, die Verdrängung der Mitschuld daran, dass überhaupt etwas wiederaufgebaut werden musste, der tradierte Antisemitismus und die durch die erneute militärische Niederlage ausgelösten bzw. wiederbelebten Inferioritätsgefühle gingen eine folgenschwere Verbindung ein, die die bundesrepublikanische Gesellschaft in Wohlstandsselbstgefälligkeit erstarren ließ. Ihr fehlte nicht nur historische Perspektive und damit auch nationales Bewusstsein. Sie verzichtete auch auf eine echte ideologische Auseinandersetzung und minimalisierte den demokratischen und sozialen Erneuerungsprozess schließlich so, dass der aufgestaute Modernisierungsbedarf sich ab Mitte der 60er Jahre in einer Reihe von Eruptionen entlud, die nicht wenige Protagonisten der sich dann artikulierenden Reformbewegung zu Unrecht an eine revolutionäre Situation glauben ließ. Die wachsende Selbstgerechtigkeit in der sich etablierenden Bundesrepublik kam auch darin zum Ausdruck, dass die große Mehrheit der Deutschen unmittelbar nach Abschluss des Hauptkriegsverbrecherprozesses die dort verhängten Strafen angemessen fand, während den Verfahren wenige Jahre später nur noch etwa ein Drittel der Befragten zustimmte und ebenso viele jetzt gegenteiliger Auffassung waren. Dabei hatten gerade die Westdeutschen angesichts ihres Besatzungsregimes wenig Anlass zur Larmoyanz.

Zunächst war es in allen Zonen zu der in Potsdam beschlossenen Demontage gekommen. Industrieanlagen wurden als Ersatz für die von den Deutschen verursachten Kriegsschäden zerlegt, verpackt und abtransportiert. Die deutsche Industrie sollte auf den Stand von 1932 zurückgeführt werden und das Land außerdem nie wieder in der Lage sein, einen Krieg zu führen. Doch schon bald geriet die Demontage, die in der Bevölkerung Erbitterung hervorrief, besonders bei den Arbeitern, die ihre eigenen Arbeitsplätze demontieren mussten, ins Stocken, am schnellsten in der amerikanischen Zone. Wollten die Besatzer nicht selbst für die Versorgung der Bevölkerung aufkommen, mussten sie den Menschen Hilfe zur Selbsthilfe gewähren.

Den amerikanischen Außenminister George Marshall trieb die Sorge um, ohne substantielle Unterstützung könne das vom Krieg verwüstete Europa »in einen wirtschaftlichen, sozialen und politischen Verfall sehr ernster Art geraten« und womöglich den Kommunisten in die Arme fallen. Das galt vor allem auch für den einstigen Aggressor. Von den landwirtschaftlichen Großflächen in den Ostgebieten waren die Deutschen abgeschnitten. Die Sowjets hatten in ihrer Zone nicht nur die gesamte Schwerindustrie demontiert, sondern auch mehr als 10.000 Kilometer Eisenbahnschienen, sodass in dem sehr langen und kalten ersten Nachkriegswinter kaum Kohle transportiert werden konnte, an der es auch im Westen mangelte. Die Menschen froren, hungerten und sollten zusätzlich noch Millionen von Flüchtlingen beherbergen und ernähren. Die Stimmung war desolat.

Am 5. Juni 1947 stellte Marshall erstmals seine Idee eines »European Recovery Program« (ERP) vor, das ausdrücklich auch Deutschland einbezog. Das Programm bestand aus Subventionen, Krediten, Rohstoff- und Warenlieferungen im Umfang von insgesamt 14 Milliarden Dollar (nach heutigem Wert etwas 85 Milliarden Euro). Die größten Beträge gingen nach Großbritannien und Frankreich, aber auch das westliche Deutschland, Italien, die Niederlande, Griechenland, Österreich und andere Länder profitierten erheblich davon, nicht aber die im Einflussbereich der Sowjetunion, die das ERP als

Einmischung in deren innere Angelegenheiten ablehnte. Der Marshallplan war das größte zivile Aufbauprojekt der USA im 20. Jahrhundert, sein Erfinder erhielt dafür 1953 den Friedensnobelpreis. Dieses Wiederaufbauprogramm ist sicher auch im Kontext des heraufziehenden Kalten Krieges zu sehen. Die ersten Pläne von Henry Morgenthau und anderen, Deutschland in viele Kleinstaaten aufzuteilen oder in einen Agrarstaat zurückzuverwandeln, wären sonst wohl nicht so schnell ad acta gelegt worden. Aber auch die Erinnerung an den Ersten Weltkrieg, als sehr harte Friedensbedingungen zu einer wirtschaftlich schwierigen Situation beigetragen hatten, spielte eine wichtige Rolle. Das sollte sich nicht noch einmal wiederholen.

Zwischen dem 14. Mai 1948 und dem 7. Oktober 1949 wurden drei Staaten gegründet, deren Entstehung ganz unmittelbar mit der Geschichte des Nationalsozialismus verknüpft ist.

Am 29. November 1947 hatte die Vollversammlung der Vereinten Nationen mit 33 gegen 13 Stimmen bei 10 Enthaltungen für die Teilung Palästinas in einen jüdischen und einen arabischen Staat gestimmt, und am 14. Mai des folgenden Jahres proklamierte David Ben Gurion die Unabhängigkeit des jüdischen Landesteils. Das war die Geburtsstunde des Staates Israel. Der 1886 in Warschau geborene Ben Gurion hatte von 1935 bis 1948 die »Jewish Agency for Palastine« geleitet und gegen den Widerstand der Araber wie auch der britischen Mandatsregierung die Einwanderung jüdischer Flüchtlinge aus Deutschland und den von den Deutschen besetzten Staaten organisiert. Jetzt wurde er Premierminister und zugleich Verteidigungsminister.

Am 15. Mai 1948 überfielen die arabischen Nachbarstaaten das tags zuvor gegründete Israel und unternahmen den ersten von mehreren kriegerischen Versuchen, den Staat wieder von der Landkarte verschwinden zu lassen. Der Großmufti von Jerusalem Amin el-Husseini, als Präsident des Muslimischen Oberrates höchste religiöse Autorität, rief die Araber dazu auf, »gemeinsam über die Juden herzufallen und sie zu vernichten.« Der Großmufti war ein entschiedener Parteigänger der Nationalsozialisten gewesen, er hatte immer wieder judenfeindliche Ausschreitungen angezettelt und war auch, von den Deutschen mit Geld und Waffen unterstützt, Drahtzieher der Unruhen von 1936. 1941 musste el-Husseini wegen seiner Beteiligung an einem fehlgeschlagenen prodeutschen Putsch im Irak fliehen. Im Berliner Exil betrieb er mehrere Propagandasender für den Nahen Osten und rekrutierte bosnische Muslime für die Waffen-SS. Am 28. November 1941 empfing Hitler el-Husseini und versicherte ihm, sobald die deutschen Truppen den Südausgang Kaukasiens erreicht hätten, sei die Stunde der Freiheit für die arabischen Völker gekommen. Die deutschen Truppen kamen diesem Ziel zwar nahe, erreichten es aber nicht.

El-Husseini war mehrfach in die Judenvernichtung involviert und wurde nach Kriegsende als Kriegsverbrecher gesucht. Es gelang ihm aber, 1946 nach Ägypten zu fliehen, wo viele Nationalsozialisten Unterschlupf fanden. Der Großmufti spielte eine unheilvolle Rolle in den jüdisch-arabischen Beziehungen, insbesondere weil er stets einen Maximalismus vertrat, der in jedem noch so vernünftigen Kompromiss eine Niederlage sah und Verhandlungslösungen praktisch unmöglich machte. Diese Linie wurde von el-Husseinis Neffen Jassir Arafat später fortgesetzt.

Der zweite Staat, der damals gegründet wurde, war die Bundesrepublik Deutschland. Zur dominierenden politischen Erscheinung in dem jungen Staat wurde Konrad Adenauer, der sich 1949 schon im Rentenalter befand. Der Zentrumspolitiker war ein engagierter Katholik und untadeliger Demokrat. Die Nazis hatten ihn 1933 als Oberbürgermeister von Köln seines Amtes enthoben und später sogar für einige Zeit inhaftiert. Er gehörte zu den Politikern der Weimarer Republik, die sich nicht kompromittiert hatten und jetzt noch einmal ins Geschirr mussten. Adenauer war der erste Bundeskanzler der zweiten deutschen Demokratie und von 1951 bis 1955 auch ihr Außenminister. Er bekannte sich von Anfang an klar zur Westbindung der Bundesrepublik, die ihm wichtiger war als die deutsche Einheit, und setzte gegen erhebliche Widerstände die Politik der »Wiedergutmachung« durch. Eine Mehrheit im Bundestag erreichte er in dieser Frage allerdings nur, weil die oppositionelle SPD ihn geschlossen unterstützte.

Natürlich konnten die entsetzlichen Verbrechen des Nationalsozialismus nicht im Wortsinne wiedergutgemacht werden, aber es gab den Weg der finanziellen Entschädigung. Am 11. September 1952 wurde ein Abkommen geschlossen, dem zufolge die Bundesrepublik an Israel drei Milliarden Mark »als Globalerstattung für Eingliederungskosten« für die Aufnahme von Flüchtlingen aus Europa zahlte. Weitere 450 Millionen gingen an die Jewish Claims Conference. Das waren für damalige Verhältnisse gewaltige Summen. Adenauer sprach in diesem Zusammenhang von der »ernsten und heiligen Pflicht« des deutschen Volkes, sich an der Beseitigung der Folgen der nationalsozialistischen Verbrechen zu beteiligen, und wollte zugleich dem deutschen Namen in der Welt wieder Geltung verschaffen. Diese Hilfsleistungen waren damals nicht nur in der Bundesrepublik umstritten, sondern auch in Israel, wo es eine beachtliche Opposition gegen die Bereitschaft gab, vom »Volk der Richter und Henker« überhaupt Geld anzunehmen. Doch Ben Gurion und Adenauer überwanden die Widerstände in den eigenen Reihen und stehen so als die entscheidenden Gestalten am Beginn der deutsch-israelischen Beziehungen. 1965 war die Annäherung so weit vorangekommen, dass die beiden Staaten diplomatische Beziehungen aufnahmen, woraufhin viele arabische Staaten ihre Botschafter aus Bonn abberiefen. Über das Abkommen von 1952 hinaus leistete die Bundesrepublik im Lauf von 40 Jahren Entschädigungszahlungen in Höhe von 100 Milliarden Mark direkt an Überlebende des Holocaust. Eine Wiedergutmachungsleistung von solchen Dimensionen hatte es nie zuvor gegeben.

Ganz anders lagen die Verhältnisse in der DDR, dem dritten neuen Staat. Die DDR berief sich auf den antifaschistischen Widerstand, in ihrer Verfassung hieß es in markiger Sprache, sie habe »auf ihrem Gebiet den deutschen Militarismus und Nazismus ausgerottet«. Zugleich sah der erste »Arbeiter-und-Bauern-Staat« auf deutschem Boden sich in der Traditionslinie der gescheiterten sozialistischen Revolution von 1918/20. Der antifaschistische Gründungsmythos hatte eine bedeutende Legitimierungsfunktion für den »real existierenden Sozialismus« der

DDR, verkam aber mit den Jahren immer mehr zu einem Versatzstück feierlicher Zeremonien, im Alltag ergänzt durch eine entschlossene Verneinung der Schuldfrage, wofür das Millionenheer der Mitläufer der neuen Regierung dankbar war. Die Nazis, die »Hitlerfaschisten«, das waren immer die anderen, vor allem die im angeblich revanchistischen Westen, in der DDR traf man sie nicht. Für die unauffällige Integration ehemaliger Nationalsozialisten gab es im System der Blockparteien sogar eine eigene Organisation, die Nationaldemokratischen Partei Deutschlands (NDPD). Diese Partei war im Zuge der Integrationspolitik gegründet worden, die die SED seit Januar 1946 verfolgte. Während die CDU und die liberale LDP die Aufnahme ehemaliger NSDAP-Mitglieder ablehnten, sollte die NPDP »einfachen Parteigenossen« und unbelasteten Wehrmachtsoffizieren eine Chance geben, sich im Sinne des neuen Staates politisch zu betätigen. Die größte Zahl ehemaliger Nazis nahm allerdings die ungleich größere SED auf. Anfang der 50er Jahre waren es über 100.000 Personen, etwa 8,5 Prozent der Gesamtmitgliedschaft. Als die Sowjetische Militäradministration die Entnazifizierung im Februar 1948 offiziell für beendet erklärte, jubelte die »National-Zeitung«, das Parteiorgan der NDPD: »Während man in den anderen Teilen Deutschlands noch mit gewichtiger Miene Entnazifizierung spielt, können die Augen in der Ostzone wieder heller blicken, nun braucht der einfache ›Pg.‹ nicht mehr scheu um sich zu sehen, als ob er ein Paria wäre.« Das Thema Holocaust wurde in den Gedenkstätten, die in Buchenwald, Ravensbrück und Sachsenhausen entstanden, durch die Dokumentation der Verfolgung der Kommunisten und des heldenhaften Widerstands der Arbeiterbewegung in den Hintergrund gedrängt. »Museum des antifaschistischen Widerstandskampfes« hieß die zentrale Dauerausstellung in Ravensbrück.

Reparationszahlungen an Israel lehnte die DDR grundsätzlich ab. Sie suchte vielmehr den Schulterschluss mit den arabischen Staaten, was auch dem außenpolitischen Kalkül ihres Hegemonen, der Sowjetunion, entsprach. Erst im Januar 1990 kam es zwischen der DDR und Israel zu Verhandlungen über die Aufnahme diplomatischer Beziehungen. Am 12. April 1990 verabschiedete die erste frei gewählte Volkskammer ein Schuldbekenntnis, in dem der bemerkenswerte Satz stand: »Wir bitten die Juden der Welt um Verzeihung.« Doch dieser Text konnte keine nachhaltige Wirkung entfachen, weil es die DDR wenige Monate später nicht mehr gab.

Die Bundesrepublik und die DDR waren wie siamesische Zwillinge durch ihre Herkunft unauflöslich miteinander verbunden, aber sie waren feindliche Brüder, die einander entgegengesetzten Wertegemeinschaften und sozialen Systemen angehörten. Die Bundesrepublik bekannte sich dazu, in der Tradition deutscher Staatlichkeit zu stehen und nahm damit auch das kulturelle und geistige Erbe der Deutschen für sich in Anspruch, während die DDR sich als den Staat sah, in dem das antifaschistische Deutschland die Macht errungen hatte, und so bemüht war, sich gewissermaßen zu den Siegern des Zweiten Weltkriegs zu zählen. Auch in der DDR wurde das »kulturelle Erbe« gepflegt, aber nach strengen ideologischen Selektionskriterien. Die Herrscher in Ostberlin fühlten sich der Bonner Republik moralisch überlegen und suchten sie als Hort des Revanchismus, Militarismus und Nazismus zu diffamieren. Gezielt wurde immer wieder belastendes Material über hohe westdeutsche Beamte und Politiker veröffentlicht. Den Höhepunkt dieser Kampagnen markierte 1965 das »Braunbuch. Kriegs- und Naziverbrecher in der Bundesrepublik. Staat, Wirtschaft, Armee, Verwaltung, Justiz, Wissenschaft«, das im Staatsverlag der DDR erschien. Es entsprach der Taktik der DDR, authentisches Material mit gefälschten Dokumenten zu vermischen, um so eine maximale Belastungskulisse zu erzeugen. Viele Vorwürfe hatten Substanz und es gab eine Reihe von Politikern, die deswegen zurücktreten mussten, so z. B. Theodor Oberländer und Hans Krüger (beide CDU), die beide Bundesminister für Vertriebene, Flüchtlinge und Kriegsgeschädigte gewesen waren. Auch Bundespräsident Heinrich Lübke, der in einer Kampagne als »KZ-Baumeister« tituliert wurde, geriet unter Druck. Spätere Überprüfungen ergaben, dass die behaupteten Tatbestände im Kern vermutlich zutreffend waren, ein Teil der vorgelegten

Belege war dagegen eindeutig gefälscht. Lübke hatte als Vermessungsingenieur und Bauleiter dem »Generalbauinspektor für die Reichshauptstadt« Albert Speer zugearbeitet, dabei aber nur eine unbedeutende Rolle gespielt. Um das Amt aus dem bevorstehenden Bundestagswahlkampf herauszuhalten, kündigte Lübke schließlich im Oktober 1968 seinen Amtsverzicht zum 30. Juni 1969 an.

Konrad Adenauer stand an der Spitze einer Partei, der CDU, die 1949 nur 31 Prozent der Stimmen erreicht hatte, 1,8 Prozent mehr als die SPD, er war auf Koalitionspartner angewiesen. Seinen ersten beiden Regierungen gehörten Minister der FDP, DP und des GB/BHE an, Parteien, die allesamt zum rechten Rand des politischen Spektrums tendierten und mit dem Anspruch auftraten, die Stimme der politisch Deklassierten und »Entrechteten«, der Entwurzelten und der Vertriebenen zu sein. Im Gegensatz zur Sozialistischen Reichspartei, die sich direkt in die Nachfolge der NSDAP stellte und folgerichtig verboten wurde, rekurrierten die anderen Gruppierungen geschickter und differenzierter auf deutsche Traditionen. Die FDP knüpfte an die DDP und damit letztendlich an den Liberalismus des Bismarckreiches an, die DP ging auf die Deutsch-Hannoversche Partei zurück, eine antipreußische Gründung des Jahres 1866, sog aber auch andere Kleinparteien am rechten Rand des politischen Spektrums auf.

Alle diese Parteien hatten viele Leute in ihren Reihen, die geistig noch nicht in der Demokratie angekommen waren, und auch – das galt vor allem für einige Landesverbände der FDP – nicht wenige ehemalige Nationalsozialisten. Besonders virulent waren sie in Nordrhein-Westfalen, wo der stellvertretende FDP-Landesvorsitzende Friedrich Middelhauve zu einer »nationalen Sammlungsbewegung« der Kräfte rechts von der CDU aufrief. Der umtriebigste von diesen Freien Demokraten war der Landtagsabgeordnete Ernst Achenbach. 1937 war er der NSDAP beigetreten und Diplomat geworden. In Paris war er ein enger Mitarbeiter des Botschafters Otto Abetz, der nach dem Krieg wegen der von ihm verantworteten Judendeportationen zu 20 Jahren Haft verurteilt wurde, von denen er einen kleinen

Teil sogar absitzen musste. Achenbach wurde trotz seiner Mitwirkung an den Verbrechen nie angeklagt, sondern trat stattdessen in mehreren Nürnberger Nachfolgeprozessen als Verteidiger auf. Gemeinsam mit Werner Best, dem ehemaligen Chefideologen des Reichssicherheitshauptamtes und Kronjuristen der SS, organisierte Achenbach in großem Stil die Verteidigung von Kriegsverbrechern und die Koordination von Zeugenaussagen. In der FDP übernahm er das Amt des außenpolitischen Sprechers. Daneben nutzte der ehemalige Geschäftsführer der »Adolf Hitler-Spende der deutschen Wirtschaft« alte Kontakte und warb auch für die FDP Industriespenden ein. 1952 initiierte Achenbach einen »Vorbereitenden Ausschuss zur Herbeiführung einer Generalamnestie«, wobei die Sprache seine Gesinnung verriet. Achenbach forderte die »Liquidation« der Strafverfolgung sämtlicher NS-Verbrecher im In- und Ausland. Die Initiative war nicht direkt erfolgreich, aber Achenbach vermochte es immer wieder, die mehr als zögerliche Strafverfolgung von NS-Verbrechern noch weiter zu bremsen. Von 1957 bis 1976 vertrat Achenbach die FDP im Deutschen Bundestag. Als Berichterstatter für den Auswärtigen Ausschuss war er unter anderem zuständig für das deutsch-französische Abkommen zur Verfolgung von NS-Verbrechern, dessen Ratifizierung er jahrelang verhinderte, sodass es am Ende kaum noch zu Verurteilungen kam.

Die nationalistische Propaganda der Kriegsverbrecherlobbyisten beeinflusste auch da, wo sie keinen unmittelbaren Erfolg hatte, das politische Klima. Am 10. April 1951 beschloss der Bundestag, dass nach Artikel 131 Grundgesetz alle Beamten, die im Zuge der Entnazifizierung nicht als »Hauptschuldige« oder »Belastete« eingestuft worden waren, wieder verbeamtet werden sollten. Von dieser Regelung profitierte die überwältigende Mehrheit, sodass in etlichen Landes- und Bundesministerien der Anteil von inzwischen ehemaligen Mitgliedern der NSDAP sogar höher war als in der NS-Zeit. Ähnliches galt für viele Bundesbehörden wie etwa das Bundeskriminalamt (BKA), wo Ende der 50er Jahre von den 47 Beamten der Führungsetage nicht weniger als 35 eine braune Weste hatten. Die meisten von ihnen kamen von der Gestapo. Die nach dem entsprechenden Grundgesetzartikel so genannten 131er waren eine Gruppe von etlichen Hunderttausend Personen und stellten insofern nicht zuletzt auch ein beachtliches Wählerreservoir dar.

Schon bald nach dem Ende der alliierten Strafprozesse hatte eine Amnestierungs- und Begnadigungspraxis eingesetzt, deren Weiterführung von vielen Politikern und starken gesellschaftlichen Kräften, etwa den Kirchen, lautstark eingefordert wurde. Die »wirklichen« Kriegsverbrecher sollten ihre Strafen verbüßen, aber es wurde bald deutlich, dass dies nach der Vorstellung der Protagonisten der Vergangenheitspolitik jener Jahre ein winziger, ins Nichts tendierender Personenkreis war. Alles, was darüber hinausging, wurde empört als Konsequenz angeblichen Kollektivschuldglaubens zurückgewiesen. Das Naziregime wurde verurteilt, auch die »in deutschem Namen« begangenen Untaten, doch man verdrängte, dass auch die Täter deutsche Namen hatten. Kaum einer stellte einen Zusammenhang zwischen den Naziverbrechen und der eigenen Biografie her. Die Zeit vor der »Stunde Null« war kein Gesprächsthema. Der Philosoph Hermann Lübbe hat dafür den Begriff des »kommunikatives Beschweigens« geprägt.

Sollte die zweite Demokratie auf deutschem Boden ein Erfolg werden, konnte sie nicht gegen, sondern nur mit der einheimischen Bevölkerung errichtet werden. Die Prägung durch die Vergangenheit und das Lernen aus ihr betraf dieselben Menschen; beides war so miteinander verbunden, dass es einer wirklichen Aufarbeitung des Geschehen und der damit einhergehenden Trauerarbeit im Wege stand. Die Fähigkeit zu trauern setzt eine Erinnerungsarbeit voraus, die die Wiederbelebung von Verhaltensweisen, Gefühlen und Phantasien einschließt. Millionen von Menschen hätten sich ihrer einstigen Begeisterung für den »Führer« und sein totalitäres System erinnern müssen. Stattdessen wurden die energetischen Potentiale eingesetzt für die Abspaltung der persönlichen Beteiligung von den kollektiven Erinnerungen, wie sie sich manifestierten in dem wachsenden Kanon des unleugbar Gewussten.

Eingebettet in die Vergangenheitspolitik der frühen Adenauerzeit war ein Viktimisierungsdiskurs, der zu einer diametralen Veränderung der Perspektive führte. Aus der Sicht der Alliierten waren Opfer die dem SS-Staat Verfallenen, die ermordeten Juden, Russen, Polen und all die anderen durch die deutschen Eroberungs- und Vernichtungsfeldzüge Umgekommenen. Doch in den 50er Jahren waren nicht die Opfer der Deutschen, sondern vor allem die Deutschen als Opfer im kollektiven Gedächtnis präsent. Hatte es zunächst auf den Gedenktafeln, so es sie gab, zumeist geheißen »Den Opfern 1933–1945«, wobei unklar blieb, ob hier die hingemordete europäische Judenheit gemeint war oder ihre auf den Schlachtfeldern verbliebenen Henker, so setzten sich in der Konkurrenz der Opfergruppen sehr bald diejenigen Gruppen durch, denen zur Legitimierung der politischen Führung große Bedeutung zukam. Ganz oben auf Adenauers Prioritätenliste standen die angeblich »zu Millionen umgekommenen« Vertriebenen, was bei allen unbestrittenen Schrecknissen der Massenflucht doch erheblich übertrieben war. 1953, im Jahr seiner ersten Wiederwahl, stellte der Bundeskanzler die Kriegsgefangenen in den Vordergrund. Die Bundesregierung finanzierte die Wanderausstellung »Wir mahnen«, die das Schicksal der deutschen Kriegsgefangenen in den sowjetischen Lagern dokumentierte. Das Ausstellungsplakat zeigte einen kahlgeschorenen Häftling hinter Stacheldraht, ein Motiv, das sich auch auf einer zum Muttertag erstmals ausgegebenen Sonderbriefmarke wiederfand und gut geeignet war, die Schreckensbilder aus den Konzentrationslagern in der Erinnerung zu überlagern. Adenauer parallelisierte das sowjetische Vorgehen gegen die deutschen Kriegsgefangenen ganz ausdrücklich mit den Verbrechen des Dritten Reiches.

Die Bundesrepublik gewann als potentieller Verbündeter im Ost-West-Konflikt zunehmend an Bedeutung. Das Ziel, Militarismus und Nazismus zu überwinden, verblasste immer mehr. Die entscheidenden Orientierungsmarken hießen jetzt Westbindung und bald auch Wiederbewaffnung. Deutschland war nach dem Zweiten Weltkrieg nicht isoliert wie nach dem Ersten. Seine westliche Hälfte gewann rasch Anschluss an eine Staatengemeinschaft unter Führung der Großmacht USA, die sich an gemeinsamen, auch im Grundgesetz von 1949 verankerten Werten orientierte. Dieses Grundgesetz schuf den Rahmen für eine funktionstüchtige parlamentarische Demokratie westlicher Prägung. Es war keine neutrale, sondern eine wehrhafte Demokratie, die sich der Devise »Keine Freiheit den Feinden der Freiheit« verpflichtet wusste. Die Verfassung wurde nicht nur durch ein eigenes Amt geschützt. Zahlreiche Bestimmungen wie das konstruktive Misstrauensvotum, die Fünfprozentklausel, die Möglichkeit des Parteienverbots, die Beschränkung des Bundespräsidenten auf eine repräsentative Rolle und anderes mehr sollten die Wiederholung des Missstände der Weimarer Republik verhindern helfen. Wenn die Deutschen je einen Sonderweg gegangen waren, war er jetzt jedenfalls zu Ende. Sie bekannten sich zu den Ideen der Französischen Revolution von Freiheit und Gleichheit, zur kapitalistischen Marktwirtschaft innerhalb eines sozialpolitischen Ordnungsrahmens und nicht zuletzt auch zur christlichen Prägung der abendländischen Kultur, kurzum zu allem, was die Nationalsozialisten als »undeutsch« wütend bekämpft hatten.

1955 trat der schon drei Jahre zuvor ausgehandelte Deutschlandvertrag in Kraft, der das Ende des Besatzungsstatuts regelte. Die Bundesrepublik war nun, mit gewissen Einschränkungen, die in den Alliierten Vorbehaltsrechten kodifiziert waren, ein souveräner Staat. Sie wurde zugleich Mitglied der Westeuropäischen Union (WEU) und der NATO. Im September desselben Jahres reiste Adenauer mit großer Entourage nach Moskau. Die Kremlführung wünschte die Aufnahme diplomatischer Beziehungen, Adenauer die Freilassung der noch lebenden deutschen Kriegsgefangenen. Nach vier Tagen langer, harter Verhandlungen gab es das eine im Tausch gegen das andere.

Kurz danach kehrten etwa 15.000 Kriegsgefangene nach Deutschland zurück. Unter ihnen waren auch solche, die wegen NS-Verbrechen gesucht wurden und nun angeklagt werden konnten. So kam z. B. der Ulmer Einsatzgruppenprozess zustande. Die Heimholung der Kriegsgefangenen gehörte zu den populärsten Taten in Adenauers langer Amtszeit und bei den folgenden Bundestagswahlen errang die Union das erste und einzige Mal die absolute Mehrheit der Stimmen. In jene Zeit fiel auch die Wiederbewaffnung. Die ersten Bundeswehrsoldaten, Freiwillige zunächst, rückten in die Kasernen ein. Im letzten alliierten Kriegsverbrecherprozess hatte ein britisches Gericht sehr zum Missfallen von Churchill 1949 noch Feldmarschall Erich von Manstein in Hamburg zu 18 Jahren Haft verurteilt, aber im Gefängnis einsitzende Offiziere passten schon bald nicht mehr in die politische Landschaft. Die Strafe wurde zunächst auf 12 Jahre herabgesetzt, und schon 1953 wurde Manstein aus gesundheitlichen Gründen vorzeitig entlassen. 1956 beriet er die Bundesregierung beim Aufbau der Bundeswehr und nach seinem Tod 1973 wurde er mit militärischen Ehren beigesetzt.

Die 50er Jahre waren kein monolithischer Block, sie waren auch kein geschichtsloser Raum. Die Bundesrepublik etablierte sich als wirtschaftlich sehr erfolgreiches, posttotalitäres Gemeinwesen, geprägt durch einen starken, aber auch engen antiideologischen Konsens, der der unbefangenen Auseinandersetzung mit der Vergangenheit im Wege stand. Gleichzeitig gab es immer wieder auch Skandale und heftige Auseinandersetzungen, z. B. um den »Jud Süß«-Regisseur Veit Harlan, der eine Reihe von nationalsozialistischen Propagandafilmen produziert hatte und nun allzu forsch wieder an die vorderste Front deutschen Kulturschaffens drängte. Auch dass die juristische Aufarbeitung der NS-Verbrechen noch höchst defizitär war, war manchen durchaus bewusst.

1956 wurde der ehemalige Polizeichef von Memel Bernhard Fischer-Schweder verhaftet. Er musste sich zusammen mit neun weiteren Mitgliedern der Einsatzgruppe A wegen Massenerschießungen vor dem Schwurgericht Ulm verantworten. Der Mann hatte nach dem Krieg unter falschem Namen ein Flüchtlingslager geleitet. Nach Entdeckung seiner wahren Identität war er entlassen worden und dreist genug gewesen, auf Wiedereinstellung zu klagen. Im Lauf dieses Verfahrens wurde seine SS-Vergangenheit publik. Das Ulmer Gericht verurteilte Fischer-Schweder zu zehn Jahren Zuchthaus und sieben Jahren Verlust der bürgerlichen Ehrenrechte und auch alle anderen Angeklagten erhielten hohe Haftstrafen.

Dieses Verfahren machte einer größeren Öffentlichkeit deutlich, dass noch keineswegs alle NS-Verbrecher verurteilt waren und es einer systematischen Ermittlungsarbeit bedurfte. Am 6. November 1958 vereinbarten deshalb die Justizminister der Länder die Einrichtung einer »Zentralen Stelle der Landesjustizverwaltungen zur Aufklärung nationalsozialistischer Verbrechen«, die am 1. Dezember in Ludwigsburg ihre Arbeit aufnahm. Hier wurden personelle Kapazitäten aller Bundesländer zu einer schlagkräftigen Behörde zusammengefasst, die zeitweilig mehr als 100 Mitarbeiter hatte, unter ihnen zahlreiche junge und engagierte Staatsanwälte. Der erste Leiter der Zentralstelle, Erwin Schüle, musste allerdings nach einigen Jahren zurücktreten, nachdem das DDR-»Braunbuch« aufgedeckt hatte, dass er einst Mitglied der NSDAP und der SA gewesen war.

Nachfolger von Schüle wurde 1966 Adalbert Rückerl, ein stiller, aber beharrlicher Arbeiter, unter dessen Leitung die Behörde sich einen untadeligen Ruf erwarb. Hauptschmuck seines Chefzimmers war eine zwei mal drei Meter große Landkarte Mitteleuropas, auf der 700 farbige Stecknadeln die nationalsozialistischen Konzentrations- und Vernichtungslager markierten – ein Planet des Todes. Insgesamt wurden in der Bundesrepublik gegen mehr als 106.000 Personen Vorermittlungs- und Ermittlungsverfahren eingeleitet, an fast der Hälfte dieser Verfahren war die Zentralstelle beteiligt. Rechtskräftig verurteilt wurden nur 6.495 der Angeklagten, was aber nicht den Ermittlern anzulasten, sondern eine Konsequenz des juristischen Weges war, den man zur Bewältigung der NS-Verbrechen beschritten hatte.

Menschheitsverbrechen wie staatlich organisierter Völkermord können nur ex post bestraft werden, auf der Grundlage völkerrechtlicher Straftatbestände. Die Alliierten hatten das im Hauptkriegsverbrecherprozess und den nachfolgenden Verfahren vorexerziert. In Israel gab es nach dem Vorbild des Londoner Statuts von 1945 ein »Nazi and Nazi Collaborators Law«, das z. B. bei dem Prozess gegen Adolf Eichmann zur Anwendung kam. In der Bundesrepublik entschied man sich für einen anderen Weg. Zwar wurde 1954 der Straftatbestand des Völkermordes in das Strafgesetzbuch aufgenommen, doch wandte man ihn wegen des Rückwirkungsverbots nicht auf NS-Verbrecher an. Für sie blieb nur die Verurteilung wegen Mord und Beihilfe zum Mord. Die übrigen Straftatbestände waren ohnehin bald verjährt oder fielen unter Amnestiebestimmungen. Bei vielen Verfahren reichten die Beweismittel nicht aus, das schwindende Erinnerungsvermögen der Zeugen erschwerte die individuelle Schuldzuweisung, die Identifizierung des persönlichen Tatbeitrags, der Voraussetzung für eine Verurteilung war. Selbst dort, wo die Täter zweifelsfrei ermittelt werden konnten, sahen die Gerichte sehr oft die Tatbestandsmerkmale des Mordes nicht als erfüllt an und erkannten auf Beihilfe zum Mord, mit entsprechend milden Strafen. Vielfach fielen die Strafen so gering aus, dass, wenn man die Haftdauer auf die Gesamtzahl der Opfer umlegte, die Täter für eine Tötung nur mit Minuten im Gefängnis büßten.

Alfred Streim, der seit 1963 in Ludwigsburg tätig war und 1984 die Leitung der Zentralstelle von Rückerl übernahm, zog ein ernüchterndes Fazit: »Unser Strafgesetzbuch ist auf die persönliche Schuld des Täters abgestellt und daher kaum geeignet, Regierungskriminalität oder Massenverbrechen zu verfolgen.« Wer sich, ohne »persönlichen Tatbeitrag«, als KZ-Aufseher, als Giftgaslieferant, als Reichsbahnsekretär, der für Deportationen die Züge bereitstellte, als Verwaltungsbeamter, der für die »Entjudung« der deutschen Wirtschaft sorgte, oder als Mitglied eines Erschießungskommandos in das Räderwerk der Vernichtungsmaschinerie eingegliedert hatte, war als bloßer Pflichterfüller exkulpiert. Aus der Masse der Täter blieb nur eine kleine Gruppe blutrünstiger Exzesstäter, alle anderen tauchten unter im Meer der Ahnungslosen, der Mitläufer, der von Befehlen Bedrängten.

Manchmal lief die Trennlinie mitten durch die Beteiligten hindurch, wie im Fall des kaufmännischen Angestellten Friedrich Wilhelm Boger, der im Auschwitzprozess angeklagt war. Er hatte ein seither oft kopiertes Folterinstrument erfunden, die

»Bogerschaukel«, die im Urteil des Frankfurter Schwurgerichts so beschrieben wurde: »Sie bestand aus zwei aufrecht stehenden Holmen, in die eine Eisenstange quer hineingelegt wurde. Boger ließ die Opfer in die Kniebeuge gehen, zog die Eisenstange durch die Kniekehlen hindurch und fesselte dann die Hände der Opfer daran. Dann befestigte er die Eisenstange in den Holmen, sodass die Opfer mit dem Kopf nach unten und mit dem Gesäß nach oben zu hängen kamen.« Boger schlug stundenlang auf die an der Schaukel Hängenden ein, bis der Tod eintrat. Das Gericht wertete dies als Mord, denn Boger habe »nur aus einer gefühllosen und unbarmherzigen Gesinnung heraus« so handeln können. Derselbe Boger war auch an Selektionen beteiligt. Er sonderte mehr als 1.000 nicht mehr arbeitsfähige Häftlinge aus, die dann vergast wurden. Hier erkannte das Gericht nicht auf Mord. Da Boger sich bei den Selektionen nicht »besonders eifrig oder brutal und rücksichtslos gegen die jüdischen Menschen gezeigt hat«, konnte das Gericht seinen Tötungswillen nicht mit letzter Sicherheit feststellen. Dieser Fall zeigt in extremer Weise, in welchen Notstand sich die Justiz durch ihre Rechtskonstruktion gebracht hatte. Der unerschrockene Fritz Bauer hatte das Problem schon früh erkannt und als einer der Ersten entschieden dagegen protestiert, dass dieses Vorgehen dazu führte, die Ermordung der europäischen Juden »zu privatisieren und damit zu entschärfen.«

Einer größeren Öffentlichkeit wurde Bauer bekannt als Ankläger gegen Otto Ernst Remer. Remer hatte bei der Niederschlagung des Attentats vom 20. Juli 1944 eine gewisse Rolle gespielt und war zum Dank von Hitler erst zum Oberst und im Januar 1945, als er gerade einmal 32 Jahre alt war, zum Generalmajor befördert worden. Damit war er einer der jüngsten Wehrmachtsgeneräle überhaupt. Nun war er der wichtigste Agitator der am 2. Oktober 1949 gegründeten Sozialistischen Reichspartei (SRP). Remer brüstete sich damit, dass er sich am 20. Juli 1944 den »Eidbrechern« mutig in den Weg gestellt habe. Gemeint waren die Attentäter, die die Gewissenspflicht zum Widerstand über den Eid gestellt hatten, den sie als Soldaten auf Adolf Hitler geleistet hatten. Remer verleumdete die Verschwörer, die angeblich aus dem Ausland bezahlt worden waren, und verstärkte so das negative Bild des deutschen Widerstands, das damals viele Deutsche ohnehin hatten. In den frühen Jahren der Bundesrepublik beurteilten bei Meinungsumfragen nur etwa 40 Prozent der Befragten das Attentat auf Hitler positiv. 30 Prozent hatten keine Meinung und 30 Prozent lehnten den Versuch, den Diktator zu töten, eindeutig ab. Bei der Gruppe der ehemaligen Berufssoldaten betrug der Anteil der negativen Stimmen sogar 59 Prozent.

Die Vielen, die den Widerstand gegen das Hitler-Regime verurteilten, konnten sich nicht nur durch rechtsextreme Hetzer wie Remer ermutigt fühlen. Ihnen kam auch der Umstand entgegen, dass an den deutschen Gerichten noch zahlreiche NS-Juristen amtierten, die immer wieder höchst fragwürdige Urteile fällten. So sprach ein Gericht in Schleswig-Holstein im Februar 1950 einen Bundestagsabgeordneten der nationalkonservativen Deutschen Partei frei, obwohl er die Widerstandskämpfer als Vaterlandsverräter verleumdet hatte. Dieses Urteil wog umso schwerer, als die Deutsche Partei sogar der Regierung angehörte und im ersten Kabinett Adenauer zwei Minister stellte. Erst nach massiven Protesten wurde der Abgeordnete Hedler, der inzwischen zur SRP übergetreten war, vom Revisionsgericht zu neun Monaten Gefängnis verurteilt.

Dieses Beispiel zeigt schon, dass das Parteienspektrum in jenen Jahren nach rechts sehr weit offen war. Aber mit ihrer unverblümten Verherrlichung des Nationalsozialismus isolierte sich die SRP selbst gegenüber diesen anderen, sehr weit rechts stehenden Parteien. Das Parteiprogramm der SRP beruhte in wesentlichen Teilen auf dem Programm der NSDAP. Die »Treue zum Reich« war das oberste Gesetz für alle Parteimitglieder. Die Bundesrepublik Deutschland lehnte die SRP als Rechtsnachfolgerin des Deutschen Reiches ab und beanspruchte für sich ein Widerstandsrecht zum Schutz des Reiches. Mit dieser Pervertierung der Idee des Widerstandsrechts bewegte sich die SRP eindeutig außerhalb des von der Verfassung gesetzten Rahmens, was auch der Bundesregierung nicht verborgen bleiben konnte. Doch das Bundesverfassungsgericht war noch gar nicht konstituiert, sodass ein Verbotsverfahren zunächst kaum in Gang gesetzt werden konnte.

Am 6. Mai 1951 wurde der niedersächsische Landtag gewählt. Die SRP erreichte 11 Prozent der Stimmen und 16 Sitze, darunter vier Direktmandate. Das war ein beachtlicher Erfolg für die »Remer-Partei«, wie sie im Volksmund genannt wurde. Angesichts dieses Wahlerfolges war die Partei schlagartig ein Thema für die ausländische Presse geworden, die das Wiederaufflammen des Nationalsozialismus mit großer Sorge beobachtete. Die Alliierten Hochkommissare, allen voran der Amerikaner John McCloy, machten dem Bundeskanzler ernste Vorhaltungen. Das »alte Nazi-Abenteuer« dürfe sich nicht wiederholen. Der Wunsch, mit den Deutschen zusammenzuarbeiten, »entweder durch Konsultationen oder durch direkte Hilfe«, klang weniger nach einem Hilfsangebot als nach einer Interventionsdrohung. Adenauer gab daraufhin die Parole aus, die SRP müsse so schnell wie möglich verboten werden. Doch diese Initiative fand in der Bundesregierung ein geteiltes Echo. Bedenken hatten vor allem die Minister der Deutschen Partei und der FDP. Um keine Zeit zu verlieren, griff Bundesinnenminister Robert Lehr (CDU) zu einer List. Als ehemaliger Angehöriger des Widerstands fühlte er sich durch Remers Tiraden persönlich beleidigt und verklagte ihn als Privatmann. Als der zuständige Staatsanwalt Erich Günther Topf, ein alter Nationalsozialist, versuchte, die Klage niederzuschlagen, zog der Generalstaatsanwalt Bauer das Verfahren an sich.

Fritz Bauer gehörte zu der Minderheit ehemals Verfolgter des NS-Regimes, denen es gelungen war, nach Kriegsende in den deutschen Staatsdienst zurückzukehren. 1903 in Stuttgart als einziger Sohn einer gutbürgerlichen jüdischen Familie geboren, war er 1930 in den württembergischen Justizdienst eingetreten. Als überzeugter Demokrat trat er der SPD bei und war Mitbegründer des Republikanischen Richterbundes in Württemberg. 1933 wurde Bauer aus dem Staatsdienst entlassen, von der Gestapo verhaftet und in ein Konzentrationslager überführt. Doch es gelang ihm zu entkommen und er ging nach Dänemark und von dort nach Schweden. 1949 kehrte Bauer nach Deutschland zurück und erwarb sich in den 20 Jahren, die er noch zu leben hatte, kaum zu überschätzende Verdienste um die juristische Aufarbeitung der Hinterlassenschaft des NS-Unrechtsstaates. Der Fall Remer war für ihn ein Anlass, »die Geschichte und Problematik des 20. Juli 1944 zu klären«. Sein erklärtes Ziel war es, die Frauen und Männer, die für Freiheit und Gerechtigkeit und die Achtung der Menschenrechte in den Tod gegangen waren, zu rehabilitieren.

Fritz Bauer wollte vor allem das Widerstandsrecht neu legitimieren, das er in ein »Raritätenkabinett der Rechtsgeschichte« verbannt sah. In den frühen Jahren des Kalten Krieges berief die Bonner Politik sich gerne auf das Attentat vom 20. Juli 1944, wenn es galt, die These von der Kollektivschuld aller Deutschen abzuwehren. Dann wurden die Männer des 20. Juli zur nationalen Freiheitsbewegung hochstilisiert, die für den Anspruch der Bundesrepublik auf Souveränität in Dienst genommen wurde und auch in der aufkeimenden Debatte über die Wiederbewaffnung eine Rolle spielte. Gleichzeitig wurde der Delegitimierung des Widerstands im gesellschaftlichen Alltag nichts entgegengesetzt. Sogar Bundespräsident Theodor Heuss, selbst ein honoriger Mann, riet den Angehörigen der Hingerichteten davon ab, sich gegen die Verleumdungen mit Klagen zu wehren.

Am 15. März 1952 wurde Otto Ernst Remer wegen übler Nachrede in Tateinheit mit der Verunglimpfung des Andenkens Verstorbener zu drei Monaten Gefängnis verurteilt. Sieben Jahre nachdem die Widerstandskämpfer des 20. Juli hingerichtet worden waren, wurde ihr Handeln erstmals von einem deutschen Gericht als rechtmäßiger Widerstand gegen das nationalsozialistische Unrechtsregime anerkannt. Der Prozess machte Fritz Bauer mit einem Schlag zu einem in ganz Deutschland und weit über seine Grenzen hinaus bekannten Mann. Der Remer-Prozess war der wichtigste Prozess zur Aufarbeitung des NS-Unrechts seit dem Hauptkriegsverbrecherprozess 1946 in Nürnberg, eine entscheidende Etappe auf dem Weg zum Auschwitz-Prozess, der 1963 in Frankfurt am Main begann. Vielen galt er zugleich als ein Prozess gegen die SRP, die dann im Herbst 1952 von dem inzwischen konstituierten Bundesverfassungsgericht als verfassungswidrige Nachfolgeorganisation der NSDAP verboten wurde. Der rechtskräftig verurteilte Generalmajor Remer entzog sich der Haft durch die Flucht nach Ägypten, wo es ein gut funktionierendes Netzwerk von nach Kriegsende geflohenen Nazis gab. Durch das Verbot der Partei verlor auch der SRP-Vorsitzende Fritz Dorls sein Bundestagsmandat und damit die parlamentarische Immunität. Um einer möglichen Verhaftung zu entgehen, floh er nach Spanien, wo der ehemalige SS-Obersturmbannführer Otto Skorzeny für eine deutsche Firma tätig war, die prominenten Nazis Unterschlupf bot.

1956 holte der hessische Ministerpräsident Georg August Zinn Fritz Bauer als Generalstaatsanwalt nach Frankfurt, wo er bis zu seinem Tod 1968 tätig war. Er ermittelte unermüdlich gegen zahlreiche Naziverbrecher, stieß dabei aber immer wieder an Grenzen. Deshalb gab er seine Kenntnisse über den Aufenthaltsort von Adolf Eichmann 1960 an den israelischen Geheimdienst Mossad weiter. Eichmann hatte 1950 vom Internationalen Roten Kreuz in Genf einen falschen Pass bekommen, der ihn als den staatenlosen Techniker Ricardo Klement auswies und war damit problemlos in Argentinien eingereist. Er gehörte zu den etwa 300 NS-Funktionären, die von den »Rattenlinien« profitierten, Fluchtrouten, die, organisiert durch den römisch-katholischen Klerus unter Beteiligung des amerikanischen Geheimdienstes, meist über Italien nach Argentinien oder andere Länder Lateinamerikas, aber auch in arabische Staaten führten. Von ihnen profitierten z. B. Josef Mengele, der Lagerarzt in Auschwitz gewesen war und dort bestialische Experimente mit den Häftlingen durchgeführt hatte, und Franz Stangl, der Kommandant der Vernichtungslager Sobibor und Treblinka gewesen war. Die lateinamerikanischen Staaten, oftmals diktatorisch regiert, verweigerten im Allgemeinen die Auslieferung der geflüchteten Nazis. Das galt auch im Falle Eichmann, weswegen der Mossad ihn nach Israel entführte, wo er vor Gericht gestellt wurde.

Die Aktion erregte international großes Aufsehen. Nun wurde ruchbar, dass, obwohl sein Name auf der Liste der bekannten und gesuchten Kriegsverbrecher stand und auch die Bundesrepublik Deutschland Haftbefehl gegen ihn erlassen hatte, Eichmann zehn Jahre lang völlig unbehelligt in Argentinien gelebt hatte. Der deutsche Außenminister Heinrich von Brentano zeigte sich irritiert und forderte einen Bericht bei der Botschaft in Buenos Aires an. Botschaftsrat Brückmann schrieb daraufhin, kein Botschaftsangehöriger, auch nicht der Botschafter selbst, hätten »von Adolf Eichmann und seinen Untaten vor den Mai-Ereignissen dieses Jahres jemals etwas gehört«. Das ist umso erstaunlicher, als Eichmanns Söhne bei dem Antrag auf Passverlängerung jeweils den bei ihrer Geburt aktuellen SS-Rang des Vaters angegeben hatten. Eichmanns Entführung löste auch eine diplomatische Krise aus. Der UN-Sicherheitsrat verurteilte die Aktion einstimmig und der israelische Botschafter in Argentinien musste das Land verlassen. Die Staatschefs von Argentinien und Israel verurteilten in einer gemeinsamen Erklärung, dass »israelische Bürger« die fundamentalen Rechte des Staates Argentinien verletzt hätten.

Doch der israelische Premierminister David Ben Gurion ging bald in die Offensive. Er sah, welche Möglichkeiten der anstehende Prozess gegen Adolf Eichmann bot. Auch die Israelis waren zunächst mit der Stabilisierung ihres jungen Staates beschäftigt gewesen und hatten versucht, jenseits der traumatischen Erfahrung des Holocaust in ihrer historischen Heimat ein neues Leben zu beginnen. Nun plötzlich war der Organisator der Deportationen, der Protokollführer der Wannsee-Konferenz, die Inkarnation des nationalsozialistischen Vernichtungswillens mitten unter ihnen. Der frühere Botschafter Avi Primor schreibt dazu in seiner Autobiografie: »Für uns bedeutete der Prozess eine äußerst schmerzhafte Auseinandersetzung mit diesem Trauma, ja er kam einer gigantischen Unterbrechung jedweder Art von Verdrängung gleich.« Diese schmerzhafte Auseinandersetzung bot aber auch die Chance, wie Ben Gurion es formulierte, dass »die in Israel aufgewachsene und hier erzogene Jugend, die nur eine schwache Vorstellung von den beispiellosen Grausamkeiten hat, erfahren kann, was sich wirklich ereignet hat.« Der jüdische Staat sei der Erbe der sechs Millionen, die ermordet worden waren.

1953 war Yad Vashem, die nationale Holocaust-Gedenkstätte des Staates Israel, gegründet worden. Hier hatte man sich schon früh um Holocaust-Überlebende, die auch in Israel oftmals am Rande der Gesellschaft lebten, gekümmert und ihre Zeugnisse gesammelt. Dieses Archiv mit Zeugenaussagen bildete nun eine entscheidende Basis für die Anklage im Eichmann-Prozess. Eine lange Reihe von Zeugen und Überlebenden der Shoah trat im Gerichtssaal auf. Der Eichmann-Prozess war nicht nur eines der ersten weltweit beachteten Medienereignisse. Es war auch das erste Gerichtsverfahren gegen einen NS-Täter, bei dem die Opfer im Mittelpunkt standen. Männer und Frauen, denen bis dahin niemand Beachtung geschenkt hatte, berichteten, wie sie unter unfassbar menschenfeindlichen Bedingungen überlebt hatten, nicht selten als einzige Angehörige ihrer Familien. Die Ermordung der europäischen Juden wurde mit einem Mal zu einer Geschichte von individuellen Menschen. Die Polyphonie ihrer Stimmen hatte eine überwältigende Authentizität und gab dem Vernichtungsgeschehen eine Plastizität, die alle abstrakten Zahlen in den Hintergrund treten ließ. Hierin liegt die eigentliche Bedeutung des Eichmann-Prozesses. Er hat insofern auch den Auschwitz-Prozess vorbereitet, der das Geschehen in den Vernichtungslagern ins Land der Täter zurückholte. Adolf Eichmann, der zu Prozessbeginn damit geprahlt hatte, er könne sich als Sühneleistung für seine Taten selbst das Leben nehmen, stellte nach seiner Verurteilung ein Gnadengesuch, das jedoch abgewiesen wurde. Am 31. Mai 1962 wurde er in der Nähe von Tel Aviv hingerichtet.

Unterstützt vom Vorsitzenden des Internationalen Auschwitz-Komitees Hermann Langbein, führte Fritz Bauer eine ganze Reihe von Einzelklagen gegen NS-Verbrecher zu einem Verfahren zusammen, das im Dezember 1963 als »Strafsache gegen Mulka und andere« eröffnet wurde und als Auschwitz-Prozess in die Geschichte einging. Der Lagerkommandant Rudolf Höß war bereits 1947 in Polen hingerichtet worden, sodass sein ehemaliger Adjutant Robert Mulka der ranghöchste Angeklagte war. 1300 Personen waren während der Ermittlungen vernommen worden, darunter mehrere Hundert ehemalige

Häftlinge. Die Staatsanwälte fügten ihrer Anklageschrift 21.000 Seiten mit Zeugenaussagen und Dokumenten bei. Nachdem es, bedingt durch den Kalten Krieg, lange keinen Rechtshilfeverkehr mit den Ländern des Ostblocks gegeben hatte, waren hier auch Materialien aus polnischen Archiven, z. B. Erschießungslisten, berücksichtigt worden. Auch die autobiografischen Aufzeichnungen des Auschwitz-Kommandanten Höß stellten ein wichtiges Beweismittel dar. Höß hatte stolz notiert, das von ihm geleitete Lager sei »die größte Menschen-Vernichtungs-Anlage aller Zeiten« gewesen.

Nachdem in Nürnberg die Hauptverantwortlichen vor Gericht gestanden hatten, mussten sich hier in Frankfurt die Exekutoren der Vernichtung verantworten: Rapportführer, Lager-Gestapo, Sanitätsgrade. Nach 183 Verhandlungstagen verkündete das Gericht sein Urteil: 17 der Angeklagten erhielten Zuchthausstrafen, sechs von ihnen lebenslang, drei wurden freigesprochen. Auschwitz lag wie die anderen Vernichtungslager auf polnischem Territorium, hinter dem Eisernen Vorhang. Bisher hatten die meisten Menschen nur eine vage Ahnung davon gehabt, was dort vor sich gegangen war. In den 20 Monaten des Auschwitz-Prozesses wurde das Geschehen erstmals in allen schmerzhaften Einzelheiten vor einer höchst aufmerksamen Weltöffentlichkeit verhandelt und die Deutschen konnten sich ein Bild von der Hölle machen, die sie selbst geschaffen hatten. Eine neue Generation von jungen engagierten Ermittlungsbeamten und Staatsanwälten, die vom demokratischen Geist der Bundesrepublik geprägt waren, hatte dazu beigetragen.

Aber auch das weiter zunehmende Wissen um das Vernichtungsgeschehen war von Bedeutung. Wie schon im Remer-Prozess setzte Fritz Bauer auf Gutachten. Die führenden Historiker des Münchner Instituts für Zeitgeschichte referierten ausführlich über die »Anatomie des SS-Staates«. Unter diesem Titel wurden ihre fünf großen Gutachten später publiziert und fanden weite Verbreitung. Doch Fritz Bauer, der eigentliche Architekt dieses Verfahrens, das Rechtsgeschichte geschrieben hat, blieb bei allem Erfolg ein einsamer Mann, der mit seiner Arbeit vielfach auf Unverständnis, ja Widerstand stieß. Von ihm ist der Satz überliefert: »Wenn ich mein Arbeitszimmer verlasse, betrete ich feindliches Gelände«. Er starb unter ungeklärten Umständen 1968 in seiner Wohnung; viel spricht dafür, dass er sich das Leben genommen hat. Die von ihm aufgenommenen Ermittlungen gegen die Schreibtischtäter der Euthanasie-Mordaktion T4 wurden nach seinem Tod eingestellt.

Der Schriftsteller Peter Weiss war wie Fritz Bauer nach Schweden emigriert, wo er bis zu seinem Tod 1982 lebte. Am 19. Oktober 1965 wurde sein Theaterstück »Die Ermittlung. Oratorium in elf Gesängen« simultan auf 14 verschiedenen Bühnen uraufgeführt, ein einmaliger Vorgang in der deutschen Theatergeschichte. Es begann mit dem »Gesang von der Rampe« und endete mit dem »Gesang von den Feueröfen«. Die 18 Angeklagten des Auschwitz-Prozesses traten mit ihren realen Namen auf, die etwa 400 Zeugen waren in neun anonymen Rollen konzentriert, die 24 Verteidiger zu einem einzigen Rechtsradikalen geronnen. Die ungeheure Wirkung des Stückes lag vor allem in seiner dokumentarischen Kargheit begründet. Tage später gab es bereits eine dreistündige Hörspielfassung, die von allen ARD-Anstalten ausgestrahlt wurde und als Höhepunkt deutscher Hörspielkunst gilt. Peter Weiss selbst hatte an Erwin Piscators Inszenierung seines Stückes an der Berliner Freien Volksbühne mitgearbeitet. Auch Piscator, führender Theatermann der Weimarer Republik, war emigriert und 1951 zurückgekehrt. 1962 übernahm er die Freie Volksbühne und bereits seine dritte Regiearbeit, die Uraufführung von Rolf Hochhuths »Stellvertreter«, erregte großes Aufsehen. Das Stück kritisierte erstmals in aller Deutlichkeit das Schweigen der Kirche, vor allem von Papst Pius XII., angesichts der Ermordung der europäischen Juden.

Im März 1965 kam es zu einer Debatte im Deutschen Bundestag, da wenige Wochen später alle in der NS-Zeit begangenen und noch ungesühnten Mordtaten unter die damals 20 Jahre betragende Verjährungsfrist gefallen wären. 1960 hatte es eine erste Verjährungsdebatte über den Straftatbestand des Totschlags gegeben, der nach nur 15 Jahren verjährte. Die SPD-Fraktion beantragte, angesichts der unzureichenden Möglichkeiten der Strafverfolgung in der frühen Nachkriegszeit mit der Berechnung dieser Frist nicht schon 1945, sondern erst im September 1949 zu beginnen, doch der Antrag wurde von der Regierungsmehrheit verworfen. Justizminister war damals Fritz Schäffer (CDU), der Adenauer zuvor als Finanzminister gedient und mit fiskalischen Argumenten die Wiedergutmachung erbittert, aber erfolglos bekämpft hatte. Jetzt behauptete er dreist, die deutsche Justiz habe das Erforderliche getan, Nachzügler-Prozesse seien kaum noch zu erwarten. Das wurde geglaubt und so verjährten alle noch ungesühnten Straftaten mit Ausnahme von Mord und Beihilfe zum Mord. Wer Juden getötet hatte, ohne dabei die Merkmale des Mordes wie z. B. Mordlust, Habgier, Befriedigung des Geschlechtstriebs oder Grausamkeit zu erfüllen, war damit auf immer ein freier Mann.

1965 war die Situation anders als fünf Jahre zuvor. Fritz Schäffer, der 1888 geboren war und schon die Bayerische Volkspartei im Reichstag vertreten hatte, war aus der Politik ausgeschieden. Der greise Kanzler Adenauer hatte seinen Stuhl für seinen langjährigen Wirtschaftsminister Ludwig Erhard geräumt. Der entscheidende Mann der CDU-Fraktion in der zweiten Verjährungsdebatte war der 1925 geborene Erich Benda, den der sozialdemokratische Abgeordnete Martin Hirsch als »Sprecher der jungen deutschen Generation« begrüßte. Benda stellte den Antrag, die Verjährungsfrist für Mord auf 30 Jahre zu verlängern. 1965 war die Zeit noch nicht reif für diese Idee, aber gleichzeitig ließ sich nicht verkennen, dass eine Mehrheit zu einem konstruktiven Ergebnis kommen wollte. Der Auschwitz-Prozess hatte das Klima im Land nachhaltig verändert. In Israel und den USA gab es gewichtige Stimmen für eine Fortsetzung der Strafverfolgung. Am Vorabend der Parlamentsdebatte veröffentlichte der »Spiegel« unter dem Titel »Für Völkermord gibt es keine Verjährung« ein Gespräch zwischen Rudolf Augstein und Karl Jaspers.

Die Debatte vom 10. März wurde zu einer der Sternstunden des Deutschen Bundestags. Ihr Höhepunkt war die Rede des sozialdemokratischen Rechtspolitikers Adolf Arndt, der am Ende auch auf die moralische Schuld zu sprechen kam: »Das

Wesentliche wurde gewusst. Ich habe den jungen Menschen sagen müssen: Wenn eure leibliche Mutter auf dem Sterbebett liegt und schwört bei Gott, dass sie nicht gewusst hat, dann sage ich euch: Die Mutter bringt's nur nicht über die Lippen, weil es zu fürchterlich ist, das gewusst zu haben oder wissen zu können, aber nicht wissen zu wollen. Ich weiß mich mit in der Schuld. Denn sehen Sie, ich bin nicht auf die Straße gegangen und habe geschrien, als ich sah, dass die Juden aus unserer Mitte lastkraftwagenweise abtransportiert wurden. Ich habe mir nicht den gelben Stern umgemacht und gesagt: Ich auch! Ich kann nicht sagen, dass ich genug getan hätte.« Arndt schloss mit den Worten: »Es geht darum, dass wir dem Gebirge an Schuld und Unheil, das hinter uns liegt, nicht den Rücken kehren.« Bundestagspräsident Eugen Gerstenmaier (CDU), der am 20. Juli 1944 verhaftet und vom Volksgerichtshof zu sieben Jahren Gefängnis verurteilt worden war, dankte Arndt ausdrücklich für seine Rede, die Fraktionen von SPD und CDU/CSU applaudierten anhaltend.

Am Ende beschloss man, den Beginn der Verjährungsfrist auf den 31. Dezember 1949 festzulegen, sodass immerhin vier Jahre Zeit gewonnen waren. Dafür waren alle Abgeordneten der SPD und 180 der 217 CDU-Abgeordneten. Die FDP stimmte fast geschlossen dagegen. Justizminister Ewald Bucher (FDP) trat anschließend zurück. Im Jahr darauf bildeten CDU/CSU und SPD eine Große Koalition, Ernst Benda wurde bald darauf Bundesinnenminister, von 1971 bis 1983 amtierte er als Präsident des Bundesverfassungsgerichts. 1969 setzte der Bundestag nach einer dritten Debatte die Verjährungsfrist für Mord auf 30 Jahre herauf, 1979 hob er sie ganz auf.

Am 30. September 1966 wurden Baldur von Schirach und Albert Speer, die beiden letzten im Hauptkriegsverbrecherprozess zu Zeitstrafen verurteilten Häftlinge, aus dem alliierten Kriegsverbrechergefängnis in Spandau entlassen. Danach hatte das Gefängnis nur noch einen Insassen, Rudolf Heß, der sich 1987 in seiner Zelle das Leben nahm. Speer hatte sich in seiner Haftzeit auf ein Netzwerk von Angehörigen und Freunden stützen können. Es gelang ihm, im Lauf der Jahre 20.000 Blatt mit Aufzeichnungen aus dem Gefängnis zu schmuggeln. 1969 erschienen seine »Erinnerungen«, 1975 folgten die »Spandauer Tagebücher«. Beide Bücher wurden Welterfolge, machten ihren Verfasser zu einem wohlhabenden Mann und, was noch wichtiger war, fundierten Speers Darstellung seiner Person und seiner Rolle im Dritten Reich, ein geschicktes Lügengebilde, das er bis zu seinem Tod 1981 mit aller Macht verteidigte. Er stilisierte sich zum unpolitischen Technokraten, der der Faszination Hitlers erlegen war, ohne zu erkennen, dass er sich einem Verbrecher angeschlossen hatte, und wurde so zum Helden des Millionenheers der verführten Mitläufer. Hatte schon dieser bedeutende Mann nicht Bescheid gewusst, wie viel weniger konnte man das von einem Durchschnittsbürger erwarten?

Ein Hauptthema bei Speers Selbststilisierung war Himmlers Posener Rede vom 6. Oktober 1943. Himmler hatte damals gesagt: »Der Satz ›Die Juden müssen ausgerottet werden‹ mit seinen wenigen Worten, meine Herren, ist leicht ausgesprochen. Für den, der durchführen muss, was er fordert, ist es das Allerhärteste und Schwerste, was es gibt. Es trat an uns die Frage heran: Wie ist es mit den Frauen und Kindern? – Ich habe mich entschlossen, auch hier eine ganz klare Lösung zu finden. Ich hielt mich nämlich nicht für berechtigt, die Männer auszurotten – sprich also, umzubringen oder umbringen zu lassen – und die Rächer in Gestalt der Kinder für unsere Söhne und Enkel groß werden zu lassen. Es musste der schwere Entschluss gefasst werden, dieses Volk von der Erde verschwinden zu lassen.« Speer leugnete in der Öffentlichkeit bis zuletzt, dass er das gehört hatte, obwohl er einer Brieffreundin schon 1971 schrieb: »Es besteht kein Zweifel. Ich war zugegen, als Himmler am 6. Oktober 1943 ankündigte, dass alle Juden umgebracht werden würden.« Hätte Speer das in Nürnberg zugegeben, hätte man ihn wohl hingerichtet.

Vier Jahre dauerte es, bis aus dem gewaltigen Berg von Speers Aufzeichnungen eine Autobiografie herausdestilliert war. Das Buch war bemerkenswert gut geschrieben, der Lektor hieß Joachim Fest. Fest hatte sich 1968 vom NDR, für den er tätig war, beurlauben lassen, um eine Hitler-Biografie zu schreiben. Speer, der Hitler näher gewesen war als jeder andere damals

Lebende, stellte sich als Kronzeuge zur Verfügung. Es entwickelte sich eine symbiotische, für beide Seiten höchst erfolgreiche Zusammenarbeit mit fatalen Folgen für den historiografischen Fortschritt. Fests Hitler-Biografie erschien 1973 und wurde mit 850.000 verkauften Exemplaren zur wohl einflussreichsten zeitgeschichtlichen Darstellung der Nachkriegszeit. Sie ist durchdrungen vom Hitlerbild Albert Speers. Der Aufstieg des »einstigen Männerheiminsassen« und Demagogen wird breit geschildert. Er nimmt zwei Drittel des mehr als 1.000 Seiten starken Buches ein. Sehr knapp fällt dagegen die Darstellung des Zweiten Weltkrieges aus, den Hitler laut Fest »in nahezu antikisch anmutender Feldherreneinsamkeit zu führen versuchte«. Wenige Seiten nur bleiben für Hitlers Antisemitismus, und die Nürnberger Rassengesetze fielen ganz unter den Tisch. Dafür erfuhr der Leser, dass der Antisemitismus »sich gerade wegen der halben Wahrheit, die darin steckte, als Vehikel verbreiteter Missstimmungen anbot.« Heute wissen wir viel mehr über den Nationalsozialismus als 1973, aber auch schon damals war das Buch nicht auf der Höhe der Forschung. Viel mehr noch gilt das für Fests Speer-Biografie, die 1999 erschien und souverän ignorierte, was man inzwischen über die zentrale Rolle dieses Verbrechers wusste. Noch problematischer als Fests Hitler-Biografie war der 1977 folgende Film, der ausschließlich mit Originalaufnahmen arbeitete, vor allem mit Filmsequenzen aus dem Propagandaministerium, die nur sehr zurückhaltend kommentiert wurden.

Zwei Jahre später beschäftigte die deutsche Öffentlichkeit ein Medienereignis gänzlich anderer Art, die deutsche Ausstrahlung der amerikanischen Fernsehserie »Holocaust«. Es war dies ein erster Höhepunkt einer realitätsnäheren Auseinandersetzung mit der NS-Vergangenheit, die auch mit einem Generationswechsel einherging. Der Begriff »Holocaust« stammt aus dem Griechischen und bedeutet eigentlich »Brandopfer«. Über das Lateinische kam er in die englische Sprache, wo er auch »Katastrophe« oder »Massenvernichtung« bedeuten kann. Die insgesamt sieben Stunden lange Fernsehserie wurde in Deutschland und Österreich gedreht. Sie zeigte am

Beispiel der fiktiven Familie Weiß das Schicksal des europäischen Judentums zwischen 1933 und 1945 und führte erstmals einem Millionenpublikum, darunter vielen Jugendlichen, die Schrecken der systematischen Ermordung von Millionen Juden vor Augen. In Deutschland mehr noch als in den USA löste sie eine Welle intensiver Auseinandersetzungen mit der Zeit des Nationalsozialismus aus und führte dazu, dass sich der Begriff »Holocaust« im deutschen Sprachgebrauch durchsetzte. Die Israelis lehnen ihn ab, weil er zu sehr die Opferrolle der Juden betont und durch seine ursprünglich religiöse Aura die Idee nahelegen könnte, das »Opfer« der Juden sei gottgewollt gewesen. In Israel bevorzugt man im Allgemeinen den hebräischen Begriff »Shoah«, auf den schon in der Proklamation des Staates vom 14. Mai 1948 Bezug genommen wird. Durch Claude Lanzmanns gleichnamigen Dokumentarfilm (1985) wurde dieser Begriff auch in Europa sehr bekannt. Der Historiker Raul Hilberg lehnte beide Begriffe ab. Mit der ihm eigenen Nüchternheit zog er es vor, die Sache als das zu bezeichnen, was sie war. Sein 1961 erstmals erschienenes Hauptwerk trägt den Titel »Die Vernichtung der europäischen Juden«.

Die Fernsehserie »Holocaust«, der Dokumentarfilm »Shoah«, Eberhard Fechners Film über den Majdanek-Prozess (1984), Marcel Ophüls' Film »Hotel Terminus« (1988) über Klaus Barbie, den 1983 von Bolivien nach Frankreich ausgelieferten »Schlächter von Lyon«, und schließlich Steven Spielbergs Verfilmung von Thomas Keneallys Bericht »Schindlers Liste« (1993) waren die medialen Wegmarken einer Zeit der zunehmenden Auseinandersetzung mit den Verbrechen des Nationalsozialismus. Auschwitz, das zwischen Nie-Gewusst und Schon-Vergessen lange eine periphere Existenz geführt hatte, rückte mehr und mehr ins Zentrum des deutschen Bildes von der NS-Zeit.

Am 8. Mai 1985 hielt Bundespräsident Richard von Weizsäcker im Plenarsaal des Deutschen Bundestages zum 40. Jahrestag des Kriegsendes eine Rede, deren zentrale Botschaft lautete: »Der 8. Mai war ein Tag der Befreiung. Er hat uns alle befreit von dem menschenverachtenden System der nationalsozialistischen Gewaltherrschaft.« Weizsäckers Rede fand im In- und Ausland große Beachtung, Umfragen in der Bundesrepublik zeigten, dass insbesondere die jüngere Generation in ihrer großen Mehrheit der Position ihres Staatsoberhauptes zustimmte. Die Rede markierte den Höhepunkt eines antifaschistischen Grundkonsenses in der deutschen politischen Kultur. Ganz anders als Bundeskanzler Helmut Kohl, der drei Tage zuvor den Soldatenfriedhof Bitburg besucht hatte, auf dem auch Angehörige der Waffen-SS lagen, und den US-Präsidenten Reagan genötigt hatte, ihn zu begleiten, erkannte Weizsäcker ausdrücklich an, dass nicht das Ende, sondern der Beginn der Gewaltherrschaft die Ursache von Not, Flucht, Vertreibung und Unfreiheit gewesen war: »Wir dürfen den 8. Mai 1945 nicht vom 30. Januar 1933 trennen«, schrieb er seinen Landsleuten ins Stammbuch.

Die Interpretation des 8. Mai als Tag der Befreiung lag auf einer Linie mit dem Plädoyer des Philosophen Jürgen Habermas für einen Verfassungspatriotismus: »Die vorbehaltlose Öffnung der Bundesrepublik gegenüber der politischen Kultur des Westens ist die große intellektuelle Leistung unserer Nachkriegszeit, auf die gerade meine Generation stolz sein könnte. Der einzige Patriotismus, der uns dem Westen nicht entfremdet, ist ein Verfassungspatriotismus. Eine in Überzeugungen verankerte Bindung an universalistische Verfassungsprinzipien hat sich leider in der Kulturnation der Deutschen erst nach – und durch – Auschwitz bilden können.« Eine Position, die Habermas nach 1968 auch in Opposition zu manchen Strömungen der Studentenbewegung hatte geraten lassen.

Ein entscheidender Einschnitt war das Ende der Ost-West-Konfrontation 1989/90. Seitdem ist die Situation gekennzeichnet durch den Fortfall der Systemkonkurrenz, sodass die damit verbundenen Theoreme – Antitotalitarismus hier, Antifaschismus dort – ihre Funktion als Waffen im Kalten Krieg eingebüßt haben und ihre Tauglichkeit unvoreingenommen überprüft werden kann. Durch die bessere Zugänglichkeit der osteuropäischen Archive kam neues Quellenmaterial ans Licht, z. B. die verloren geglaubten Akten des SS-Bauamtes im Sonderarchiv Moskau, die uns heute eine sehr genaue Rekonstruktion der Geschichte der Krematorien in Auschwitz erlauben. Damit einher geht ein neues Quellenverständnis, das auch Ermittlungs- und Gerichtsakten einbezieht, was die Täterforschung enorm bereichert hat. Gab es lange Zeit keine einzige Darstellung zur Genese der »Endlösung« aus deutscher Feder, so verfügen wir heute über eine kleine Bibliothek zu diesem Thema. In diesem Zusammenhang ist auch die Beachtung von so scheinbar unspektakulären Täterorten wie der Verladerampe am Berliner S-Bahnhof Grunewald zu sehen, an der es seit einigen Jahren ein ebenso zurückhaltend inszeniertes wie eindrucksvolles Denkmal gibt.

Ein beschämender, historisch verspäteter Tiefpunkt war demgegenüber die von Bundeskanzler Helmut Kohl betriebene Neugestaltung der Neuen Wache in Berlin. Sie war 1816/18 von Karl Friedrich Schinkel als Wachgebäude für das Kronprinzenpalais errichtet worden. Bis zum Ende der Monarchie 1918 diente sie als Haupt- und Königswache. Heinrich Tessenow, der Lehrer von Albert Speer, baute sie 1930/31 zu einem Reichsehrenmal für die Gefallenen des Ersten Weltkriegs um. Ab 1960 diente dieses Hauptwerk des deutschen Klassizismus der DDR als »Mahnmal für die Opfer des Faschismus und Militarismus«. Kohl wollte nach der Wiedervereinigung eine zentrale Gedenkstätte schaffen und ließ 1993 eine Gedenktafel anbringen, auf der der »Opfer von Krieg und Gewaltherrschaft« gedacht wurde. Damit war jeder Unterschied zwischen dem bei einem Bombenangriff umgekommenen Präsidenten des Volksgerichtshofs Roland Freisler und den von ihm zum Tode verurteilten Mitgliedern der Weißen Rose eingeebnet. Der Skandal war so groß, dass eine weitere Gedenktafel hinzutreten musste, auf der die verschiedensten Opfergruppen langatmig benannt wurden. Im Inneren des Gebäudes ließ Kohl eine auf das Vierfache vergrößerte Kopie der Pietà von Käthe Kollwitz aufstellen. Der Historiker Reinhart Koselleck nannte diese Plastik eine »aufgeblasene Trauerdame«. Zudem wurde das zutiefst christliche Symbol einer Pietà von vielen der überlebenden Juden geradezu als Ohrfeige empfunden. Dies war wohl einer der Gründe dafür, dass Kohl das zunächst von einer privaten Initiative um die Publizistin Lea Rosh und den Historiker Eberhard Jäckel forcierte Denkmal für die ermordeten Juden Europas ebenfalls zu seiner Sache machte und dass dieses Holocaust-Denkmal den Juden als einziger Opfergruppe exklusiv zugewidmet wurde, was dann die Forderung nach weiteren Denkmälern für andere Opfergruppen wie Zigeuner und Homosexuelle nach sich zog.

Nach dem Mauerfall schlug der aus der Bürgerinitiative hervorgegangene Förderkreis als neuen Standort für das Denkmal das Gelände nördlich der früheren Reichskanzlei vor und gewann für diese Idee die Unterstützung von Kohl, der sich jedoch 1995 gegen die bei einem ersten Wettbewerb prämierten Entwürfe für das Denkmal aussprach. Das ganze Vorhaben geriet dadurch in eine ernste Krise. Nach einem zweiten Wettbewerb und weiteren Diskussionen beschloss der Deutsche Bundestag schließlich am 25. Juni 1999 mit großer Mehrheit, das Denkmal nach dem Entwurf des amerikanischen Architekten Peter Eisenman zu errichten. Am 10. Mai 2005 wurde es mit einem Staatsakt eingeweiht. Es besteht aus einem 19.000 Quadratmeter großen, unregelmäßig abgesenkten Gelände, auf dem 2.751 Stelen aufgestellt sind, die zwischen 0,4 und 5,5 Meter hoch und verschieden stark geneigt sind. Von außen entsteht so der Eindruck eines wogenden Feldes.

Das Stelenfeld, das keinen Eingang, keine Mitte und kein Ende hat, bietet eine radikale Auseinandersetzung mit dem herkömmlichen Denkmalsbegriff. Peter Eisenman sagt dazu: »Ausmaß und Maßstab des Holocaust machen jeden Versuch, ihn mit traditionellen Mitteln zu repräsentieren, unweigerlich zu einem aussichtslosen Unterfangen. Dieses Denkmal versucht, eine neue Idee der Erinnerung zu entwickeln.« Ergänzt wird das Stelenfeld durch den Ort der Information, der Aufklärung über die zu ehrenden Opfer und die authentischen Stätten des Gedenkens bietet. Zentrale Bedeutung hat dabei der Raum der Namen, in dem die Kurzbiografien von ermordeten oder verschollenen Juden verlesen werden. Die unfassbare Zahl von sechs Millionen ermordeten Menschen soll so aus ihrer Abstraktion gelöst und den Opfern ihre Individualität zurückgegeben werden. Die israelische Holocaust-Gedenkstätte Yad Vashem hat in den letzten 50 Jahren etwa 3,2 Millionen Namen von ermordeten Juden ermitteln und sammeln können, die hier zur Verfügung stehen. Das Denkmal ist immer zugänglich und wurde im ersten Jahr seines Bestehens von mehr als drei Millionen Menschen besucht.

Das Denkmal für die im Nationalsozialismus verfolgten Homosexuellen wurde am 27. Mai 2008 im Berliner Tiergarten eingeweiht. Es ist ein von dem in Berlin lebenden dänisch-norwegischen Künstlerpaar Michael Elmgreen und Ingar Dragset gestalteter Betonquader, der die Formensprache von Eisenmans Holocaust-Denkmal aufnimmt. In den Quader ist ein Bildschirm eingelassen, auf dem man eine Videosequenz mit zwei sich küssenden Männern sieht. Erhebliche Auseinandersetzungen gab und gibt es um die Frage, ob im Sinne der Gleichberechtigung auch Bilder von sich küssenden Frauen gezeigt werden sollten, obwohl selbst die Vertreterinnen von Lesbenorganisationen einräumen müssen, dass es eine Verfolgung lesbischer Frauen im Dritten Reich nicht gegeben hat. Kulturstaatsminister Bernd Neumann hat vergeblich versucht, den Streit durch die Entscheidung zu befrieden, dass das Video alle zwei Jahre ausgetauscht wird und jeweils ein Expertengremium über den neu zu installierenden Film entscheidet. Das erste Mahnmal zur Homosexuellenverfolgung war der Frankfurter Engel, der 1994 eingeweiht wurde. Der Platz, an dem er steht, wurde nach Klaus Mann benannt. 1995 entstand in Köln ein weiteres Mahnmal, das nach einem Beschluss des Stadtrats die Inschrift »Totgeschlagen – Totgeschwiegen, den schwulen und lesbischen Opfern des Nationalsozialismus« trägt. Hier offenbart sich wie in Berlin ein fragwürdiges Streben nach einer political correctness, die die Gedenkkultur für heutige Interessen instrumentalisieren möchte.

Weibliche Homosexualität war zu keiner Zeit strafbar, auch nicht im Dritten Reich. Männliche Homosexualität andererseits stand auch nach 1945 unter Strafe, weshalb ein Gedenken an die Opfer der nationalsozialistischen Verfolgung lange Zeit kaum möglich war. Die Bundesrepublik übernahm den § 175 StGB sogar in der von den Nationalsozialisten verschärften Form, während man in der DDR zu der liberaleren Version der Weimarer Republik zurückkehrte. Erst im Zuge der Strafrechtsreform in den 70er Jahren wurde die Homosexualität Erwachsener in der Bundesrepublik nicht mehr unter Strafe gestellt. Nachdem es bereits in einigen Konzentrationslagern Gedenktafeln gab, wurde 1989 in Berlin am Nollendorfplatz erstmals mit einer Gedenktafel im öffentlichen Raum der verfolgten Homosexuellen gedacht. Das 1998 verabschiedete »Gesetz zur Aufhebung nationalsozialistischer Unrechtsurteile in der Strafrechtspflege« erfasste die Homosexuellen wiederum nicht. Durch das Änderungsgesetz vom 23. Juli 2002 wurden dann auch die Urteile des Volksgerichtshofs und der Standgerichte gegen Homosexuelle sowie gegen Opfer der NS-Militärjustiz aufgehoben.

Noch immer nicht fertig gestellt ist das Denkmal für die im Nationalsozialismus ermordeten Sinti und Roma, obwohl die Errichtung schon 1992 beschlossen wurde und die Bauarbeiten nach dem Entwurf des israelischen Künstlers Dani Karavan ursprünglich schon für 2004 terminiert waren. Es gab erhebliche Auseinandersetzungen, bei denen der Zentralrat Deutscher Sinti und Roma unter dem Vorsitz von Romani Rose eine dominierende Rolle spielte. Es ging zum Ersten um die Ablehnung des als diskriminierend empfundenen Begriffs »Zigeuner«, zum Zweiten um die von konkurrierenden Zigeunerverbänden wie dem Jenischen Bund abgelehnte Verengung auf die Sinti und Roma, und zum Dritten um die Frage, ob die Verfolgung der Zigeuner mit dem Holocaust vergleichbar ist, was bei etlichen Historikern auf Widerspruch stieß, die die Einzigartigkeit der Judenverfolgung mit ihrem totalen Vernichtungswillen hervorhoben. Da ein Kompromiss unmöglich war, wurde das Vorhaben, einen Widmungstext für das Denkmal zu finden, schließlich aufgegeben. Stattdessen wurden Historiker in München und Köln beauftragt, eine »Chronologie des Völkermordes an den Sinti und Roma« zu erarbeiten. Diese Chronologie spricht davon, dass es das Ziel der nationalsozialistischen Rassenideologie gewesen sei, die Zigeuner als Minderheit zu vernichten. Genannt werden die Gruppen der Sinti, Roma, Lalleri, Lovara und Manouches. Dagegen seien die Jenischen und andere Fahrende nicht kollektiv, wohl aber individuell von Verfolgung betroffen gewesen.

Ein wichtiger Bestandteil der nationalen Gedenkstättenlandschaft, die in den letzten Jahren in der deutschen Hauptstadt Berlin entstanden ist, ist auch die Stiftung Topographie des Terrors, deren neues Dokumentationszentrum 2010 eröffnet wurde. Der zweigeschossige Bau der Architektin Ursula Wilms bietet Platz für eine Dauerausstellung, Wechselausstellungen und einen Konferenz- und Veranstaltungsraum. Fast 800.000 Menschen haben im Jahr 2011 das Dokumentationszentrum besucht. In Schöneweide im Bezirk Treptow-Köpenick befindet sich das letzte noch weitgehend erhaltene ehemalige NS-Zwangsarbeiterlager. Während des Zweiten Weltkrieges gehörte es zu den mehr als 3.000 über das Stadtgebiet verteilten Sammelunterkünften für Zwangsarbeiter. Im Sommer 2006 wurde auf einem Teil des heute denkmalgeschützten historischen Geländes das Dokumentationszentrum NS-Zwangsarbeit eröffnet, das als eigene Abteilung der Stiftung Topographie des Terrors angegliedert ist.

Die Zwangsarbeiter sind eine Opfergruppe, die lange Zeit im Schatten stand. Annähernd zehn Millionen Menschen hatten die Maschinerie der deutschen Kriegswirtschaft am Laufen gehalten. Alle großen Firmen hatten von ihnen profitiert, doch nach 1945 wollte sich kaum noch jemand daran erinnern. Und noch in den 80er Jahren konnte man hören, die »Fremdarbeiter« von damals seien doch den heutigen Gastarbeitern vergleichbar. Die große Mehrheit der Zwangsarbeiter war im Osten rekrutiert worden, in Ländern, in denen ihr Schicksal nach dem Krieg nicht anerkannt wurde. Mehr noch, ihnen schlug großes Misstrauen entgegen, da sie für den Feind gearbeitet hatten. Die Bundesregierung und die deutschen Unternehmen wiederum wiesen jeden Entschädigungsanspruch zurück, da nach dem Londoner Schuldenabkommen von 1953 alle Reparationszahlungen, und darunter fielen alle ausländischen Forderungen, bis zum Abschluss eines Friedensvertrages zurückgestellt werden sollten. Nur wurde ein solcher Friedensvertrag nie geschlossen.

Einen großen Fortschritt brachte 1996 die Entscheidung des Bundesverfassungsgerichts, angesichts der Wiedervereinigung sei der Verweis auf den fehlenden Friedensvertrag gegenstandslos geworden. Weitere Bewegung entstand, als amerikanische Rechtsanwälte Sammelklagen gegen große, international operierende Firmen wie den Autokonzern Ford einleiteten, dem sie vorwarfen, von der Zwangsarbeit in seinem Kölner Werk profitiert zu haben. Kanzlerkandidat Gerhard Schröder (SPD) erklärte im Juni 1998, eine von ihm geführte Bundesregierung werde einen Entschädigungsfonds für ehemalige Zwangsarbeiter einrichten. Die Verhandlungen zur Einlösung dieses Versprechens gestalteten sich allerdings schwierig. Die deutschen Unternehmen verhielten sich lange sehr zögerlich mit ihren Einzahlungen in den inzwischen gegründeten Entschädigungsfonds, in den Bundesregierung und Wirtschaft jeweils fünf Milliarden Mark einbringen sollten. Außerdem verlangte die deutsche Seite Rechtssicherheit hinsichtlich der anhängigen Sammelklagen, deren Abweisung die amerikanische Seite zusichern sollte.

Im Sommer 2000 wurde bei den Gesprächen unter Leitung des US-Vizeaußenministers Stuart Eizenstat und des FDP-Ehrenvorsitzenden Otto Graf Lambsdorff, der die deutsche Seite vertrat, schließlich ein Durchbruch erzielt. Im Jahr darauf begannen die Auszahlungen, die im Juni 2007 zum Abschluss kamen. 1,66 Millionen ehemalige Zwangsarbeiter bekamen insgesamt 4,32 Milliarden Euro. Die wichtigsten Empfängerländer waren Polen, die Ukraine, Russland, Weißrussland und die Tschechische Republik. Die große Mehrheit der Zwangsarbeiter erreichte diese späte Geste leider nicht mehr, sie war bereits verstorben, 358 Millionen Euro aus dem Entschädigungsfonds erhielt die Stiftung »Erinnerung, Verantwortung und Zukunft«, die internationale Projekte in den Bereichen Auseinandersetzung mit der Geschichte, Handeln für Menschenrechte und Engagement für Opfer des Nationalsozialismus fördert.

Erinnerung hat Konjunktur. Seit einigen Jahren sind wir, börsentechnisch gesprochen, mit einem Allzeithoch der Erinnerungskultur konfrontiert. Noch nie gab es so viele und so gut besuchte Gedenkstätten und Veranstaltungen, so viele Spielfilme, Hörfunk- und Fernsehsendungen, Ausstellungen, Feierstunden, wissenschaftliche Tagungen und Publikationen zur jüngeren deutschen Geschichte. Dabei beziehen sich diese Aktivitäten auf Ereignisse, die in der Weimarer Republik, dem Dritten Reich, der alten Bundesrepublik oder in der DDR stattgefunden haben, allesamt Staaten, die nicht mehr existieren. Gerade in erinnerungspolitischer Hinsicht hatte die deutsche Vereinigung auch den Charakter der Bildung einer neuen Nation. Dazu gehört die Verständigung über die Herkunft. Das ist nicht immer einfach. Oft ist der Feind von gestern der Nachbar von heute, muss man sich mit ehemaligen Gegnern gemeinsam um etwas Neues bemühen. Und wenn die Nachbarn beinahe ein halbes Jahrhundert voneinander getrennt waren, braucht die Annäherung Zeit und Geduld.

Die innerdeutsche Systemkonkurrenz ist heute Geschichte. Doch die gegenläufigen historischen Narrative der beiden deutschen Teilstaaten haben ganz unterschiedliche Memorialkulturen hervorgebracht, die noch immer im Wettbewerb miteinander stehen. Auf dem Territorium der früheren DDR sind die Opferorte der beiden deutschen Diktaturen vielfach identisch. Seit der Wiedervereinigung ist ihre doppelte Geschichte anerkannt, woraus eine neue Opferkonkurrenz entstanden ist. Den Opfern beider deutschen Diktaturen gerecht zu werden, ist immer wieder eine neue Herausforderung. Auch in der 2008 fortgeschriebenen Gedenkstättenkonzeption des Bundes steht der Leitsatz: »NS-Verbrechen dürfen nicht durch die Auseinandersetzung mit dem Geschehen der Nachkriegszeit relativiert werden, das Unrecht der Nachkriegszeit darf aber nicht mit dem Hinweis auf die NS-Verbrechen bagatellisiert werden.« So richtig diese Feststellung ist, so wenig ist sie in den Köpfen und Herzen der Menschen angekommen. Das offizielle Berlin begeht am 27. Januar seit einiger Zeit den Holocaust-Gedenktag. Die zentrale Demonstration des SED-Staates fand jedes Jahr am 15. Januar zur Erinnerung an die Ermordung von Rosa Luxemburg und Karl Liebknecht statt und noch heute pilgern Zehntausende, die vielfach der Linkspartei nahestehen, zu den Gräbern der 1919 ermordeten Revolutionäre. Während in der Bundesrepublik die Männer des 20. Juli nach dem Remer-Prozess zu zentralen Helden des Widerstands emporwuchsen, galten sie in der DDR als »reaktionäre Agenten des US-Imperialismus«. Dort pflegte man dagegen das Andenken an die Rote Kapelle, die im Westen weitgehend totgeschwiegen wurde, weil an dieser durchaus beachtlichen Widerstandsgruppe nicht wenige Kommunisten beteiligt gewesen waren.

Die antifaschistische Staatsdoktrin in der DDR war nicht vor einer antisemitischen Grundierung gefeit. Ein Schauprozess gegen »zionistische Agenten«, die angeblich deutsches Volksvermögen an »jüdische Monopolkapitalisten« verschoben hatten, wie es ihn auch in anderen Staaten des Ostblocks gegeben hatte, war schon vorbereitet. Dann starb Stalin und die Sache verlief im Sande. Juden galten als »Opfer des Faschismus«, Kommunisten dagegen waren »Kämpfer gegen den Faschismus«, was ihnen eine deutlich höhere Opferrente einbrachte.

Als sich seinerzeit konservativer Widerspruch dagegen erhob, dass in der Gedenkstätte Deutscher Widerstand auch der kommunistische Widerstand dokumentiert wird, hat sich der Wissenschaftliche Leiter der Einrichtung, Peter Steinbach, zu Recht dagegen verwahrt. Die Gedenkstätte zeigt heute in 26 Abteilungen den politischen Kampf gegen den Nationalsozialismus, aber auch die vielfältigen Formen des Widerstehens aus christlicher Überzeugung, die militärischen Umsturzversuche, die aktive Konspiration entschiedener Regimegegner im Zentrum der Macht, sowie die Opposition von Jugendlichen und den Widerstand im Kriegsalltag. Dies schließt ganz unterschiedliche Traditionen, Denkhaltungen und Handlungsmotive ein, die Widerstand ermöglicht und geprägt haben. Die Ausstellung zeigt den Widerstand in seiner ganzen Komplexität.

Der Antifaschismusmythos der DDR diente der Legitimation eines Regimes, dessen Unrechtscharakter von denjenigen, die Aufklärung über die NS-Verbrechen vorantrieben, vielfach bagatellisiert worden ist. Auf der anderen Seite ist eine Gleichsetzung der beiden deutschen Diktaturen nicht weniger problematisch. »Man darf es Diktatur nennen«, betitelte der Theologe Richard Schröder vor einigen Jahren einen Aufsatz zur Geschichte der DDR und ließ dieser unbestreitbar richtigen Feststellung einen fatalen Untertitel folgen: »Den Opfern sind die Unterschiede zwischen den totalitären Systemen vor und nach 1945 egal.« Dieser Satz stellt den politischen Konsens, der in der Bundesrepublik in Jahrzehnten erarbeitet worden ist, in seinem Kern in Frage. Gerade wenn man sieht, wie heute in den Gedenkstätten mit doppelter Vergangenheit, etwa in Torgau oder in Oranienburg, die Opfer des NS-Regimes und die Opfer des Stalinismus erbittert um jeden Quadratmeter Ausstellungsfläche miteinander ringen, dann erscheint es besonders wichtig, die Dimensionen der Untaten der beiden deutschen Diktaturen nicht aus den Augen zu verlieren. Dies ist umso wichtiger, weil sich die EU im Zuge des europäischen Einigungsprozesses um Staaten erweitert hat, deren Vergangenheitsbewältigung kaum begonnen hat.

Die damalige lettische Außenministerin Sandra Kalniete erklärte 2004 bei der Leipziger Buchmesse, Nazismus und Kommunismus seien gleich kriminell gewesen: »Es darf niemals eine Unterscheidung zwischen ihnen geben, nur weil eine Seite auf der Seite der Sieger gestanden hat.« Wer das Okkupationsmuseum in der lettischen Hauptstadt Riga besucht, sieht dann aber doch eine deutliche Gewichtung. Über 80 Prozent der Ausstellung sind der sowjetischen Okkupation gewidmet, die deutschen Untaten werden sehr knapp dargestellt und die lettische Mitwirkung daran reduziert sich auf ein paar irregeleitete Individuen. Tatsächlich hatte die Lettische Legion fast 100.000 Mitglieder, derer jedes Jahr am »Tag des Soldaten« gedacht wird. Auch im benachbarten Estland erinnert man sich gerne der SS-Legionäre als Freiheitskämpfer, während der 2005 von der Regierung eingeführte Holocaust-Gedenktag in einer Meinungsumfrage nur bei sieben Prozent der Bevölkerung auf Zustimmung stieß, von 93 Prozent aber abgelehnt wurde.

Wer 1945 bei seiner Befreiung 18 Jahre alt war, ist heute 85. Noch sind Menschen unter uns, die Zeugnis ablegen können von dem, was sie in der NS-Zeit erlebt haben. Es wird der Tag kommen, an dem es niemanden mehr gibt, der dazu in der Lage wäre. Es droht eine Mediatisierung unseres sozialen Gedächtnisses, eine »Entwirklichung der Erinnerung«, wie die Kulturwissenschaftlerin Aleida Assmann es formuliert hat. Die am stärksten frequentierte deutsche Gedenkstätte ist heute das Holocaust-Denkmal, ein nichtauthentischer Ort. Das zwischen der Botschaft der USA und den Vertretungen verschiedener Bundesländer in das Regierungsviertel eingebettete Denkmal hat einen hohen Stellenwert für die Selbstdarstellung der Berliner Republik. Es ist, wie von Bundeskanzler Schröder seinerzeit gewünscht, tatsächlich ein Ort geworden, zu dem man gerne hingeht. Doch die Frage, was diese im Laufe des Realisierungsprozesses erheblich reduzierte und heute eher harmonisch als monumental wirkende Memorialarchitektur bewirkt, ist damit noch nicht beantwortet. Auch nicht die Frage, ob die Nachfahren der Täter berechtigt sind, für die Opfer ihrer Vorfahren ein Denkmal zu errichten, eine Frage, die gerade von jüdischer Seite immer wieder gestellt, aber nicht wirklich diskutiert worden ist. Entscheidend für die seit einigen Jahren im Entstehen begriffene nationale Gedenkstättenlandschaft bleiben die authentischen Orte. Ein Holocaust-Museum kann man überall auf der Welt errichten. Ein Reichssicherheitshauptamt, eine Wannsee-Villa und einen »Führerbau« gab es nur in Deutschland.

Wer in den 50er Jahren über Naziverbrechen sprechen wollte, stieß auf eine Mauer des Schweigens. Die Sprachlosigkeit lag wie ein Nebel über dem Land. Einer der wenigen, die dagegen anzuleben versuchten, war der Historiker Joseph Wulf, der in Berlin lebte und dort vergeblich für ein »Internationales Dokumentationszentrum zur Erforschung des Nationalsozialismus und seiner Folgeerscheinungen« kämpfte. 1974 schrieb er rückblickend an seinen Sohn David: »Ich habe hier 18 Bücher über das Dritte Reich veröffentlicht, und das alles hatte keine Wirkung. Du kannst dich bei den Deutschen tot dokumentieren.« Kurz darauf nahm er sich das Leben. Beerdigt ist er in Israel, wie Ignatz Bubis, der in seinen letzten Jahren ähnlich pessimistisch dachte. Der in Breslau geborene Unternehmer, der von 1992 bis zu seinem Lebensende 1999 Vorsitzender des Zentralrats der Juden in Deutschland war, sagte wenige Tage vor seinem Tod: »Ich habe nichts oder fast nichts bewirkt.« Bubis hatte mit großem Engagement versucht, die traditionelle Rolle des Minderheitenvertreters hinter sich zu lassen und als Homo politicus einen Platz in der Mitte der deutschen Gesellschaft zu finden. Als in den 90er Jahren ein randalierender Mob Flüchtlingsheime in Brand steckte, solidarisierte er sich mit den Angegriffenen. Dass er nicht in seiner deutschen Heimat, sondern in Tel Aviv beerdigt werden wollte, hatte nur einen Grund. Sein Grab sollte sich an einem Ort befinden, wo es sicher davor war, geschändet oder zerstört zu werden.

Heute ist das Gedenken an den Holocaust Teil einer globalen Erinnerungskultur. In Deutschland gibt es, wie in den USA, Israel und vielen anderen Ländern, moderne Dokumentationszentren, die jährlich von Millionen Menschen besucht werden. Auf der anderen Seite haben wir uns daran gewöhnt, dass neonazistische und ausländerfeindliche Gewalttaten zu unserem Alltag gehören. Durch die Aufdeckung der Tätigkeit der rechtsextremen Terrorzelle »Nationalsozialistischer Untergrund« im November 2011 haben diese Gewalttaten eine neue Dimension erreicht. Dieser Gruppe, deren Haupttäter sich inzwischen das Leben genommen haben, werden zahlreiche Morde an Menschen ausländischer Herkunft, aber auch an Polizisten in den letzten zehn Jahren zur Last gelegt.

»Auschwitz« ist zu einer universalen Katastrophenmetapher geworden, deren Entwirklichung so weit fortgeschritten ist, dass viele, vor allem jugendliche Besucher der KZ-Gedenkstätten das Gesehene nicht in eine Beziehung zur eigenen Lebenswelt zu setzen vermögen. Neben der Globalisierung der Erinnerungskultur wird die Einbettung der Analyse der Judenvernichtung in den Kontext der internationalen Genozidforschung, der Geschichte des Kolonialismus, der Analyse extrem gewalttätiger Gesellschaften, sowie des Vergleichs der extremen Gewaltexzesse der totalitären ideologischen Herrschaftsansprüche in den nächsten Jahren große Herausforderungen mit sich bringen und unsere Erinnerung, unser Wissen und unser Wollen in einen neuen Kontext stellen. Jede Zeit hat ihre Deutungen und das Ringen um die Erinnerung wird immer wieder neue

Formen annehmen und immer wieder zu anderen Ergebnissen führen. Aber für die Gemeinschaft der Deutschen, die in der Tradition der deutschen Geschichte steht, wird immer gelten, dass es zur Erinnerung an Auschwitz keine Alternative gibt.

Epilog

Der nationalsozialistische Rassenwahn hat unermessliches Leid über die Welt und ganz besonders über das jüdische Volk gebracht. Er hat aber auch zu einer ungeheuren Verarmung des deutschen geistigen und kulturellen Lebens geführt. Man kann sich das ganz einfach veranschaulichen, indem man sich vor Augen führt, wer heute noch unter uns leben könnte. Charlotte Salomon, 1917 in Berlin geboren, würde dieses Jahr ihren 95. Geburtstag feiern. Das ist unter normalen Umständen kein unerreichbares Alter. Als die versierte Filmemacherin Leni Riefenstahl 95 wurde, hatte sie noch sieben Lebensjahre vor sich. Doch Charlotte Salomon war erst 26, als man sie in Auschwitz ermordete. 1936 hatte sie an den Vereinigten Staatsschulen für Freie und Angewandte Kunst in Berlin ihre Ausbildung begonnen, obwohl sie Jüdin war. Da ihr Vater in den Schützengräben des Ersten Weltkriegs für das Deutsche Reich gekämpft hatte, profitierte sie vom »Frontkämpferprivileg«. Im Jahr darauf errang sie bei einem Wettbewerb der Kunsthochschule den ersten Platz, den man ihr aber wegen ihrer jüdischen Abkunft nicht zusprach. Daraufhin verließ sie die Schule und emigrierte mit ihrer Familie nach Südfrankreich, wo sie nach der Besetzung durch die Deutschen 1943 in ein Lager kam. Zuvor hatte sie in 18 Monaten 1.325 Gouachen geschaffen, die ihren Lebensweg schildern. Die expressiven Blätter zeigen die außerordentliche Begabung dieser jungen Künstlerin. Als sie ermordet wurde, war sie im fünften Monat schwanger. Auch ihr Mann kam in Auschwitz um.

Nur 18 Jahre alt wurde die Dichterin Selma Meerbaum-Eisinger, die 1924 in Czernowitz zur Welt kam und 1942 in dem ukrainischen Arbeitslager Michailowka an Flecktyphus starb. Sie war mütterlicherseits mit Paul Celan verwandt, dessen Eltern im Lager Michailowka durch Genickschuss getötet wurden. Selma Meerbaum-Eisinger wuchs in ärmlichen Verhältnissen auf, mit 15 Jahren hat sie unter schwierigen Bedingungen zu schreiben begonnen. Ihre filigranen impressionistischen Gedichte gehören zu dem großen literarischen Erbe der deutsch-jüdischen Kultur der Bukowina, die heute ausgelöscht ist.

Der 1928 in Prag geborene Petr Ginz war erst 16, als man ihn in Auschwitz vergaste. Er war ein Wunderkind, hatte sich in seiner Jugend bereits eine außerordentliche Bildung auf den erstaunlichsten Gebieten angeeignet und mit 14 Jahren bereits fünf Romane verfasst. 1942 wurde er nach Theresienstadt deportiert, wo er eine Zeitschrift gründete, für die er Gedichte, Erzählungen und Feuilletons schrieb. Mit unerschöpflicher Energie lebte er gegen das nahende Verhängnis an. In Theresienstadt, dem Vorzeige-KZ, mit dem die Deutschen die Welt über die wahre Natur ihrer Vernichtungsmaschinerie täuschen wollten, gab es ein reiches kulturelles Leben und auch viele wissenschaftliche Vorträge. Petr Ginz nahm all das begierig auf. Er las und exzerpierte und fasste den Entschluss, »mich über jede einzelne Wissenschaft zu informieren.« Er erlernte das Lithographieren und fertigte eine Weltkarte nach der Mercator-Projektion an. Am 16. August 1944 notierte seine Schwester in ihrem Tagebuch: »Petr ist ein so wahnsinnig kluger Junge.« Kurz zuvor war auch sie nach Theresienstadt gekommen, doch die Wiedersehensfreude währte nur kurz, denn wenige Wochen später wurde der Bruder nach Auschwitz deportiert.

Nochmals ein Jahr jünger war die 1929 in Frankfurt am Main geborene Anne Frank. Sie emigrierte mit ihrer Familie in die Niederlande. Nach dem Ausbruch des Krieges und der deutschen Invasion musste sich die Familie in einem Hinterhaus in Amsterdam verstecken. (Heute ist dort ein Museum.) Doch Anne Frank wurde im Sommer 1944 verraten und verhaftet. Zunächst musste sie im Konzentrationslager Westerbork Zwangsarbeit verrichten, dann kam sie in einem Transport von etwa 1.000 Häftlingen nach Bergen-Belsen. Über die Hälfte von ihnen, alle die noch nicht 15 Jahre alt waren, wurden sofort vergast. Die anderen mussten unter elendesten Bedingungen harte

Arbeit verrichten. Zwischen Januar und April 1945 starben etwa 35.000 Menschen in dem völlig überfüllten Lager durch Hunger, Seuchen und Entkräftung, unter ihnen auch Anne Frank und ihre Mutter. Das Tagebuch der Anne Frank, das sie im Versteck geschrieben hatte, gilt als einzigartiges menschliches Dokument. Es wurde in 55 Sprachen übersetzt und wird bis heute von Millionen Kindern und Jugendlichen in aller Welt gelesen.

Charlotte Salomon, Selma Meerbaum-Eisinger, Petr Ginz und Anne Frank könnten heute noch unter uns sein und mit ihnen zahllose andere. Wer sich das bewusst macht, mag ermessen, was wir verloren haben.

Das letzte Wort soll der 2007 verstorbene Historiker Raul Hilberg haben. Er schrieb über die Vernichtung der europäischen Juden: »Geschichte lässt sich nicht ungeschehen machen, erst recht nicht die Geschichte dieses Ereignisses, das im Zentrum einer Erschütterung stand, die die Welt verändert hat. Diese Vergangenheit nicht zu kennen heißt, sich selbst nicht zu kennen.«

Zeittafel

1918

9. November.............Reichskanzler Prinz Maximilian von Baden gibt eigenmächtig die Abdankung von Kaiser Wilhelm II. bekannt

11. November.............Unterzeichnung eines Waffenstillstandsvertrags zur Beendigung des Ersten Weltkriegs

1919

5. Januar.............Gründung der DAP durch Drexler und Harrer

19. Januar.............Wahlen zur Nationalversammlung: DNVP 10,3 %, DVP 4,4 %, Zentrum 19,7 %, DDP 18,6 %, SPD 37,9 %, USPD 7,6 %

11. Februar.............Ebert (SPD) wird von der Nationalversammlung in Weimar zum Reichspräsidenten gewählt

13. Februar.............Scheidemann (SPD) wird erster Reichsministerpräsident einer demokratisch gewählten Regierung, er tritt am 20. Juni zurück

28. Juni.............Unterzeichnung des Versailler Friedensvertrags durch Außenminister Müller (SPD)

16. September.............Hitler wird Mitglied der DAP

1920

10. Januar .... Mit Inkrafttreten des Versailler Vertrages nimmt der Völkerbund mit Hauptsitz in Genf seine Arbeit auf

24. Februar .... Erste Großveranstaltung der NSDAP und Verabschiedung des Parteiprogramms

13.–17. März .... Kapp-Lüttwitz-Putsch

6. Juni .... Reichstagswahlen: DNVP 15,1 %, DVP 13,9 %, Zentrum 13,6 %, BVP 4,4 %, DDP 8,3 %, SPD 21,5 %, USPD 18,0 %, KPD 2,1 %

1921

19. März–1. April .... Kommunistischer Aufstandsversuch in Mitteldeutschland (»Märzkämpfe«)

August .... Hitler ordnet die Gründung eines Wehrverbandes an, der ab November den Namen SA führt

26. August .... Finanzminister Erzberger (Zentrum) von zwei Mitgliedern der Brigade Ehrhardt ermordet

1922

16. April .... Vertrag von Rapallo zwischen dem Deutschen Reich und der Russischen Föderativen Sowjetrepublik

24. Juni .... Ermordung des Reichsaußenministers Rathenau (DDP) durch Mitglieder der Organisation Consul

18. Juli .... Verabschiedung des Republikschutzgesetzes durch den Deutschen Reichstag

1923

11. Januar	Besetzung des Ruhrgebiets durch belgische und französische Truppen
27.–29. Januar	Reichsparteitag der NSDAP in München
November	1 US-Dollar kostet 4,2 Billionen Reichsmark
8./9. November	Putschversuch unter Anführung von Hitler und Ludendorff in München
15. November	Einführung der Rentenmark zur Beendigung der Inflation

1924

1. April	Hitler wird zu fünf Jahren Festungshaft verurteilt
4. Mai	Reichstagswahlen: Nationalsozialisten/Deutschvölkische 6,5 %, DNVP 19,5 %, DVP 9,2 %, Zentrum 13,4 %, BVP 3,2 %, DDP 5,7 %, SPD 20,5 %, KPD 12,6 %
16. Juli–16. August	Londoner Konferenz, Annahme des Dawes-Plans, der am 29. August vom Reichstag gebilligt wird und am 1. September in Kraft tritt
7. Dezember	Reichstagswahlen: Nationalsozialisten/Deutschvölkische 3 %, DNVP 20,5 %, DVP 10,1 %, Zentrum 13,6 %, BVP 3,7 %, DDP 6,3 %, SPD 26 %, KPD 9 %
20. Dezember	Hitler wird vorzeitig aus der Haft entlassen

1925

26. Februar	Neugründung der NSDAP. Bis April gewinnt die Partei 521 Mitglieder

26. April	Hindenburg wird zum Reichspräsidenten gewählt
Juli	Der erste Band von Hitlers »Mein Kampf« erscheint
5.–16. Oktober	Konferenz von Locarno

1926

14. Februar	Führertagung der NSDAP in Bamberg
März	Die NSDAP hat ca. 32.000 Mitglieder
3./4. Juli	Reichsparteitag der NSDAP in Weimar. Gründung der HJ
8. September	Das Deutsche Reich wird in den Völkerbund aufgenommen
9. November	Goebbels wird Gauleiter von Berlin
Dezember	Der zweite Band von Hitlers »Mein Kampf« erscheint

1927

19.–21. August	Reichsparteitag der NSDAP in Nürnberg

1928

März	Die NSDAP hat ca. 86.000 Mitglieder
20. Mai	Reichstagswahlen: NSDAP 2,6 %, DNVP 14,2 %, DVP 8,7 %, Zentrum 12,1 %, BVP 3,1 %, DDP 4,8 %, SPD 29,8 %, KPD 10,6 %

1929

Januar	Die Zahl der Arbeitslosen erreicht fast 3 Millionen
6. Januar	Himmler wird Reichsführer SS
Februar–Juni	Ein Gremium internationaler Finanzexperten handelt in Paris den Young-Plan aus
9. Juli	Gründung des Reichsausschusses für das »Volksbegehren gegen Young-Plan und Kriegsschuldlüge«
24. Oktober	Der Dow Jones Index, der am 3. September mit 381 seinen Höchststand erreicht hatte, fällt erstmals unter 300 Punkte, er verliert bis Jahresende mehr als die Hälfte seines Wertes

1930

23. Januar	In Thüringen wird die erste Landesregierung unter Beteiligung der NSDAP gebildet. Frick wird Innen- und Volksbildungsminister
März	Die NSDAP hat ca. 208.000 Mitglieder
7. März	Schacht tritt als Reichsbankpräsident zurück, Nachfolger wird der ehemalige Reichskanzler Luther (DVP)
12. März	Der Deutsche Reichstag verabschiedet den Young-Plan, der daraufhin rückwirkend zum 1. September 1929 in Kraft tritt
28. März	Brüning (Zentrum) wird zum Reichskanzler ernannt
Juni	Gründung des BDM als Gliederung der HJ
14. September	Reichstagswahlen: NSDAP 18,3 %, DNVP 7,0 %, DVP 4,5 %, Zentrum 11,8 %, BVP 3,0 %, DDP 3,8 %, SPD 24,5 %, KPD 13,1 %

26. September............Hitler legt im Ulmer Reichswehrprozess einen Legalitätseid auf die Verfassung ab

1931

Januar............................Die Zahl der Arbeitslosen erreicht 4,89 Millionen

März...............................Die NSDAP hat ca. 468.000 Mitglieder

1. April............................Röhm wird Stabschef der SA

14./15. Juli....................Auf Grund einer Notverordnung der Reichsregierung bleiben die Schalter aller Banken geschlossen

11. Oktober..................Großveranstaltung der »Nationalen Opposition« in Bad Harzburg

30. Oktober..................Schirach wird Reichsjugendführer der NSDAP

1932

Januar............................Die Zahl der offiziell registrierten Arbeitslosen erreicht mit 6,04 Millionen ihren Höhepunkt

27. Januar ....Rede Hitlers vor dem Industrieklub in Düsseldorf

1. Juni............................Papen wird Reichskanzler

9. Juli ....Das Abkommen von Lausanne beendet die deutschen Reparationsverpflichtungen

20. Juli...........................Durch eine Notverordnung wird die geschäftsführende Regierung des Landes Preußen abgesetzt, Reichskanzler Papen wird Reichskommissar für Preußen (»Preußenschlag«)

31. Juli .... Reichstagswahlen: NSDAP 37,3 %,
DNVP 5,9 %, DVP 1,2 %, Zentrum 12,5 %,
BVP 3,2 %, DDP 1,0 %, SPD 21,6 %,
KPD 14,3 %, Göring wird Reichstagspräsident

6. November .... Reichstagswahlen: NSDAP 33,1 %,
DNVP 8,9 %, DVP 1,9 %, Zentrum 11,9 %,
BVP 3,1 %, DDP 1,0 %, SPD 20,4 %, KPD 16,9 %

3. Dezember .... Schleicher wird zum Reichskanzler ernannt

1933

Januar .... Die NSDAP hat ca. 849.000 Mitglieder

30. Januar .... Hitler wird Reichskanzler, Papen Vizekanzler

3. Februar .... Hitler hält eine Rede vor den höchsten Vertretern von Heer und Marine über die Ziele seiner Politik und erklärt, dass die Wehrmacht der einzige Waffenträger im Deutschen Reich bleiben werde

4. Februar .... Verordnung des Reichspräsidenten »Zum Schutz des deutschen Volkes«

27. Februar .... Reichstagsbrand

28. Februar .... Verordnung des Reichspräsidenten »Zum Schutz von Volk und Staat«

5. März .... Reichstagswahlen: NSDAP 43,9 %,
DNVP 8,0 %, DVP 1,1 %, Zentrum 11,2 %,
BVP 2,7 %, DDP 0,9 %, SPD 18,3 %,
KPD 12,3 %.

9. März .... Die 81 Reichstagsmandate der KPD werden annulliert
Himmler wird kommissarischer Polizeipräsident von München

13. März	Goebbels wird Reichsminister für Volksaufklärung und Propaganda
17. März	Schacht wird erneut Reichsbankpräsident
21. März	Konstituierende Sitzung des Reichstags in der Potsdamer Garnisonskirche
22. März	Errichtung des Konzentrationslagers Dachau
23. März	Verabschiedung des Gesetzes zur Behebung der Not von Volk und Reich (Ermächtigungsgesetz) gegen die Stimmen der SPD
31. März	Gesetz zur Gleichschaltung der Länder mit dem Reich
1. April	Boykott jüdischer Geschäfte
7. April	Gesetz zur Wiederherstellung des Berufsbeamtentums
10. April	Der 1. Mai wird als Tag der nationalen Arbeit staatlicher Feiertag
11. April	Göring wird Ministerpräsident von Preußen
Mai	Die NSDAP hat ca. 2,5 Millionen Mitglieder, wegen des großen Zustroms wird eine Aufnahmesperre erlassen
2. Mai	Sturm auf die Gewerkschaftshäuser
3. Mai	Gründung der Nationalsozialistischen Volkswohlfahrt
10. Mai	Bücherverbrennungen in Berlin, München und vielen anderen Städten
16. Mai	Gründung der DAF
17. Mai	»Friedensrede« Hitlers im Reichstag
17. Juni	Schirach wird Jugendführer des Deutschen Reiches
22. Juni	Verbot der SPD

27. Juni	Hugenberg tritt von seinen Ministerämtern zurück, die Abgeordneten der DNVP treten zur NSDAP über, die Partei löst sich ebenso auf wie die DVP
1. Juli	Der Stahlhelm wird am 1. Juli der SA unterstellt
4./5. Juli	Selbstauflösung der BVP und des Zentrums
6. Juli	Hitler erklärt in einer Rede vor Reichsstatthaltern in Berlin die nationalsozialistische Revolution vorläufig für beendet
14. Juli	Gesetz gegen die Neubildung von Parteien Gesetz zur Verhinderung erbkranken Nachwuchses Gesetz über den Widerruf von Einbürgerungen und die Aberkennung der deutschen Staatsangehörigkeit
20. Juli	Abschluss des Reichskonkordats mit dem Vatikan
17. September	Gründung der Reichsvertretung der deutschen Juden
22. September	Gesetz zur Errichtung der Reichskulturkammer
29. September	Reichserbhofgesetz
12. November	Reichstagswahlen, 92,2 % stimmen für die »Liste des Führers«, bei einer gleichzeitigen Volksabstimmung billigen 95 % den am 19. Oktober erfolgten Austritt Deutschlands aus dem Völkerbund
1. Dezember	Gesetz zur Sicherung der Einheit von Partei und Staat, Röhm und Heß werden Reichsminister ohne Geschäftsbereich
23. Dezember	Der Reichstagsbrandstifter Marinus van der Lubbe wird zum Tod verurteilt

1934

10. Januar	Gesetz zur Ordnung der nationalen Arbeit
30. Januar	Gesetz über den Neuaufbau des Reiches
20. April	Himmler wird Inspekteur der Preußischen Geheimen Staatspolizei
1. Mai	Schaffung des Reichsministeriums für Wissenschaft, Erziehung und Volksbildung
30. Juni–2. Juli	Ermordung der SA-Spitze (sog. »Röhm-Putsch«) und anderer missliebiger Personen
30. Juli	Reichsbankpräsident Schacht wird zusätzlich Reichswirtschaftsminister
1. August	Gesetz über das Oberhaupt des Deutschen Reiches
2. August	Tod des Reichspräsidenten Hindenburg, Hitler wird »Führer und Reichskanzler«, Vereidigung der Wehrmacht auf Hitler
7. August	Rücktritt von Vizekanzler Papen

1935

13. Januar	Volksabstimmung im Saarland unter Aufsicht des Völkerbundes
30. Januar	Reichsstatthaltergesetz
16. März	Das Gesetz über den Aufbau der Wehrmacht führt die allgemeine Wehrpflicht wieder ein
15. September	Verabschiedung der Nürnberger Gesetze auf dem Reichsparteitag der NSDAP
2. Oktober	Italien erklärt Äthiopien den Krieg

1936

6.–16. Februar	Olympische Winterspiele in Garmisch-Partenkirchen
7. März	30.000 deutsche Soldaten besetzen das Rheinland
17. Juni	Himmler wird Reichsführer SS und Chef der Deutschen Polizei
26. Juni	Heydrich wird Chef der Sicherheitspolizei
17. Juli	Beginn des Spanischen Bürgerkriegs
26. Juli	Aufstellung der Legion Condor zur Unterstützung der faschistischen Putschtruppen in Spanien
1.–16. August	Olympische Sommerspiele in Berlin und Kiel
25. Oktober	Vertrag über deutsch-italienische Zusammenarbeit
23. November	Carl von Ossietzky wird nachträglich der Friedensnobelpreis für 1935 zuerkannt
25. November	Antikominternpakt zwischen dem Deutschen Reich und dem japanischen Kaiserreich
1. Dezember	Gesetz über die Hitlerjugend

1937

30. Januar	Die Annahme des Nobelpreises wird Deutschen untersagt, Stiftung des Deutschen Nationalpreises für Kunst und Wissenschaft
14. März	Papst Pius XI. unterzeichnet die Enzyklika »Mit brennender Sorge«
26. April	Die baskische Stadt Gernika (span. Guernica) wird bei einem Bombenangriff deutscher und italienischer Flugzeuge weitgehend zerstört

Juni	Errichtung des Konzentrationslagers Buchenwald
19. Juli	Eröffnung der Ausstellung »Entartete Kunst« in München
5. November	Hitler legte den Spitzen der Wehrmacht in einer Geheimrede seine Kriegsziele dar (Hoßbach-Protokoll)
8. November	Goebbels eröffnet in München die Ausstellung »Der ewige Jude«

1938

27. Januar	Rücktritt von Reichskriegsminister Blomberg, Hitler übernimmt den Oberbefehl über die Wehrmacht
4. Februar	Neurath wird als Reichsaußenminister durch Ribbentrop abgelöst
12. März	Einmarsch deutscher Truppen in Österreich (»Anschluss«)
25. Mai	Eröffnung der Ausstellung »Entartete Musik« in Düsseldorf
9. Juni	Erste Zerstörung einer Synagoge in München
6.–15. Juli	Konferenz von Evian
17. August	Für Juden werden die Zwangsvornamen Israel und Sarah eingeführt
27. August	Generalstabschef Ludwig Beck tritt wegen seiner Ablehnung von Hitlers Kriegskurs zurück
27. September	Berufsverbot für jüdische Rechtsanwälte

29./30. September	Eine Konferenz der Regierungschefs von Großbritannien, Frankreich, Italien und Deutschland vereinbart die Abtretung des zur ČSR gehörenden Sudetenlandes an Deutschland (Münchner Abkommen)
5. Oktober	Die Reisepässe von Juden werden mit einem roten »J« gestempelt
9./10. November	»Reichskristallnacht«
15. November	Ausschluss jüdischer Kinder vom Schulbesuch
28. November	Einführung von Wohnbeschränkungen für Juden
4.–8. Dezember	Zahlreiche Maßnahmen zur Isolierung der Juden, z. B. Verbot des Führens eines Kfz, der Benutzung öffentlicher Einrichtungen, Verweisung aus Hochschulen, Bibliotheken und Museen

1939

30. Januar	Hitler prophezeit im Fall eines Krieges die Vernichtung der jüdischen Rasse in Europa
14. März	Einmarsch in die »Resttschechei«, die als Reichsprotektorat Böhmen und Mähren dem Deutschen Reich angegliedert wird, die Slowakei wird ein formal selbständiger deutscher Satellitenstaat
22. Mai	Deutschland und Italien schließen einen militärischen Bündnisvertrag (»Stahlpakt«)
23. August	Deutsch-sowjetischer Nichtangriffsvertrag (»Hitler-Stalin-Pakt«)

1. September	Deutscher Angriff auf Polen
	Datum für Hitlers Ermächtigung zur massenhaften Tötung von »lebensunwertem Leben« (Euthanasie)
3. September	Britische und französische Kriegserklärung an das Deutsche Reich
27. September	Vereinigung der Sicherheitspolizei mit dem Sicherheitsdienst der SS zum Reichssicherheitshauptamt
7. Oktober	Himmler wird Reichskommissar für die Festigung deutschen Volkstums
12. Oktober	Frank wird Generalgouverneur für die besetzten polnischen Gebiete
8. November	Bombenattentat Georg Elsers auf Hitler im Münchner Bürgerbräukeller

1940

11. Februar	Deutsch-sowjetisches Wirtschaftsabkommen
17. März	Todt wird Reichsminister für Bewaffnung und Munition
8./9. April	Deutscher Überfall auf Dänemark und Norwegen (»Weserübung«)
10. Mai	Beginn der deutschen Offensive im Westen Churchill wird britischer Premier- und Verteidigungsminister
18. Juni	De Gaulle ruft aus dem Londoner Exil die Franzosen zur Fortsetzung des Widerstands auf
22. Juni	Deutsch-französischer Waffenstillstand
19. Juli	Göring wird zum Reichsmarschall befördert

31. Juli	Hitler gibt auf dem Obersalzberg einer Gruppe von Generälen die Entscheidung bekannt, im Frühjahr 1941 die Sowjetunion anzugreifen
12. August	Beginn der Luftschlacht um England
5. September	Uraufführung des Propagandaspielfilms »Jud Süß« bei den Filmfestspielen in Venedig, die deutsche Erstaufführung folgte am 24. September in Berlin
14. November	Deutscher Luftangriff auf Coventry (»Operation Mondscheinsonate«), bei dem die Stadt einschließlich der mittelalterlichen Kathedrale weitgehend zerstört wird
15./16. November	Abriegelung des Warschauer Ghettos, in das insgesamt ca. 500.000 Menschen verschleppt werden
28. November	Uraufführung des Propagandafilms »Der ewige Jude« in Berlin
18. Dezember	Hitlers Weisung Nr. 21 (»Fall Barbarossa«) zur Vorbereitung des Überfalls auf die Sowjetunion

1941

26. März	Eröffnung des Instituts zur Erforschung der Judenfrage in Frankfurt/Main
6. April	Deutscher Überfall auf Jugoslawien und Griechenland
10. Mai	Heß fliegt nach England, Bormann wird Leiter der Parteikanzlei
22. Juni	Deutscher Überfall auf die Sowjetunion

17. Juli............................Rosenberg wird Reichsminister für die besetzten Ostgebiete

31. Juli............................Heydrich wird von Göring mit den Vorbereitungen für die »Gesamtlösung der Judenfrage« beauftragt

14. August......................Verabschiedung der Atlantik-Charta durch Roosevelt und Churchill

19. September................Verpflichtung für alle Juden im Deutschen Reich, die älter als sechs Jahre sind, einen gelben Stern zu tragen

29./30. September........Ermordung von ca. 34.000 Juden bei Babi Jar (Ukraine)

20. Oktober....................Erste Deportation von Juden aus dem Deutschen Reich

23. Oktober....................Deutschen Juden wird die Auswanderung verboten

November.......................Errichtung des Konzentrationslagers Theresienstadt

Dezember........................Erste Tötungen durch Giftgas im Stammlager Auschwitz

7. Dezember...................Japanischer Angriff auf Pearl Harbor, der den Kriegseintritt der USA auslöst

8. Dezember...................Beginn der Massentötungen durch Gaswagen im Vernichtungslager Kulmhof (Chełmno)

11. Dezember.................Deutschland erklärt den USA den Krieg

1942

13. Januar.......................Die Inter-Allied-Commission deklariert die Bestrafung von Vergehen gegen die Haager Konvention als Kriegsziel (Erklärung von St. James)

20. Januar	Wannsee-Konferenz
8. Februar	Speer wird als Nachfolger des verstorbenen Todt Reichsminister für Bewaffnung und Munition, ab 1943 Reichsminister für Rüstung und Kriegsproduktion
21. März	Sauckel wird Generalbevollmächtigter für den Arbeitseinsatz
26. April	Der Reichstag ernennt Hitler auf seiner letzten Sitzung zum obersten Gerichtsherrn
23. Mai	Backe wird Nachfolger des amtsenthobenen Reichsministers für Ernährung und Landwirtschaft und Reichsbauernführers Darré
19. November	Beginn der sowjetischen Großoffensive und Einkesselung der deutschen Truppen in Stalingrad

1943

14.–26. Januar	Konferenz von Casablanca
30. Januar	Kaltenbrunner wird Chef des Reichssicherheitshauptamtes. Dönitz wird zum Großadmiral befördert und Oberbefehlshaber der deutschen Kriegsmarine
2. Februar	Generalfeldmarschall Paulus begibt sich mit 30 Generälen und 91.000 Soldaten in Stalingrad in Gefangenschaft
3./4. Februar	Die Geschwister Scholl, Professor Kurt Huber und Christoph Probst werden bei einer Flugblattaktion von der Gestapo verhaftet
18. Februar	Goebbels verkündet in einer Rede im Berliner Sportpalast den totalen Krieg

22. Februar	Hans und Sophie Scholl und Christoph Probst werden als erste Mitglieder der »Weißen Rose« in München hingerichtet
26. Februar	Ankunft des ersten Zigeunertransports in Auschwitz
19. April	Beginn des Aufstands im Warschauer Ghetto
10. Juli	Landung der Alliierten auf Sizilien
27. Juli	Schwerer Luftangriff auf Hamburg, der einen Feuersturm bis dahin unbekannten Ausmaßes nach sich zieht (»Operation Gomorrha«)
24. August	Himmler löst Frick als Reichsinnenminister ab
4. Oktober	Rede Himmlers über die Judenvernichtung bei einer Tagung der SS-Gruppenführer in Posen
6. Oktober	Rede Himmlers über die Judenvernichtung vor den Reichs- und Gauleitern und einigen Gästen, unter ihnen Albert Speer, in Posen
28. November–1. Dezember	Konferenz von Teheran

1944

26. Januar	Himmler spricht in Posen über die »schwere Aufgabe« der Judenvernichtung vor etwa 300 hohen Offizieren der Wehrmacht, die begeistert applaudieren
6. Juni	Landung der Alliierten in der Normandie
20. Juli	Attentat von Oberst von Stauffenberg auf Hitler, Stauffenberg und die Hauptverschwörer werden noch in der Nacht in Berlin im Hof des Bendler-Blocks erschossen

21. Juli	Himmler wird als Nachfolger des in den Putsch verwickelten Generals Fromm Befehlshaber des Ersatzheeres und Chef der Heeresausrüstung
25. Juli	Goebbels wird Reichsbevollmächtigter für den totalen Kriegseinsatz
1. August	Beginn des Warschauer Aufstands
7. August	Vor dem Volksgerichtshof beginnt der erste Prozess gegen Beteiligte an der Verschwörung des 20. Juli
25. August	De Gaulle zieht an der Spitze des Komitees für die nationale Befreiung in Paris ein
15. September	Amerikanische Truppen überschreiten die deutsche Grenze
25. September	Alle Männer zwischen 16 und 60 werden zum »Volkssturm« einberufen
November	Himmler befiehlt die Einstellung der Vergasungen in Auschwitz

1945

12. Januar	Beginn der sowjetischen Großoffensive
18. Januar	Eroberung Warschaus durch sowjetische Truppen
20.–22. Januar	Sprengung der Krematorien in Auschwitz-Birkenau
27. Januar	Befreiung des Konzentrationslagers Auschwitz durch sowjetische Truppen
30. Januar	Die Versenkung des Passagierschiffs »Wilhelm Gustloff« fordert etwa 9300 Todesopfer
4.–11. Februar	Konferenz von Jalta

13./14. Februar	Bombardierung Dresdens
7. März	Die Amerikaner überqueren den Rhein bei Remagen
15. April	Befreiung des Konzentrationslagers Bergen-Belsen durch britische Truppen
16. April–2. Mai	Schlacht um Berlin
25. April	Amerikanische und sowjetische Truppen treffen bei Torgau aufeinander
29. April	Befreiung des Konzentrationslagers Dachau durch amerikanische Truppen
30. April	Selbstmord Hitlers in Berlin. Großadmiral Dönitz wird sein Nachfolger als Staatsoberhaupt Die Gruppe Ulbricht fliegt von Moskau nach Berlin
7. Mai	Generaloberst Jodl unterzeichnet in Reims die Gesamtkapitulation der deutschen Wehrmacht
22. Mai	Himmler wird von britischen Einheiten verhaftet und nimmt sich am Tag darauf das Leben
23. Mai	Verhaftung der geschäftsführenden Reichsregierung unter Großadmiral Dönitz
5. Juni	Die vier Siegermächte übernehmen gemeinsam die oberste Regierungsgewalt in Deutschland und teilen das Land in vier Besatzungszonen auf
17. Juli	Beginn der Potsdamer Konferenz
26. Juli	Frankreich erhält aus den britisch und amerikanisch besetzten Territorien eine eigene Besatzungszone

6. August	Abwurf der ersten Atombombe auf Hiroshima
15. August	Kaiser Hirohito erklärt Japans Kapitulation
19. Oktober	Stuttgarter Schuldbekenntnis der Evangelischen Kirche in Deutschland
20. November	Beginn des Hauptkriegsverbrecherprozesses vor dem Internationalen Militärgerichtshof in Nürnberg

1946

5. März	Gesetz zur Befreiung von Nationalsozialismus und Militarismus
1. Oktober	Der Internationale Militärgerichtshof verkündet sein Urteil
16. Oktober	Hinrichtung der zum Tod verurteilten Hauptkriegsverbrecher in Nürnberg
9. Dezember	Beginn der von den USA geführten Nürnberger Nachfolgeprozesse mit dem Ärzte-Prozess

1947

1. Januar	Die britische und die amerikanische Besatzungszone werden zur Bizone zusammengelegt
25. Februar	Preußen wird durch ein alliiertes Kontrollratsgesetz aufgelöst

2. April.................Der Kommandant des Vernichtungslagers Auschwitz Rudolf Höß wird von einem Gericht in Warschau zum Tod verurteilt und 14 Tage später vor seiner Residenz in Auschwitz erhängt

5. Juni.................Der US-Außenminister Marshall verkündet das European Recovery Program (ERP)

1948

14. Mai.................Proklamation des Staates Israel

1. September.................Konstituierende Sitzung des Parlamentarischen Rates, Vorsitzender wird Konrad Adenauer

1949

25. Februar.................David Ben Gurion wird erster Premierminister des Staates Israel

8. April.................Die französische Besatzungszone schließt sich der Bizone an, die so zur Trizone wird

11. April.................Mit dem Urteil im Wilhelmstraßen-Prozess enden die Nürnberger Nachfolgeprozesse

23. Mai.................Verkündung des Grundgesetzes für die Bundesrepublik Deutschland durch den Parlamentarischen Rat

14. August.................Bundestagswahl: CDU/CSU 31,0 %, SPD 29,2 %, FDP 11,9 %, KPD 5,7 %, BP 4,2 %, DP 4,0 %, Zentrum 3,1 %, WAV 2,9 %

12. September.................Heuss (FDP) wird Bundespräsident

15. September.................Adenauer (CDU) wird Bundeskanzler

21. September ....Die Alliierten Hohen Kommissare McCloy, Robertson und François-Poncet geben in Anwesenheit des neuen Bundeskabinetts das Ende der Militärregierung bekannt

2. Oktober ....Gründung der Sozialistischen Reichspartei Deutschlands (SRP)

7. Oktober ....Proklamation der Deutschen Demokratischen Republik (DDR)

11. Oktober ....Pieck wird Präsident der DDR

1950

25. Juli ....Ulbricht wird Generalsekretär des ZK der SED

1951

31. Januar ....Gnadenerlass des US-Hochkommissars McCloy, durch den zahlreiche Strafen von NS-Verbrechern drastisch reduziert werden

6. Mai ....Bei den Landtagswahlen in Niedersachsen erreicht die SRP 11 %

1952

7.–15. März ....Beginn des Prozesses gegen Generalmajor Otto Ernst Remer

10. September ....Abschluss des Luxemburger Abkommens zwischen der Bundesrepublik Deutschland und Israel sowie der Jewish Claims Conference

23. Oktober .... Das Bundesverfassungsgericht verbietet die SRP als unerlaubte Nachfolgeorganisation der NSDAP

1953

27. Februar .... Unterzeichnung des Londoner Schuldenabkommens

6. September .... Bundestagswahl: CDU/CSU 45,2 %, SPD 28,8 %, FDP 9,5 %, GB/BHE 5,9 %, DP 3,3 %, KPD 2,2 %, BP 1,7 %, GVP 1,2 %, DRP 1,1 %

1955

5. Mai .... Die zwischen den Westalliierten und der Bundesrepublik ausgehandelten Pariser Verträge treten in Kraft, die Bundesrepublik wird Mitglied der NATO

11.–14. Mai .... Die Führer der Ostblockstaaten treffen sich in Warschau und gründen den Warschauer Pakt

9.–13. September .... Adenauer fährt nach Moskau, die Bundesrepublik nimmt zur Sowjetunion diplomatische Beziehungen auf

7. Oktober .... Die ersten aus der Sowjetunion heimgekehrten Kriegsgefangenen treffen im Grenzdurchgangslager Friedland ein

1956

2. Januar .... Die ersten Soldaten der Bundeswehr rücken ein

18. Januar	Die Volkskammer der DDR beschließt die Errichtung der Nationalen Volksarmee
29. Juni	Das Bundesentschädigungsgesetz wird rückwirkend zum 1. Oktober 1953 in Kraft gesetzt
7. Juli	Der Deutsche Bundestag beschließt die Einführung der allgemeinen Wehrpflicht
17. August	Die KPD wird vom Bundesverfassungsgericht als verfassungswidrig verboten

1957

15. September	Bundestagswahl: CDU/CSU 50,2 %, SPD 31,8 %, FDP 7,7 %, GB/BHE 4,6 %, DP 3,4 %, DRP 1,0 %
4. Mai	Der Bundesminister für Vertriebene, Flüchtlinge und Kriegsgeschädigte Oberländer (CDU) muss wegen Vorwürfen, die seine Tätigkeit in der Nazizeit betreffen, zurücktreten

1958

28. April–29. August	Ulmer Einsatzgruppen-Prozess
14. September	Einweihung der Nationalen Mahn- und Gedenkstätte Buchenwald
1. Dezember	Die Zentrale Stelle der Landesjustizverwaltungen zur Aufklärung nationalsozialistischer Verbrechen in Ludwigsburg nimmt ihre Arbeit auf

1959

12. September............Einweihung der Nationalen Mahn- und Gedenkstätte Ravensbrück

1961

11. April......................Beginn des Prozesses gegen Eichmann in Jerusalem
23. April......................Einweihung der Nationalen Mahn- und Gedenkstätte Sachsenhausen
17. September............Bundestagswahl: CDU/CSU 45,4 %, SPD 36,2 %, FDP 12,8 %, GDP 2,8 %, DFU 1,9 %, DRP 0,8 %

1962

1. Juni..........................Der am 15. Dezember 1961 zum Tod verurteilte Eichmann wird hingerichtet

1963

20. Februar..................Uraufführung von Rolf Hochhuths Theaterstück »Der Stellvertreter« in Berlin
20. Dezember..............Beginn des Auschwitz-Prozesses in Frankfurt/Main

1964

28. November..............Gründung der NPD in Hannover

1965

10. März	Verjährungsdebatte im Deutschen Bundestag
5. Mai	Eröffnung der KZ-Gedenkstätte Dachau
12. Mai	Deutschland und Israel nehmen diplomatische Beziehungen auf
19./20. August	Urteilsverkündung im Auschwitz-Prozess
19. September	Bundestagswahl: CDU/CSU 47,6 %, SPD 39,3 %, FDP 9,5 %, NPD 2,0 %
19. Oktober	Simultane Uraufführung von Peter Weiss' Theaterstück »Die Ermittlung. Oratorium in elf Gesängen« an zahlreichen Bühnen
25./31. Oktober	Alle ARD-Anstalten strahlen die Hörspielfassung von »Die Ermittlung« aus

1966

30. September	Schirach und Speer werden nach Verbüßung ihrer Haftstrafe aus dem Kriegsverbrechergefängnis Spandau entlassen
1. Dezember	Bildung einer Großen Koalition unter Bundeskanzler Kiesinger (CDU) und Außenminister Brandt (SPD)

1968

28. April	Die NPD erzielt in Baden-Württemberg mit 9,8 % der Stimmen ihren größten Erfolg bei einer Landtagswahl

1969

26. Juni...............Der Deutsche Bundestag setzt die Verjährungsfrist für Mord von 20 auf 30 Jahre herauf

28. September...............Bundestagswahl: CDU/CSU 46,1 %, SPD 42,7 %, FDP 5,8 %, NPD 4,3 %, mit Brandt (SPD) wird ein ehemaliger Emigrant Bundeskanzler

1970

7. Dezember...............Brandt besucht das Denkmal des Warschauer Ghettoaufstandes und leistet durch seinen Kniefall stumme Abbitte für die von Deutschen verübten Gräueltaten

1973

18. September...............Die Bundesrepublik und die DDR werden von den Vereinten Nationen per Akklamation als Mitgliedsstaaten aufgenommen

1977

29. Juni...............Uraufführung des Films »Hitler – Eine Karriere« von Joachim Fest und Christian Herrendoerfer auf den Berliner Filmfestspielen

1979

22./26. Januar...............Deutsche Erstausstrahlung der amerikanischen Fernsehserie »Holocaust«

3. Juli ....Der Deutsche Bundestag hebt die Verjährungsfrist für Mord ganz auf

1983

Juni ....Die Stadt Berlin schreibt einen Architekturwettbewerb für die Gestaltung des Geländes des ehemaligen Prinz-Albrecht-Palais aus

1985

5. Mai ....Bundeskanzler Kohl (CDU) und US-Präsident Reagan legen an der KZ- Gedenkstätte Bergen-Belsen und auf dem Soldatenfriedhof Bitburg Kränze nieder

8. Mai ....Bundespräsident Weizsäcker (CDU) spricht zum 40. Jahrestag des Kriegsendes und nennt ihn einen »Tag der Befreiung«

23. Oktober ....Uraufführung von Claude Lanzmanns Film »Shoah«

1986

6. Juni ....In der FAZ erscheint Ernst Noltes Beitrag »Vergangenheit, die nicht vergehen will«, der zum Auslöser des sogenannten Historikerstreits wird

1987

4. Juli .... Eröffnung der Präsentation »Topographie des Terrors« in einem provisorischen Ausstellungspavillon auf dem Geländes des ehemaligen Prinz-Albrecht-Palais

1988

16.–18. Oktober .... Der Präsident des Jüdischen Weltkongresses Edgar Bronfman besucht die DDR; Honecker erklärt, dass auch die DDR nun ihre Verantwortung für den Holocaust anerkenne und bereit sei, symbolische Entschädigungszahlungen an Opfer zu leisten

9. November .... Bundestagspräsident Jenninger (CDU) hält eine Rede zum 50. Jahrestag der Pogromnacht, wegen der Kritik an missverständlichen Passagen seiner Rede muss er zurücktreten

1989

7. November .... Gründung des Fördervereins zur Errichtung eines Denkmals für die ermordeten Juden Europas unter Leitung von Lea Rosh

1990

12. April .... Die erste demokratisch gewählte Volkskammer der DDR bekennt sich in einer Resolution zur deutschen Vergangenheit

12. September .... Unterzeichnung des Zwei-plus-Vier-Vertrags in Moskau

3. Oktober............Vereinigung der beiden deutschen Staaten

1991

20. Juni..................Der Deutsche Bundestag beschließt, dass der Sitz der Bundesregierung künftig Berlin sein wird

1992

20. Januar..............Zum 50. Jahrestag der Konferenz wird das Haus der Wannsee-Konferenz als Gedenk- und Bildungsstätte eröffnet

22.–26. August........Bei den bis dahin schlimmsten ausländerfeindlichen Ausschreitungen seit Kriegsende werden in Rostock-Lichtenhagen mehr als 200 Polizeibeamte verletzt, die Bewohner des wiederholt angegriffenen Asylbewerberheims werden evakuiert

26. September........Neonazis verüben einen Brandanschlag auf die KZ-Gedenkstätte Sachsenhausen

23. November........Neonazis verüben einen Brandanschlag auf zwei von türkischen Familien bewohnte Häuser in Mölln, bei dem drei Menschen ums Leben kommen

6. Dezember..........In München bilden 450.000 Menschen eine Lichterkette gegen Rechtsradikalismus und Ausländerhass

1993

April........................Einweihung des United States Holocaust Memorial Museum in Washington

29. Mai ....Neonazis verüben einen Brandanschlag auf ein von türkischen Familien bewohntes Zweifamilienhaus in Solingen, bei dem fünf Menschen ums Leben kommen

14. November................Einweihung der neu gestalteten Neuen Wache in Berlin

1994

1. März ....Deutscher Kinostart von Steven Spielbergs Film »Schindlers Liste«

21. März ....Der Film »Schindlers Liste« wird mit sieben Oscars ausgezeichnet, Spielberg gründet das USC Shoah Foundation Institute for Visual History and Education

13. April ....Das Bundesverfassungsgericht entscheidet, dass die Leugnung des Holocaust nicht durch das Grundrecht auf Meinungsäußerungsfreiheit gedeckt ist

18. April ....Ausschreibung des ersten Wettbewerbs für das Holocaust-Denkmal

1995

5. März ....In Hamburg wird die Ausstellung »Vernichtungskrieg. Verbrechen der Wehrmacht 1941–1944« eröffnet, die in den folgenden vier Jahren in 33 deutschen und österreichischen Städten gezeigt wird

1996

3. Januar ... Durch Proklamation von Bundespräsident Herzog (CDU) wird der 27. Januar als nationaler »Tag des Gedenkens an die Opfer des Nationalsozialismus« eingeführt und im gleichen Jahr erstmals begangen

1997

Juli ... Zweiter Wettbewerb für das Holocaust-Denkmal

1998

26. April ... Die DVU gewinnt bei den Landtagswahlen in Sachsen-Anhalt 12,9 % der Stimmen

1. September ... Gesetz zur Aufhebung nationalsozialistischer Unrechtsurteile in der Strafrechtspflege

10. Juni ... Die Enquete-Kommission des Deutschen Bundestages »Überwindung der Folgen der SED-Diktatur im Prozess der deutschen Einheit« legt ihren Abschlussbericht vor

11. Oktober ... In seiner Rede zur Verleihung des Friedenspreises des Deutschen Buchhandels kritisiert Martin Walser die »Instrumentalisierung« der deutschen Vergangenheit als »Moralkeule« und »Drohroutine«

13. Oktober ... Der Vorsitzende des Zentralrats der Juden in Deutschland Ignatz Bubis wirft Walser »geistige Brandstiftung« vor

18. November ... Der Deutsche Bundestag stimmt für eine Beteiligung der Bundeswehr an einem Einsatz der NATO im Kosovo

1999

24. Januar............Eröffnung des von Daniel Libeskind entworfenen Jüdischen Museums in Berlin, das noch leere Gebäude zieht zahllose Besucher an
25. Juni...............Der Deutsche Bundestag beschließt mit großer Mehrheit die Errichtung des Holocaust-Denkmals nach dem Entwurf von Peter Eisenman
20. Oktober..........Eröffnung der Dauerausstellung Dokumentation Obersalzberg

2000

2. August.............Verabschiedung des Gesetzes über die Errichtung der Stiftung »Erinnerung, Verantwortung und Zukunft«

2001

15. Juni...............Beginn der Auszahlung der Entschädigungen an ehemalige NS-Zwangsarbeiter
9. September........Das Jüdische Museum in Berlin eröffnet seine Dauerausstellung, es ist das größte jüdische Museum in Europa
4. November........Eröffnung des Dokumentationszentrums Reichsparteitagsgelände in Nürnberg

2004

22. Juni .... Das mit britischen Spenden finanzierte »Versöhnungskreuz« wird auf die Kuppel der wiedererrichteten Frauenkirche in Dresden gesetzt, deren Silhouette damit wiederhergestellt ist

19. September .... Bei den Landtagswahlen in Sachsen steigert die NPD ihren Stimmenanteil von 1,4 % auf 9,2 %. Holger Apfel wird Fraktionsvorsitzender

2005

10. Mai .... Einweihung des Holocaust-Denkmals in Berlin

31. Oktober .... Durch Beschluss der Vereinten Nationen wird der 27. Januar zum internationalen »Tag des Gedenkens an die Opfer des Holocaust«

2008

27. Mai .... Das Denkmal für die im Nationalsozialismus verfolgten Homosexuellen in Berlin wird eingeweiht

2009

30. August .... Bei den Landtagswahlen in Sachsen erreicht die NPD 5,6 % und zieht zum zweiten Mal in den Landtag ein

2010

6. Mai .... Eröffnung des Neubaus des Dokumentationszentrums Topographie des Terrors in Berlin

28. November .... Dieter Graumann wird zum Präsidenten des Zentralrats der Juden in Deutschland gewählt, er ist der erste Amtsinhaber, der nach 1945 geboren ist

2011

12. Mai .... John Demjanjuk wird vom Landgericht München wegen Beihilfe zum Mord in 28.060 Fällen zu fünf Jahren Haft verurteilt

Abkürzungen

AA	Auswärtiges Amt
ADGB	Allgemeiner Deutscher Gewerkschaftsbund
AfA	Arbeitsgemeinschaft freier Angestelltenverbände
A.O.	Auslandsorganisation der NSDAP
BP	Bayernpartei
BVP	Bayerische Volkspartei
ČSR	Tschechoslowakische Republik
CV	Centralverein deutscher Staatsbürger jüdischen Glaubens
DAF	Deutsche Arbeitsfront
DAP	Deutsche Arbeiterpartei
DDP	Deutsche Demokratische Partei
DNVP	Deutschnationale Volkspartei
DP	Deutsche Partei
DVFP	Deutschvölkische Freiheitspartei
DVP	Deutsche Volkspartei
ERP	European Recovery Program
FDP	Freie Demokratische Partei
FSK	Freiwillige Selbstkontrolle der Filmwirtschaft
GB/BHE	Gesamtdeutscher Block/Bund der Heimatvertriebenen und Entrechteten
Gestapo	Geheime Staatspolizei
GVG	Großdeutsche Volksgemeinschaft
IMG	Internationaler Militärgerichtshof (Nürnberg)

IOC	Internationales Olympisches Komitee
KdF	Kraft durch Freude
KfdK	Kampfbund für deutsche Kultur
Komintern	Kommunistische Internationale
KPD	Kommunistische Partei Deutschlands
NOK	Nationales Olympisches Komitee
NSBO	Nationalsozialistische Betriebszellenorganisation
NSDAP	Nationalsozialistische Deutsche Arbeiterpartei
NSFB	Nationalsozialistische Freiheitsbewegung
OKH	Oberkommando des Heeres
OKW	Oberkommando der Wehrmacht
OT	Organisation Todt
Pg	Parteigenosse
RAF	Royal Air Force
RFSS	Reichsführer SS
RKK	Reichskulturkammer
RSHA	Reichssicherheitshauptamt
SA	Sturmabteilung
SD	Sicherheitsdienst
SPD	Sozialdemokratische Partei Deutschlands
SPÖ	Sozialistische Partei Österreichs
SS	Schutzstaffel
StGB	Strafgesetzbuch
USPD	Unabhängige Sozialdemokratische Partei Deutschlands
VB	Völkischer Beobachter
WAV	Wirtschaftliche Aufbauvereinigung

Hinweise für die weitere Lektüre

Allgemein

Das Amt und die Vergangenheit. Deutsche Diplomaten im Dritten Reich und in der Bundesrepublik. Herausgegeben von Eckart Conze, Norbert Frei, Peter Hayes und Moshe Zimmermann, München 2010

Martin Broszat/Norbert Frei, Das Dritte Reich im Überblick. Chronik, Ereignisse, Zusammenhänge, München 2007

Enzyklopädie des Holocaust. Die Verfolgung und Ermordung der europäischen Juden, Herausgegeben von Israel Gutman, Eberhard Jäckel, Peter Longerich und Julius H. Schoeps, München 1998

Enzyklopädie des Nationalsozialismus. Herausgegeben von Wolfgang Benz, Hermann Graml und Hermann Weiß, München 1997

Ian Kershaw, Hitler. 1889–1936, Stuttgart 1998

Ian Kershaw, Hitler. 1936–1945, Stuttgart 2001

Peter Longerich, Heinrich Himmler, München 2007

Peter Longerich, Joseph Goebbels, München 2010

Ernst Piper, Alfred Rosenberg. Hitlers Chefideologe, München 2005

Cornelia Schmitz-Berning, Vokabular des Nationalsozialismus, Berlin 1998

Die tödliche Utopie. Bilder, Texte, Dokumente, Daten zum Dritten Reich. Herausgegeben von Horst Möller, Volker Dahm und Hartmut Mehringer, München–Berlin, 4. Auflage 2002

Hans-Ulrich Wehler, Deutsche Gesellschaftsgeschichte, Band 4: Vom Beginn des Ersten Weltkrieges bis zur Gründung der beiden deutschen Staaten 1914–1949, München 2003

Die Anfänge/Kampf gegen das System

Richard Evans, Das Dritte Reich. Aufstieg, München 2004

David Clay Large, Hitlers München. Aufstieg und Fall der Hauptstadt der Bewegung, München 2006

Heinrich August Winkler, Weimar 1918–1933. Die Geschichte der ersten deutschen Demokratie, München, 4. Auflage 2005

Die formierte Gesellschaft

Richard Evans, Das Dritte Reich. Diktatur, 2 Bände, München 2006

Saul Friedländer, Das Dritte Reich und die Juden, Band 1: Die Jahre der Verfolgung 1933–1939, München, 2. Auflage 1998

Adam Tooze, Ökonomie der Zerstörung. Die Geschichte der Wirtschaft im Nationalsozialismus, München 2007

Volksgemeinschaft im Krieg

Christopher Browning, Die Entfesselung der »Endlösung«. Nationalsozialistische Judenpolitik 1939–1942, Berlin 2003

Richard Evans, Das Dritte Reich. Krieg, München 2009

Saul Friedländer, Das Dritte Reich und die Juden, Band 2: Die Jahre der Vernichtung 1939–1945, München 2006

Ian Kershaw, Das Ende. Kampf bis in den Untergang. NS-Deutschland 1944/45, München 2011

Peter Longerich, »Davon haben wir nichts gewusst!« Die Deutschen und die Judenverfolgung 1933–1945, München 2006

Die Schuldfrage

Norbert Frei, Vergangenheitspolitik. Die Anfänge der Bundesrepublik und die NS-Vergangenheit, München 1996

Der Nationalsozialismus – Die zweite Geschichte. Überwindung – Deutung – Erinnerung, München 2009

Peter Reichel, Vergangenheitsbewältigung in Deutschland. Die Auseinandersetzung mit der NS-Diktatur von 1945 bis heute, München 2001

Epilog

Anne Frank, Tagebuch. Die endgültige deutschsprachige Fassung, Frankfurt/M., 11. Auflage 2002

Petr Ginz, Prager Tagebuch. 1941–1942, Berlin 2006

Selma Meerbaum-Eisinger, Ich bin in Sehnsucht eingehüllt. Gedichte, Hamburg 2005

Charlotte Salomon. Leben? Oder Theater?. Herausgegeben von Edward van Voolen, München u. a. 2004

Personenverzeichnis

A
Abetz, Otto 252
Achenbach, Ernst 252, 253
Adenauer, Konrad 248, 249, 252, 255, 256, 261, 262, 269, 312, 314
Amann, Max 25, 38, 44, 53, 68
Apfel, Holger 325
Arafat, Jassir 248
Arndt, Adolf 269, 270
Assmann, Aleida 284
Augstein, Rudolf
August Wilhelm von Preußen 86

B
Backe, Herbert 208, 307
Badoglio, Pietro 214
Baeck, Leo 123, 124
Baeumler, Alfred 115
Barbie, Klaus 273
Bauer, Fritz 260, 262–264, 266–268
Bauer, Gustav 48
Benda, Erich 269, 270
Beneš, Edvard 152
Ben Gurion, David 247, 249, 265, 312
Bernanos, Georges 146
Best, Werner 253
Bismarck, Otto Fürst von 22, 120, 142, 160
Blessing, Karl 105
Blomberg, Werner von 103, 130–132, 149, 150, 302
Boger, Friedrich Wilhelm 259, 260
Bormann, Martin 67, 81, 133, 162, 191, 211, 227, 240, 305
Bose, Herbert von 130
Bouhler, Philipp 53, 67, 81, 177
Brandt, Karl 177
Brandt, Willy 137, 146, 217, 218, 317, 318
Braun, Eva 227
Braun, Otto 49, 54, 55, 91, 92
Brentano, Heinrich von 265
Briand, Aristide 72
Brückner, Wilhelm 39
Brundage, Avery 136
Brüning, Heinrich 69, 74, 81, 83–86, 88, 89, 91, 92, 94, 97, 122, 295
Brunner, Alfred 24
Bubis, Ignatz 284, 285, 323
Bucher, Ewald 270
Buch, Walter 67
Burckhardt, Carl Jakob 137, 138
Buttmann, Rudolf 52

C
Canaris, Wilhelm 207
Celan, Paul 287
Chamberlain, Arthur Neville 20, 151, 181
Churchill, Winston 181, 182, 203, 212, 237, 257, 304, 306
Ciano, Galeazzo 155
Claß, Heinrich 86
Cukurs, Herberts 197
Cuno, Wilhelm 31

D
Daladier, Edouard 151
Dawes, Charles G. 73, 74, 293
Demjanjuk, John 326
Diem, Carl 136
Dimitroff, Georgi 107
Dinter, Artur 52
Dollfuß, Engelbert 143, 144
Dorls, Fritz 264
Dragset, Ingar 277
Drexler, Anton 13–15, 17, 19, 24, 25, 53, 291
Duckwitz, Georg Ferdinand 216
Duesterberg, Theodor 89, 90

333

E

Ebert, Friedrich 28, 37, 49, 51, 54, 291
Eckart, Dietrich 15, 16, 25, 329
Eher, Franz (Verlag) 43, 53, 68
Ehrhardt, Hermann 49, 292
Eichmann, Adolf 159, 175, 204, 207, 258, 264–266, 316
Eicke, Theodor 138, 158, 159
Einstein, Albert 76
Eisenhower, Dwight D. 214, 238
Eisenman, Peter 276, 277, 324
Eizenstat, Stuart E. 280
El-Husseini, Amin 248
Elmgreen, Michael 277
Eltz-Rübenach, Paul Freiherr von 103
Erhard, Ludwig 269
Erzberger, Matthias 48, 78, 292
Esser, Hermann 25, 38, 52, 53, 67
Esser, Thomas 94

F

Faulhaber, Michael von 118–120
Fechner, Eberhard 273
Feder, Gottfried 15, 16, 40, 52
Fegelein, Hermann 227
Felder, Josef 109
Fest, Joachim 271, 272, 318
Feuchtwanger, Lion 122
Fischer-Schweder, Bernhard 257
Flick, Friedrich 105
Fraenkel, Ernst 133
Franco, Francisco 98, 120, 145, 146
Frank, Anne 288, 289
Frank, Hans 173, 304
Freisler, Roland 220, 275
Freitag, Helmut 12
Freud, Anna 164
Freud, Sigmund 116, 164
Frick, Wilhelm 38–40, 52, 77–80, 89, 97, 102, 137, 157, 211, 212, 295, 308
Friedell, Egon 164
Fritsch, Werner von 149, 150
Fröhlich, August 51

G

Galen, Clemens August Graf von 177
Gaulle, Charles de 182, 304, 309
George, Heinrich 186
Gerstenmaier, Eugen 270
Geßler, Otto 33, 34
Ginz, Petr 288, 289, 331
Goebbels, Joseph 57–59, 61, 63–65, 83, 89, 90, 106, 108, 111, 116, 129, 130, 133, 134, 165, 172, 175, 176, 183, 198, 199, 209, 211, 212, 226, 227, 242, 294, 298, 302, 307, 309, 329
Gollancz, Victor 232
Gömbös, Gyula 144
Göring, Hermann 36, 38, 80, 94, 96, 97, 105, 106, 108, 109, 126, 129, 130, 133, 138, 140, 147, 157, 166, 169, 183, 191, 193, 195, 206, 208, 210, 211, 221, 242, 297, 298, 304, 306
Graefe, Albrecht von 41
Graef, Walther 94
Graumann, Dieter 326
Groener, Wilhelm 92
Grynszpan, Herschel 105, 165
Grzesinski, Albert 122
Guderian, Heinz 222
Gumbel, Emil Julius 122
Günther, Hans F. K. 79
Gürtner, Franz 103

H

Haakon VII. 180
Habermas, Jürgen 274
Haeften, Werner von 219
Halder, Franz 190
Hamm-Brücher, Hildegard 232
Hanfstaengl, Ernst 36, 38
Harden, Maximilian 29
Harlan, Veit 186, 257
Harrer, Karl 14, 291
Harris, Arthur 212
Hauptmann, Gerhart 89
Hedler, Wolfgang 261
Heidegger, Martin 233
Heine, Heinrich 116
Heinemann, Bruno 67
Held, Heinrich 51, 54, 55
Helfferich, Karl 27
Hellpach, Willy 54, 55

Hemingway, Ernest 146
Henlein, Konrad 151
Heß, Rudolf 25, 38, 43, 67, 130, 133, 177, 191, 270, 299, 305
Heuss, Theodor 263, 312
Heydrich, Reinhard 129, 154, 157, 158, 172, 197, 198, 204, 206, 207, 301, 306
Hilberg, Raul 273, 289
Himmler, Heinrich 36, 66, 67, 105, 108, 129, 133, 156–158, 172, 174, 175, 186, 204, 207, 209, 212, 219, 221, 223, 226, 241, 242, 244, 271, 295, 297, 300, 301, 304, 308–310, 329
Hindenburg, Oskar von 56, 96, 97
Hindenburg, Paul von 13, 20, 55, 56, 84, 89–92, 94–98, 104, 108, 110, 127–129, 131–133, 294, 300
Hirohito 229, 311
Hirsch, Martin 269
Hitler, Adolf 14–20, 22–26, 28–45, 51–53, 55–62, 65–68, 70, 74–78, 80–84, 86–91, 93–97, 99, 101–113, 118, 119, 126–135, 137, 139, 141–157, 161, 163, 165–167, 169–184, 187–196, 198–200, 203, 205, 206, 208–212, 215, 218–223, 225–228, 231, 235–237, 242, 245, 248, 253, 260, 261, 271, 272, 291–294, 296–300, 302–305, 307, 308, 310, 318, 329
Hochhuth, Rolf 268
Hodža, Milan 153
Hoelz, Max 50

Hoffmann, Heinrich 67, 171
Höß, Rudolf 201, 266, 267, 312
Hugenberg, Alfred 13, 75, 81, 86, 96, 98, 103, 104, 109, 299

J
Jäckel, Eberhard 275, 329
Jackson, Robert 240, 242
Jarres, Karl 54, 55
Jaspers, Karl 233, 235, 269
Jodl, Alfred 191, 228, 310
Johannes Paul II. 160
Johst, Hanns 244
Joos, Josef 94
Jung, Edgar 130

K
Kaas, Ludwig 94, 95, 119
Kahr, Gustav Ritter von 33–37, 130
Kalniete, Sandra 283
Kaltenbrunner, Ernst 207, 307
Kapp, Wolfgang 13, 37, 48–50, 292
Karavan, Dani 278
Keitel, Wilhelm 149, 150, 171, 172, 193, 211, 228, 242
Kempner, Robert 241
Keneally, Thomas 273
Keppler 87, 105
Kerr, Alfred 116, 122
Kerrl, Hanns 162
Kiesinger, Kurt-Georg 235, 317
Kisch, Egon Erwin 146

Klagges, Dietrich 89
Knilling, Eugen Ritter von 35
Koch, Erich 205
Koestler, Arthur 146
Kohl, Helmut 274–276, 319
Kollwitz, Käthe 275
Körner, Oskar 38
Koselleck, Reinhart 275
Krauß, Werner 186
Kriebel, Hermann 39, 41, 42
Krüger, Hans 251
Krupp von Bohlen und Halbach, Alfried 240
Krupp von Bohlen und Halbach, Gustav 112, 240

L
Lagarde, Paul de 125, 175
Lambsdorff, Otto Graf 280
Lammers, Hans Heinrich 133, 193, 211
Langbein, Hermann 266
Lanzmann, Claude 11, 12, 273, 319
Lattre de Tassigny, Jean de 238
Lehr, Robert 262
Lewy, Max 245
Ley, Robert 187, 240
Libeskind, Daniel 324
Liebermann, Max 76, 89
Liebknecht, Karl 281
Löbe, Paul 27, 81
Lohse, Hinrich 205
Loritz, Hans 138

Lossow, Otto von 31, 34, 35, 37
Lübbe, Hermann 254
Lubbe, Marinus van der 105, 107, 299
Lübke, Heinrich 251, 252
Ludendorff, Erich 13, 20, 28, 33–36, 38–41, 51, 52, 54, 55, 293
Luther, Hans 43, 295
Luther, Martin 120, 161
Lüttwitz, Walther von 48–50, 292
Luxemburg, Rosa 281

M
Malraux, André 146
Mann, Erika 235
Mann, Heinrich 122, 136, 153
Mann, Klaus 277
Mann, Thomas 76, 153
Manstein, Erich von 257
Marian, Ferdinand 186
Marschler, Willy 80
Marshall, George 246, 312
Marx, Karl 116
Marx, Wilhelm 54, 55, 94
Maurice, Emil 43
Mayer, Rupert 160
Mayr, Karl 15
McCloy, John 262, 313
Meerbaum-Eisinger, Selma 287–289, 331
Meinecke, Friedrich 13
Meißner, Otto 96, 97
Mengele, Josef 223, 264
Meyer, Helene 137
Middelhauve, Friedrich 252
Milošević, Slobodan 242
Molotow, Wjatscheslaw M. 155, 156
Montgomery, Bernard L. 207, 238
Moore, Henry 183
Morgenthau, Henry 247
Mulka, Robert 266
Müller, Filip 11, 12
Müller, Hermann 48, 49, 68, 69, 84, 86, 291
Müller, Karl Alexander von 31, 35
Müller, Ludwig 161, 162
Mussolini, Benito 30, 120, 129, 142–146, 148, 152, 155, 184, 189, 214, 215, 227

N
Nehru, Jawaharlal 146
Neumann, Bernd 277
Neurath, Konstantin von 103, 126, 134, 150, 154, 302
Niemöller, Martin 161
Noske, Gustav 49, 89
Nygaardsvold, Johan 180

O
Oberländer, Theodor 251, 315
Ophüls, Marcel 273
Oppenheimer, Robert 186, 229
Orwell, George 146
Ossietzky, Carl von 137–139, 180, 301

P
Papen, Franz von 88, 92–98, 103, 105, 109, 119, 128–130, 296, 297, 300
Paulus, Friedrich 205, 210, 307
Pernet, Heinz 39
Pétain, Philippe 181, 182
Pfeffer, Franz von 65
Picasso, Pablo 147
Pieck, Wilhelm 122, 313
Piłsudski, Józef Klemens 154
Piscator, Erwin 268
Pius XII. 268
Ploetz, Alfred 125
Pöhner, Ernst 35, 39
Preuß, Hugo 21
Primor, Avi 265

Q
Quisling, Vidkun 181

R
Rademacher, Franz 175
Rathenau, Walther 27–29, 71, 78, 292
Rath, Ernst vom 165
Rauch, Hans 94
Reagan, Ronald 274, 319
Reichenau, Walter von 198
Reich-Ranicki, Marcel 186
Remer, Otto Ernst 260–264, 267, 282, 313
Reusch, Paul 87
Reynaud, Paul 181
Ribbentrop, Joachim 134, 150, 155, 156, 200, 242, 302

Riefenstahl, Leni 137, 287
Roder, Lorenz 42
Röhm, Ernst 30, 32, 37–41, 52, 65, 127–130, 132, 150, 157, 296, 299, 300
Rommel, Erwin 184, 208
Roosevelt, Franklin D. 200, 203, 237, 306
Rosenberg, Alfred 16, 25, 34, 38, 41, 58, 59, 68, 78, 120, 133, 134, 161, 162, 193, 196, 242, 306, 329
Rose, Romani 278
Rosh, Lea 275, 320
Rossellini, Roberto 214
Rückerl, Adalbert 258, 259

S

Sahm, Heinrich 89
Salomon, Charlotte 287, 289, 331
Sander, Fritz 202
Sauckel, Fritz 77, 80, 196, 208, 209, 307
Schacht, Hjalmar 76, 86–88, 98, 105, 108, 139, 295, 298, 300
Schäffer, Fritz 269
Scheidemann, Philipp 48, 122, 291
Scheubner-Richter, Max Erwin von 34, 36, 38
Schinkel, Karl Friedrich 275
Schirach, Baldur von 66, 78, 270, 296, 298, 317
Schlabrendorff, Fabian von 220
Schleicher, Kurt von 92, 94, 96, 97, 103, 130, 297
Schmid, Carlo 231
Schmitt, Carl 131
Schröder, Gerhard 280, 284
Schröder, Richard 283
Schukow, Georgi K. 222, 238
Schüle, Erwin 258
Schultze-Naumburg, Paul 78, 79
Schuschnigg, Kurt 144, 149
Schwarz, Franz Xaver 53, 67, 81
Schwerin von Krosigk, Johannes Ludwig Graf 103
Seeckt, Hans von 37, 86
Seelenbinder, Werner 137
Seißer, Hans von 34, 35
Seldte, Franz 75, 96, 103
Skorzeny, Otto 264
Söderbaum, Kristina 186
Speer, Albert 121, 180, 191, 208, 209, 211, 226, 241, 252, 270–272, 275, 307, 308, 317
Spengler, Oswald 22
Spielberg, Steven 273, 322
Stahlecker, Walther 197
Stalin, Jossif W. 147, 155, 156, 188, 210, 218, 228, 237–239, 282, 303
Stangl, Franz 264
Stauffenberg, Claus Graf Schenk von 218–220, 308
Stegerwald, Adam 84
Steinbach, Peter 282
Stöhr, Franz 81
Strasser, Gregor 40, 52, 56–59, 61, 63, 64, 67, 80, 88, 96, 97, 130
Strasser, Otto 57–59, 62
Streicher, Julius 24, 52, 53
Streim, Alfred 259
Stresemann, Gustav 33, 68, 72, 74, 76
Stroop, Jürgen 217

T

Terboven, Josef 181
Tessenow, Heinrich 275
Thälmann, Ernst 54, 55, 63, 89, 90
Thomas, Georg 192
Thyssen, Fritz 75, 87, 88, 98
Tille, Alexander 125
Tiso, Jozef 154
Tito, Josip Broz 189
Todt, Fritz 179, 180, 191, 208, 304, 307, 328
Toller, Ernst 43, 82, 122
Topf, Erich Günther 262
Topf (Firma) 202
Torgler, Ernst 107
Tresckow, Henning von 220
Truman, Harry S. 228, 229, 237, 238
Tschitscherin, Georgi 71
Tucholsky, Kurt 116

V

Viktor Emanuel III. 214
Vögler, Albert 88
Vrba, Rudolf 216, 217

W

Wagner, Adolf 39, 165
Wagner, Richard 125, 135, 145

Warburg, Max *29*
Weber, Friedrich *39, 42*
Weiß, Bernhard *122*
Weiss, Peter *268, 317*
Weizsäcker, Richard
   von *273, 274, 319*
Wels, Otto *28, 109, 122*
Wetzler, Alfred *216, 217*
Wilhelm II. *21, 291*
Wilms, Ursula *279*
Wirth, Joseph *28,*
   31, 79, 84, 95
Wolff, Theodor *116*
Wulf, Joseph *284*

Y
Young, Owen
   74–76, 86, 295

Z
Zeigner, Erich *50, 51*
Zinn, Georg August *264*

»Zev Birgers Geschichte mußte einmal erzählt werden, und ich bin froh, daß er es nun selbst getan hat.« Shimon Peres

Zev Birger
Keine Zeit für Geduld.

Mein Weg von Kaunas nach Jerusalem

Broschur
146 Seiten
14,– €
ISBN 978-3-941688-12-4

Zev Birger hat viel Zeit verloren. Er ist 14, als sein Heimatland erst von sowjetischen Truppen, später von den Deutschen besetzt wird. In Kaunas, einem der damaligen Zentren des osteuropäischen Judentums, wird ein Ghetto errichtet, die Familie eingesperrt und später ins Konzentrationslager deportiert. Birger geht durch die »Nazi-Hölle«, der außer ihm keiner seiner Angehörigen entkommen soll. Er selbst gehört mit sieben weiteren Männern zu den einzigen Überlebenden des Männerlagers im KZ Kaufering.
Nach dem Ende des Krieges muss er aufholen – ihm bleibt Keine Zeit für Geduld. Birger steckt voller Tatendrang, Optimismus und Kreativität, träte Stillstand in sein Leben, wäre das das Ende. Am Aufbau des Staates Israel und der Stadt Jerusalem hat er maßgeblichen Anteil, an der Seite Teddy Kollecks wird er hier zum engagierten Gestalter einer Epoche.
Er vermag die Menschen in den kulturellen Dialog miteinander zu bringen, sei es als Begründer des israelischen Filmcenters oder – bis zu seinem Tod im Jahr 2011 – als Direktor der Internationalen Jerusalemer Buchmesse.

Alles zu unserem Programm gibt es unter www.prospero-verlag.de

Die Familie von Siegmund Klein zwischen Rettung und Tod - Briefe aus Deutschland, Frankreich, den Niederlanden, der Schweiz und Italien
(1938 bis 1945)

Giorgio Sacerdoti (Hg.)
Falls wir uns nicht wiedersehen ...
Broschur
598 Seiten
14,– €
ISBN 978-3-941688-00-1

Über 100 Briefe aus den Jahren 1938 bis 1945 stehen im Mittelpunkt dieses Buches, das das Schicksal der Familie Klein aus Köln schildert. Die Emigration in die Niederlande brachte ihr keine Rettung. Siegmund Klein wurde 1943 nach Auschwitz deportiert, wie schon im Jahr zuvor sein Sohn Walter, der nur 23 Jahre alt wurde. Die Ehefrau Helene Meyer kam im holländischen Exil um. Nur die Tochter Ilse, die schon 1933 nach Paris gegangen war, überlebte. Sie heiratete 1940 in Marseille Piero Sacerdoti und erwarb so die italienische Staatsangehörigkeit, was ihr einen gewissen Schutz vor den Verfolgungen der Deutschen gab. Als 1943 die deutsche Wehrmacht die italienische Besatzungszone in Frankreich übernahm, ging das junge Ehepaar zunächst nach Mailand, Sacerdotis Heimatstadt, und rettete sich dann mit dem kurz zuvor geborenen Sohn Giorgio in die Schweiz. Die Briefe erzählen nicht von den Todeslagern, sondern zeugen vom Leben unter den Bedingungen der Verfolgung. Sie dokumentieren Lebenswege, die allzu oft in der Vernichtung endeten ...

Alles zu unserem Programm gibt es unter
www.prospero-verlag.de

»Naujocks Leben ist vom Stoff her ein großartig spannender Agententhriller – allerdings hier in Form eines fundierten Sachbuchs geboten. Dies macht die Angelegenheit spannend und zugleich seriös.«

Passauer Neue Presse

Florian Altenhöner
Der Mann, der den 2. Weltkrieg begann.
Alfred Naujocks: Fälscher, Mörder, Terrorist
Broschur, 390 Seiten, 19,– €
ISBN 978-3-941688-10-0

Auftragsmörder, Geldfälscher, Terrorist – der SD-Geheimagent Alfred Naujocks war der Handwerker des Terrors, seine Vorgesetzten beschrieben ihn als »Desperado und Schurken«, der auch den riskantesten Auftrag ohne mit der Wimper zu zucken ausführte. Er inszenierte am 31. August 1939 den Scheinüberfall auf den Rundfunksender in Gleiwitz, dieser diente als Vorwand für den deutschen Einmarsch in Polen. Und auch für zahlreiche andere spektakuläre Aktionen war der »deutsche James Bond«, wie er sich selbst angeblich nach dem Krieg bezeichnete, verantwortlich. Dreist verkaufte er seine Geschichte in den 50er und 60er-Jahren außerdem an die Medien, die bereitwillig und trivialisierend über seine mörderischen »Husarenstücke« schrieben.
Naujocks starb 1966, ohne je in Deutschland angeklagt worden zu sein.

Fernab jeglicher »Agentenromantik« zeichnet Florian Altenhöner den Lebensweg eines deutschen Kriegsverbrechers nach und legt damit die erste Biografie eines SD-Geheimagenten überhaupt vor.

Alles zu unserem Programm gibt es unter
www.prospero-verlag.de

»Ein zutiefst verstörendes und atemberaubendes Buch.«

Damals

Stefan Klemp
KZ-Arzt Aribert Heim.
Die Geschichte einer Fahndung
Broschur, 385 Seiten, 19,– €
ISBN 978-3-941688-09-4

Aribert Heim gilt als einer der meistgesuchten NS-Kriegsverbrecher. Die Medien gaben ihm Namen wie »Dr. Tod« oder »Der Schlächter von Mauthausen«; sie zeugen von der ungeheuren Grausamkeit, mit der er als SS-Arzt jüdische KZ-Insassen behandelte. Er war zwar nur etwa zwei Monate auf der Krankenstation des Konzentrationslagers Mauthausen eingesetzt, wird für diesen kurzen Zeitraum jedoch für die bestialische Ermordung zahlreicher Häftlinge verantwortlich gemacht. Erst 1979 wurde er dafür in Abwesenheit in einem späten Spruchkammerverfahren in Berlin zu einer hohen Geldstrafe verurteilt und als »Hauptschuldiger« eingestuft. Die Zeugenaussagen zu Aribert Heims »Behandlungen« seiner Patienten, die im Urteil zitiert werden, lesen sich wie das Drehbuch zu einem Horrorfilm.

Seit seiner Flucht aus Deutschland Anfang der 60er Jahre ist Heim ein Phantom, dessen Verfolger ihm zwar stets auf den Fersen sind, ihn bisher jedoch nicht zu fassen bekommen haben, trotz internationaler Haftbefehle.

Alles zu unserem Programm gibt es unter
www.prospero-verlag.de